증손자의 증언으로 새롭게 밝혀지는

전봉준 장군과 그의 가족 이야기

증손자의 증언으로 새롭게 밝혀지는

전봉준 장군과
그의 가족 이야기

송정수 지음

혜안

　30여 년 전 우연한 기회에 병술년(丙戌年, 1886)에 간행된《천안전씨세
보》, 이른바《병술보》를 접하게 되면서 전봉준 장군에 대해 나름 관심을
가지게 되었다. 그로부터《병술보》에 수록된 전봉준 장군 관련 내용을
추구(追究)해오면서 오랫동안 알려지지 않았던 전봉준 장군의 출생지와
가계, 유동생활, 그리고 그의 죽음과 묻힌 곳에 대해 새롭게 알게 되었다.
필자가 몇 해 전에 출간한《베일에서 벗어나는 전봉준 장군》이라는 책은
새롭게 알게 된 그와 같은 내용들을 정리한 것이다. 그런데 이 책을 출간
한 지 얼마 지나지 않아 우연하게도 전봉준 장군의 증손자라는 전장수
(全長壽) 씨를 만나게 되었고, 그와의 만남이 계기가 되어 지금 필자로 하여
금 바로 이 책을 쓰도록 한 것이다.

　전장수 씨와의 만남에 대해서는 머리말에서 자세하게 소개할 것이지만
그가 작성한 '동학대장 전봉준 장군 가족들의 가족사'(이하에서는 '가족사'로
약칭함, 본서 부록에 수록됨)라는 증언 내용을 처음 대하는 순간, 이전에《병술
보》를 보면서 느꼈던 것과는 비교할 수 없을 정도의 벅찬 설렘이 필자의
가슴에 크게 일었다. 그것은 '가족사'에 수록되어 있는 내용이 만일 사실
이라고 한다면,《병술보》를 통해서 드러내기 시작한 전봉준 장군의 여러
가족들의 모습을 보다 선명하게 밝혀낼 수 있을 뿐만 아니라 '전봉준 장
군이 잠들어 있는 곳이 바로 이곳이구나'하고 쉽게 찾아낼 수 있다는 기
대감 때문이었다. 처음에는 어렴풋이 보였지만 눈을 씻으며 다시 보고 또

볼수록 뚜렷하게 드러나는 전봉준 장군과 그의 가족들, 그리고 후손들의 삶의 모습은 필자를 점차 당황스럽게 했고, 그냥 혼자서만 보고 있을 수 없게 만들었다. 특히 아무도 모르고 누구도 찾지 않는, 방치된 곳에 홀로 잠들어 있는 장군의 묘역이 바로 지척에 있음을 알게 되면서는 도저히 그대로 둘 수 없다는 생각이 들었다. 필자로 하여금 이 글을 쓰게 한 것은 바로 이처럼 양심에서 우러나는 압박감을 이겨낼 수가 없었기 때문이다. 나에게 주어진 '운명과도 같은 사명감인가'라는 생각까지도 들게 했다.

한편 필자로 하여금 이 글을 쓰도록 큰 촉매 역할을 한 것은 이전 책을 쓸 때도 그랬듯이 오랜 선배인 신영우 교수의 권유와 응원이었다. 혼자만의 생각과 판단으로는 오류를 범할 수도 있기에, '가족사'를 나름 꼼꼼하게 분석해 가면서 새로운 이야기들이 나올 때마다 동학연구의 전문가인 신영우 교수와 틈틈이 공유해 왔었다. 그러는 중에 신 교수는 '필자가 아니면 할 수 없는 일'이라면서 이를 정리해서 책으로 냈으면 좋겠다는 말을 넌지시 던졌다. 귓등으로만 듣고 흘러버렸던 것인데, 시간이 흐르면서 어느새 기정사실화하여 이것저것을 정리해 넣어야 된다면서 주문까지도 했다. 언젠가부터 필자 역시도 그 꼬임(?)에 빠져든 지도 모르게 책을 써야만 한다는 강박관념에 휩싸여 있었다. 그런가 하면 '가족사'의 여러 이야기들을 퍼즐을 끼워 맞추듯 이리저리 연관시켜 정리하다 보니, 점차 큰 그림이 나타나기 시작했다. 물론 그런 과정에 그만 두고자 하는 생각도 많았으나 그럴 때마다 신 교수의 보이지 않는 응원이 큰 힘이 되었다. 이렇듯 이 책이 세상에 나올 수 있었던 계기는 일차적으로 전장수 씨와의 만남이었지만 포기하지 않고 완성해 나갈 수 있도록 한 것은 신영우 교수의 권유와 응원의 힘이었다. 이 글이 전봉준 장군, 나아가 동학농민혁명을 이해하는데 나름 도움을 줄 수 있다면, 이는 전적으로 이들 두 분의 덕이라 할 것이며, 두 분께 먼저 감사의 말씀을 드린다.

이 책의 내용은 전봉준 장군의 증손자인 전장수 씨가 쓴 '가족사'에 수록된 증언을 바탕으로 구성되었다. 때문에 당연히 전봉준 장군과 그의 가족에 대한 이야기가 중심이 될 수밖에 없다. 또한 이들 이야기에는 기존에 알려진 것도 없지 않지만 그보다는 오랫동안 묻혀오다 새롭게 밝혀지는 내용들이 많은 부분을 차지하고 있다. 따라서 본 책의 제목을 '증손자의 증언으로 새롭게 밝혀지는 전봉준 장군과 그의 가족 이야기'라 정하였다. 그렇지만 제목이 이렇다고 해서 전봉준 장군과 그의 가족에만 국한해서 이야기를 전개할 수만은 없다는 생각이다. 전봉준 장군이 있기까지는 그의 조부모와 부모의 역할을 빼놓을 수 없으며, 그의 선대 가문의 내력 역시 많은 영향을 미쳤다고 보기 때문이다. 그런가 하면 선대 못지않게 장군의 혈손들이 어떻게 이어져 왔고, 이들의 삶의 궤적이 어떠했는지도 빠뜨릴 수 없는 중요한 내용이다. 전봉준 장군에 대한 '가족사'의 증언이 이들 혈손을 통해 생생하게 전해져 내려왔기 때문이기도 하지만, 이들 삶의 역정은 동학농민혁명 실패 후 농민군에 참여한 유족들이 겪은 삶의 단면을 잘 보여주고 있기 때문이기도 하다. 따라서 선대의 내력과 혈손들의 삶의 역정(歷程)까지 서술 범위에 포함시켰다.

본서는 머리말과 총 5부의 본문 내용, 그리고 부록으로 구성되었다. 머리말에서는 필자가 전장수 씨를 만난 이후 이 글을 쓰기까지의 과정을 서술하였다. 즉, 본서를 쓰게 된 연유를 설명해 놓은 것이다. 1부는 전봉준 장군 선대에 관한 이야기와 장군의 어린 시절부터 청장년시기까지의 행적을 담았다. 동학농민혁명의 지도자 전봉준 장군이 있기까지의 밑거름이 되는 내용이라 할 것이다. 2부는 동학농민혁명시기 전봉준 장군이 직접 주도했던 주요한 활동과 행적을 간략하게 정리해 놓았다. 이를 통해 혁명시기 장군의 결단성과 역량이 어떠했나를 엿볼 수 있을 것이다. 3부는 전봉준 장군의 죽음과 묻힌 곳에 대한 내용이다. 지금까지 베일에 가려진 장군의 유해가 어디에 어떻게 안장되었는지를, 기존 논의와 함께 증손자의 생생한 증언을 바탕으로 정리해 놓았다. 4부는 전봉준 장군의 가족들, 즉 아내와 자식들에 관한 내용을 담았다. 종래에 이들에 관해서 극히 파편적인 내용만이 전해왔을 뿐이지만, 이 역시 증손자의 생생한 증언을 통해 구체적이고 사실적인 이들의 삶과 행적을 정리해 놓았다. 5부는 전봉준 장군의 혈손, 즉 장군의 손자인 전익선과 증손자인 전장수의 삶의 역정을 담았다. 이는 이들 집안의 내력과 전봉준 장군에 대한 증언이 어떻게 전해져 올 수 있었던가와 아울러 동학농민혁명 참여자 후손들의 삶의 단면을 잘 보여준다 할 것이다.

본서의 맨 뒤, 부록에는 본서를 서술하는 데 기초가 된 증언 자료를 수록하였다. 이는 전장수 씨가 자신의 집안에서 은밀하게 전해져 오고 있는 전봉준 장군과 그의 가족들에 대한 이야기를 생생하게 전해주고 있는 증언록이다. 전장수 씨가 동학농민혁명기념재단에 유족 등록을 신청하기 위해 제출한 '가족사', 여기에 수록된 증언에 대한 필자의 질문과 그에 대한 답변 내용, 그리고 전장수 씨의 추가적인 증언과 아울러 문자를 통해 필자와 나눈 질문과 답변을 망라해 담았다. 이들 증언 자료는 본서 내용의 근간을 이루는 것으로, 앞으로도 전봉준 장군을 연구하는데 긴요하게 이용될 수 있는 중요한 자료라 생각되어 부록에 수록해 놓았다.

아무튼 본서가 쓰이게 된 것은 앞에 언급한 두 분의 영향이 절대적이었다 할 것이다. 그렇지만 이밖에도 여러 고마운 손길의 도움을 받을 수 있었기에 본서가 이처럼 나올 수 있었다. 우선 어려운 여건 속에서도 흔쾌히 출판을 허락해 준 도서출판 혜안의 오일주 사장께 감사의 말씀을 드리지 않을 수 없다. 특히, 오 사장은 본서에 좋은 화보가 들어갈 수 있도록 먼 길을 마다하지 않고 새벽같이 달려와 좋은 사진을 마련해 주기도 했다. 그의 따뜻한 우정과 열정에 다시금 감사의 마음을 전한다. 그리고 바쁜 일상 중에도 진안 답사를 안내해주고 여러 사진 자료까지 제공해 준 마령고 이상훈 선생과 최규영 진안향토사연구소장님께도 깊은 감사의 말씀을 드리지 않을 수 없다. 마지막으로 다듬어지지 않은 초고의 문장을 매끄럽게 손질해 준 송혜린 박사와 이 책이 짜임새 있게 나올 수 있도록 윤문에서 화보의 배치, 교정에 이르기까지 꼼꼼하게 애써준 도서출판 혜안의 김태규 선생과 김현숙 선생에게 심심한 감사의 말씀을 드린다.

전봉준 장군 증손자 전장수 씨와의 만남,
그 이후 ...

　전봉준 장군의 증손자라는 전장수 씨를 만나게 된 것이 계기가 되어 이 책을 쓰게 되었다. 따라서 그와 만나게 된 연유와 이후의 과정을 대략적으로나마 소개해 놓는 것이 이 책의 내용을 이해하는 데 조금이나마 보탬이 되리라 생각된다.

　2018년 9월 11일 전봉준장군동상건립위원회가 주최한 학술대회가 서울 종로 마로니에공원 다목적홀에서 열렸다. 지금으로부터 4년 전인 2017년 3월 전봉준 장군 동상 건립을 위해 창립된 전봉준장군동상건립위원회가 동상 건립의 임무를 마치고(2018년 4월 24일 동상 제막식 거행), 앞으로 전봉준 장군 관련 각종 기념사업을 추진하기 위한 전봉준연구소로의 전환을 계획하면서 개최한 학술대회였다. 이 학술대회는 "전봉준 장군 동상 건립과 전봉준 가계 연구"라는 제하에 열렸는데, 당시 필자는 〈족보에 나타난 전봉준 장군 외가 검토〉라는 글을 발표하였다. 오랫동안 묻어두었던 병술년(丙戌年, 1886)에 간행된 《천안전씨세보》(이하에서는 《병술보》로 약칭함)를 언젠가 다시 꺼내어 꼼꼼하게 살피는 중에 전봉준

2018년 전옥서 터에 세워진 전봉준 동상

장군의 외가뿐 아니라 진외가, 증외가를 가늠할 수 있는 문장이 우연하게도 눈에 띄어, 이를 단서로 장군의 외가 가문에 대해 정리할 수 있었던 것인데, 이를 이 발표회를 통해 학계에 알리고자 한 것이다.

당시 필자가 학술대회 발표에 참여하게 된 것은, 직전에 출간된《베일에서 벗어나는 전봉준 장군》이라는 책이 새롭게 출범하는 전봉준연구소의 첫 번째 연구총서로 지정되었기 때문으로 보인다. 아무튼 그날 학술발표회가 시작되고서 한창 진행되는 가운데 중간 휴식시간이 되었다. 필자 역시도 여러 사람들과 인사를 나누며 담소를 나누고 있는 중인데, 옆에 있던 동학농민혁명기념재단(이하에서는 기념재단으로 약칭함)의 연구조사부장이 내게 다가와 발표장에 전봉준 장군의 증손자라고 하는 분이 와 있다면서 소개해 주겠다는 것이었다. 뜻밖의 제의를 받은지라 매우 의아스러웠고 당황스럽기까지 했다. 그간 전봉준 장군의 혈손은 끊어진 것으로 알려져 왔고, 필자 역시도 그렇게 믿어왔기 때문이었다. 그렇지만 한편으로 어떤 사람인지 매우 궁금하기도 했다. 따라서 별다른 기대감 없이 혹시나 하는 생각에서 인사를 주선토록 하였다. 이렇게 해서 전장수 씨를 처음 만나게 되었다.

잠깐 동안의 만남이었지만 그와의 대화 속에서 매우 진중함을 느꼈다. 뿐만 아니라 한여름인데 진주에서 아침 일찍 출발하여 발표회에 참석했다는 말을 듣고선, 전봉준 장군에 대한 그의 관심이 얼마나 큰지도 느낄 수가 있었다. 그런가 하면 출간한 지 불과 한 달도 채 안 된 필자의 책(《베일에서 벗어나는 전봉준 장군》)을 이미 구입하여 모두 다 읽었다는 이야기를 들

전장수 씨

었을 때는 무언가 심상치 않다는 생각도 들었다. 그렇지만 여전히 '과연 장군의 혈육일까?'라는 의구심을 지울 수는 없었고, "언제 또다시 만날 기회가 있겠지요."라는 의례적인 인사말을 나누고선 이어지는 발표회에 임하였다.

그 후 일상으로 돌아와 그와의 만남을 잠시 잊고 지내고 있었다. 그런데 얼마 지나지 않아 기념재단으로부터 연락이 왔다. 전장수 씨가 전봉준 장군의 증손자로서 유족 등록신청을 해왔는데, 차후 조사 과정에서 도움을 주었으면 좋겠다는 것이었다. 아마도 전봉준 장군에 관해 그간 꾸준히 연구해왔다고 생각되었기에 필자에게 도움을 청한 것으로 보였다. 필자 또한 그가 과연 전봉준 장군의 증손인지 매우 궁금하고 확인하고 싶었기에 망설임 없이 좋다고 했다. 그로부터 얼마 뒤 자료가 송부되어 왔는데, 그 중 '동학대장 전봉준 장군 가족들의 가족사'(이하에서는 '가족사'로 약칭함)에는 전장수 씨가 어려서 부친으로부터 전해들은 선대 여러 어른들에 대한 행적이 소상하게 정리되어 있었다. 즉, 고조부인 전기창에 관한 간단한 이야기를 시작으로, 증조부인 전봉준 장군에 관한 행적과 아울러 장군의 처에 대한 행적까지도 상세하게 기록되어 있고, 이어서 조부인 전용현(전의천)의 파란만장한 삶의 역정과 함께 고모할머니인 전옥례와 전성녀에 대한 이야기, 그리고 전봉준 장군의 묘에 얽힌 상세한 이야기 등이 기술되어 있었다. 또한 그 뒤를 이어서 부친인 전익선과 전장수 씨 자신의 이야기를 정리하면서 어렸을 때 부친을 따라 전옥례 고모할머니를 만나러 갔던 일, 전봉준 장군의 묘소를 찾아갔던 일 등 여러 중요한 기억들도 상세하게 기록되어 있었다.

이 '가족사'를 처음 대하는 순간 필자는 무척이나 큰 충격을 받았다. 대충 훑어보았을 뿐인데도 전봉준 장군의 세부적인 신상은 물론이려니와 그의 부인과 자식들에 대한 행적이 너무나도 자세하고 생생하게 기재되어 있었기 때문이었다. 불과 얼마 전 출간한 책에 전봉준 장군의 가계와 행적을 정리하기 위해 수십 년간에 걸쳐 관련 자료를 나름 수집했던 것이지만, 이와는 비교할 수 없을 만큼 수많은 새롭고 자세한 이야기들이 '가족사'에 고스란히 담겨있는 것이었다. 만일 여기에 수록되어 있는 증언이 사실이라고 한다면, 출간된 지 얼마 안 된 필자의 책을 대폭적으로 보완해야 할 거라는 생각이 들었다. 물론 '가족사'에는 지금까지 알려진 이야기와 엇갈리는 내용도 있고, 또 의문스러운 점도 많이 있어 면밀하게 확인해야 할 것이지만, 아무튼 여기에 담긴 사실적이고 생생한 수많은 이야기들은 이전에 전장수 씨를 의아스럽게 바라봤던 필자의 시각을 완전히 바꾸어 놓기에 충분했다.

이후 필자는 '가족사'에 수록되어 있는 내용을 시간을 가지고서 꼼꼼하게 살펴보기 시작했다. 그러면서 기존에 알려지지 않았던, 처음으로 언급되는 이야기들을 정리함과 동시에 기존에 알려져 온 내용이지만 약간 엇갈려 기록된 것들을 정리해 나갔다. 또한 새로운 이야기에 대해서 조금 더 구체적으로 알고 싶은 점, 그리고 여타의 의문시되는 점들도 정리해 나갔다. 이렇게 해서 정리된 질문 사항들이 예상외로 매우 많았다. 그런데 질문할 사항이 많아지면 질수록 궁금증을 하루라도 빨리 풀어야겠다는 조급증이 더욱 일었다. 이에 전장수 씨의 연락처를 수소문하여, 염치 불고하고 곧바로 그에게 전화를 걸었다. 다행히 초면은 아니어서 곧 대화가 잘 통했다. 우선 자초지종을 설명하고서 전화상이기에 궁금한 점 몇 가지만을 질문하였다. 그런데 단 몇 가지만을 물었음에도 상세한 설명에 한두 시간이 단숨에 지나가버렸다. 이에 '가족사' 가운데 의문스러운 사항을 정리해 보내겠으니, 번거롭지만 시간이 날 때 이에 대한 설명을 정리해서 보내주시길 요청하였다.

그로부터 며칠 뒤에 의문스럽고 궁금한 점들을 정리하여 이메일로 전송하였다. 질문 항목이 30가지 정도로 많은 편이었다. 따라서 급한 것이 아니니 생각날 때마다 천천히 정리해서 보내달라고 하였다. 그런데 놀랍게도 질문 사항에 대한 답신이 바로 다음날 아침에 전송되어 왔다. A4용지 10매 정도의 꽤 많은 분량의 내용(본서 부록에 수록됨)이었다. 아마도 밤을 꼬박 새워 작성한 것임에 틀림없었다. 보내온 답신 내용에는 여전히 미진한 부분이 없지 않았지만 부가적인 자세한 설명과 아울러 새롭게 확인되는 여러 이야기도 담겨 있었다. 짧은 시간 동안에 작성된 것이지만 전장수 씨가 알고 있거나 이해하고 있는 범위 안에서 매우 진솔하게 작성된 것임이 느껴졌다. 이후에도 궁금한 점들이 추가로 나타날 때마다 몇 차례 전화 통화를 통해 문의하면서 '가족사'에 대해 더욱더 꼼꼼하고 세밀하게 검토해나갔다.

그러던 어느 날 기념재단으로부터 전장수 씨의 유족 신청에 대한 사실 조사를 하는데, 자문역으로 참석해주었으면 좋겠다는 요청이 왔다. 이미 이전에 도움을 요청받은 바 있고, 또 '가족사'에 대한 관심도 많았기에 흔쾌히 조사위원회 자문에 응하겠다고 했다. 이후 사실조사가 열리고, 오랜 시간 동안 진지하게 진행되었다. 질의 내용은 필자가 이전에 전장수 씨에게 이메일을 통해 질의했던 사항과 그다지 큰 차이는 없었고, 왜 이제야 증손자임을 드러내는가라는 질문이 새롭고 궁금한 것이었다. 이에 대해 전장수 씨는 이미 2005년에 경남도청에 유족 신청을 했으나 반려되었다고 한다. 당시에는 손자까지만 유족 신청 자격이 주어져서 증손자인 자신은 신청할 수가 없었고, 전봉준 장군의 손자며느리인 자신의 어머니 명의로 신청을 했으나 기각이 되었다는 것이다. 이후로 자신은 외국에 있는 한인교회의 담임목회 활동을 위해 해외에 나가있었기 때문에 유족 신청에 대해 알지 못했다고 한다. 또한 어려서부터 자신은 역적의 자손이기에 공무원이나 교사, 경찰, 군인이 될 수가 없고 신분을 숨기고 살아야 한다는 말을 듣고 자라오면서, 전봉준 장군의 후손이라는 사실이 원망스러울 때도 많았으며, 그래서 처음부터도 유족 신청을 할 생각이 별로 없었다고 하였다.

아무튼 이날 사실조사 결과 모아진 의견은, 전장수 씨가 전봉준 장군의 증손자일 개연성은 많으나 아직 확정할 만한 단계는 아니며 보다 면밀한 검토가 더 필요하다. 향후 심층적인 조사와 논의 및 다양한 의견청취 과정을 거친 후에 판단하는 것이 보다 타당하다. 그리고 이를 위해서 비공개로 관련 전문가들을 모시고 학술세미나 또는 학술워크숍을 개최하는 것이 좋겠다는 것이었다. 그러면서 이 '가족사'의 내용에 가장 이해가 깊은 필자에게 '가족사'의 신빙성 여부에 관해 검토, 정리하여 발표해 줄 것을 의뢰한다는 것이었다. 이에 필자는 그간 '가족사'에 대한 검토를 나름 해왔고, 또 위원회의 의견에 공감하여 발표 요청을 흔쾌히 받아들였다.

이후 세미나 개최 시기는 여러 사람이 참여하기 용이한 여름방학기간으로 잠정 정해졌고, 이 시기에 맞추기 위해 필자는 지금까지 살펴온 '가족사'의 여러 내용들을 다시 정리해 나가기 시작했다. 그런데 정리해 나가는 중에 새로운 고민이 생겼다. 어떤 방식으로 발표할 내용을 구성해야 좋을까라는 문제였다. 전장수 씨가 작성한 '가족사'의 내용은 고조부(전기창)로부터 자신의 대에 이르기까지 인물별로 각기의 행적을 연대기적으로 기술하고 있으면서도, 각기의 인물에 대한 행적을 서술하면서 관련된 다른 인물의 행적이 여기저기에 중첩되어 서술되어 있어, 매우 번잡스러웠기 때문이었다.

이리저리 궁리한 끝에 일목요연하게 살피기 위해서는 여기저기에 중첩되어 기술된 행적들을 각기의 인물별로 하나로 모아 정리해 놓을 필요가 있다고 생각되었다. 그러는 한편으로 '가족사'에 수록되어 있는 증언이 얼마만큼 신빙성이 있는지를 검증하기 위해서는 비교 검토할 만한 기존의 자료가 남아있는 인물들을 선정해야만 했다. 이를 고려해서 살펴본 결과 장군의 아내에 관한 이야기, 두 딸과 두 아들에 관한 이야기가 비교 검토하기에 적절하다고 생각되었다. 아울러 '가족사'에 전봉준 장군이 묻힌 곳에 대한 이야기도 상세하게 기술되어 있거니와 근자에 장군의 묘에 대한 논의도 활발하게 전개된 바 있어, 비교 검토할 만한 내용이 충분히 있다고 생각되어 항목에 추가하였다. 이에 따라 총 네 개의 항목을 설정하여 집중적으로 검토함으로써 '가족사' 내용의 신빙성 여부를 확인하기로 하였다.

그런 연후에 '가족사'에 수록된 이들 인물들에 대한 각기의 이야기들을 일목요연하게 정리하는 한편, 기존에 전해져 오는 장군의 아내, 두 딸과 두 아들에 관한 이야기들을 수집 정리하면서 비교 검토해 나갔다. 그런데 이를 정리해나가는 중에 새롭게 확인해야 할 사항들이 계속해서 나타났다. 물론 의문이 생길 때마다 조급증이 발동하여 염치 불고하고 전장수 씨에게 전화를 걸어 여러 차례 귀찮게 했다. 이로써 어느 정도 궁금증이 풀리기는 했으나 이야기를 나누면 나눌수록 새로운 궁금증이 꼬리를 물고 일어나곤 했다. 그래서 언제 기회가 주어진다면 전장수 씨를 만나 충분한 시간을 가지고서 아직 듣지 못한 수많은 이야기를 들어야겠다는 생각을 하게 되었다. 이러한 필자의 의향을 전장수 씨에게 전하는 한편, 우선 '가족사'에 밝히지 못한 사소한 이야기라도 혹 생각이 날 때면, 틈틈이 메모를 해두었다가 알려주면 좋겠다는 제의를 했다. 사실 생각지도 않은 아주 사소한 이야기가 의외로 신빙성 여부를 가늠하는데 중요한 단서가 되는 경우가 종종 있기 때문이었다.

이러한 제의를 흔쾌히 받아들인 전장수 씨는 통화한 지 불과 4일 만에 A4용지 10장 정도의 새로운 이야기(본서 부록에 수록됨)를 담은 파일을 이메일로 보내왔다. 생각지도 않게 빨리 보내온 파일을 받아보면서 '나 못지않게 성질 급한 사람이 또 있구나'라는 생각이 들었다. 그러는 한편, 자기 집안의 '가족사'를 세상에 밝히고자 하는 전장수 씨의 대단한 열정도 느낄 수가 있었다. 새로 보내준 이야기에도 참고할 만한 여러 중요한 내용들이 담겨있었다. 이에 기존의 '가족사'에 새로 보내준 이야기까지도 포함해서 전장수 씨의 증언 내용이 과연 신빙성이 있는지의 여부를 계속해서 꼼꼼하게 정리해 나갔으며, 어느새 발표문 초안이 완성되어갔다.

그럴 즈음 기념재단으로부터 사안의 중요성 때문에 좀 더 숙고하는 편이 좋겠다는 연락이 왔다. 따라서 얼마간의 시간적인 여유가 생겼는데, 마침 이 기간에 유익한 조사를 행할 수가 있었다. 7월 중하순 경 손여옥 장군 후손에 대한 조사와 전봉준 장군의 아들 전용현(전의천)이 거주한 무안 성동면 옛집과 인근의 차뫼마을과 용뫼마을에 대한 조사를 했고, 8월 중순에는 전봉준 장군의 장녀인 전옥례의 후손에 대한 조사를 행하였다. 이 조사를 통해서 전장수 씨의 '가족사'와 관련하여 참고할 만한 다음과 같은 몇 가지 중요한 단서를 찾아낼 수가 있었다.

첫째, 용현(의천)이 모친 남평 이씨의 유해를 이장하여 모신 곳이 그가 살던 집 근처에 있는 공동묘지였을 거라는 사실,

둘째, 전봉준 장군의 유해가 가매장된 곳을 알려주었다는 사람이 살던 곳인 다산리 차뫼마을이 용현(의천)이 사는 집에서 그다지 멀지 않은 곳에 위치해 있다는 사실,

셋째, 전봉준 장군의 여동생인 전고개와 큰딸인 전옥례의 지금까지 알려지지 않은 새로운 행적들을 확인할 수가 있었다.

조사를 한창 진행하는 중에, 8월 말로 예정된 세미나를 연기해야 할 것 같다는 전언이 왔다. 무슨 연유에서인지 알 수는 없으나 예전처럼 좀 더 숙고해야 할 만큼 매우 중요한 사안이기 때문에 그랬을 거라 생각되었

다. 따라서 그간 조사에서 추가로 알게 된 새로운 내용들을 포함하여 발표 문안을 거듭 가다듬어갔다. 그런데 어느덧 가을이 지나 새해를 맞이하게 되었다. 한 살을 더 먹어서인지 이제 필자의 기억력도 쇠잔해지는 느낌이 들었다. 이에 지금까지 정리한 내용을 우선 몇 사람만이라도 같이 공유하는 것이 여러모로 좋겠다는 생각이 문득 들었다. 정리한 내용 가운데 잘못되거나 부족한 부분이 있는지를 사전에 검증받을 수 있는 기회가 될 수도 있기 때문이었다. 이에 누구와 같이 의논하면 좋을까 곰곰이 생각했는데, 누구보다도 동학농민혁명에 오랫동안 열정적으로 관심을 쏟아오고, 또한 치밀하면서도 이해도가 높은 신영우 교수와 신순철 교수 두 분이 좋겠다고 생각되었다. 이에 지체 없이 두 분께 곧바로 연락을 취해 자초지종을 설명하고 회합을 청했는데, 다행히도 두 분 모두 흔쾌히 응해주었다.

그리하여 새해(2020년) 설 연휴가 끝나고서 모임을 갖도록 잠정 정하였다. 그런데 이 정리된 내용은 누구보다도 재단의 조사연구부장이 잘 알아야만 하고 어차피 알아야 할 것이기에 자리를 함께 하기로 했고, 교통이 편리한 익산에서 만나기로 약속을 했다. 그런데 약속된 날이 다가오는데 예기치 않게 코로나19가 막 유행하기 시작했다. 내심 걱정되긴 했지만 어렵게 약속한 회합이고, 또 서로가 사안의 시급성과 중요성을 인식하고 있기에 조심스럽게 약속된 날짜에 만남을 가졌다. 점심 식사 후, 어느 아늑한 스터디 카페로 장소를 옮겨 그곳에서 상당한 시간 동안 발제와 함께 진지한 토론을 이어갔다. 여러 의견이 개진되었으나 필자의 발제 내용에 대체로 공감해 주었고, 이에 어느 정도 숙제를 털어내는 것 같아 필자의 마음도 한결 가벼워졌다.

그런데 코로나19의 유행이 예상 밖으로 팬데믹 사태로 번지면서 모든 사회가 정지되다시피 했다. 하루 온종일 집에만 처박혀 마냥 무료하게 지낼 수밖에 없는 상황에서 문득 새롭게 알게 된 수많은 이야기를 하나의 책으로 꾸미면 좋겠다는 생각이 들었다. '가족사'의 증언 내용을 검증하면 할수록 여러 이야기들이 실제 있었던 사실로 다가왔기 때문이기도 했다. 그런데다 그간 신영우 교수로부터 여러 이야기들을 잘 엮어서 출판을 하면 재미있을 뿐 아니라 의미 있는 책이 될 거라는 권유도 종종 있어왔던 터였다. 이때부터 출판을 염두에 두고서 전체 내용을 구상하면서 여러 내용을 정리해 나가기 시작했다.

어느덧 8월에 접어들었는데, 뜻밖에도 정읍시 동학농민혁명선양사업소(이하에서는 선양사업소라 약칭함)에서 연락이 왔다. '장군천안전공지묘'에 대한 발굴조사를 하고자 하는데 자문위원으로 참여해달라는 것이었다. 그런데 '장군천안전공지묘'에 앞서 위쪽에 위치한 '봉직랑전공지묘'에 대한 발굴을 먼저 할 거라는 것이어서 난감하였다. 우선 '봉직랑전공지묘'에 부수해서 '장군천안전공지묘'에 대한 발굴을 한다는 것 자체를 받아들이기 어려웠다. 더군다나 봉직랑의 묘는 전덕린 장군의 5대 손인 전완(全浣)의 묘라는 사실을 밝힌 바 있거니와, 이 묘가 전봉준 장군의 묘가 아니라는 확신을 가지고 있는 필자의 입장에서 이 발굴에 참여한다는 것은 학자적인 양심을 저버리는 일이기도 했다. 이에 발굴에 참여할 수 없음을 설명하고, 늦어지고 있지만 전봉준 장군의 무덤에 대해 상세히 증언하고 있는 전장수 씨의 유족 등록 판정이 기념재단에서 곧 내려질 것이니, 그 결과를 지켜보고 난 후에 발굴을 하는 것이 좋겠다는 필자의 의견을 전하였다.

그러는 중에 그간 증언 내용을 틈틈이 정리한 글들이 쌓여 이제 제법 책으로 펴낼 만큼의 형태가 잡혀갔다. 그래서 일단 '증손자의 증언으로 새롭게 밝혀지는 전봉준 장군과 그의 가족 이야기'라고 가제(假題)를 정하고서, 초고라도 어느 정도 완성시키고자 집필에 매진하였다. 그러면서 추석이 지나고 10월에 들어서는데, 봉직랑의 묘에 대한 발굴을 한다는 소식이 들려왔고 이어서 발굴의 결과도 들을 수 있었다. 예상한 대로 전봉준 장군의 무덤이 아니라는 것이었다. 그로부터 얼마 후, 이제 '장군천안전공지묘'에 대한 발굴이 이루어질 거라면서 역시 자문위원회에 참석해달라는 제의가 다시 왔다. 이전부터 전봉준 장군의 묘일 개연성이 크다고 피력해 왔고, 최근 전장수 씨의 증언을 통해 장군의 묘가 확실하다는 심증을 갖게 된 필자로서는 더 이상 주저할 이유가 없었다. 오히려 이번에는 제대로 발굴이 이루어져, 장군의 묘역임을 세상에 드러내야 된다는 생각에서 위원회 참여를 수락했다. 그러면서 가능하면 장군의 증손자라고 하는 전장수 씨도 참여토록 했으면 좋겠다고 제안을 했다.

그로부터 며칠 후, 정읍시 선양사업소에서 전장수 씨와 면담을 약속했다는 소식이 들려왔다. 그런데 약속이나 한 듯이 기념재단 측에서도 전장수 씨의 모친과 누이를 면담하겠다는 소식이 들려왔다. 만나는 곳이 진주와 서울로 각기 서로 다를 뿐 공교롭게도 11월 3일 같은 날에 면담을 한다는 것이었다. 한편 필자도 그 전날인 11월 2일에 진안 마령고에 재직하고 있는 제자와 함께 전옥례 할머니가 피신해 있던 마이산 고금당과 생전에 살았던 부귀 신정리 집에 대한 답사가 약속되어 있었다. 고금당(나옹암)을 먼저 답사했는데, 생각보다 아주 가팔라 피신처로 적격이라는 생각이 들었다. 이후 할머니가 살던 집과 묘소로 향했는데, 도중에 동행하게 된 진안향토사연구소 최규영 소장으로부터 여러 유익한 이야기를 들을 수 있었고, 답사한 곳의 드론 사진까지 제공받을 수 있었다.

그로부터 이틀 뒤, 전장수 씨로부터 뜻밖의 문자 한 통을 받았다. 이틀 전 전옥례 할머니가 살았던 집을 답사하면서 찍은 사진 한 장을 기념 삼아 보냈던 것인데, 이 사진을 보고서 50년 전 이곳을 방문했을 때의 기억을 되살려 내어 묘사한 글을 보내온 것이다. 그의 나이 12세 때인 1969년에 부친과 함께 버스에서 내려 할머니 집을 향해 가던 정황과 집의 모습,

그리고 집안에 들어가서 할머니를 만나던 광경 등을 아주 세밀하게 묘사한 글과 함께 스케치한 그림(본서 부록에 수록됨)까지 보내왔다.

집으로 들어가는 길목의 정황과 집의 모습에 대한 묘사는 얼추 맞는 것 같다는 생각이 들었지만, 집안 내부의 구조는 필자가 들어가 보지 못해 확인할 수가 없었다. 따라서 예전에 면담 차 만난 적이 있는 전옥례 할머니의 증손녀인 이연우 씨에게 자초지종을 말하고서 전장수 씨의 기억이 맞는지 확인을 요청하였다. 바로 다음날 이연우 씨로부터 모친, 오빠와 함께 확인한 결과를 들을 수 있었는데, 놀랍게도 '전장수 씨의 기억이 거의 맞다'라는 답이었다. 어려서 전옥례 할머니 집에 방문했다고 하기에, 사실 별생각 없이 생전에 살던 할머니 집 사진을 전장수 씨에게 보냈던 것인데, 의외로 중요한 확인 작업이 이루어진 셈이다. 이제 어려서 부친을 따라 전옥례 고모할머니를 만났다는 전장수 씨의 증언을 믿지 않을 수 없게 된 것이다.

11월 말 경에 이르러, 정읍시 선양사업소로부터 이틀 뒤에 발굴을 진행하니 그날 2시에 현장에 참여해 달라는 연락이 왔다. 발굴 전에 준비해야 할 것도 많을 테지만 너무 급하게 진행하는 것 같아 마음이 그다지 편치는 못했다. 그럼에도 발굴 과정에서 신분을 확인할 만한 무언가가 나오기를 기대하였다. 그런데 모습을 드러낸 회곽 안의 유해는 기대와는 달리 이장된 흔적이 없고, 교수형에 처해진 유해가 아닌 것으로 결론이 내려졌다. 기대에 어긋나 매우 허탈했지만 자문회의에서 새로운 사실을 확인할 수 있었던 것이 수확이었다. 즉, '장군천안전공지묘'의 묘비석이 현재의 위치가 아닌 다른 곳에 있었다는 것이다.

이미 2016년도의 발굴 보고서에도 '장군천안전공지묘'의 묘비석은 토양 분석 결과, 비석 앞의 묘에 봉분을 올릴 당시에 밑에서 약간 이동되어 현재의 위치에 세워졌다고 하고 있다. 이와 관련해서 전장수 씨 역시도 어려서 이곳을 방문했을 당시, 이 비석의 위치가 봉직랑의 비석에서 지금보다 더 멀리 떨어져 있었고, 주위가 평지였다는 기억을 전하고 있다. 이를 종합해보건대 '장군천안전공지묘'의 비석은 현재의 위치가 아닌 다른 곳(바로 밑 아니면 더 멀리 떨어진 곳)에서 이동되어 온 것으로 보아야 한다는 것이다. 따라서 실제 장군의 묘는 발굴한 묘에서 좀 더 밑에 위치해 있을 개연성이 있다고 할 것이며, 추후 비석이 세워진 원래의 위치를 보다 면밀히 조사하여 비정한 후, 발굴이 이루어져야 하리라 생각된다. 아무튼 전장수 씨의 묘와 관련한 증언이 사실이라고 한다면, 장군의 유해가 안장된 곳은 바로 이 비석 주변 어딘가에 있음이 분명하다 할 것이며, 단지 우리가 아직 찾지 못하고 있을 따름이라는 생각이다. 차후 장군의 묘가 세상에 드러나길 바라는 마음 간절하다.

발굴도 미완으로 이루어진 상황에서 어느덧 또 한 해가 저물어 가고, 전장수 씨에 대한 유족 판정 또한 다음 해로 다시 미루어지는 것 같아 매우 안타까운 마음이다. 물론 공적 기관의 판정은 공신력이 있어야 하기에 신중해야 함은 당연하다 할 것이다. 그렇지만 지난 2년여 동안 필자 나름으로 여러 증언과 자료들을 꼼꼼히 검토하고 정리한 바, 전장수 씨가 장군의 증손자라는 사실은 입증이 되고도 남는다는 생각을 가지게 되었다. 따라서 더 이상의 신중함은 시간만 소비할 뿐이라는 생각이 들고, 장군에 관한 수많은 새로운 사실들을 이제 묻어둘 수만은 없다고 판단하여 지금까지 정리한 바를 출간하고자 한다. 사실 기념재단에서 어떠한 판정을 내린다고 해도 어차피 학계 전문가와 일반 대중들이 이를 어떻게 판단하고 받아들이느냐가 더욱 중요한 일이다. 때문에 필자 나름의 정리한 바를 세상에 밝혀 평가를 받는 것은 오히려 판정을 내리는데 도움을 줄 수 있다는 생각도 든다.

아무튼 필자가 이처럼 출판을 할 수 있게 된 것은 기념재단이 자문을 의뢰한 데서 촉발된 것이다. 재단에 감사한 마음을 전함과 아울러 동학농민혁명의 중추적 기관으로서 더욱 발전하기를 기원하는 바이다.

지은이

1부

전봉준 장군의 선대 가문과
그의 신상 및 유동생활

1. 선대 가문의 내력

　종래 전봉준 장군의 가계를 이야기할 때면, 1953년(癸巳年)에 발간된《천안전씨 삼재공파보(天安全氏 三宰公派譜)》와 이를 바탕으로 1966년에 간행된《천안전씨대동보(天安全氏大同譜)》가 인용되곤 했다. 바로 이들 족보에 의해 전봉준 장군은 천안 전씨 삼재공파 40대 손(孫)으로, 부친인 형호(亨鎬, 字는 亨祿으로 1845년 乙巳生)와 모친인 광산(光山) 김씨(1848년 戊申生) 사이에서 외아들로 태어났으며, 초명(初名)은 봉준(琫準), 항렬명은 영준(泳準), 자(字)는 명숙(明淑)으로 알려져 왔었다. 그러나 이들 내용을 전혀 신뢰할 수 없다는 것은 금방 알아차릴 수가 있다. 즉, 전봉준 장군이 1855년생이라는 사실에 비추어 볼 때, 그의 아버지와의 나이 차이가 열 살밖에 나지 않고 어머니와는 겨우 일곱 살밖에 차이가 나지 않게 기재되어 있기 때문이다.

　또 이와 관련해서 일찍이 이기화 선생에 의해 계사년에 간행된《천안전씨 삼재공파보》의 전봉준 장군 관련 내용은 조작되었다는 사실이 지적된 바 있고,[1] 신복룡 교수 역시도 1966년에 간행된《천안전씨대동보》는 전봉준 장군의 위명(威名)을 기리기 위해 신편(新編)된 것이라고 지적하기도 했다.[2] 이처럼 이들 족보의 내용은 신뢰할 수 없거니와 이를 바탕으로 종래 알려져 온 전봉준 장군의 가계는 믿을 수 없게 되었다. 그러던 차에 1886년(丙戌年)에 간행된《천안전씨세보》, 이른바《병술보》가 세상에 알려지면서 전봉준 장군의 가문과 가계는 물론이고 그의 신상에 대한 새로운 내용들이 상세하게 알려지게 되었다. 그러면《병술보》의 내용을 통해 전봉준 장군의 선대 가문은 어떠하였고, 어디에서 세거해왔으며, 이후 어떠한 경로를 경유해서 고창 당촌(堂村)에 정착하게 되었는가를 먼저 살펴보도록 하겠다.

1) 충청도에서 세거

《병술보》를 통해서 확인되는 전봉준 장군의 가문은 천안 전씨 문효공(文孝公, 이름은 信, 호는 栢軒)파에 속해 있는데, 보다 세부적으로는 그 지파인 연산공(連山公, 이름은 敏)의 증손인 송암공(松庵公, 이름은 五常) 손(孫, 이름은 彦國)파에 속해 있음을 알 수가 있다. 이들 가문은 언국 이전 세대까지만 하더라도 나름 상당한 세를 이루면서 생활했던 것으로 보인다. 송암공 오상(五常)의 증조부인 연산공 민(敏)은 연산 현감(連山縣監)을 지냈고, 조부인 흠(欽)은 공주 판관(公州判官)을 지냈으며, 오상은 종 6품직인 선무랑(宣務郞)을 지냈거니와 그의 아들 성(誠)은 정 5품직인 통덕랑(通德郞)을 지냈다. 그리고 오상의 형인 오륜(五倫)은 외직(外職)으로 정 3품인 목사(牧使)를 지냈고, 그의 아우인 심(諶)도 종 5품인 충좌위부사직(忠佐衛副司直)을 지냈으며, 심의 아들 순경(舜卿)은 정 3품직인 통정대부 공조참의(通政大夫工曹參議)를 증(贈)받았다는 내용이《병술보》에서 확인된다. 이후 세대로 내려와 전봉

《천안전씨세보병술보》

【천안전씨 문효공 현손 연산공 증손 송암공 오상파 세계도】

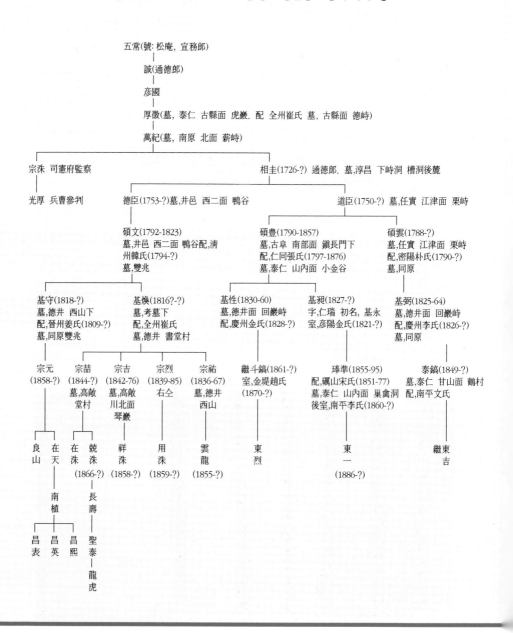

五常(號: 松庵, 宣務郞)

誠(通德郞)

彦國

厚徵(墓, 泰仁 古縣面 虎巖. 配 全州崔氏 墓, 古縣面 德峙)

萬紀(墓, 南原 北面 薪峙)

宗洙 司憲府監察

相圭(1726-?) 通德郞. 墓,淳昌 下峙洞 槽洞後麓

光厚 兵曹參判

德臣(1753-?)墓,井邑 西二面 鴨谷

道臣(1750-?) 墓,任實 江津面 栗峙

碩文(1792-1823)
墓,井邑 西二面 鴨谷配,淸
州韓氏(1794-?)
墓,雙兆

碩豊(1790-1857)
墓,古阜 南部面 鎭長門下
配,仁同張氏(1797-1876)
墓,泰仁 山內面 小金谷

碩雲(1788-?)
墓,任實 江津面 栗峙
配,密陽朴氏(1790-?)
墓,同原

基守(1818-?)
墓,德井 西山下
配,晉州姜氏(1809-?)
墓,同原雙兆

基煥(1816?-?)
墓,考墓下
配,全州崔氏
墓,德井 書堂村

基性(1830-60)
墓,德井面 回巖峙
配,慶州金氏(1828-?)

基昶(1827-?)
字,仁瑞 初名, 基永
室,彦陽金氏(1821-?)

基弼(1825-64)
墓,德井面 回巖峙
配,慶州李氏(1826-?)
墓,同原

宗元
(1858-?)

宗喆
(1844-?)
墓,高敞
堂村

宗吉
(1842-76)
墓,高敞
川北面
琴巖

宗烈
(1839-85)
右仝

宗祐
(1836-67)
墓,德井
西山

繼斗鎬(1861-?)
室,金堤趙氏
(1870-?)

璋準(1855-95)
配,礪山宋氏(1851-77)
墓,泰仁 山內面 巢禽洞
後室,南平李氏(1860-?)

泰鎬(1849-?)
墓,泰仁 甘山面 鶴村
配,南平文氏

良山

在天

在洙

兢洙
(1866-?)

祥洙
(1858-?)

用洙
(1859-?)

雲龍
(1855-?)

東烈

東一
(1886-?)

繼東吉

南植

長壽

昌表

昌英

昌熙

聖泰
龍虎

준 장군의 고조부가 되는 상규(相圭) 역시도 통덕랑의 벼슬을 했고, 그의 동생인 종수(宗洙)는 정 6품인 사헌부(司憲府) 감찰(監察)을 지냈으며, 종수의 아들인 광후(光厚)와 손자인 상남(相南)은 각기 종 2품인 병조참판(兵曹參判)과 호조참판(戶曹參判) 등 높은 관직을 지낸 사실도 확인되고 있다. 이로 보아 전봉준 장군의 선대는 양반 가문으로 탄탄한 세력을 이루어왔음을 알 수가 있다.

이들 집안은 주로 충청도에서 세거(世居)해 온 것으로 보인다. 이러한 사실은 연산공 민(敏)이 지금의 충청남도 논산인 연산 현감을 지냈고, 그의 아들 흠(欽)도 공주에서 판관을 지내고서 온양 동상면(東上面) 배병산(排屛山) 아래에 묻혀 있으며, 또 흠의 부인 온양(溫陽) 정씨(鄭氏)도 온양 남상면(南上面) 백악동(白岳洞)에 묏자리를 쓰고 있음에서 확인할 수 있다. 그뿐만 아니라 흠의 손자인 오상 역시도 벼슬에서 물러난 후, 만년에 온양 배병산 아래에서 자제들을 교육하며 지냈다는 기록도 있는데, 이를 통해서 이들 가문은 수 세대에 걸쳐 지금의 아산시 배방읍 회룡리에 있는 배방산 부근에서 세거해 왔음을 알 수가 있다.

2) 전라도로 이주

그런데 어떤 연유에서인지는 알 수 없으나 언국(彦國)의 대(代)에 이르러서 이들 집안은 충청도에서 전라도 지역으로 이주해 온 것으로 나타난다. 《병술보》에 기록된 언국에 대한 내력은 그의 부인이 광산(光山) 김씨라는 것밖에 보이지 않는다. 그렇지만 《병술보》 권3에 기록된 언국에서 시작되는 송암공 오상손파(五常孫派)를 고부파로 분류하여 등재해 놓고 있는가 하면, 1862년에 간행된 《임술보》의 권16에는 송암공 오상의 자손인 언국의 파를 고창파로 분류하여 등재해 놓고 있음을 볼 수 있다. 이처럼 이들

세보에 언국의 자손을 고부파, 고창파로 등재해 놓은 것은, 고부 혹은 고창에 세거하고 있던 송암공 오상손파의 전씨들이 언국을 자신들의 파조(派祖)로 삼고 있다는 사실과 아울러, 언국의 대에 전라도로 이주하여 정착한 이후, 그의 후손들이 이들 족보가 간행될 즈음에 고창과 고부에 거주했다는 사실을 보여주고 있는 것이다.

여기에서 언국의 자손들을 《임술보》에서는 고창파로, 《병술보》에서는 고부파로 기재해 놓았기 때문에, 혹 이들 자손들이 고창에서 살다가 이후 고부로 이주를 한 것으로 이해할 수도 있을 것이다. 그렇지만 이는 오해일 뿐이며, 이처럼 달리 기재된 것은 각기의 세보를 간행할 당시에, 수단서(收單書)를 작성한 책임자의 거주지를 분파의 일족이 거주하는 지역으로 기재해 올렸기 때문으로 보인다. 즉,《임술보》권18에 있는 〈유사분정기(有司分定記)〉 4면을 보면, 고창파의 수단(收單)과 수전(收錢, 족보에 실릴 명단작성과 족보간행에 들어갈 분담금 징수)의 책임자는 전기영(全基永)으로 기재되어 있다. 이 인물은 다름 아닌 전봉준 장군의 아버지이다.[3] 당시 그는 고창현(高敞縣) 덕정면(德井面) 당촌(堂村)에 거주했거니와 수단서를 이곳에서 올린 것으로 기재했던 것이며, 이 때문에 《임술보》에는 이들 전씨들이 고창파로 기재되었던 것이다.[4] 그런가 하면 《병술보》의 고부파 수단서 작성자 역시도 전기영(전기창)이었는데, 《병술보》가 간행이 되는 1886년 무렵에 그는 이미 고창 당촌을 떠나 고부에 거주하고 있었다.[5] 따라서 수단서를 올린 곳을 고부로 기재했던 것이며, 그러한 연유에서 《병술보》에는 이들 집안이 고부파로 기재되었던 것이다.

아무튼 《임술보》와 《병술보》에 언국의 자손들은 고창파 혹은 고부파로 분류되어 기재되었는데, 이를 통해서 전봉준 장군의 선대 집안은 충청도에서 전라도로 이주하여 정착했음을 분명히 알 수가 있다. 그런데 이들 집안이 언국의 대에 전라도에 자리를 잡은 것은 사실이지만, 전라도에 들어와 처음부터 고창과 고부에 정착한 것은 아니었던 듯하다.《병술보》의 내용을 자세히 들여다보면, 언국의 아들 후징(厚徵)은 태인 고현면(古縣面)의 호암(虎巖)에 묻혀있고, 그의 처 전주 최씨는 고현면 덕치(德峙)에 묻혀있으며, 그의 아들 만기(萬紀)의 묘는 남원 북면(北面) 신치(薪峙)에 자리하고 있음을 볼 수 있다. 그런가 하면 만기의 아들 상규(相圭)의 묘는 순창 하치동(下峙洞) 조동(槽洞) 후록(後麓)에 자리하고 있고, 상규의 아들 도신(道臣)은 그의 처 김해 김씨와 함께 임실 강진(江津) 율치(栗峙)에 묻혀있음을 볼 수 있다. 이들이 묻혀있는 묏자리로 추정하건대, 이들 집안은 충청도 배방에서 전라도로 이주하여 태인 고현면에 처음 정착했던 것으로 보이고, 이후 남원, 순창 등지를 거쳐 전봉준 장군의 증조할아버지인 도신 대에 임실 강진에 정착한 것으로 보인다.

　물론 명당 터라면 거리를 불문하고 장지(葬地)로 삼으려 했던 당시의 세태를 감안한다면, 묘지가 위치한 곳이 반드시 거주지였을 거라 단정 지을 수는 없을 것이다. 그렇지만 명당 터를 찾아 묏자리로 쓰는 것은 아무나 할 수 있는 것이 아니며, 상당한 재력을 가진 집안에서나 할 수 있는 일이다. 그런데 당시 이들 전씨 집안은 가세가 기울어 오랫동안 세거하던 충청도를 떠나 전라도로 들어와 여러 지역을 전전하는 터여서, 결코 명당 터에 묘를 쓸 수 있는 형편은 아니었다. 또한 교통수단이 그다지 발달하지 못한 당시의 상황에서 이들은 거주지에서 가까운 곳에 묏자리를 쓸 수밖에 없음은 자명하다 할 것이다. 따라서 묘지가 위치한 곳을 토대로 이들 집안이 거주했던 곳과 이동한 경로를 추정하는 것은 합리적인 추론이라 할 수 있다.

　태인에서 남원, 순창을 거쳐 임실 강진면으로 이주한 전봉준 장군의 선대 집안은, 도신과 그의 아들 석운(碩雲) 2대에 걸쳐 강진에 거주한 것으로 보인다. 그것은《병술보》에 석운과 그의 처 밀양 박씨의 묘가 부친인 도신

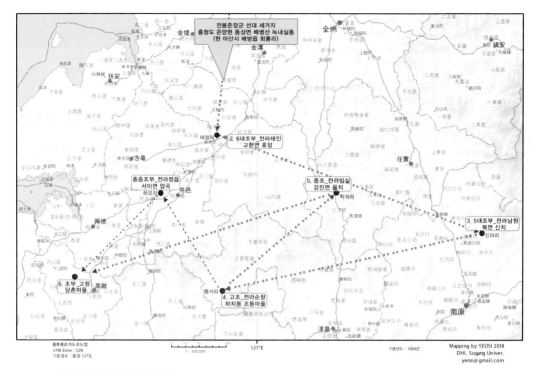

횡축메르카도르도법
UTM Zone : 52N
기준경도 : 동경 127도

127°E

1 : 300,000

기준년도 : 1894년

Mapping by YEOSI 2018
DHI, Sogang Univer.
yeosi@gmail.com

전봉준 장군 선대 세거지 이동로

의 묘와 함께 임실 강진면 율치에 자리 잡고 있음에서 확인할 수 있다. 그
런가 하면 《병술보》의 기록에 도신의 아우인 덕신(德臣)의 묘지와 덕신의
아들 석문(碩文)의 묘, 그리고 손자인 기환(基煥)의 묘는 정읍(井邑) 서이면
(西二面) 압곡(鴨谷)에 있는 것으로 나타나고 있다. 이로 미루어 덕신은 순창
에서 떨어져 나와 형 도신과는 달리 정읍 서이면으로 이주했고, 이후 이들
집안은 3대(代)에 걸쳐 이곳에 거주했던 것으로 보인다.

3) 흩어진 집안 당촌에서 합류

그런데 임실 강진면과 정읍 서이면으로 흩어져 각기 살아온 도신과 덕
신의 자손들은 어떤 연유에서인지 알 수는 없으나, 이후 다시 고창 덕정면
당촌에서 합류하는 것으로 나타나고 있다. 《병술보》의 기록에 석운의 아

들로 이들 전씨 집안의 제일 장손인 기필(基弼)과 그의 처의 묏자리가 덕정면 회암치(回巖峙)에 있다는 사실로 말미암아 이들이 임실에서 고창 덕정으로 이주하여 거주했음을 알 수가 있다. 또한 전봉준의 작은 아버지인 기성(基性)의 묘 역시도 회암치에 있고, 석문의 큰아들인 기환의 처, 그리고 둘째 아들인 기수(基守)와 그의 처 진주 강씨의 묏자리가 모두 덕정 서산(西山)과 서당촌(書堂村)에 위치해 있음을 보면, 이들 자손들도 정읍에서 고창 덕정으로 이주하여 거주했음을 확인할 수가 있다.

이처럼 흩어져 생활하던 이들 집안사람들이 다시 한곳에 모이게 되는데, 이는 결코 우연하게 이루어진 것은 아니며, 누군가의 주도하에 서로 간에 긴밀한 협의 속에서 이루어졌음은 분명하다 할 것이다. 당시 당촌에 합류한 이들 집안사람들 중 제일 큰 어른은 전봉준 장군의 할아버지인 석풍이었다. 그런가 하면 앞에서 언급했지만《임술보》와《병술보》를 간행할 때에 이들 집안의 수단과 수전의 책임을 맡은 사람이 바로 전봉준 장군의 아버지인 전기창이었다. 이로 미루어 볼 때, 석풍과 기창 부자는 당시 이들 전씨 집안에서 중추적인 역할을 했던 것으로 보이거니와 아마도 이들 집안이 당촌에 모이게 된 것 역시도 이들 부자의 주도하에 이루어진 것이 아닐까 여겨진다.

그러면 이들 집안사람들이 언제 즈음에 고창 당촌에 들어와 거주했고, 또 언제까지 거주했던 것일까? 먼저 덕정면 당촌에 들어온 시기를 보면, 확실한 시기를 특정할 수는 없지만 전봉준 장군의 할아버지인 석풍이 1857년에 세상을 떠나 고창 당촌 맥모등(脈母嶝)에 묻히고,[6] 그의 아들 기성이 1860년에 세상을 떠나 덕정 회암치에 묻힌 것을 보면, 적어도 이들이 세상을 떠나기 이전 어느 시기엔가 이주해 들어온 것으로 추정된다. 그런데 이제 전봉준 장군이 이곳 당촌에서 태어났음이 기정사실로 받아들여지고 있기 때문에 이를 기준으로 이들이 당촌에 정착한 시기를 추산한다면, 장군이 태어난 1855년 이전 시기로 소급될 수도 있다.

다음으로 당촌에서 이들 전씨 집안은 적어도 3대에서 4대에 걸쳐 세거했던 것으로 보인다. 이는 기환의 아들인 종우(宗祐), 종렬(宗烈), 종길(宗吉), 종철(宗喆) 4형제의 묘지가 모두가 고창 당촌 부근에 있음에서 알 수 있다. 특히, 기환의 손자들은 동학농민혁명이 일어난 직후까지도 이곳에 계속 거주했던 것으로 보이는데, 그것은 혁명이 실패한 후 당촌에 살던 전씨 집안이 멸족을 당했다는 이기화 씨의 조사 내용[7]에서 확인할 수가 있다. 《병술보》에서 확인되는 바, 당시 화를 당했던 사람들은 기환의 손자인 운룡(雲龍), 용수(用洙), 상수(祥洙), 긍수(兢洙)와 이들의 자식들이었을 것으로 보인다.

이상에서 전봉준 장군의 선대 가문에 대한 내력을 살펴보았다. 이를 정리해 보면, 이들 집안은 전라도에 들어오기 전 충청도에 세거하였으며, 고위 관직은 아니지만 줄곧 벼슬을 해온 튼실한 양반 가문이었음을 알 수가 있다. 그런데 전봉준 장군의 7대 조인 언국 대에 전라도로 이거한 후 점차 가문의 세가 기울기 시작하였고, 장군의 증조부인 도신과 덕신 형제 대 이후로는 관직을 지낸 인물이 전혀 보이질 않음으로 보아, 몰락의 길을 걸었던 것으로 보인다. 이들 집안은 전라도에 들어와 처음에는 태인에 거주하였고, 이후로 남원, 순창 등지를 전전하였으며, 상규의 아들 대에 이르러 큰아들인 도신은 임실로, 동생인 덕신은 정읍으로 흩어져 생활을 하였다. 그러다가 1800년대 중반 즈음 상규의 손자 대에 이르러서, 흩어져 살던 이들 집안은 다시 고창 덕정 당촌으로 합류하여 함께 생활했던 것으로 보인다. 이로 보건대, 전봉준 장군의 선대 집안은 17·18세기 조선시대 사회분화 과정에서 몰락해 가는 양반가의 전형적인 모습을 보여준다고 하겠다.

2. 조부와 부친의 행적

1) 조부 전석풍의 행적

이제 전봉준 장군의 직계 가족에 대해 살펴보도록 하겠는데, 먼저 장군의 할아버지인 석풍에 대해서 살피도록 하겠다.《병술보》에 의하면, 석풍의 자(字)는 윤보(允甫)이며, 1790년 8월 10일 부친 도신과 모친 김해 김씨 사이에서 둘째 아들로 태어났다. 그의 형은 두 살 위인 석운(碩雲)이다. 그가 태어난 곳이 어디인지는 확실하지 않다. 다만 조부인 상규의 묘지가 순창 하치동 조동에 있고 부친인 도신의 묘지가 임실 강진 율치에 있음을 보면, 순창 아니면 임실에서 태어났을 것으로 추측된다. 그의 조부인 상규 이전만 하더라도 비록 낮은 품계지만 통덕랑, 선무랑 등 벼슬을 했었다. 그런데 그의 부친인 도신 이후로는 어떠한 벼슬도 없이 여기저기로 이주하며 떠돌아다닌 것으로 보아, 몰락의 길을 걸었던 것으로 여겨진다.

그렇지만 양반 집안으로서의 체모는 나름 지켜나가고자 했던 듯하다. 그것은 혼인관계에 있어 아무하고나 관계를 맺지 않고 그래도 양반 집안의 규수를 택하여 혼인하고 있음에서 엿볼 수가 있다. 그의 모친 즉, 도신의 처는 탁영(濯纓) 김일손(金馹孫)[8]의 후손으로 가선대부(嘉善大夫) 행용양위부호군(行龍驤衛副護軍)인 김진호(金鎭浩)의 여식이었다. 또한 석풍 자신 역시도 조선시대 대학자인 여헌(旅軒) 장현광(張顯光)[9]의 집안인 인동(仁同) 장씨(張氏) 익휴(益休)의 딸을 부인으로 맞았던 것이다.[10] 비록 집안의 형편이 점차 기울어가긴 했으나 양반 집안의 체통을 지키려 했고, 이러한 분위기 속에서 석풍 역시도 여느 양반집 자제와 같이 과거에 뜻을 두고서 어려서부터 학문에 정진했으리라 짐작된다.

이 같은 정황은 근자에 전봉준 장군의 증손자인 전장수 씨의 증언에서

도 엿볼 수 있다. 그의 증언에 의하면, 전
봉준 장군의 선대 집안은 조부인 석풍
할아버지가 어렸을 때만 해도 비록 관직
에는 나가지 못했으나 넉넉하게 살았었
다고 한다. 그런데 석풍이 결혼할 무렵부
터 가세가 기울기 시작하여, 그의 나이
40세가 조금 못되어 아들(전기창)이 태어

《병술보》의 전석풍 관련 내용

날 무렵에는 형편이 매우 어려워졌다고 한다. 그래서 석풍은 생계를 이어
나가기 위해 어쩔 수 없이 서당을 차리고 훈장을 했다는 것이다. 이로 볼
때, 그는 어려서부터 나름 학문에 정진하면서 과거에 뜻을 두었던 것으로
보이지만, 어떤 연유인지는 모르겠으나 점차 가세가 기울고 더구나 자식
마저 태어나 생계가 어렵게 되자 과거에 대한 미련을 접고서, 배운 학문을
생계수단으로 삼을 수밖에 없었음을 알 수 있다. 이후로 그는 가솔들을
이끌고서 임실 강진을 떠나 고창 당촌으로 이주하여 가까운 집안사람들
과 합류하는데, 이처럼 이주한 것 역시도 어려운 생활을 타개하고자 새로
운 터전을 찾아 당촌으로 들어온 것이 아닌가 생각된다.

　석풍은 부인 인동 장씨, 그리고 기창, 기성 두 아들과 함께 강진에서 당
촌으로 이주해 왔다. 당촌에 들어오기 전 그보다 두 살 많은 형 석운은
이미 세상을 떠났고, 두 살 적은 사촌 동생인 석문(碩文) 역시도 32세의 젊
은 나이에 세상을 떠났기 때문에, 그는 고창파 전씨 집안사람들 가운데
가장 큰 어른이었다.[11] 이러한 그의 위치로 보아 이들 집안이 당촌에 모이
는 과정에서 주도적인 역할을 했을 뿐만 아니라 이후 당촌에 살면서도 그
는 전씨 집안의 중심적인 역할을 했을 것이라 여겨진다.

　당촌은 서당촌(書堂村)을 줄여 부르는 마을 이름으로, 일찍이 이 마을
에는 서당이 있었기 때문에 붙여진 이름이라고 한다. 촌로들의 전언에 의

하면 전봉준의 아버지인 전기창이 이 마을에서 서당을 열고 동네 아이들을 가르쳤다고 한다. 그런데 석풍은 이 마을에 오기 전부터 서당의 훈장을 했던 것으로, 그는 이 마을에 들어와서도 서당을 열고서 훈장을 했을 개연성이 크다 할 것이며, 아마도 훗날 석풍의 자리를 이어받아 아들 기창이 훈장을 하지 않았을까 생각된다. 전장수 씨의 증언에 의하면, 석풍의 성격은 워낙 대쪽 같아서 남과 타협하거나 고개를 숙이질 못했다고 한다. 이로 미루어 보건대 서당에서 아이들을 가르칠 때에도 매우 엄격했을 것으로 보인다.

그가 이 같은 성향을 가지게 된 것은 친가의 영향도 있겠지만 외가로부터 많은 영향을 받았을 것으로도 보인다. 앞에서 언급했지만 그의 외가가 다름 아닌 무오사화의 중심인물로 능지처참을 당한 탁영 김일손의 집안이었음을 감안하면, 나름 수긍할 수 있을 것이라고 본다. 또한 그의 처가 역시 모든 관직을 사양하고 오로지 학문에만 정진하고자 했던 여헌 장현광의 집안이었다는 사실 역시도, 이 같은 그의 집안의 성향과 결코 무관치 않았을 것으로 생각된다. 아무튼 이러한 성품은 그 자신뿐만 아니라 아들과 손자, 이후 자손들에게까지 이어져 오고 있다고 전장수 씨는 증언하고 있다.[12]

전석풍은 당촌에 살면서 손자를 보았다. 바로 1855년 겨울인 12월 3일에 손자 전봉준이 태어났던 것인데, 그의 나이 66세 때이다. 아이가 태어날 때면 일반적으로 임신부가 태몽을 꾼다고 하지만, 아버지나 조부모 등 가까운 친척이 꿈꿀 때도 있다고 한다. 뒤에서 언급하겠지만 전봉준 장군이 태어날 때, 그의 부친 전기창이 꾸었다는 태몽 이야기는 익히 알려져 오고 있다. 그런데 전장수 씨의 증언에 의하면, 전봉준 장군이 태어날 무렵에 장군의 할아버지인 석풍도 태몽을 꾸었다고 전하고 있다. 즉, 어느 날 석풍은 자신이 큰 백호의 등에 타고 있었는데, 자신을 태운 백호가 산

을 넘어서 쏜살같이 달려가더니 자기의 집으로 들어가서 부엌으로 달려
들기에 너무 놀라서 소리를 지르다가 꿈에서 깨었다고 한다. 꿈이 너무나
무서우면서도 생생하고 이상해서 가슴에 담고 있었는데, 얼마 지나지 않
아 며느리가 임신했다는 소식을 듣고서 며느리를 대신해서 태몽을 꾼 것
이라 생각했다는 것이다. 일반적으로 알려지기로, 호랑이 등을 타고 산과
들을 달리다 집으로 들어오는 태몽을 꾸면, 용기가 대단해서 세상에 이름
을 떨치는 아들을 낳을 것을 암시한다고 하는데, 아무튼 태몽의 암시처럼
훗날 동학농민혁명을 이끈 최고 지도자 전봉준 장군이 태어났던 것이다.

   그런데 석풍은 손자인 전봉준이 다 크는 것을 미처 보지도 못한 채, 봉
준이의 나이 세 살 되던 해인 1857년 5월 16일에 68세를 일기로 세상을
떠났다. 아마 죽음에 임박해서도 한참 재롱을 떨던 사랑스러운 손자의
모습을 떨쳐버릴 수가 없었을 것이다. 그는 당촌마을 뒤편에 있는 맥모등
(脈母嶝)이라는 고개에 안장된다. 《임술보》에는 그렇게 기재되어 있다. 그런
데 뒤에서 언급하겠지만, 그로부터 10년 뒤인 1867년 봄에 아들 기창이
고부로 이주하는데, 이때 맥모등에 있던 부친 석풍의 묘를 고부 남부면
진장문하 차복리로 이장을 하게 된다. 《병술보》에는 석풍의 묘지가 "고부
남부면 진장문하 차복리전 갑묘용간 좌유(古阜 南部面 鎭長門下 次福里前 甲卯
龍艮 坐酉)"로 기록되어 있는데, 이는 이 세보가 만들어지는 1886년 이전인
1867년에 이미 석풍의 묘가 고부 남부면으로 이장되었기 때문이다. 이장
을 할 당시에 기창은 서당의 제자인 서원국(徐源國), 김재영(金在英), 정인민
(鄭仁民) 등의 도움을 받았다는데, 이에 대한 증언은 이들의 손자들로부터
전해지고 있다.[13]

2) 부친 전기창의 행적

성장과 결혼

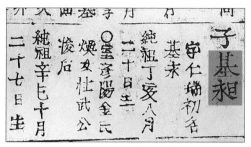

《병술보》의 전기창 관련 내용

전봉준 장군의 부친에 관해서는 여러 많은 이야기들이 전해져 오고 있고, 이에 따라 그간 여러 사람들에 의해 비교적 많이 언급되어 왔다. 우선 그의 이름은 향토지와 교단의 기록에 근거해서 창혁(彰赫) 또는 승록(承泉)으로 알려져 왔고, 또

지금은 위보로 알려지고 있는 1966년에 간행된 《천안전씨대동보》에 기재된 내용에 따라 한때 이름은 형호(亨鎬), 자는 형록(亨錄)으로 알려져 오기도 했다. 그런가 하면 《병술보》에 보면, 그의 이름은 기창(基昶)이고, 초명은 기영(基永)이며, 자는 인서(仁瑞)로 기록되어 있다. 이처럼 그 역시도 아들 전봉준 못지않게 여러 호칭을 가지고 있다. 본서에서는 혼돈을 피하기 위해 《병술보》에 기재되어 있는 기창이라는 이름으로 통일하여 서술하고자 한다.

전기창은 순조(純祖) 정해년(丁亥年) 즉, 1827년 8월 20일에 부친인 전석풍과 모친 인동 장씨 슬하에서 장남으로 태어났다.[14] 그가 어디에서 태어났는지는 아직 확실하지 않다. 다만 부친인 석풍이 고창 당촌에 들어오기 전에 할아버지인 도신을 모시고 임실 강진에 거주했음을 보면, 아마도 강진에서 태어나지 않았을까 추측될 뿐이다. 앞에서 살핀 바이지만 그가 태어날 무렵 집안의 형편이 매우 어려워졌다고 한다. 따라서 어린 시절 그는 매우 고생스러운 생활을 했을 테지만, 부친이 서당을 열고 훈장을 하고 있던 터여서 아마도 어려서 부친으로부터 유교적 교육을 받았을 것으로 생각된다. 이러한 사실은 전장수 씨의 증언에서도 보이는데, 기창은 어려서부터 총각 때까지 과거시험을 보기 위해 부친 석풍으로부터 학문을 배우고 공부도 많이 했었다고 전하고 있다. 그런데 과거시험을 치를 무렵에 가세가 더욱 기울어서, 과거를 보러 한양에 가야 하는데 노잣돈을 마련하지 못했다고 하며, 이후 과거시험을 나중으로 자꾸 미루다가 결국 포기하게 되고 말았다는 것이다.

비록 과거시험을 보지는 못했지만 그는 상당한 학문적 지식과 소양을 갖춘 인물로, 집안 내에서 매우 촉망을 받아왔을 거라 생각된다. 1862년에 《임술보》를 만들 당시 이들 전씨 집안사람들의 수단을 작성하고 수전의 책임을 맡은 사람이 바로 그였다는 사실[15]은 이를 짐작하게 해 준다. 이러한 집안 내에서의 역할로 보건대, 《임술보》가 만들어지기 훨씬 이전이지만 그의 집안을 비롯해서 4촌, 6촌 집안들이 고창 당촌으로 이주해 올 때에도, 그는 집안의 가장 웃어른인 부친 석풍을 도와 주도적인 역할을 했을 것으로 여겨진다.

아무튼 새로운 생활 터전을 찾아 당촌으로 이주해 왔지만 그의 집안 형편은 여전히 빈궁함을 벗어나지 못했던 것 같다. 농촌에서 부를 형성할 수 있는 것은 농사일을 잘하는 것밖에 없을 것이지만, 부친이나 그 역시 백면서생으로 농사일에 어두웠거니와 다른 생활 방도를 찾기도 힘들었을 것이기 때문이다. 따라서 그 역시도 아버지를 이어서 서당에서 아이들을 가르치는 일 말고는 그다지 할 만한 일이 마땅치 않았던 것으로 보인다. 기창이 당촌에서 서당의 훈장을 했다는 이야기가 일찍이 이 마을 촌로들로부터 전해져 오고 있는데, 아마도 그는 부친의 서당을 이어받아 아이들을 가르치며 어렵게 생계를 이어갔을 것으로 생각된다.

그가 당촌으로 이주해 와서 결혼했는지 혹은 그 이전에 했는지는 확인되지 않지만, 비교적 늦은 나이에 자신보다 여섯 살 연상인 언양 김씨와

정충사 장무공 김준을 배향한 사당(정읍시 흑암동)

혼인을 한 것으로 나타난다.《병술보》에 보면 그의 부인에 대해 "언양김씨 환녀, 장무공준후, 순조 신사 10월 27일생(彦陽金氏煥女, 壯武公浚后, 純祖辛巳 十月二十七日生)"이라고 기재되어 있다. 즉, 기창의 부인은 언양 김씨 환(煥)의 딸로, 1821년(辛巳) 10월 27일에 태어났고, 장무공(壯武公) 김준(金浚)의 후 손이라는 것이다. 장무공 김준은 고부군 금정리(金井里)[16]에서 출생하여 정 묘호란이 일어났을 때, 안주목사겸방어사(安州牧使兼防禦使)로서 독전 분투 (督戰奮鬪)하다가 장렬하게 전사한 충절의 인물이다.[17] 이처럼 출중한 인물 이었기에 그의 후손들은 장무공 김준을 파조(派祖)로 삼아 분파하여 언양 김씨 장무공파(壯武公派)를 형성했던 것이다. 아무튼 기창은 이러한 충절의 집안의 여식을 배우자로 맞이했고 이로 보건대, 그 역시도 부친과 마찬가 지로 비록 가문은 기울긴 했으나 양반 가문으로서의 체모는 지켜 나가고 자 했던 것 같다.

기창의 자식들

기창은 1855년 12월 3일 언양 김씨 사이에서 아들 전봉준을 낳았다. 이때 기창의 나이는 29세이고, 부인은 35세로 비교적 늦은 나이에 자식을 얻었다. 전봉준을 잉태했을 때, 조부인 석풍이 태몽을 대신 꾸었다는 이야기를 앞에서 소개한 바 있지만, 전해오는 말에 의하면 기창 역시도 태몽을 꾸었다고 한다. 즉, 기창은 한때 흥덕 소요산 암자에서 공부를 하고 있었는데, 어느 날 밤 소요산 만장봉(萬丈峰)이 목구멍으로 들어오는 꿈을 꾸었다는 것이다. 그리고 나서 아들 전봉준이 태어났는데, 용모가 출중하고 재기(才器)가 과인하며, 활달한 기상은 다른 사람에게 미칠 수 있는 풍도가 있고, 강개한 회포는 세상을 구제할 만한 뜻을 품었다고 한다.[18] 이 태몽 이야기가 얼마만큼 사실인지 알 수는 없으나 기창이 아들을 낳기 전까지만 해도 나름 과거에 뜻을 두고서 암자에 들어가 공부에 전념했다는 사실을 읽을 수가 있다.

그렇지만 자식을 낳은 후로는 그 뜻을 접을 수밖에 없었던 것이 아니었을까 한다. 이미 그의 나이도 30세에 접어들어 과거를 보기에는 이제 늦은 나이가 되기도 했지만, 과거 준비에 전념하기에는 생활 형편도 매우 어려웠을 것이기 때문이다. 더군다나 아들이 태어난 지 2년 뒤인 1857년에는 부친마저 세상을 떠나 자신이 가장으로서 집안의 생계를 책임져야만 했던 것이다. 그가 부친을 이어 당촌의 서당에서 훈장을 하기 시작한 것은 아마도 이 무렵, 이러한 상황에서 어쩔 수 없이 선택할 수밖에 없었던 것이 아니었을까 짐작된다. 그런 와중에 기창은 이후 또 하나의 아들을 낳고, 다시 그의 나이 35세 때인 1861년에 전고개(全古介)라는 딸을 낳은 것으로 보인다.

지금까지 알려지기로, 기창은 아들 전봉준 한 명만을 둔 것으로 일컬어져오고 있다. 그런데 전장수 씨의 증언에 의하면, 족보에 올리기 전에 세상을 떠난 형제 한 명이 더 있었다는 말을 선친으로부터 들어왔다고 한다. 그러면서 증조부인 전봉준 장군도 형제를 잃었지만 조부(전의천, 용현)도 형인 용규가 일찍 죽고, 부친(익선) 역시도 동생(태선)이 일찍 죽었으며,

자신 또한 동생(용석)이 일찍 죽어 모두가 독자가 되었다면서, 자기 집안의 기이한 내력을 말하고 있다.[19] 장군의 형제는 족보에 올리기 전 아주 어린 나이에 세상을 떠났기 때문에 이야기만 전해질 뿐, 그의 존재에 대해서는 어디에도 기록이 없어 알 수는 없다. 다만 그 형제는 장군의 동생이었던 것으로 생각된다. 그것은 뒤에서 보듯 전봉준 장군과 여동생 전고개와의 나이가 여섯 살 차이가 나고 또 예전에는 대체로 세 살 터울로 아이를 낳았음을 감안하면, 이들 둘 사이에 태어난 것으로 추측되기 때문이다. 그리고 이 남동생이 호적에 올리기 전에 일찍 죽은 것은, 예전에는 의료기술이 그다지 발달하지 않아 특히, 홍역을 치르면서 아이들을 많이 잃었음을 보면, 혹 이 동생도 이 같은 병을 이겨내지 못한 것이 아닌가 여겨진다.

또한 전장수 씨는 전봉준 장군에게 전고개라는 여동생이 있었다는 말을 부친으로부터 들었다고 전하고 있다. 1979년에 전장수 씨가 대학에 합격하자, 합격을 축하하기 위해 부친께서 동네(동대문 근처)에 있는 진고개(珍古介)라는 고급 한식집에 데리고 갔는데, 이 음식점의 이름을 보고서 너의 대고모할머니(전봉준 장군의 여동생) 이름과 똑같은 '고개'라고 했다는 것이다. 이에 전장수 씨는 여자 이름치고는 매우 이상하고 희한한 이름이라고 생각하면서, 혹 그분도 (동학농민혁명 후에) 처형당하지 않았느냐고 부친께 물었는데, 시집을 갔기 때문에 처형당하지 않고 잘 사셨다고만 말씀하셨다고 한다. 아무튼 이 증언을 통해 기창은 봉준 밑으로 딸 고개를 낳았다는 사실을 새롭게 확인할 수가 있다.

사실 전고개는 전봉준 장군의 여동생이면서 손여옥 장군의 부인이 되는 인물로, 지금까지 전혀 알려져 있지 않았다. 따라서 여기에서 잠시 그녀에 대해 좀 더 언급해 두고자 한다. 지금까지는 전봉준 장군의 재종매(6촌 누이)가 손여옥 장군의 후처였다는 이야기만 어렴풋이 전해져 왔을 뿐,[20] 실제 그녀가 전봉준 장군의 친여동생이었고, 이름이 전고개였다는 사실은

【전봉준 가계도】

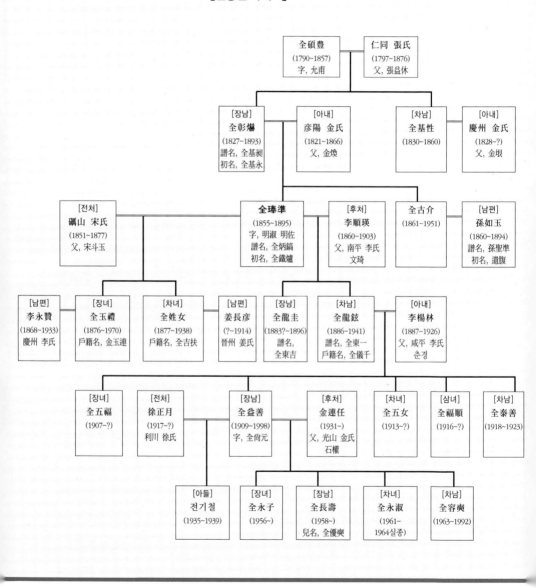

[장남]
全彰爀
(1827~1893)
譜名, 全基昶
初名, 全基永

[아내]
彦陽 金氏
(1821~1866)
父, 金煥

全碩豊
(1790~1857)
字, 允甫

仁同 張氏
(1797~1876)
父, 張益休

[차남]
全基性
(1830~1860)

[아내]
慶州 金氏
(1828~?)
父, 金垠

[전처]
礪山 宋氏
(1851~1877)
父, 宋斗玉

全琫準
(1855~1895)
字, 明淑 明佐
譜名, 全炳鎬
初名, 全鐵爐

[후처]
李順瑛
(1860~1903)
父, 南平 李氏
文琦

全古介
(1861~1951)

[남편]
孫如玉
(1860~1894)
譜名, 孫聖準
初名, 遺腹

[남편]
李永贊
(1868~1933)
慶州 李氏

[장녀]
全玉禮
(1876~1970)
戶籍名, 金玉連

[차녀]
全姓女
(1877~1938)
戶籍名, 全吉扶

[남편]
姜長彦
(?~1914)
晉州 姜氏

[장남]
全龍圭
(1883?~1896)
譜名,
全東吉

[차남]
全龍鉉
(1886~1941)
譜名, 全東一
戶籍名, 全儀千

[아내]
李楊林
(1887~1926)
父, 咸平 李氏
춘경

[장녀]
全五福
(1907~?)

[전처]
徐正月
(1917~?)
利川 徐氏

[장남]
全益善
(1909~1998)
字, 全尙元

[후처]
金連任
(1931~)
父, 光山 金氏
石權

[차녀]
全五女
(1913~?)

[삼녀]
全福順
(1916~?)

[차남]
全泰善
(1918~1923)

[아들]
전기철
(1935~1939)

[장녀]
全永子
(1956~)

[장남]
全長壽
(1958~)
兒名, 全優燠

[차녀]
全永淑
(1961~
1964실종)

[차남]
全容燠
(1963~1992)

누구도 알지 못했었다. 지난 여름(2019년 7월 19일) 동학농민혁명 참여자 유족 조사차 손여옥 장군의 손자인 손주갑 씨와 증손자 손진국 씨를 만나 면담을 했는데, 이들조차도 자신들의 할머니가 전씨였다는 것만 기억하고 있을 뿐 전봉준 장군의 여동생인 전고개였다는 사실은 물론이고, 할아버지(손여옥)가 동학과 관련이 있는지조차도 전혀 알지 못했다.[21] 그것은 동학농민혁명이 실패하고 손여옥 장군이 처형된 이후, 전고개 할머니는 자신의 가족과 자손들의 안위를 위해 동학과 관련된 모든 것을 철저하게 숨기며 살아왔기 때문이었다. 이러한 모습은 전옥례 할머니 집안에서도 똑같이 볼 수 있는데, 동학농민혁명 직후 혁명에 참여한 집안에 대한 살육의 공포가 얼마나 컸던가를 여실히 보여준다고 할 것이다. 당시 동학농민혁명에 가담했던 여타의 여러 집안에서도 이와 유사한 예는 많았을 것이라 생각된다.

제적등본과 족보에 의하면, 전고개 할머니는 1861년 4월 20일에 태어난 것으로 나타난다. 전봉준 장군보다는 여섯 살이나 연하이다. 전고개의 어린 시절의 행적은 어디에도 나타나지 않아 전혀 알 수가 없다. 다만 성년이 되어, 훗날 오빠 전봉준과 같이 혁명을 일으키고 생사를 같이 한 손여옥 장군의 후실로 들어갔다는 사실만이 어렴풋하게 전해 올 뿐이었다. 그런데 근자에 제적등본에 의해 그녀의 이름이 전고개임이 확인되고,[22] 이제 전장수 씨의 증언에 의해 재종매가 아니라 친동생임이 확인이 된 것이다.

그녀가 언제 손여옥 장군의 재취가 되었는지 확실하지 않다. 다만 그녀가 낳은 손규선(孫奎宣, 초명 桓奎, 자는 龍珠)의 생년이 1887년 11월 9일임[23]을 감안하면, 그 이전에 혼인을 했을 것으로 보인다. 그리고 혁명이 실패로 끝나고 손여옥 장군이 붙잡혀 처형되자, 그녀는 남편의 시신을 수습하지도 못한 채 가족의 안위를 위해 피신해야만 했다. 증언에 의하면, 열 살도 안 된 어린 자식을 데리고서 추운 겨울에 백양사로 피신하였으며, 이후

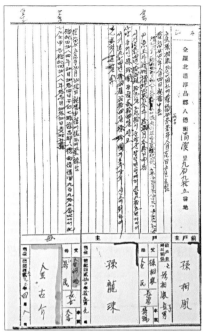

전고개의 제적등본과 무덤

선운사, 내소사, 내장사 등지를 거쳐 순창의 강천사로 피신해 들어갔다고
한다.[24] 이곳 강천사에 들어와 동자로 자란 아들 규선이 장성하여 강천사
의 주지가 되었으며, 손자, 증손자까지 본 그녀는 1951년 2월 24일 91세를
일기로 이곳 강천사에서 세상을 떠났다. 그녀의 묘는 순창군 팔덕면 청계
리(淸溪里) 대적동(大積洞)에 자리하고 있다.

상처한 후, 고부로 이사

아무튼 젊은 시절 기창은 부친 석풍과 모친 인동 장씨를 모시고서 부
인 언양 김씨와 아들 전봉준과 함께 당촌에서 생활을 했으며, 부친이 돌
아가신 뒤에는 딸 고개(古介)를 얻어 역시 다섯 식구가 한 집에서 살았다.
전장수 씨의 증언에 의하면, 기창의 부부는 금슬이 매우 좋았고, 아들 봉
준은 어머니를 무척 사랑하고 잘 따랐다고 한다. 그런데 언양 김씨는 봉
준이 12세 되던 1866년에 46세의 나이로 세상을 떠났다고 전장수 씨는

48

전하고 있다. 사실 지금까지 그녀가 언제 세상을 떠났는지는 전혀 알려지지 않았었다. 그런데 전장수 씨 집안에서는 1866년 5월 23일에 세상을 떠난 것으로 전해져 오거니와 늘 이날 제사를 지내왔다는 것이다. 아직 젊은 나이인데 어찌하여 세상을 떠났는지는 전혀 전해지지 않고 있다. 다만 그녀가 41세의 나이에 딸 전고개를 낳았는데, 혹 노산(老産)의 후유증 등이 겹쳐 일찍 세상을 떠난 것이 아니었을까 추측해 볼 뿐이다.

부인 언양 김씨가 세상을 떠난 지 1년이 지난 1867년 봄, 기창은 그의 나이 41세 때 모친과 두 아들딸을 데리고 당촌을 떠나 고부로 이사를 간다. 이는 서치형(徐致亨)의 증언[25]에서 확인할 수 있는데, 그는 조부(서원국)한테서 전봉준이 13세 때 앞마을 동네 아이들과 정월 대보름 놀이로 쥐불놀이와 돌팔매 싸움을 벌인 후, 얼마 있다가 고부로 이사 간다며 떠났다는 말을 들었다는 것이다. 사실 여러 집안사람들과 오랫동안 함께 살아온 정든 터전을 떠난다는 것은 결코 쉬운 일은 아니었을 것이다. 그런 만큼 기창이 식솔들을 데리고 고부로 이사를 한 데에는 나름의 이유가 분명히 있을진대, 지금까지 전혀 알려진 바가 없었다.

그런데 전장수 씨는 다름 아닌 아들 봉준 때문에 이사를 했다는 이야기를 선친으로부터 들었다고 전하고 있다. 어머니가 세상을 떠나자 봉준은 평소의 그답지 않게 어머니 생각에 슬퍼하며 무척이나 힘들어했다고 한다. 이처럼 실의에 빠진 아들의 모습을 본 기창은, 봉준이 모친의 생각에서 벗어나도록 하기 위해, 어려서부터 줄곧 모친과의 추억이 살아있는 당촌을 떠나 이사를 결심했다는 것이다. 그리고 다른 곳이 아닌 고부로 이사한 것은 이곳에 아내의 집안사람들이 여럿 살고 있어서, 전혀 연고가 없는 곳으로 가기보다는 여러 면에서 편리했기 때문이었다고 한다. 앞에서도 살핀 바이지만, 언양 김씨 장무공파의 파조인 김준이 태어난 곳이 바로 고부 금정(정읍시 용계동 정문마을)이었기 때문에, 아마도 처가 집안사람들이 고부 인근에 많이 거주했을 것으로 보인다.

당시 고창 당촌을 떠나 고부로 이사 온 그가 어디에 거주했는지는 확실하지가 않다. 다만 기창이 고부로 이주해 오면서 그의 부친 석풍의 묘를 당촌에서 고부 남부면 진장문 아래 차복리로 이장을 했는데, 이로 미루어 장지에서 그다지 멀지 않은 부근 마을로 이사했을 것으로 짐작된다. 그러면 진장문 아래 차복리는 어디쯤이었을까? 유재영 교수가 조사한 《전북전래지명총람》[26]을 보면, 1914년에 진장리가 입석리에 포함되고, 대정(大正) 6년(1917년)에 측도된 정읍 지도에는 진장리가 신중리와 입석리 중간에 표기되어 있다. 이로 미루어 짐작하건대, 아마도 사발통문을 모의한 고부면 신중리 죽산마을로 들어가는 입석리의 진선마을 부근으로 보이며,[27] 혹 이 마을에 거주하지 않았을까 생각된다.

아무튼 기창이 이 마을이나 그 인근에 살았다고 한다면 인접해 있는 죽산마을의 유지이며 덕망이 높고 훗날 사발통문 모의 장소를 제공한 송두호를 모르고 지냈을 리가 없었을 것으로 생각된다.[28] 훗날의 일이지만 곤장을 맞아 장독(杖毒)이 들어 운신을 못하던 기창이 죽기 전에 송두호의 배려로 고부 서부면 죽산마을로 옮겨져 치료를 받았다는 이야기가 전해져 오고 있는데,[29] 이는 그들의 관계가 이미 이때부터 오랫동안 지속되어 오면서 매우 돈독했음을 보여준다고 할 것이다. 물론 이들 둘만의 관계뿐만이 아니고, 기창의 아들 전봉준과 송두호의 아들 대화 역시도 연배가 비슷하거니와 이들 역시도 이미 이때부터 친숙하게 지내왔으리라 여겨진다.[30]

그런데 당촌에서 살다가 세상을 떠난 송암공(松庵公) 오상파(五常派) 전씨 집안사람들의 묘는 모두 당촌 인근에 자리하고 있는데, 왜 유독 기창만은 부친 석풍의 무덤을 고부 남부면 진장문하 차복리로 이장했던 것일까? 이는 기창이 남달리 풍수지리에 관심이 많았기 때문이었다고 말해지기도 한다. 그렇지만 전장수 씨의 증언에 의하면, 부친의 묘를 이장한 것은 무엇보다도 아들 봉준의 장래를 위해서였다고 하고 있다. 기창은 부친 석풍이 손자(전봉준)가 장차 큰일을 하게 될 것이라고 한 말을 굳게 믿고서, 아들(전봉준)이 훗날 잘 되도록 하기 위해 고부로 이사 와서 발견한 명당자리에 부친의 묘소를 이장했다는 것이다.

당시 이장과 관련해서 서치형은 조부인 서원국(徐源國)[31]으로부터 들은 이야기를 다음과 같이 전하고 있다.[32] 즉, 조부 서원국은 당촌에 살았던 전기술(全基述)의 맏사위였는데, 서당촌의 서당에서 성년이 될 때까지 수년 동안 처가로 3종숙(從叔) 뻘 되는 전봉준의 아버지 전기창에게 한문 공부를 배웠다고 한다. 그런데 어느 날 스승 전기창이 만나자고 하더니, 아버지 묘를 이장하려고 하니 제자들 중에 착실한 사람 두 사람을 더 골라 일을 거들어 달라고 했다는 것이다. 이에 서당 동문으로 나이가 든 죽림에 사는 김재영(金在英)과 한 살 아래인 정인민(鄭仁民)을 골라 셋이서 스승을 도와드리기로 약속하고, 윤 4월 보름날 아침에 회암재 아래 백모등에 올라 파묘하고, 유해를 백지에 곱게 싸서 순서를 매겨 집에 모셔놓았다고 한다. 그리고선 이튿날 아침 이삿짐과 함께 유해를 소달구지에 싣고 멀리 고부에 이르니 오후가 되었는데, 밤이 되기를 기다렸다가 스승이 인도하는 곳에 투장(偸葬)을 했다는 것이다.[33]

일반적으로 이장이라고는 하지만 실은 한밤중에 남의 땅에 몰래 투장을 했던 것이다. 당시 기창의 가정 형편으로 볼 때, 정식으로 땅을 매입하여 이장을 하기에는 매우 어려웠으리라 생각된다. 아무튼 이처럼 기창이 정든 당촌을 떠나 고부로 이사를 한 것이나, 또 당촌에 있던 부친의 묘지를 고부로 이장을 한 것은 오로지 자식 봉준의 장래를 위한 일념에서 행한 일이었던 것이다. 이로 보건대, 기창의 자식을 위한 마음이 남달리 얼마나 컸던가를 짐작할 수 있을 것 같다.

자식의 교육을 위해 태인으로 이주

기창이 모친과 두 자녀를 데리고 고부로 이사를 왔지만, 이사 온 지 채 1년도 못되어 또다시 태인으로 이사를 간 것으로 나타난다. 그것은 전봉준이 18세 이전에 태인 감산면 계봉리 황새마을에 살았다는 증거가 여러 곳에 보이고 있는가 하면,[34] 전봉준이 황새마을에 살면서 송씨 성을 가진 서당 선생에게 한문을 배웠다는 증언이 있고,[35] 13세 무렵 집과 서당을 오가며 종정마을(현 김제시 봉남면 행촌리 종정마을)을 배경으로 백구시를 지었다는 설명이 있음[36]에서도 알 수 있다. 이처럼 기창이 아들 봉준의 나이 13세 무렵 식솔들을 거느리고 이사 온 지 채 1년도 안되어 고부를 떠나 태인 감산면 황새마을로 이사를 갔던 것인데, 그것은 어떤 연유 때문이었을까? 이에 대해서 종래, 황새마을은 교통의 요충지로서 전주 남쪽에서 가장 큰 장시가 열리는 원평 인근에 자리하고 있어 어려운 생활을 타개하기에 비교적 좋은 조건을 갖춘 곳이기 때문에 이곳으로 이사 왔을 것이라는 견해가 피력되기도 했다.[37] 그렇지만 전장수 씨의 증언에 의하면, 기창이 이곳으로 이사해 온 것 역시도 다름 아닌 아들 봉준 때문이었다면서 매우 흥미로운 이야기를 전하고 있다.

고부로 이사 와 살던 중 어느 날, 처가댁으로 촌수가 조금 먼 집안에서 잔치가 열렸는데, 이때 기창은 어린 아들 봉준을 데리고 행사에 참석했다고 한다. 이윽고 잔치가 열리고 기창도 잔칫상 앞에서 여러 다른 양반들과 어울려 식사를 하는 중인데, 같이 식사를 하던 어느 젊은 양반이 고기전이 떨어지자 더 가져오라고 하인에게 시켰다고 한다. 그런데 한참이 지나도 반찬을 가져오지 않으니, 젊은 양반은 자신이 하인에게 무시당했다는 생각이 들었는지 무척 화가 나 있었다는 것이다. 늦게야 하인이 돌아와 머리를 조아리며, 주방에 전을 부칠 생선이 떨어져 생선을 사러 갔기 때문에 조금 더 기다리셔야 할 것 같다고 공손하게 말을 했다고 한다. 그러자 이미 화가 머리끝까지 나 있던 젊은 양반이 대청에서 마당으로 내려와 하인의 뺨을 후려갈기면서, 양반이 가져오라면 즉각 가져와야지 온갖 핑계를 대면서 하찮은 종놈이 양반의 말을 함부로 무시해 버린다며 거친 욕설을 마구 퍼부었다는 것이다.

이를 옆에서 물끄러미 바라보고 있던 어린 봉준이 대뜸 젊은 양반을 향해서, "어린 내가 보기에도 하인이 한 말은 핑계가 아니라 이치에 맞는 말 같은데, 양반이기만 하면 자기 뜻대로 안된다고 해서 아랫사람에게 말도 안 되는 억지를 마구 부려도 되고, 상놈이면 잘못한 일이 없어도 양반에게 매를 맞고 욕을 먹는 것이 조선의 올바른 법도이며, 그런 짓을 저지르는 것이 양반의 체통에 맞는가?"라고 따져 물었다고 한다. 그러자 젊은 양반은 나이도 어린 봉준이 여러 사람들 앞에서 자신의 잘못을 지적하고 책망하자, 이제 봉준과 언쟁이 붙었다는 것이다. 그렇지만 그 젊은 양반은 결국 봉준의 말을 이기지 못하고, 큰 창피를 당한 채 잔치 자리에서 일어나 빠져나갔다고 한다. 이때 옆 밥상 자리에서 이를 지켜보고 있던 어느 나이든 양반이 기창에게 다가와 아들 봉준의 똑똑함을 크게 칭찬하면서, 자신은 태인에서 아이들을 가르치는 사람인데 아들을 데려다가 공부시켜 과거시험을 치르게 하고 싶다고 했다고 한다. 이에 기창이 가르칠 돈이 없어 그렇게 하기 힘들다고 하자, 그 학자 분은 돈을 안 받아도 되니까 공부만 가르칠 수 있도록 아들을 자신에게 맡겨달라고 요청했고, 결국 기창은 이를 허락하고서 아들을 공부시키기 위해 태인으로 이사를 하게 되었다는 것이다.

전장수 씨에게 그 학자의 이름이 무엇인지 혹 들은 바가 있는지를 물어보았지만 전혀 기억에 없다고 한다. 그런데 앞에서도 언급한 바, 전봉준이 13세 무렵 종정마을로 서당을 다니면서 송씨 성을 가진 훈장에게 한문을 배웠다는 증언이 있고 보면, 이름은 알 수 없으나 아마도 그 잔칫집에서 만난 학자가 바로 이 송씨 성을 가진 훈장이 아니었을까 하는 생각이

태인 황새마을 유기그릇공장 터

든다. 아무튼 이상의 증언 내용이 사실이라고 한다면, 기창이 태인 황새
마을로 이주한 것은 오로지 아들 봉준의 교육 때문이었다고 할 것이다.

그런데 아들의 교육을 위해 태인으로 이주를 할 것 같으면 서당이 있는
종정마을로 이사하는 편이 보다 편리했을 것이라고 생각이 든다. 그러나
기창은 종정마을이 아닌 그곳에서 좀 떨어진 황새마을로 이사를 했던 것
인데, 왜 그랬던 것일까? 아마도 그것은 매우 친숙하게 지내던 사촌 형 기
필의 아들, 즉 조카인 태호가 이미 이 황새마을에 정착해 살고 있었기 때
문이 아닌가 생각된다.[38] 사실 아무런 연고가 없는 낯선 곳으로 이사한다
는 것은 결코 쉬운 일이 아니기 때문이다. 아무튼 황새마을에는 일제 말
기까지 유기그릇 제조공장이 있었다고 하고, 이 마을에 사는 송수철씨의
증언에 전봉준이 어릴 때 아버지와 함께 이 공장 객사에서 살았다는 이
야기로 미루어 짐작해보건대,[39] 당시 기창은 식솔을 이끌고서 이 마을 유
기그릇 공장의 객사로 이사와 살았던 것이 아닌가 한다.

그런가 하면 기창이 이곳 황새마을에 살 때에 아들 봉준을 데리고 집
에서 채 십 리도 못 되는 금산면 삼봉리 거야마을 김덕명 장군의 집에 가
식객 생활을 하며 살다시피 했다는 이야기도 전해지고 있다.[40] 이 증언이

사실이라면, 기창이 왜 김덕명의 집에 갔던 것이며, 어떠한 관계이기에 며칠씩이나 그것도 아들까지 데리고 기식을 할 수 있었던 것일까? 남달리 강직하고 자존감이 강한 그가 아들까지 데리고서 남의 집에 가서 기식한다는 것은 결코 생각할 수 없는 일이기 때문에 당연히 이러한 의문이 생긴다. 여기에는 분명 이들 양 집안이 그렇게 해도 괜찮을 만한 어떠한 관계가 있었음에 틀림없다고 생각된다. 그렇다면 과연 이들 양 집안은 어떠한 관계가 있었던 것일까? 이에 대해 종래에는 기창의 처가와 김덕명의 집안이 같은 언양 김씨라는 점에서 김덕명의 집안이 기창의 처가였을 것으로 여겼기 때문에 왕래가 잦았을 것이라고 생각해 왔다. 그런데 언젠가 이들 집안의 족보를 확인해 본 결과, 같은 언양 김씨라 해도 기창의 처가는 장무공파이고 김덕명의 집안은 용암공파로 결코 처가가 될 수 없다는 사실을 새롭게 알게 되었다.[41]

그렇다면 어떠한 다른 관계가 있었던 것일까? 이를 추구하기 위해 여러 족보를 살피는 중에 기창의 외가와 김덕명의 진외가가 모두 인동 장씨였다는 새로운 관계가 있음이 확인되었다. 이들 집안이 같은 인동 장씨로 어떻게 연결되어 있을까를 살펴보기 위해 이들 집안의 분파가 같은지를 좀 더 살펴보기로 했다. 먼저 기창의 외가를 살펴 본 바로, 이 집안은 여헌 장현광의 집안으로 인동 장씨 남산파(南山派)에 속해 있음이 확인되었다. 그러나 김덕명의 진외가에 대해서는 나름 살펴봤지만 아직 어느 파인지 확인되지 않고 있다. 따라서 이들 양 집안이 어떠한 관계라고 확실하게 이야기할 수는 없다. 그렇지만 더부살이할 정도로 아주 친숙한 관계였음을 감안한다면, 김덕명의 집이 처가가 아닐진대 그렇다면 기창의 이모 집이었을 개연성이 매우 크다는 생각이 들었다.[42] 사실 일반적으로 이모 집은 예나 지금이나 매우 허물없이 지내는 관계이기 때문이다. 아무튼 만일 이러한 관계가 사실이라고 한다면, 기창이 황새마을로 이사해 온 것은 이곳에 조카의 집이 있기 때문이기도 했겠지만, 인근에 이모 댁이 있었다는 것 역시도 크게 작용했을 것으로 생각된다.

자식의 공부를 위해 동곡과 소금곡으로 이주

기창은 황새마을로 이사 온 후, 약 5년 정도 살다가 그의 나이 46세 즈음에 태인 산외면 동곡리 지금실로 이사한 것으로 보인다. 그것은 전봉준이 황새마을에 살다가 어디론가 이거했다는 이야기가 이 마을에 살던 노인들로부터 전해져 오고 있거니와, 최현식 선생 역시도 황새마을에 몇 해 동안 살던 전봉준이 그의 나이 18세 때쯤에 평사낙안(平沙落雁) 명당설로 유명한 태인 산외면 동곡리로 이주하여 이곳에서 성장했다고 언급한 데에서 추정할 수가 있다.[43] 그러면 기창이 무슨 연유로 황새마을을 떠나 동곡 지금실로 이주를 한 것일까? 기창이 평소 풍수를 좋아해서 평사낙안의 길지를 찾아 산외면 동곡 지금실로 이사해왔다는 이야기도 있지만, 한가롭게 이러한 이유만으로 이사했다고 보이지는 않는다.

이에 대해서도 전장수 씨는 생생한 증언을 전해주고 있다. 즉, 동곡으로 이사 온 것 역시도 아들 봉준의 장래를 위해서였다는 것이다. 스승을 따라 태인으로 이사 온 후, 4년 여 동안 봉준은 열심히 서당을 다니면서 사서삼경(四書三經)을 모두 배우고, 과거시험을 치르기 위한 학문도 모두 익혔다고 한다. 그렇지만 봉준은 과거를 볼 생각은 하지 않고, 여러 친구들과 어울려 다니면서 시국에 대하여 얘기하는 것을 무척 좋아했으며, 동학에 대한 관심도 많았을 뿐 아니라 서양의 새로운 학문과 기술에 대해서도 많은 관심을 보였다고 한다. 이에 기창은 아들이 공부를 좀 더 열심히 해서 과거시험을 반드시 치렀으면 하는 마음이 간절했고, 이를 위해 태인의 조용하고 외진 곳인 동곡 지금실로 이사를 했다는 것이다.

그런데 산외면 동곡 지금실은 다름 아닌 훗날 동학농민혁명을 함께 이

끈 김개남 장군이 생활하던 곳이다. 이곳으로 이사 온 봉준은 곧 그와 의기가 투합하여 여러 곳을 돌아다닐 뿐, 여전히 과거시험에는 별로 관심을 보이질 않았다고 한다. 이에 기창은 봉준을 친구들과 어울리지 못하게 하고 과거시험공부에만 전념토록 하기 위해, 동곡에서 생활한 지 2년 만인 그의 나이 48세 때에 다시 동곡에서 더욱 외진 산내면 소금동[44]으로 이사를 했다고 전장수 씨는 전하고 있다. 그런가 하면 기창이 동곡 지금실에 살 때에 산에서 약초와 삼을 캐던 심마니 약초꾼들을 알게 되었고, 이후로도 이들과의 관계를 줄곧 이어갔다는 흥미 있는 이야기를 전해주고 있다. 즉, 기창은 이곳 부근에서 약초를 캐는 사람들과 만날 때면 이들을 인간적으로 대하면서 허심탄회하게 이야기를 나누었다고 한다. 배운 사람인데도 자기들을 무시하지 않고 잘 대해 줄 뿐만 아니라 성격 또한 매우 올곧고 강직함을 알게 된 약초꾼들은 기창을 매우 좋아하게 되었고, 자신들이 캔 좋은 약초는 물론이고 산삼까지도 선물로 주곤 했다는 것이다.

기창은 이들로부터 선물로 받은 약초를 다른 식구들보다는 거의 모두 아들 봉준한테만 먹였다고 한다. 기창은 약초꾼들로부터 좋은 약초를 받기만 한 것은 물론 아니었다고 한다. 당시 약초꾼들은 약재상에 헐값으로 약초를 넘길 수밖에 없고, 약재상은 자기들만의 폭리를 취하는 구조였다. 때문에 약초꾼들은 약재상들의 횡포에서 벗어나 자신들의 이득을 조금이라도 더 얻기 위해서, 기창에게 양반집 사람들과 직접 거래할 수 있도록 주선해 달라는 부탁을 했다고 하며, 이에 기창은 이들을 서로 연결해 주었다는 것이다. 물론 그러는 과정에서 연결만 시켜주었을 뿐, 기창은 중간에서 아무런 이문을 취하지 않았다고 한다.

이들 약초꾼들과의 좋은 관계는 산내 소금동으로 이사 간 후에도 계속 이어졌고, 이런 인연이 계기가 되어 기창이 나중에 고부로 다시 이사를 나온 후에는 이들의 도움을 받아 한약방을 직접 차리기도 했다고 한다. 약방을 차린 기창은 아주 적은 이문만 남기고서 약초꾼들의 약초를 양반집에 넘기는 일을 했고, 일반 백성들에게 약재를 아주 싼값에 팔았을 뿐만 아니라 가난한 사람들에게는 약재를 그냥 주는 경우도 다반사였다고 한다. 약초꾼들도 약재상에 약초를 넘기는 것보다 기창에게 넘기는 것이 훨씬 더 많은 이득을 얻을 수 있었다고 하며, 또한 기창은 이들로부터 손쉽게 약재를 넘겨받아 어려움 없이 약방을 꾸려갈 수 있었다고 한다.

아무튼 아들의 공부를 위해 동곡 지금실을 떠나 한적한 산골짜기 동네인 산내 소금동으로 이사를 갔지만, 기창이 원하는 대로 되지는 않았다. 소금동으로 들어온 다음 해에 아들 봉준은 자기보다 네 살 연상인 여산 송씨와 혼인을 했고, 1876년에 큰딸 옥례를, 이듬해인 1877년에는 둘째 딸 성녀를 연년생으로 낳았던 것이다.[45] 이렇게 해서 기창은 며느리와 두 손녀를 얻게 되었지만, 이제 어엿한 가장이 된 봉준은 가장으로서의 책임감 때문에서인지 과거시험에 대한 회의에서인지 과거시험을 접겠다는 결심을 하고서 이를 부친 기창에게 말했다고 전장수 씨는 전하고 있다. 어떻게 해서든 자신이 하지 못한 과거시험의 꿈을 자식을 통해 이루어 보고자 여러 곳을 전전하면서 온갖 노력을 다했던 기창은, 자식의 이 말을 듣고서 아마도 무척이나 상심이 컸을 것으로 여겨진다. 또한 이러한 소식을 뒤늦게 전해들은 봉준의 스승 역시 대노하여, 봉준과 사제의 인연을 끊겠다고 하면서 다시는 자신을 찾지도 말고 스승이라 부르지도 말라고 했다고 한다.

소금동으로 들어와 생활한 지 얼마 되지 않아 기창은 연로하신 모친 인동 장씨를 여의었다. 1876년 7월 16일에 향년 80세의 나이로 세상을 떠났던 것인데, 이때 기창의 나이는 50세였다. 그런데 모친이 세상을 떠난 지 채 1년도 되지 않아서 며느리인 여산 송씨(전봉준의 처)도 세상을 떠난다. 1877년 4월 24일 27세의 젊은 나이에 세상을 떠났던 것인데, 둘째 딸 성녀를 낳다가 세상을 떠났다고 전장수 씨는 증언하고 있다. 기창은 모친을 소금곡 갑좌(甲坐)의 자리에 모셨는데, 이듬해에 모친의 묘 아래 묘좌(卯坐)에 며느리도 안장시켰다고 《병술보》에 기재되어 있다. 이제 여자라곤 한 명도 없는 집에서 젖먹이 두 갓난아이를 키워야만 했던 기창과 봉준은 무엇보다도 젖을 먹일 사람을 시급하게 구해야만 했을 것이다. 전봉준이 전처와 사별하고 후처를 맞이했다는 사실은 여러 증언에 나타나고 또 《병술보》를 통해서도 확인되는데, 이처럼 재혼을 하게 된 것은 다름 아닌 두 갓난아이들을 키우기 위해서였던 것으로 보인다. 그렇다고 한다면 재혼을 한 시기는 여산 송씨가 세상을 떠난 1877년 4월 직후였을 것으로 보인다.

고부에서의 생활과 죽음

기창이 소금동으로 들어간 것은 아들 봉준이 과거시험 준비에 전념할 수 있도록 하기 위함이었다. 그런데 이제 과거시험을 접은 마당에 궁벽한 산골에 더 이상 머물 이유가 없게 되었을 것이다. 그렇지만 모친과 며느리를 이곳에 안장시킨 지 얼마 되지 않았고, 또 두 명의 갓난 손녀를 데리고 타지로 나온다는 것 또한 쉽지만은 않았을 것으로 보인다. 이 때문에 그는 당분간 이곳에 더 머물렀을 것으로 생각되지만 여러 기록과 증언에 의하면, 기창은 아들네 식구와 함께 소금동을 떠나 다시 평야지대인 고부로 나온 것으로 나타나고 있다. 그 시기가 언제였는지 확실히 알 수는 없지만 공초에 "태인에서 살았지만 고부로 이사한 지 몇 년이 된다."라고 기술되어 있음에서 고부봉기를 일으키기 몇 해 전에 이주해 나온 것을 알 수 있다. 특히, 《석남역사》[46]의 기록을 통해 좀 더 확실한 시기를 유추할 수 있는데, 이 기록을 남긴 박문규가 8세 때인 1886년 춘삼월에 조소리에 있는 전봉준 장군의 집에 가서 천자문을 배웠다는 내용으로 보아, 적어도 1886년 이전에 이주해 왔음을 짐작할 수가 있다.

고부로 나올 무렵 기창의 나이는 이미 60세에 가까웠지만 활발하게 활동했던 것으로 보인다. 조소리에서 아들 봉준이 서당을 열고 아이들을 가르칠 때에 대신해서 아이들을 관리해 주기도 했고, 이후에 봉준이 두지리에서 약방을 내었을 때에도 실제로 많은 역할을 했으리라 생각된다. 오래전부터 약초꾼들과 맺어온 인연이 약방을 여는데 큰 도움을 주었을 것이며, 또 이 무렵 봉준의 잦은 출타로 비어있는 자리를 그가 대신할 수밖에 없었을 것이기 때문이다. 앞에서 언급한 바이지만 당시 약방을 경영하면서 그는 주변 사람들에게 아주 싼값으로 약재를 파는가 하면, 어려운 사람들에게는 약재를 그냥 주는 등 인정을 베풀어 크게 인심을 얻었을 것으로 짐작된다.

그런데 기창은 여기에 그치지 않고 지역사회의 의로운 활동에도 적극적으로 참여하여, 여러 사람을 대변하는 역할을 자임하기도 했던 것으로 나타난다. 이러한 그의 활동은 결국 그를 죽음으로 내몰게 되는데, 이와 관련해서 여러 이야기가 전해져 오고 있다. 그 가운데 장봉선이 기록한 내용을 보면 다음과 같다. 조병갑이 모상(母喪)을 당하자 아첨하는 무리들이 부의(賻儀)를 주창(主唱)하고, 금 2천 냥을 분배(分配)하여 향교의 장의(掌議) 김성천과 전 장의 전승록(전기창)에게 거두어들일 방법을 의뢰하였는데, 김성천이 "조병갑은 고부군수로 재직 중에 추호의 선치(善治)도 없었으며, 기생의 죽음에 무슨 부의냐"라고 큰 소리를 쳤다고 한다. 이 말을 들은 조병갑은 독을 품고 재임 운동을 하여 다시 부임을 하고서, 이 둘을 잡아들이도록 했다. 이때 김성천은 이미 죽었으므로 전승록(전기창)만 잡아와 곤장을 난타하여 돌려보냈는데, 돌아온 지 한 달이 못되어 장독(杖毒)으로 죽었다는 것이다.[47]

그런가 하면 오지영도 기창의 죽음에 대해 기술하고 있는데, 다음과 같은 내용이다. 고부의 백성들이 극도로 격분하여 떨쳐 일어났다. 이때 장두(狀頭)로 전창혁(전기창), 김도삼, 정일서 세 사람이 나섰고, 이 중에 전창혁(전기창)이 수장두(首狀頭)가 되었다. 고부 백성들은 여러 원통한 사정을 들어 조병갑에게 등소(等訴)했는데, 조병갑은 이를 난민(亂民)이라 하여 장두 세 사람을 곧 때려 가두고, 전라감영에 보고하여 이들을 감영으로 옮겨 가두었으며, 여러 백성들은 두들겨 몰아냈다. 이때 전라감사 김문현(金文鉉)은 장두들이 백성들을 충동하여 난을 일으킨 것이라 하여 엄한 형벌로 장두들을 징벌한 후, 고부 본옥(本獄)으로 내려보내 엄형납고(嚴刑納侤)하라 하니, 장두 세 사람은 모두 고부에 내려와 중장(重杖)을 맞고 옥중에 갇혔던 바, 수장두 전창혁(전기창)은 마침내 옥중에서 죽고 말았다는 것이다.[48]

위에 소개된 두 가지 내용은 약간의 다름은 있지만, 전기창이 고부의 억울한 민중을 대표해서 조병갑의 탐학에 항거하다 조병갑의 분노를 사게 되고, 끝내 옥에 갇혀 매질을 당해 죽었다는 공통된 내용을 담고 있다. 당시 기창은 60세를 훨씬 넘긴 노인이었지만 결코 불의에 굴하지 않고, 적극적으로 민중을 대변하는 삶을 살아왔음을 잘 보여주고 있는 것이다. 고부 조소마을 부근에서는 훗날까지 "산 사람 열이 죽은 승록(기창)을 당하지 못한다."라는 말이 전해지고 있는데, 이는 바로 그의 이 같은 불굴의 삶과 관련해서 나온 말이라 생각된다.

기창이 언제 죽었는지에 대해서도 그간 여러 이야기가 전해져 오고 있다. 갑오년(1894년) 봄에 죽었다는 기록이 있는가 하면,[49] 조병갑이 고부군수로 재임된 1894년 1월에 장살되었다고 전해져 오기도 한다.[50] 그런가 하면 신복룡 교수는 갑오농민혁명 직전 전봉준이 나들이할 때면 상주들이 쓰는 방갓(方笠)을 쓰고 있었고, 전봉준이 전주화약을 맺고 있을 무렵인 6월경에 부친의 소상(小祥)을 맞이했다는 증언을 바탕으로, 1893년 6월경에 죽었을 것으로 추정하였다.[51] 그런데 전장수 씨의 증언에 의하면, 기창은 그의 나이 67세 때인 1893년 6월 23일에 조병갑에게 잡혀가 태장을 심하게 맞아서 죽었다는 확실한 날짜까지 전하고 있다.[52] 이 날짜는 이이화 선생이 추정하고 있는 날짜[53]와도 거의 비슷하다.

다음으로 기창이 죽은 뒤 어디에 묻힌 것일까? 이에 대해서는 지금까지 전혀 알려진 바가 없었다. 그런데 언제부터인가 정읍시 이평면 전봉준 장군 단소에서 가까운 곳에(정읍시 이평면 창동리 산 10-1) 그의 묘가 조성되었는데, 누구에 의해 어떠한 연유로 이곳에 묘를 조성했는지는 알 수가 없다. 아마도 전기창이 조소리에 살 때에 세상을 떠났기 때문에 천안 전씨 문중에서 고택에서 가까운 이곳에 묏자리를 만든 것이 아닌가 한다. 1970년대부터 필자는 수차례 조소리의 고택과 단소를 방문한 바가 있지만 이 묏자리가 위치해 있는 곳은 논밭이었을 뿐 무덤이라곤 없었던 것으로 기억한다.

전해오는 이야기에 의하면, 기창이 태장을 맞아 장독에 걸려 운신을 하지 못했을 때, 신중리 죽산마을 송두호의 배려로 이 마을 언저리로 옮겨와 치료를 받게 했으나 끝내 죽고 말았다고 한다.[54] 이 이야기가 사실이라고 한다면, 기창은 조소리가 아니라 신중리에서 상을 치렀을 개연성이 크고, 그 인근에 안장하지 않았을까 라는 생각이 든다. 그런데 전장수 씨의 증언에 의하면, 기창의 묘가 신태인 백산에 있다고 전하고 있다. 즉, 기창이 세상을 떠나자 전봉준 장군은 좋은 명당자리를 찾아서 신태인 백산에 묘를 만들고 안장했다는 것이다. 그리고 전장수 씨의 부친(전익선)은 추석 전 벌초하러 갈 때면, 제일 먼저 비봉산에 있는 증조부(전봉준)의 묘소를 벌초하고, 다음으로 신태인 백산에 있는 고조부(전기창)의 묘소를 벌초한 후, 함평 곤봉산으로 내려가 조부(전의천)의 묘소를 벌초하고서 서울로 돌아온다고 했다고 한다.[55] 그렇지만 전장수 씨는 백산에 있는 고조부의 묘에 가본 적이 없어, 백산 어느 곳에 묻혀있는지는 확인되지 않는다.

3. 전봉준 장군의 신상과 유동생활

전봉준이란 인물을 모르는 이는 아마도 드물 것이다. 그는 우리 근대사에 있어서 매우 중요한 인물 중 빼놓을 수 없는 사람이기 때문이다. 그럼에도 불구하고 그의 신상이나 행적은 여전히 많은 부분이 불확실하며 제대로 밝혀지지 않고 있다. 근자에 들어 극히 제한된 자료나 증언을 통해서 그에 관한 새로운 내용들이 조금씩이나마 밝혀지고 있는데, 고무적인 일이라고 생각한다. 그렇지만 여러 책자나 인터넷 등에 전봉준 장군을 소개하는 내용을 보면, 아직도 수정되지 않고 예전 그대로 잘못된 내용이 버젓이 수록되어 곡해를 불러일으키고 있다. 그것은 동학 혹은 전봉준 연구자들의 게으름에서 기인하는 것이기도 하겠지만, 전봉준 장군의 신상과 행적에 관해 정확하고 확실하게 정리된 글이 아직도 미진하기 때문이 아닌가 한다. 이에 필자는 근자에 새롭게 발굴된 자료와 증언을 통해 그간 베일에 가려져 온 전봉준 장군에 관한 새로운 내용들을 밝힌 바 있는데, 이를 바탕으로 기존에 잘못 알려진 전봉준 장군의 신상에 관한 내용과 행적에 대해 바르게 정리해 놓고자 한다.

1) 이름과 출생(출생 연도, 출생지)에 관하여

봉준의 다른 이름들

전봉준 장군에 관한 여러 서적이나 설명문을 보면, 여러 다른 이름으로 표기되어 있어 자칫 오해를 불러일으킬 수도 있는 경우가 없지 않다. 때문에 먼저 전봉준 장군의 이름에 대해서 정리해놓도록 하겠다. 전봉준 장군의 아버지인 전기창도 앞에서 살핀 바와 같이 여러 이름으로 불려왔지만 그 역시도 부친 못지않게, 아니 그보다 훨씬 더 많은 호칭으로 불려왔다. 일본 영사가 신문하는 중에 "너의 이름은 한두 가지가 아니니 도대체 몇 개나 되는가?"라고 묻고 있음에서, 갑오농민혁명 당시에도 그는 여러 이름으로 불려왔음을 짐작케 한다. 종래 전봉준 장군은 봉준이라는 이름을 비롯해서 자는 명숙(明淑), 호는 해몽(海夢), 별호로 녹두(綠豆)로 불렸고, 이 밖에 김봉집(金鳳集), 김봉균(金鳳均)이라는 가명을 쓰기도 했다고 한다.[56] 그리고 이제는 위보로 밝혀졌지만 1966년 간행된 《천안전씨대동보》에 근거하여 한때 영준(泳準)으로 알려져 오기도 했다.

그런데 근자에 발견된 《병술보》에 의하면, 그의 이름이 병호(炳鎬)로 기재되어 있거니와 초명은 철로(鐵爐)이고 자는 명좌(明佐)였다고 기재되어 있어, 새로운 이름들이 더 추가가 된다. 여기에 초명으로 기록된 철로라는 이름은 1862년에 간행된 《임술보》에 보면 본명으로 기재되어 있어, 그의 처음 이름이었다는 사실이 확인이 된다. 전봉준 장군은 어려서 씨화로 혹은 쇠화로라 불리기도 했다는데, 그것은 철로라는 이름을 쓴 것과 관련한 것으로 생각된다. 그리고 병호라는 이름을 쓴 것은 《병술보》가 간행이 되는 1886년 즉, 그의 나이 32세 이전에 개명하여 썼던 것으로 보인다.

그런가 하면 《신미보》를 보면 봉준이라는 이름으로 기재되어 있고, 이에 부기(附記)해서 초명은 철로이며, 또 다른 이름은 병호라고 되어 있다. 이처럼 봉준이라는 이름은 《신미보》에 처음 보이는 것으로 보아, 《병술보》가 간행이 되는 1886년 이후 언제인가 병호에서 다시 봉준이라는 이름으로 개명한 것이 아닌가 생각된다. 그리고 그의 자(字)가 《병술보》에는 명좌로 기록되어 있으나 《신미보》에는 명숙으로 기록되어 있다. 일반적으로 명숙으로 알려져 있지만, 혹 두 개의 자(字)를 사용했는지 아니면 어느 하나가 오자(誤字)인지는 분명하지 않다. 다만 이후 간행이 된 《병인보》에는 《신미보》와 같이 명숙으로 기재되어 있다.

이상에서 전봉준 장군의 이름과 호칭에 대해 살펴보았는데, 일반 사람들에 비해 매우 많은 호칭을 가지고 있음을 알 수 있다. 본서를 서술하면서는 이미 일반적으로 잘 알려진 봉준이라는 이름으로 기술했는데, 이하에서도 비록 여러 다른 이름으로 기재된 자료의 내용이라 할지라도 번잡함을 피하기 위해 봉준이라는 이름으로 통일하여 서술하고자 한다.

출생 연도와 출생지

다음으로 전봉준 장군의 출생 연도와 출생지에 대해 살펴보도록 하겠다. 《병술보》가 발견되기 이전까지만 하더라도 전봉준 장군의 출생에 관한 내용은 매우 불분명했다. 즉, 그가 언제 출생했는지, 또 어디에서 출생했는지 여러 주장들이 분분했었다. 그럼 그의 출생 시기에 대해 먼저 정리해 놓도록 하겠다. 종래 이홍직 선생의 《국사대사전》에는 1854년생으로 기록되어 있고, 차상찬(車相瓚) 역시도 〈근세사상의 동학당 수령 전봉준 (1)〉[57]이라는 그의 글에서 무엇을 근거로 삼았는지는 모르겠으나 1854년 (甲寅) 4월 11일에 전봉준이 출생했다고 서술해놓았다. 이 때문에 한동안 전봉준 장군은 1854년에 출생한 것으로 알려져 왔다. 그런데 전봉준 장군이 체포된 후, 1895년 2월 9일에 처음 심문을 받을 당시, 나이를 묻는 일본 영사의 질문에 장군은 자신의 나이를 41세라고 공술(供述)하고 있다.[58] 따라서 이를 기준으로 추산해 보면 전봉준 장군의 생년이 1855년이라는 사실을 쉽게 알 수가 있다.

예전에 우리나라의 나이는 태어나면서 한 살을 먹은 것으로 계산하는 것이 통상적이었다. 때문에 만 나이로 계산하는 것과는 대체로 한 살의 차이가 나는 것이 일반적이다. 심문을 받을 당시 전봉준 장군이 자신의 나이를 41세라 말한 것은 예전 방식대로 통상적으로 일컫는 나이이다. 따라서 그의 만 나이는 41세에서 한 살을 뺀 40세가 맞는다고 해야 할 것이다. 출생연도를 공식적으로 말을 할 경우에는 당연히 만 나이로 계산을 해야 하는 것이기 때문에 1895년에서 40세를 뺀 1855년이 장군의 확실한 공식적인 출생 연도라 할 것이다. 이전에 1854년생으로 알려지게 된 것은 만 나이가 아닌 통상적인 나이인 41세로 계산했기 때문에 일어난 오류가 아니었을까 한다.

이제 전봉준 장군이 1855년생이라는 데에 이의를 제기하는 사람은 한 사람도 없다. 그것은 앞의 설명에서 알 수도 있지만, 근자에 《병술보》가 발견됨으로써 그의 생년뿐만 아니라 확실한 생일까지도 확실하게 밝혀졌기 때문이다. 즉, 《병술보》에 전병호, 즉 전봉준은 철종 을묘년(1855년) 12월 3일에 태어났다고 기록되어 있다. 이로써 그의 생년월일은 1855년 12월 3일이라는 사실이 확실하게 확인되었다. 물론 이 족보가 만들어질 당시에는 일반적으로 음력이 사용되던 때이므로, 《병술보》에 기재된 생년월일은 당연히 음력으로 기록된 것이다. 따라서 전봉준 장군의 생년월일을 양력으로 환산한다면 1856년 1월 10일이 된다. 2007년부터 매년 천안 전씨 고창 종친회 주관으로 고창 당촌에서 전봉준 장군 탄신제를 올리고 있는데, 바로 양력으로 환산한 이날에 맞추어서 행사를 치르고 있다.

이어서 전봉준 장군이 어디에서 태어났는지에 대해 정리해 놓도록 하겠다. 종래 전봉준 장군의 출생지에 대해서도 많은 주장들이 난무했었다. 일찍이 《동학사》를 쓴 오지영은 고창현 덕정면 죽림리 당촌에서 태어났다고 주장하였다.[59] 그렇지만 이후 김상기 선생은 갑오년(1894년) 동학농민혁명이 일어날 당시 전봉준 장군이 조소마을에 살았다는 사실을 바탕으로, 고부군 궁동면(宮東面)[60] 장내리 조소마을에서 태어났다고 주장하였다.[61] 그런가 하면 전봉준 장군이 전주에서 태어나 어려서 태인현 감산면 계봉리(桂峰里)[62]로 이주하였다는 장봉선의 주장[63]을 바탕으로, 전주에서 출생했다는 설이 제기되기도 했다. 또한 최현식 선생은 1895년 2월 9일에 행해진 일본 영사의 심문에서 "어디에 사는가?"라는 질문에 "태인 산외면 동곡에 산다"라는 장군의 대답을 근거로, 한때 태인현 산외면 동곡리 지금곡(知琴谷, 지금실이라고도 함)에서 태어났다고 했고,[64] 신복룡 교수는 옹경원(邕京源)의 증언을 바탕으로, 고부군 궁동면 시목리(柿木里, 속칭 감냉기)에서 태어났다는 주장을 제기하기도 했다.[65] 그리고 근자에 우윤 씨는 《병술보》에 전봉준의 조부인 석풍의 묏자리가 고부 남부면(南部面) 진장문하(鎭長門下) 차복리전(次福里前)에 있다는 것을 근거로, 고부군 남부면 진장과 차복리 부근에서 태어났다는 주장을 제기한 바 있다.[66]

이처럼 출생지에 대해 여러 주장이 제기되었지만, 그 대부분은 오해에서 비롯된 잘못된 주장인 것으로 이미 밝혀졌다.[67] 다만 이 가운데 고창 당촌에서 출생했다는 주장만이 줄곧 유력하게 받아들여져 왔던 것인데, 이 역시도 이후 《병술보》를 통해서 보다 확실하게 입증되었다.[68] 이미 앞에서 서술한 전봉준 장군의 선대 집안의 내력에서 살폈듯이,[69] 장군의 선대 집안은 충청도 아산시 배방읍 회룡리에 있는 배방산 부근에서 세거해 오다가 전봉준의 7대조인 언국의 대(代)에 전라도 지역으로 이주해 왔다. 전라도로 온 이들 집안은 후징 대에 태인에 정착한 후 남원, 순창 등지를 거쳐 도신 대에 임실 강진에 정착하였다. 이후 도신의 아우 덕신의 자손들은 강진에서 순창으로 새로운 터전을 찾아 떨어져 나와 흩어져 살았지만, 전봉준 장군의 할아버지인 석풍 대에 이르러 임실 강진과 순창에 흩어져 살던 이들 전씨 집안은 고창 당촌으로 이주해 와 다시 함께 모여 살게 되었던 것이다. 이로부터 이들 집안은 갑오농민혁명 때까지도 이곳 당촌에서 계속 거주하는데, 전봉준 장군은 바로 이곳 당촌에서 부친인 전기창과 모친 언양 김씨 사이에서 1855년 12월 3일에 태어났던 것이다.

2) 당촌에서 고부, 태인으로 이사

당촌에서의 생활

이미 앞에서 언급한 바이지만 전봉준 장군이 태어날 무렵 부친 기창은 소요산 만장봉(萬丈峰)이 목구멍으로 들어오는 꿈을 꾸었다고 하고, 또 조부인 석풍도 자신을 태운 백호가 산을 넘어서 쏜살같이 달려가더니 자기의 집으로 들어가서 부엌으로 달려드는 꿈을 꾸었다고 한다. 부친과 조부의 이 같은 예사롭지 않은 태몽 때문인지, 1855년 겨울에 출중한 용모와 활달한 기상을 지닌 전봉준이 태어났던 것이다. 때문에 봉준은 태어나면서부터 장차 큰 인물이 될 것이라는 집안사람들의 기대를 한껏 모았을 것이다. 더군다나 장군의 집안은 대대로 손이 매우 귀했었다. 큰집인 석운의 집안은 외아들 기필만을 두었고, 장군의 조부인 석풍도 기창과 기성 두 아들만을 두었을 뿐이다. 또한 다음 대에도 기필은 외아들 태호만을 두었고, 기창 역시 외아들 봉준만을 두었으며, 기성은 자식이 없어 양자를 입적시켜 대를 잇게 했다. 때문에 봉준은 태어나면서부터 매우 애지중지 자랐을 것으로 생각된다.

그런데 봉준이 태어난 지 1년 반 정도 되던 1857년 5월에, 자신을 무척

고창군 고창읍 죽림리 당촌마을 전경(드론 촬영)

이나 사랑하고 귀여워 해주던 조부 석풍이 세상을 떠난다. 막 젖을 떼면서 재롱을 한참 부리던 봉준의 기억 속에 조부의 모습이 어렴풋하게나마 남아있었을까? 조부가 세상을 떠난 지 얼마 지나지 않아서 봉준에게는 동생이 생겨난 것으로 보인다. 전봉준 장군에게 남동생이 있었다는 사실은 전장수 씨의 증언에 처음으로 나타나는데, 족보에 올리기 전 아주 어린 나이에 세상을 떠났다는 이야기만 전해질 뿐, 그의 존재에 대해서는 전혀 알려진 바는 없다. 다만 증언에서처럼 장군에게 남동생이 있었을 거란 심증이 가는 것은, 장군과 여동생인 전고개와의 나이 차가 여섯 살임을 감안하면, 그 사이에 동생이 한 명 더 있었을 거라 추측되기 때문이다. 그리고 봉준의 나이 일곱 살 때인 1861년 4월에, 여동생 전고개가 태어난다. 이로써 봉준은 외아들로서의 외로움을 달랠 수 있었을 것이다.[70] 이처럼 봉준은 할머니와 부모 슬하에서 젖먹이 어린 여동생과 함께 단출하게 어린 시절을 지냈던 것으로 보인다.

봉준은 부친이 마을 서당에서 훈장을 하고 있었기 때문에 일찍부터 부친을 따라 서당에 가 놀기도 했었을 것이다. 그리고 아마도 5세 무렵부터는 서당에서 정식으로 천자문을 배우기도 했을 것이고, 그러면서 자연스럽게 서당에서 공부하던 여러 학동들과도 어울리며 지냈을 거라 생각된다. 그런가 하면 당촌마을에는 두호, 태호, 종우, 종렬, 종길, 종철 등 집안의 동생과 형들이 있고, 또 조카뻘이지만 같은 나이 또래인 운룡, 용수, 상수 등도 있었기에[71] 이들 친척들과도 잘 어울리면서 우애를 쌓았을 거라 짐작된다.

그런가 하면 동네 아이들과도 어울리면서 호연지기(浩然之氣)를 키워나갔던 것으로 보인다. "전봉준이 13세 때 앞마을인 도산리, 앵가리 동네와 정월 대보름 놀이로 고창천을 사이에 두고 쥐불놀이와 돌팔매 싸움에서 이긴 후, 얼마 있다가 고부로 이사 간다고 하며 떠났다"라는 서치형의 증언[72]을 보면, 이를 짐작할 수가 있다. 앞서 언급했듯 어려서 그의 이름은 철로(鐵爐)였는데, 씨화로 혹은 쇠화로라고도 불렸다. 비록 체구는 작았으나 그의 이름처럼 단단하고 야무져서, 동네 아이들과 어울릴 때면 항상 대장 역할을 했다는 이야기가 전해져 오기도 한다.

그런데 어린 봉준에게 그의 생애 첫 큰 슬픔이 찾아온다. 그의 나이 12세 때인 1866년 5월에 누구보다도 자신을 사랑으로 늘 감싸주던 어머니가 46세의 젊은 나이로 세상을 떠난 것이다. 증언에 의하면 봉준의 부모는 금슬이 매우 좋았다고 하고, 대부분의 자식들이 그러하지만 봉준 역시도 어머니를 무척이나 따랐다고 한다. 그도 그럴 것이 손이 귀한 집안인데 자식 하나를 잃은 모친은 외아들 봉준에게 지극한 사랑을 쏟으며 늘 감싸주었을 것이기에, 봉준이 역시도 모친을 무척이나 따랐을 것이다. 때문에 모친의 죽음은 어린 봉준에게 형언할 수 없는 큰 충격을 주었을 것으로 생각된다. 이후 모친을 그리워하는 마음에 봉준은 평소 그답지 않게 매일 슬픔에 빠져 힘들어했다고 한다. 이에 부친 기창은 실의에 빠진 아들이 슬픔에서 벗어나도록 하기 위해 모친과의 추억이 살아있는 당촌을 떠나 이사해야겠다는 어려운 결정을 했다고 전장수 씨는 증언하고 있

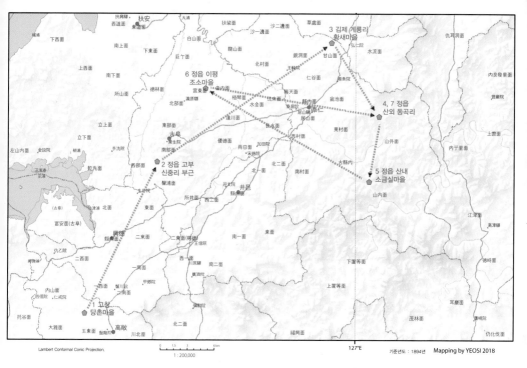

다. 사실 여러 집안사람들과 정을 나누며 오랫동안 살아온 터전을 떠난다는
것은 결코 쉬운 일은 아니었을 텐데, 그럼에도 불구하고 이런 결심을 한 것
은 그의 자식 사랑이 얼마나 컸던가를 여실히 보여준다고 할 것이다.

고부와 태인에서의 생활

　모친이 세상을 떠난 1년 뒤인 1867년 봄에, 봉준은 아버지를 따라 할
머니와 여동생과 함께 고부로 이사를 간다. 고부는 봉준의 외가인 언양
김씨 장무공파의 파조인 김준(金浚)이 태어난 금정마을이 있는 곳으로, 외
가의 집안사람들이 주변 여러 곳에 거주하고 있는 곳이기도 하다. 아마
도 이러한 연고가 있기 때문에 고부로 이사해 오지 않았나 싶다. 모친을
잃은 슬픔을 잊도록 하기 위해 당촌을 떠나온 것이기는 했으나, 한편으
로 외가의 여러 친척들이 있음으로 오히려 정신적으로 포근함을 느낄 수

정읍시 고부면 입석리 진선마을

도 있었을 것으로 생각된다. 고부로 이사 온 지 얼마 안 되어 아버지를 따라 외가의 친척집 잔치에 참석했다는 증언에서도 짐작할 수 있듯이, 주변에 사는 여러 외가의 인척들을 만나면서 적으나마 친지들의 정을 느꼈으리라 여겨진다.

전봉준이 부친을 따라 이사해 온 곳이 어디인지 확실치는 않지만 고부 입석리의 진선마을 부근으로 추정된다. 이곳은 다름 아닌 훗날 사발통문을 모의한 고부면 신중리 죽산마을과 인접해 있는 곳이다. 따라서 이곳으로 이사 와 살면서 기창은 신중리의 유지로서 덕망이 높고 연배가 비슷한 송두호와 잘 알고 지냈을 것으로 생각되거니와 봉준 역시도 연배가 비슷한 송두호의 아들 송대화는 물론이고 주변의 여러 또래들과도 이미 이때부터 친숙하게 지냈을 것이라 여겨진다. 훗날 기창이 장독으로 운신을 못할 때 송두호의 집에서 치료를 받았고, 사발통문을 송두호의 집에서 작성했던 것은, 이미 이때부터 이들 집안과의 돈독한 관계가 줄곧 이어왔음을 보여주는 것이다.[73]

그런데 그것도 잠시, 고부로 이사 온 지 채 1년도 못 되어 봉준은 식구들과 함께 다시 태인으로 이사를 간다. 태인으로 이사를 하게 된 것은 앞

전봉준 장군이 공부한 서당이 있던 종정마을

에서도 언급했지만, 외가 친척집 잔치에서 우연히 만난 훈장의 배려로 그에게 학문을 배우기 위함이었다.[74] 봉준네 식구가 이사를 간 곳은 태인 감곡면 황새마을인데, 이곳은 서당이 있는 종정마을에서 그다지 멀지 않은 곳이고 가까이 지내던 6촌 형 태호가 살고 있는 곳이기도 하다. 마침 이 마을에는 유기그릇 공장이 있고, 공장에 객사가 딸려있는데 이곳에서 살았다는 이야기가 전해져온다. 아무튼 이곳으로 이사 온 봉준은 매일 원평 천변 논두렁길을 따라 종정마을 서당을 오가곤 했을 것이다. 이 길을 오가면서 종정마을을 배경으로 그의 나이 13세 무렵 지었다는 백구시(白鷗詩)[75]가 전해져 오고 있는데, 그 내용은 다음과 같다.

自在沙鄉得意遊(자재사향득의유)
스스로 모래밭에 마음껏 노닐 적에

雪翔瘦脚獨淸秋(설상수각독청추)
흰 날개 가는 다리로 맑은 가을 홀로 즐기누나.

蕭蕭寒雨來時夢(소소한우래시몽)
쓸쓸히 찬비 내릴 때 꿈에 잠기고

往往漁人去後邱(왕왕어인거후구)
때때로 고기잡이 돌아가면 언덕에 오르네.

許多水石非生面(허다수석비생면)
허다한 수석은 낯설지 아니하고

閱幾風霜已白頭(열기풍상이백두)
얼마나 많은 풍상을 겪었는지 머리 희었도다.

飮啄雖煩無過分(음탁수번무과분)
마시고 쪼는 것이 비록 번거로우나 분수를 알지니

江湖魚族莫深愁(강호어족막심추)
강호의 물고기들이여 깊이 근심치 말지어다.

이 시의 내용에는 늠름한 기상이 엿보이고 표현에 있어서도 매우 품격이 있다. 이 시가 진정 그가 13세 무렵 지은 것이라 한다면, 봉준은 한학에 비범한 재능이 있었다고 할 것이다.

아무튼 황새마을로 이사 온 것은 보다 나은 생활 터전을 찾아온 것이 아니라 오로지 봉준을 공부시키기 위해서였던 것이다. 때문에 이들 집안 형편은 매우 궁색할 수밖에 없었을 거라 여겨진다. 유기그릇 공장의 객사에 머물게 된 것도 이처럼 어려운 가정 형편과 관련이 있다고 생각되거니와 혹 부친인 기창 아니면 할머니가 이 공장에서 일을 했을지도 모른다는 생각이 들기도 한다. 또한 봉준은 이곳에 살면서 간혹 아버지를 따라 채 십 리도 떨어지지 않은 금산면 삼봉리 거야마을 김덕명의 집에 가곤 했고, 이 집에 며칠씩이나 기식하며 머물기도 했다고 한다. 앞에서 살핀 바이지만 김덕명의 집은 다름 아닌 이모할머니 댁이었던 것 같고,[76] 허물이 없는 인척이기에 자주 찾아와 머물기도 했던 것이지만, 집안 형편이 어려웠기 때문에 간혹 찾지 않았나 하는 생각도 든다.

김덕명 장군이 살던 마을 김제시 금산면 삼봉리 거야마을

전봉준 장군이 김덕명 장군과 친숙하게 지내기 시작한 것은 바로 이때 부터인 것으로 보인다. 김덕명은 불우한 친척과 이웃에게는 많은 것을 베 풀면서도 일족이라 해도 부당한 짓을 하는 자를 보면 참지 못하는 성격 을 가졌다고 한다.[77] 이러한 점은 전봉준 역시도 비슷했거니와 아마도 이 들 두 사람은 비슷한 성정으로 곧바로 의기투합했을 것이라 충분히 짐작 이 된다. 당시 김덕명은 전봉준보다 10년 연상으로 20대 중후반의 나이여 서 가정도 꾸렸을 것으로 보이며, 형님으로서 봉준에게 많은 조언을 하는 등 여러 면에서 영향을 끼쳤으리라 생각된다. 바로 뒤에서 언급하겠지만 전봉준이 이 무렵에 서학은 물론이고 동학에도 많은 관심을 보였다는 것 인데, 그것은 바로 이 무렵 김덕명과 교류하면서 그로부터 영향을 받은 것 이 아닌가 여겨진다. 김덕명 장군이 동학농민혁명 직전에 금구의 대접주 로 활동했었다는 점을 감안한다면, 그는 일찍이 청년 시절부터 동학에 가 입했을 것으로 보이기 때문이다.

전봉준 장군이 황새마을에 살고 있으면서 서당을 다닐 무렵에, 이미 동 학에 관심을 가졌다는 것은 전장수 씨가 증언하고 있다. 즉, 태인으로 이 사 온 봉준은 4년여 동안 사서삼경을 모두 배우는 등 과거시험을 치르기

김덕명 장군 납골묘 김제시 금산면 삼봉리 거야마을 선영

위한 학문을 모두 익혔고, 시국에 대해 얘기하는 것을 무척 좋아했으며, 동학에 대한 관심도 많았을 뿐 아니라 서양의 새로운 학문과 기술에 대해서도 많은 관심을 보였다는 것이다. 그렇지만 서양의 학문과 기술에는 '사람다움'이 없어서, 우리 조선인에게는 그대로 가져다 쓸 수 없는 학문이라고 말을 했다고 한다. 그러면서 늘 "사람은 사람답게 살아야지 사람이 된다."라는 말을 했다고 하는데, 이 말은 그의 아들 용현을 거쳐 손자인 익선은 물론이고 증손자 장수에게까지 전해져 왔다고 한다.[78]

아무튼 봉준은 태인으로 이사 와 종정마을 서당을 다니며, 과거시험을 치르기 위한 충분한 학문을 익혔던 것으로 보인다. 그렇지만 한편으로 동학과 서학 등 여타의 학문 세계에도 관심을 가지는가 하면, 당시 암울한 시국에 대해서도 관심을 가지기 시작했을 것으로 여겨진다. 이처럼 넓은 시야로 세상을 새롭게 보게 되면서, 봉준은 자신이 가야 할 길에 대해서도 많은 고민을 했을 것으로 보인다. 누구보다도 의협심이 강한 그는 지금까지 자신의 입신양명만을 위해 달려온 길이 얼마나 편협하고 이기적인 것이었는지를 아마도 부끄럽게 느꼈을 것이다. 그러면서 무엇보다도 잘못된 세상을 바로잡는 것이 앞으로 자신이 해야 할 중요한 일이라는 새로운

의식이, 점차 자신의 가슴과 머리 깊숙이 자리 잡아가지 않았을까 한다.

이에 따라 지금까지 해 온 과거시험 준비는 당연히 소홀해질 수밖에 없었을 것이고, 한편 노심초사 공부를 열심히 해서 과거시험을 반드시 치르기를 열망해 온 아버지 기창의 마음은 매우 초조해졌을 것이라 여겨진다. 황새마을에 산 지 5년 정도 되던 해에 기창이 식솔을 데리고 산외면 동곡리 지금실로 이사를 하게 되는데, 이는 봉준이 흐트러진 마음을 붙들고서 오로지 과거시험 준비만을 할 수 있도록 하기 위해, 조용하고 외진 이곳으로 이사해 온 거라고 전장수 씨는 전하고 있다.

3) 유동생활 중 동지들과의 만남

김개남과의 만남

동곡리 지금실로 이사 올 당시 전봉준의 나이는 18세 무렵으로 보인다. 따라서 이제 청년기로 접어들어, 자신의 앞길을 스스로 책임질만한 나이가 되었던 것이다. 그렇지만 부친 기창은 아들이 과거시험에 급제하여 입신양명했으면 하는 오래전부터의 기대를 쉽게 포기할 수 없었고, 때문에 아들이 공부에 전념할 수 있도록 산지로 둘러싸인 한적한 지금실로 이사를 온 것이다. 그러나 난세에 처한 현실 사회를 목도하고서 수많은 번민 속에서, 자신이 가야 할 새로운 길을 이미 설정해 놓은 봉준의 마음을 되돌리기는 어려웠다. 더군다나 새로 이사 간 동곡 지금실은 훗날 그와 생사를 같이 한 김개남이 활동하고 있는 곳으로, 바로 이 무렵 전봉준과 그와의 운명적인 만남이 이루어지게 되었던 것이다.

김개남은 1853년생으로 봉준보다 두 살 연장이다. 그는 산외면 정량리 원정마을에 살면서 19세 때에 연안 이씨와 결혼을 하지만 그해 가을에 사별을 하였다. 이후 전주 이씨와 재혼을 하면서 큰형으로부터 분가하여,

집안의 선산이 있고 또 어려서부터
자주 와서 놀던 지금실로 이사를
와 살고 있었다.[79] 바로 김개남이 지
금실로 이사 온 때를 전후로 한 시기
에 전봉준도 여러 식구들과 함께 이
곳으로 이사해 왔던 것이다. 또한
전봉준이 이미 과거시험을 볼 만큼
의 충분한 학문적 지식을 갖추었던
것이지만 김개남 역시도 처가가 있
는 임실에서 서당의 훈장을 했던 서
생으로 학문적 소양을 지녔고,[80] 나
름 현실 문제에 상당한 관심을 가지
고 있거니와 또한 호방한 성격의 소

김개남 장군으로 전해지는 사진(확인 불가)

유자였다. 이처럼 연배도 엇비슷하고 현실에 대한 인식도 공유하는 두 젊은
이가 한적한 마을에서 같이 생활하게 되었던 것인데, 이들은 곧 의기가 상통
하여 거의 매일같이 만나 교유를 했으리라 쉽게 짐작할 수 있을 것이다.

이처럼 전봉준이 동곡 지금실에서 김개남과 밀접하게 교유하면서, 절
친인 김개남과 친숙하게 지내던 많은 사람들과 자연스럽게 어울렸으리라
는 것은 당연하다 할 것이다. 그렇지만 그 면면들이 누구인지는 대부분
확인되지 않고 있다. 다만 훗날 동학농민군과 내통했다는 이유로 초토사
홍계훈(洪啓薰)에게 참형을 당한 전주 영장(營將) 김시풍(金始豊)만이 기록
에 이름이 남아 있어, 그와의 관계만이 유추할 수 있을 따름이다. 김시풍
은 다름 아닌 김개남의 족숙(族叔)으로, 성장기의 김개남에게 현실 문제에
대한 시야를 넓히도록 했던 인물이다. 그뿐만 아니라 이후 김개남이 활동
기반을 마련하는 데에도 여러 면에서 많은 도움을 주기도 했다.[81] 때문에

김개남 장군 고택지 산외면 동곡리 지금실마을

김시풍은 김개남에게 있어서 누구보다도 특별한 존재라고 할 수 있는 인물이다. 다른 사람이라면 모르되, 이처럼 특별한 사람을 절친한 동무인 전봉준에게 소개하지 않았으리라는 것은 있을 수 없다고 할 것이다.[82]

또한 김개남과의 만남은 봉준으로 하여금 더욱 학문에서 멀어지게 했을 것이다. 전장수 씨의 증언에 의하면, 김개남과 만나면서부터 전봉준은 공부는 제쳐두고 무술을 연마하기 시작했다고 한다. 과거시험을 거쳐 조정에 출사하는 문관의 길을 통해서는 외세의 위협으로부터 흔들리는 나라를 온전히 지켜낼 수 없다고 생각한 전봉준은, 당시 벗으로 지내던 김개남과 뜻을 함께 해 무술을 연마하기 시작했다는 것이다. 처음에는 김개남의 무술 실력이 훨씬 좋아서 전봉준이 이길 수 없었다고 한다. 그러나 나중에는 전봉준 역시도 무술 실력이 크게 향상되어, 김개남이 전봉준에게 "키도 그리 작은데 도대체 글로도 이길 수가 없고 무술로도 도통 이길 수가 없으니, 작은 고추가 맵긴 정말 맵다."라는 말을 하곤 했다고 한다.[83] 일반적으로 전봉준은 서당의 훈장을 한 서생으로만 알려져 왔지만, 무예에 있어서도 나름 일가견을 가졌던 새로운 면모를 보여준다고 할 것이다.

아무튼 이러한 봉준의 생활을 옆에서 지켜보던 부친 기창은 무척이나

김개남 장군 가묘

마음 상하고 노심초사했을 것이다. 아마도 자식에 대한 기대를 포기할까
라는 생각을 수도 없이 했을 것이지만, 워낙 어려서부터 총명했기에 기대
를 쉽게 포기하지는 못했던 것 같다. 이에 기창은 고심 끝에 봉준을 친구
들과 떨어뜨려 과거시험 공부에만 전념토록 하기 위해 다시 이사하기로
결심하였다. 동곡에서 생활한 지 2년 만인 봉준의 나이 20세 무렵에 산외
면 동곡을 떠나 장군봉의 구절재를 넘어 더욱 산속 깊은 궁벽한 곳인 산
내면 소금곡(巢禽谷)으로 다시 이사를 했다고 전장수 씨는 전하고 있다.[84]
그야말로 지명이 의미하듯 날짐승들이 보금자리를 트는 한적하고 적막
한 마을로 들어왔다. 그런데 이곳으로 이사해 들어왔지만 이미 자신이 가
야할 길을 다른 곳으로 정한 봉준의 마음을 되돌릴 수는 없었을 것이다.

두 번의 결혼

또한 이 무렵 봉준은 이미 성년이 되어 장가들 나이가 되었다. 《병술보》
에 '配 礪山 宋氏 斗玉女, 辛亥 8月 16日生'이라는 내용에서 봉준은 네 살
연상인 여산 송씨 두옥의 딸과 혼인을 치렀음을 알 수 있다. 그렇지만 언
제 혼인을 했는지는 정확하게 알 수는 없었으며, 20세 전후에 혼인했을

것으로만 추정했을 따름이다.[85] 그런데 전장수 씨는 소금실로 들어온 지 1년 뒤인 전봉준 장군의 나이 21세 때 네 살 연상인 여산 송씨 두옥의 딸과 혼인을 치렀다고 전하고 있는데, 이 증언이 거의 맞을 것이라 생각된다. 그런데 여전히 여산 송씨가 누구이고, 어떻게 만났는지는 어디에도 전혀 나타나지 않아 알 수가 없다.

다만 추측해 보건대, 비록 몰락한 가문이지만 학자의 풍모를 줄곧 지켜온 집안이었다는 점에서, 아무하고나 만나 혼인관계를 맺지는 않았을 것이라 생각된다. 더군다나 적막한 시골 산중에서 더욱 그러했을 것으로 여겨진다. 그렇다면 예전부터 잘 알고 지내던 집안의 규수였을 개연성이 크거니와, 혹 신중리 여산 송씨 송두호 가문의 여식일 수도 있고, 종정마을 서당의 송씨 성을 가진 훈장 집안의 규수일 수도 있다는 생각이 든다. 전봉준 장군이 20세가 되기 전에 접해 잘 알고 지낸 여산 송씨 집안이라고는 이 두 집안 밖에는 나타나지 않기 때문이다.[86]

아무튼 학문에 정진하도록 하기 위해 소금실로 들어왔지만, 이제 가정을 꾸리게 된 봉준은 더 이상 과거시험에 매달릴 수만은 없었을 것이다. 더구나 결혼한 지 1년 정도 지난 1876년에 큰딸 옥례를 낳고, 그 이듬해인 1877년에는 둘째 딸 성녀를 연년생으로 낳았던 것으로, 가장으로서 무거운 책임이 그에게 지워졌던 것이다.[87] 그런가 하면 큰딸을 낳던 해에 할머니가 돌아가시고, 또 둘째 딸을 낳고선 아내 여산 송씨마저도 세상을 떠나는 집안의 큰 변고가 연달아 일어났다. 27세의 젊은 나이에 아내가 세상을 떠난 것은 둘째 딸을 낳다가 해산의 후유증 때문이었다는 것은 앞에서 서술한 바이지만, 뜻하지 않게 할머니에 이어 사랑하는 아내마저 떠나보낸 봉준의 슬픔은 이루 말할 수 없었을 것이다. 그러나 마냥 슬픔 속에 빠져 지낼 수만은 없었으며, 어떻게 해서든 남겨진 젖먹이 두 어린 딸들을 키워야만 했던 것이다.

정읍시 산내면 능교리 소금실마을 전경

　그런데 소금실은 아주 궁벽한 곳으로 젖을 동냥해 먹이기도 어려운 곳
이었다. 그래서였을까, 봉준은 후처를 맞아들이게 된다.《병술보》에 보면,
전봉준 장군은 전 부인과 사별하고서 남평(南平) 이씨 문기(文琦)의 딸을
후실로 맞이했는데, 다섯 살 연하인 경신년(庚申年) 즉, 1860년 9월 15일생
이라고 기재되어 있다. 신복룡 교수 또한 전봉준 장군이 2차 기포 이전에
산외 평사리에 사는 오씨 문중의 한 과수댁인 이씨를 후실로 맞았다고
기술하고 있다.[88] 그렇지만 과연 젖어미로 들였을까 라는 사실에 대해서는
전혀 알 수가 없었고, 단지 과수댁을 후실로 맞이했다는 점에서, 혹 젖어
미로 들이지 않았을까 라고 추측해 볼 따름이었다.

　그런데 이와 관련하여 전장수 씨는 매우 생생한 증언을 전하고 있다.
즉, 전봉준 장군이 전처와 사별한 바로 그 해인 23세 때에 남평 이씨 문기
의 딸, 이순영과 재혼했다는 것이다. 그녀는 전봉준 장군보다 다섯 살 연
하인데, 이미 시집을 가서 자식을 하나 낳았지만 돌림병으로 남편과 갓 낳
은 아기를 모두 잃어버리고 청상과부가 되었다고 한다. 따라서 아직 젖이
잘 나왔기 때문에 전봉준 장군은 처음에는 이씨를 두 딸의 젖어미로 들였
다는 것이다. 이렇게 해서 전봉준 장군은 이씨와 자연스럽게 한집에 살게

되었는데, 이후 정화수 한 그릇만 떠놓고 약식으로 혼인예식을 치른 뒤에, 이를 주위 사람들에게 알리고서 정식 부부로 함께 살았다고 한다.[89] 이후로 전봉준 장군은 남평 이씨와의 사이에서 두 명의 아들을 낳았다.[90]

학문에 전념토록 하기 위해 소금실로 들어왔지만 봉준의 신상에 이처럼 여러 많은 일들이 일어났다. 이제 현실적으로도 더 이상 과거에 매달려 학문에 몰두할 상황은 전혀 아니었던 것이다. 봉준은 그간 자신의 속마음을 부친께 차마 말씀드리지는 못했지만, 늦게야 굳게 마음을 먹고서 과거시험을 볼 생각이 없다고 분명히 말씀을 드렸다고 한다. 이 말은 기창에게는 청천벽력과도 같았을 것이며, 엄청난 상실감을 느꼈을 것이다. 이러한 사실을 뒤늦게 전해들은 종정마을의 스승 역시도 대노하여, 이제부터 자신을 찾지도 말고 스승이라 부르지도 말라고 하면서, 봉준과의 사제관계를 정리해버렸다고 전장수 씨는 전하고 있다. 기대를 가지고 온갖 정성을 다해 수년간 학문을 전수한 스승의 상실과 허탈감 역시 매우 컸으리라 생각된다. 이후 봉준도 스승에 대한 마지막 예의를 지키기 위해 스승님의 함자를 일체 입에 올리지 않았다고 하며, 다른 사람들이 스승님에 대한 이야기를 하는 것도 일체 말렸다고 한다.

김개남에 이어 송희옥과의 만남

전봉준이 동곡리 지금실을 떠나 산내 소금실로 들어왔지만 김개남과의 만남은 계속 이어진 것으로 보인다. 신복룡 교수가 전하는 바와 같이 전봉준이 후처로 맞이한 남평 이씨는 산외 평사리에 살고 있는 오씨 문중의 과수댁이었을 것으로 보이는데, 급박한 상황에서 그녀를 소개해 준 사람은 다름 아닌 이 지역 사정을 잘 알고 또 평소에 가깝게 지내는 김개남뿐이었으리라 생각되기 때문이다. 또한 전봉준은 소금실에 살면서 생활에 필요한 물건을 구입하기 위해서 간혹 장을 보러 나가기도 했을 것이다. 이 마을 부근에 열리는 큰 장터는 가까이에는 태인장이 있고, 약간 멀리에는 원평장이 있다. 전봉준이 장을 보러 갈 때면, 아마도 약간은 멀지만 원평장을 많이 이용했을 것으로 생각된다. 원평 인근에 인척들이 살고 있고, 또 예전에 황새마을과 지금실에 살 때에 주로 원평장을 많이 이용했을 것이기 때문이다. 소금실에서 원평장으로 가려면 동곡을 거쳐 상두재를 통해 가야만 하는데, 바로 그 길목에 김개남이 여전히 살고 있었던 것이다. 물론 태인장을 간다고 하더라도 산외면 인근을 거쳐야만 했기에, 장터를 오고 갈 때면 평소에 의기가 통하는 김개남과 자연스럽게 만나 어울렸으리라 생각된다.

그런가 하면 소금실에 들어와 결혼을 하면서 봉준은 훗날 동학농민혁명 기간 내내 자신의 비서로서 역할을 수행한 송희옥(宋喜玉)이라는 인물과도 긴밀하게 교유하기 시작했을 것으로 생각된다. 공초의 내용 중에 "송희옥과 너는 인척 관계가 없는가?"라는 질문에 "처가로 7촌이다."라고 한 전봉준 장군의 공술에서 알 수 있듯이, 송희옥은 전봉준과 처가로 재종 숙질(再從叔姪) 간이었음을 알 수가 있다. 따라서 그와의 밀접한 관계는 여산 송씨와의 혼인을 통해 이루어졌다고 할 것인데, 아무튼 이때부터 줄곧 긴밀한 관계를 맺어왔던 것으로 보인다.[91] 일찍이 김상기 선생은 '구미성인출(龜尾聖人出, 구미에서 성인이 나온다)'이라는 참위설에 따라 전봉준이 김개남, 송희옥과 함께 잠시 전주군 봉상면 구미리에 이주하여 머물렀고, 이 무렵 대원군의 밀사인 나성산(羅星山)이라는 사람이 이곳에 찾아와 며칠 동안 이들과 지내며 상의하는 것을 목격했다는 송용호(宋龍浩, 동학진영의 중진이었던 宋憲玉의 손자)의 증언을 전하고 있는바,[92] 전봉준은 김개남과 함께 일찍부터 송희옥과도 밀접한 관계를 맺으면서 활동해 온 것을 알 수 있다.

특히, 송희옥은 갑오년 백산기포 시에 정백현(鄭伯賢)과 더불어 전봉준 장군을 지근거리에서 모시는 비서직에 임명되었는데, 이는 바로 오랜 기간에 걸친 교유를 통해 두터운 신뢰가 쌓였기 때문이었다고 생각된다. 다만 공초 내용 중에, 전봉준 장군이 송희옥을 처음 본 것은 기포 시에 삼례에서였다거나 송희옥은 본시 허망하고 종잡을 수 없으며 부랑자라고 일컬은 것은,[93] 대원군과의 관계를 은폐하려는 거짓 증언에 불과한 것으로 보인다.[94] 아울러 동학 진영의 중진인 송헌옥(宋憲玉) 역시도 송희옥과 같은 항렬의 집안 인물로서 전봉준 장군의 처숙(妻叔)이라고 일컬어지는데,[95] 전봉준과의 교유관계는 확인이 되지 않지만 그 역시도 혼인을 계기로 일찍부터 만나 교유했을 개연성이 크다고 할 것이다.

고부의 생활과 손여옥과의 만남

전봉준 장군이 산내면 소금실에 얼마 동안 거주했는지는 확인되지 않는다. 다만 어린 딸들이 어느 정도 자랄 때까지는 이곳에 계속 거주하지 않았을까 라고 추측할 뿐이다. 그런데 여러 기록과 증언에 따르면, 이후 전봉준은 심산궁곡인 태인 산내면 소금실을 떠나 평야지대인 고부로 다시 나온 것으로 보인다. 일찍이 오지영은 전봉준이 자라서 고부 양교리와 전주 구미리, 태인 동구천 등 여러 곳을 돌아다니면서 유동생활을 했다고 기록하고 있다.[96] 장봉선 역시도 전봉준은 본디 전주 태생으로 어릴 때에 태인현 감산면 계봉리로 이주하였다가 다시 고부군 궁동면 양간다리(양교리)로 이주하였다고 기록하고 있다.[97] 그런가 하면 최현식 선생은 옹경원(邕京源)의 증언을 바탕으로 양교리에서 다시 조소리로 이사하였다고 하였다.[98] 이들 기록과 증언을 종합해서 유추해 보건대, 전봉준 장군은 태인 산내면 소금동에 살면서 전주 구미리, 태인 동구천 등지로 유동생활을 하다가 이후 고부 궁동면 양교리로 이주를 했고, 여기에서 다시 인접한 조소리로 이사한 것으로 추정된다.

공초의 공술 내용 중에, "너는 태인에서 살았는데 고부에서 난을 일으

전봉준 장군이 30대 이후 거주한 고부 조소마을 전경

킨 이유는 무엇인가?"라는 물음에 전봉준 장군이 "태인에서 살았지만 고
부로 이사한 지 여러 해가 되었다"라고 공술하고 있음을 보면,[99] 위의 추정
이 거의 사실에 가깝다고 할 수 있을 것이다. 바로 이 공술 내용은 전봉준이
태인 감산면 황새마을로 이주한 이후로 산외면 동곡, 산내면 소금동, 동구
천 등 줄곧 태인에서 살다가 1894년 고부봉기를 일으키기 몇 해 전에 양
교리와 조소리가 있는 고부로 이주해 온 것과 상통하기 때문이다.[100]

그러면 전봉준이 조소리로 이사해 온 것은 언제쯤이었을까? 이에 대해
서 최현식 선생은 전봉준이 고부 궁동면으로 이사해 온 것은 그의 나이
35세 즈음이었다고 하고 있다.[101] 이 주장은 전봉준 장군이 1894년에 일
어난 고부봉기 몇 해 전에 이사 왔다고 공술한 내용과도 어느 정도 부합
한다. 그런데 근자에 발견된 박문규가 남긴 《석남역사(石南歷事)》에

"여덟 살이 되어 3월 3일 좋은 날에 아버지를 따라 천자문을 들고 고
개 넘어 조솔리(조소리)로 입학하러 갔다. 선생님 앞에서 인사했는데, 선
생님은 고모 댁의 윗집으로 동학대장(東學大將) 전녹두 선생님이었다. 선
생님은 하늘 천, 따 지, 검을 현, 누루 황을 가르쳐주셨다. 서당 아이들

서너 동무들끼리 재미를 붙이며 배워갔다. 선생님의 늙은 아버님이
대신 서서 감독하셨으며, 천자문을 떼고 추구(推句)를 배웠다.[102]

라는 내용에서, 전봉준이 조소리로 이사해 온 시기는 적어도 1886년 이
전이라는 사실을 새롭게 확인할 수가 있다. 즉, 박문규는 1879년생으로
그의 나이 여덟 살이 되던 1886년 3월에 전봉준 장군이 가르치는 서당에
다녔다는 것인데, 그렇다고 한다면 전봉준 장군은 적어도 그의 나이 32
세 때인 1886년 이전 시기에 조소리로 이사했음을 알 수가 있다.

한적한 마을인 태인 산내 소금동에 살면서도 전봉준 장군은 종종 김
개남, 송희옥 등과 함께 어울려 다니며 시국에 대해 논하기도 했는데, 평
야지대인 고부로 나온 이후부터 그의 활동은 더욱 왕성해졌을 것이라 생
각된다. 실제로 이때부터 훗날 그와 행동을 같이 한 수많은 동지들을 적
극적으로 만나 교유했던 것으로 나타나고 있다. 우선 고부로 이사하기 직
전 아니면 직후의 어느 시기엔가 전봉준 장군은 손여옥(孫如玉)이라는 인
물을 만나 교유해 온 것으로 확인이 되고 있다. 손여옥은 1860년 정읍 삼
산리(三山里)에서 출생한 인물로 손화중의 족질이기도 하며, 이후 사발통

문에 서명한 인물이기도 하다. 이미 앞에서 밝힌 바이지만 손여옥은 전봉준 장군의 여동생인 전고개와 혼인한 사이로 전봉준과는 처남 매부지간이기도 했던 것이다. 친숙한 사이라서 처남 매부지간이 되었는지, 처남 매부지간이 되어서 돈독한 사이가 되었는지는 알 수는 없지만, 아무튼 전봉준과 손여옥은 훗날 사발통문에 같이 서명을 했을 뿐만 아니라 이후로도 줄곧 생사를 같이 해 온 친족이면서 동지였던 것이다.

손화중과의 만남과 동학 입도

그런가 하면 전봉준 장군은 이후 손여옥을 통해 동학농민혁명 당시 김개남 장군과 함께 총관령을 맡았던 손화중(孫化仲) 장군과의 만남도 이루어진다. 손화중은 20대 때에 처남인 유용수(柳龍洙)를 따라 청학동에 들어갔다가 마침 영남지방에 급속히 번지고 있던 동학에 입도하였다고 한다. 그로부터 2년 뒤, 고향으로 돌아온 그는 포교에 전념하였으며, 고창과 무장 등지에서 상당한 동학 세력을 형성하였다.[103] 이로써 손화중의 명성은 주변 지역에 널리 알려졌던 것인데, 아마 전봉준 역시도 당연히 그의 명성을 익히 들었을 것이라 생각된다. 더욱이 당시 사회 변혁을 꿈꾸고 있던 전봉준의 입장에서는 손화중이 이끄는 동학 세력은 매우 필요했을 것이기 때문이다.

아무튼 이러한 필요에서 전봉준은 손화중을 만나고자 했을 것인데, 이들의 만남을 주선한 사람이 바로 손여옥인 것으로 보인다. 손여옥은 손화중의 족질이지만 이들은 거의 같은 연배로 서로 매우 신뢰하는 사이였다고 한다.[104] 때문에 전봉준 장군과의 만남을 주선하는데 그보다 적임자는 없었을 것이라 생각된다. 이들의 만남이 이루어진 시기는 1887년을 전후한 시기였을 것으로 추정되는데, 이후로도 손여옥을 매개로 해서 더욱 친밀해졌을 것으로 여겨진다. 특히, 손화중 장군 역시도 몰락한 양반

손화중 장군(오른쪽) 사진

가문 출신으로 새로운 세상을 만들고자 동학에 입도하였기 때문에[105] 비록 연배가 전봉준 장군보다 여섯 살 연하이긴 하지만 이들은 처음 만나면서부터 쉽게 의기투합했을 것으로 생각된다.

손화중 장군의 둘째 아들인 손응수의 증언에 의하면, 손화중 장군이 무장현 괴치리 사천마을의 조그마한 오두막집으로 이사를 와 1년쯤 되었을 무렵부터 전봉준 장군과의 만남이 자주 이루어졌다고 한다. 또 이들은 함께 자리를 하면 으레 도담(道談)과 시국에 관한 이야기를 나누었다고 한다.[106] 이들의 빈번한 만남이 이루어지는 시기는 대체로 1888년 무렵으로 추정되는데, 이 무렵 손화중 장군과 도담을 나누면서부터 전봉준 장군이 동학에도 관심을 가지게 되었다고 일컬어지기도 한다.[107] 사실 전봉준 장군이 동학에 언제 가입했는지는 분명하지 않다. 장도빈(張道斌)은 1874년에 전봉준 장군이 동학의 신도가 되었다고 하고,[108] 또 이돈화(李敦化)는 1884년에 동학에 입도했다고 기록하고 있다.[109] 그런가 하면 오지영은 "무자년(戊子年, 1888)에 손화중 선생을 만나 도(道)에 참여하여 세상일을 한번 해보고자 하였다."[110] 라고 하고 있으며, 김상기는 "경인년(庚寅年, 1890)에 그의 용무지지(用武之地)가 동학 교문에 있음을 발견하고, 서장옥(徐璋玉, 일명 서인주)의 부하인 황해일(黃海一, 일명 황하일)의 소개로 동학에 입도하였다."[111]라고 기록하고 있다. 그런데 1895년 3월에 일본 영사관에서 신문을 받을 당시, 전봉준 장군은

3년 전, 즉 1890년경에 김치도(金致道)를 통하여 동학에 관계했다고 진술하고 있다.[112]

이상의 여러 자료를 통해서 볼 때, 전봉준 장군이 동학에 언제 입도했는지 확실히 알 수는 없지만 손화중 장군과의 만남이 있을 즈음부터 동학과 밀접한 관계를 가지게 된 것은 분명하다. 특히, 이 시기는 전봉준 장군과 일찍부터 알고 지내던 김덕명 장군과 김개남 장군 역시도 동학의 큰 세력을 이루고

손화중 장군 추모비 전북 전주시 덕진공원내

있던 시기와도 맞물린다.[113] 이로 보건대, 전봉준 장군이 동학과 밀접한 관계를 가지게 된 것은 손화중 장군의 영향이 컸음은 부인할 수 없지만, 여타의 주변 사람들로부터도 영향을 받아 자연스럽게 동학을 이해하고 받아들였을 것으로 생각된다. 또한 변란을 꿈꾸고 있던 전봉준 장군에게 당시 동학의 조직과 세력은 용무지지(用武之地)로서도 매우 중요했던 것이다.

봉기를 위한 동지들 규합

이상에서와 같이 전봉준 장군은 손화중 장군과의 만남을 전후로 해서 동학과 밀접한 접촉을 갖게 되었으며, 이후로 동학과 관련한 여타의 많은 인물들과도 활발한 교유가 있었던 것으로 보인다. 전봉준 장군이 1890년에 서장옥의 부하인 황해일의 소개로 동학에 입도했다는 내용을 앞에서 소개했지만, 이를 계기로 그는 동학의 남접 세력의 지도자인 서장

손화중 장군 묘 정읍시 상평동 음성마을

옥과도 이미 밀접한 관계를 가졌던 것이다.[114] 또한 이후로 그는 동학을 신
봉하는 보다 많은 사람들과도 접촉해 나갔는데, 동학농민혁명 기간 내내
전봉준 장군의 진중 수행원을 했다는 김흥섭의 회고담을 취재해 정리한
내용을 보면, 이러한 사실을 잘 알 수 있다.

"김 옹(金翁, 김흥섭)이 전봉준 장군을 처음 알게 된 것은 1893년 12월
10일 무장군 동음치 당산리(현 고창군 공음면)의 송문수(宋文洙)씨 댁에
서 전(全)장군이 잠시 몸을 피하면서 동학교 접주 손화중(孫化仲), 김성
칠(金聲七), 정백현(鄭伯賢), 송문수(宋文洙) 등 네 사람과 자리를 같이하
고 전라감사 김문현(金文鉉)의 폭정에 거의(擧義)할 것을 약속, 기포(起
包)를 모의할 때였다. … 그 후 1894년 2월 19일에는 당시 동음치면 신
촌리의 김 옹의 집에서 다시 모여 행동 준비를 구체화했는데, 여기에
모인 사람은 앞의 손화중, 김성칠, 정백현, 송문수 외에 김개남(金開
南), 서인주(徐仁周), 임천서(林天瑞), 김덕명(金德明), 강경중(姜敬重), 김영달
(金永達), 고영숙(高永淑), 최재형(崔載衡) 등 각 읍의 접주들이었다."[115]

위 내용은 고부봉기와 무장 봉기 직전에 무장의 송문수와 김성칠의 집에서 동학의 인사들이 모여 거의(擧義)를 모의한 이른바 1, 2차 무장회동(茂長會同)에 관한 것이다.[116] 여기에서 수많은 동학의 주요 인사들이 기포를 모의하고 구체적인 행동을 준비하기 위해 한곳에 모여 의기투합한 모습을 보여주고 있는데, 이는 이미 이전부터 서로 간에 잘 알고 지내왔음은 물론이고 오래전부터 빈번하게

최경선 장군 사진

접촉해 왔음을 방증해 주는 것이다. 이들 가운데 전봉준, 김개남, 서인주(서장옥), 김덕명을 뺀 나머지 사람들은 모두 손화중포의 중추적인 인물들이다. 이들 중에 정백현은 백산기포 시에 송희옥과 더불어 비서(祕書)에 임명되었고, 김성칠의 장남인 김흥섭은 1차 무장회동 시에 손화중 장군의 천거로 진중(陣中) 수행원으로 임명이 된 인물이다.[117] 특히, 2차 회동에서는 손화중포의 인물뿐 아니라 타지역의 유력 지도자인 서인주, 김개남, 김덕명 등까지도 참여하고 있는데, 이때의 회동은 오래전부터 이들 참여자 모두와 잘 알고 지내 온 전봉준 장군이 당연히 그 중심 역할을 했을 것이라 여겨진다.

한편 이 무렵, 전봉준 장군은 동학농민혁명 당시 영솔장(領率將)에 임명된 최경선(崔景善)과도 교유를 하기 시작한 것으로 나타난다. 공초의 내용을 보면, "너와 최경선이 사권 지는 몇 년이 되는가?"라는 일본 영사의 질

문에 대해 "고향에서 서로 사귄 지 5, 6년이 된다."라고 답하고 있다.[118] 이
내용으로 추정해 보건대, 전봉준 장군이 최경선을 처음 만난 것은 1889
년경으로 보인다. 최경선은 1859년생으로 전봉준 장군보다는 네 살 연하
이지만 사제관계는 아니었던 것 같다.[119] 다만 그가 김덕명포의 태인 접주
였음을 감안하면, 아마도 김덕명 장군을 통해 소개받아 알게 된 것이 아
닌가 한다. 특히, 최경선은 동학농민혁명 과정 중에 전봉준 장군의 모주
(謀主) 또는 고굉(股肱)으로서 활약했고,[120] 또 전주화약 이후 전봉준 장군
이 열읍(列邑)을 순회할 때, 여러 두령 가운데 유독 최경선만을 대동했음
을 보면,[121] 그에 대한 전봉준 장군의 신임이 얼마나 각별했는가를 알게
한다.

　이 밖에도 구체적인 증거자료는 보이질 않지만, 이후로도 전봉준 장군은
손화중 장군, 김개남 장군, 김덕명 장군 등과 함께 동학의 여타 중진들을 끌
어들이면서 보다 넓은 인적 망(網)을 형성해 갔던 것이다. 손화중 장군을 통
해서 김성칠, 정백현, 송문수, 임천서, 강경중, 김영달, 고영숙, 최재형 등 혁
명의 여러 골간 성원들을 끌어들였다는 것은 이미 앞에서 살핀 바이다.
이들 외에도 고창의 오하영과 오시영 형제, 임형로, 홍낙관과 홍규관 형제는 물론이고, 무장의 송경찬, 송진호, 장두일, 곽창욱 등과 정읍의 차치구 등 손화중포의 장령들이 백산취회에 대거 참여했는데, 이 역시도 손화중 장군으로 인해 참여했음이 틀림없다고 할 것이다.

그런가 하면 손화중 장군은 1892년 중반에 선운사 석불 미륵비기 탈취사건[122]을 계기로 세력을 크게 확대시키는데, 이때 무장, 고창, 흥덕, 고부 등지는 물론이고 인접한 영광, 장성 등지의 많은 사람들이 동학에 입도하였다.[123] 이후로도 그 영향을 받아 함평, 무안, 영암, 진도, 해남 등 호남 서남부 지역으로까지 그의 세력은 확대되어 나갔다. 그러는 과정에서 1893년 2월에 단행된 복합 상소를 올릴 때에, 무안 대접주 배규인의 동생인 배규찬이 대표로 참여했고, 3월에 열린 보은 집회 때에도 영광, 함평, 무안, 영암, 진도, 해남 등 호남 서남부 지역의 교도들이 대거 참여했다.[124] 또한 이를 이어 1894년 3월 무장봉기 직후 행해진 백산대회에도, 호남 하도의 거괴라 일컫는 무안 대접주 배규인을 비롯한 호남 서남부 지역의 여러 동학의 지도자들이 대거 참여했던 것인데,[125] 이들의 이 같은 행동에도 손화중 장군의 역할이 크게 작용했음은 부인할 수 없다.

고창 선운사 도솔암 마애불

94

태인의 대접주인 김개남 장군 역시도 이 지역의 여러 동학 중진들을 동학농민혁명의 대열에 참여시켜 중추적인 역할을 맡도록 하였다. 태인 지역의 접주에는 그의 집안인 도강 김씨 인물들이 많았다. 이들 가운데 김낙삼은 보은취회 당시 시산(詩山)대접주로 참여하였거니와 3월 봉기 때에는 태인의 농민군을 이끌었다. 또한 김문행, 김연구 등도 동학농민혁명에 적극 참여하였는데,[126] 이들이 이처럼 혁명의 대열에 참여하게 된 데에는 김개남 장군의 역할이 컸던 것이다. 김개남 장군의 세력 거점은 태인이었지만 주변 지역으로도 세력을 확장시켜 나갔다. 그는 젊어서부터 구이와 원평을 통해 전주로, 또 처가가 있는 임실과 그 인접 지역인 남원으로도 왕래를 자주 했던 것인데,[127] 이처럼 활동 지역을 넓히면서 자신의 세력을 이들 지역으로까지 확장해 나갔던 것이다.

그러면서 이들 여러 지역의 동학 중진들을 동학농민혁명의 중추적 세력으로 끌어들였다. 즉, 동학농민혁명 당시 김인배는 금구의 농민군을 이끌고서 혁명의 대열에 참여했을 뿐만 아니라, 이후 영호대접주로 임명되어 남원 지역의 동학 세력을 이끌기도 했다. 또한 김홍기, 이기동, 최진학 등을 비롯한 남원의 여러 동학의 지도자와 최승우, 최유하 등 임실의 여러 지도자들 모두 김개남 장군과 밀접한 관련을 가진 인물들로서, 이들 역시 휘하의 농민군을 이끌고 백산대회에 대거 참여하였다. 뿐만 아니라 장흥과 강진 지역의 동학 조직은 전주와 임실 지역에 그 연원을 두고 있거니와[128] 김개남 장군과 밀접한 관련을 가진 세력인데, 바로 이방언, 이인환 등을 비롯한 장흥의 동학 지도자와 김병태, 윤세현 등 강진의 동학 지도자들 역시도 백산대회에 대거 참여했던 것이다.

김덕명 장군 또한 그 휘하의 여러 접주들을 혁명의 대열에 참여시켰다. 태인의 접주 최경선이 동학농민혁명 당시 김덕명 장군의 소개로 영솔장에 임명되어 전봉준 장군의 모주로 활약했다는 내용은 이미 앞에서 서술한 바이다. 이 밖에도 김제의 접주인 김봉년과 금구의 접주인 김사엽, 김봉득, 유한필 역시도 모두 김덕명포의 접주들로 동학농민군의 중추적인 역할을 담당했는데, 이들이 이처럼 혁명의 대열에 참여하게 된 것은 김덕명 장군의 역할이 없고서는 생각할 수 없는 것이다.

이상에서 살핀 바와 같이 전봉준 장군은 어려서부터 오랜 기간에 걸쳐 여러 지역으로 이사를 다니며 유동생활을 했으며, 그러는 동안에 수많은 사람들과 만나 교유를 이어왔다. 길게는 20~30년간에 걸쳐 지속적인 교유를 이어왔고, 짧게는 봉기 직전 몇 년에 걸쳐 긴밀한 만남을 통해 굳건한 신뢰를 쌓아왔던 것이다. 특히, 동학농민혁명의 주축을 이룬 여러 동학 접주들과의 신뢰관계는 그와 일찍부터 교유해 온 김개남 장군, 김덕명 장군 그리고 손화중 장군을 매개로 해서 이루어진 것으로 보인다. 그리고 이렇게 해서 형성된 인적 네트워크는 이후 동학농민혁명의 지도부를 구성하는 기반이 되었으며, 또한 이를 통해 더욱더 많은 사람들을 혁명의 대열에 적극적으로 참여시킬 수 있었다고 생각된다.

2부

동학농민혁명 시기
전봉준 장군의 활동과 행적

1. 금구취회와 고부봉기 주도

복합상소 이후 1893년 3월 11일에 동학 교단은 보은(報恩) 장내(帳內)에서 교조 신원운동을 위해 보은취회(報恩聚會)를 개최했는데, 이와 거의 같은 시기에 전라도 금구 원평에서도 별개의 다른 집회가 열렸다. 이른바 금구취회(金溝聚會)가 그것이다.[1] 이 집회에는 약 1만 명의 인원이 참여하였고, 이를 주도한 인물은 여러 자료에 김봉집(金鳳集)이라는 인물로 나타나고 있다.[2] 그런데 정창렬 교수는 김봉집이라는 이름은 전봉준의 가명으로, 따라서 금구취회는 전봉준 장군이 주도했다고 주장하고 있다. 정창렬 교수는 김봉집이 전봉준 장군의 가명이었다는 근거로 첫째, 〈면양행견일기(沔陽行遣日記)〉에서 김윤식이 금구취회 주모자인 김봉집을 전가(全哥)로 기록하고 있다는 점. 둘째, 오지영 역시 《동학사》에서 김봉집을 전봉준으로 고쳐 쓰고 있다는 점. 셋째, 동학 교문의 기록에 전봉준은 교도를 모아 전라도 금구군 원평에 주재하고 있었다는 점 등을 들고 있다.[3] 아무튼 1893년 3월 전봉준 장군은 보은취회와 별개로 금구취회를 주도했던 것으로 보이며, 이를 주도함에 있어 김덕명, 김개남, 손화중 장군 등과 함께 했음은 물론이고 서장옥, 황하일 등 남접 세력과도 긴밀한 관계를 가졌던 것으로 보인다.

보은집회 후 손화중 장군은 무장, 김개남 장군은 남원에 본포(本包)를 두었으며, 전봉준 장군은 교도들을 모아 전라도 금구 원평에 주재하였다고 한다. 그러면서 이후 전봉준 장군과 김개남 장군은 호남지방에서 교도들을 모이게 하고, 혹은 흩어지게 하면서 이끌었다고 하며, 이러한 동학 교도들의 회집(會集)은 1892년 7월부터 시작하여 1894년까지 이르렀다고 전해지고 있다.[4] 이로 보건대, 전봉준 장군은 금구취회 이전부터 자신의 주재지를 금구 원평에 두었거니와, 취회 이후에도 계속해서 이곳을 자신의 세력 근거지로 삼았던 듯하다.

동진강과 정읍천 합류지점 건너편이 만석보 터

　그런데 이 무렵 전봉준 장군이 거주하고 있는 고부에 군수로 부임한 조병갑의 탐학이 극심하여 백성들의 원성이 자자했다. 조병갑은 1892년 5월 부임하자마자 백성들을 수탈하는데 여념이 없었다. 민보(民洑)가 이미 있음에도 그 밑에 신보(新洑)를 쌓아 백성들에게 수세를 받아 착복하는가 하면, 부자들에게 여러 죄목을 씌워 2만 냥이나 수탈을 하고, 자기 아버지의 비각을 세운다 하여 천여 냥을 수탈을 했으며, 정백미(精白米)로 대동미(大同米)를 징수하고선, 나쁜 쌀로 바꾸어 정부에 바치고서 이득을 취하는 등 민막(民瘼)이 극심하였다.[5] 이에 전봉준 장군은 1893년 11월에 고부 백성 40명과 함께 군수 조병갑에게 폐정개혁을 등소했던 것인데, 오히려 체포되어 구금을 당하였다.[6]

　정상적인 절차와 방법으로는 통하지 않자 전봉준 장군은 보다 과격한 행동을 계획하게 되는데, 그해 11월 말 무렵에 세운 '사발통문' 거사계획이 바로 그것이다. 전봉준 장군을 비롯한 20명의 서명자들은 고부 서부면 죽산리 송두호의 집에 모여 각 리(各里) 이집강(里執綱)에게 보낼 사발통문을 작성했던 것이다.[7] 그러면서 선후책(善後策)으로 다음 4가지 사항을 결의하였다.

첫째, 고부성을 격파하고 군수 조병갑을 효수(梟首)할 사(事)

둘째, 군기창과 화약고를 점령할 사(事)

셋째, 군수에게 아유(阿諛)하여 인민들을 침어(侵漁)한 탐리(貪吏)를 격
징(擊懲)할 사(事)

넷째, 전주영을 함락하고 경사(京師)로 직향(直向)할 사(事)

그러나 이처럼 결의한 내용대로 즉각 행동으로 이어지지는 않았다. 그
렇게 된 원인으로 아직 거사를 일으키기에 준비가 부족했다는 견해가 있는
가 하면,[8] 행동으로 옮기려 한 시점인 11월 30일에 조병갑이 익산군수로 전
임 발령이 났기 때문이라는 견해도 있다.[9] 아무튼 거사가 아직 실행에 옮겨
지지 않은 상황에서, 전봉준 장군은 12
월에 고부 백성 60명과 함께 재차 폐정
에 대한 개혁을 요구하는 등소를 하였
으나, 역시 쫓겨나고 말았다.[10]

그런데 11월 30일부터 다음 해(1894
년) 1월 9일에 이르기까지 조병갑의 후
임으로 6명이 고부군수로 임명되었으
나 모두가 갖은 핑계를 대며 부임하지
않았다.[11] 그것은 조병갑 자신이 고부
군수에 계속 머물고 싶어 했고, 또 권
문(權門)의 인척이고 측근이었기에 전
라감사 김문현이 비호하고 있기 때문
이었다. 결국 김문현의 강력한 요청과
정부의 특별한 고려에 의해 조병갑은
1894년 1월 9일에 고부군수로 잉임(仍

조병갑의 아버지 조규순의 영세불망비 정읍시 태인면 태성
리 피향정 소재

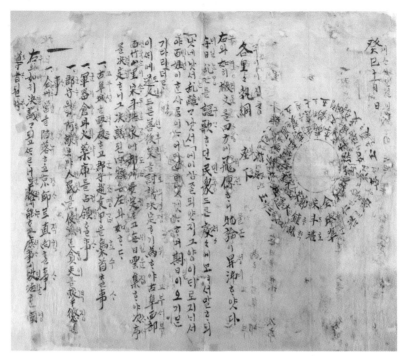

사발통문

송두호의 집터 정읍시 고부면 신중리 죽산마을

任)되었다.[12] 이에 지금까지 참고 또 참아왔던 고부 군민들의 원성이 하루
뒤인 1월 10일[13]에 폭발했는데, 바로 고부농민봉기가 일어났던 것이다.

동학혁명모의탑 정읍시 고부면 신중리 죽산마을 입구

　전봉준 장군은 공초에서, 자신이 다소나마 글자를 이해할 수 있다 하여 중민(衆民)이 주모자로 추대했기 때문에 이에 따랐다고 말하고 있다.[14] 그렇지만 이전에 폐정개혁을 위한 등소를 주도했고 사발통문을 주도적으로 작성했음을 보면, 피동적으로 주도자가 된 것은 아니었다고 본다. 더구나 파계생(巴溪生)의 〈전라도고부민요일기(全羅道古阜民擾日記)〉에 "고부민란에서 수령은 전봉준이었고, 정익서와 김도삼은 전봉준을 보좌했다."라고 기록되어 있거니와,[15] 일본인 기자 기쿠치 겐조(菊池謙讓)가 1920년대에 고부군 이평면을 찾아 이곳 촌로(村老)들로부터 "전봉준은 이번 변란이 일어나자, 아무 주저도 없이 궐연히 일어나서 난당의 지휘를 담당하였다."라는 증언을 채취해 기록하고 있음을 보면,[16] 전봉준 장군이 고부농민봉기를 사전에 준비하고 주도했음에 틀림없다고 본다.[17]

　당시 배들 삼거리에 모인 농민은 죽창과 낫 등으로 무장을 하고, 두 개의 길로 나누어 고부읍으로 진격하여 관아를 습격하였다. 그러나 조병갑은 어느새 줄행랑을 쳐 순창을 거쳐 전주로 도망쳐버렸다. 관아를 점령한 민중은 탐묵(貪墨)한 이서배(吏胥輩)들을 징치(懲治)하고, 옥문을 열고 억울하게 갇혀있던 사람들을 풀어주었으며, 군기고를 부수고 무기를 탈취하

고부관아 터 현 고부초등학교

였다. 그런가 하면 수세로 거두어들인 양곡 1,400여 석을 몰수하고, 진전
(陳田)에서 거둔 세곡(稅穀)을 주인들에게 돌려주었다. 봉기 발발 당시 처음
에 모인 농민은 500여 명 정도였는데, 14일에 이르러서는 가담한 사람이
15개 마을 만여 명에 이르렀다 한다. 이에 장정을 선발하고 노약자는 귀
가시켰으며, 각 촌락마다 5명의 대표가 이들을 통할하도록 하였다.[18]

그런데 관아를 점령한 후 농민중이 요구한 바가 어느 정도 관철되자,
이들 가운데에서는 "요구하는 바를 이루었으니 이제 돌아가겠다."라고 하
는 자들이 나타났다.[19] 이에 대해 지도부는 위협을 하기도 하고 설득을 하
기도 하면서 봉기한 농민들의 이탈을 방지하고자 했다. 이때 전봉준 장군
은 해산하려는 농민들에게 "그대들은 관미(官米)를 먹었으니 죽을죄에 해
당한다. 그러니 함께 살길을 도모하자"라고 했다고 한다.[20] 여기에서 봉기
당시 소민(小民)들의 두려운 심리상태가 어느 정도였고, 다른 한편 농민들
을 보다 조직화해서 세력을 계속 유지시키려는 지도부의 의지가 어떠했나
를 엿볼 수 있을 것이다.

이후 1월 17일 농민군은 진영을 말목장터로 이동시켰다. 그리고서 전
봉준 장군을 비롯한 지도부는 수차례 회합을 가지면서 향후의 대책을

말목장터　정읍시 이평면 두지리 이평사거리

논의하였고, 13명의 대표를 다시 선정하였다. 여러 논의를 거친 후, 말목 장터에 주둔한 농민군은 만석보를 파괴하였다.[21] 한편 이 무렵 전라감사 김문현은 전봉준 등 농민군 지도부를 암살하려고 하였다. 이를 위해 전 주감영 군위 정석진(鄭錫珍) 이하 10여 명의 군졸을 파견하였는데, 오히려 발각이 되어 정석진은 살육을 당하였다.[22] 이 사건이 있은 이후로 전봉준 장군은 휘하 장령들과 의논하여, 말목장터는 공수(攻守)에 있어 지세가 불리하므로 1월 25일에 백산으로 옮겨 진을 쳤다고 한다.[23] 이처럼 전봉준 장군은 고부봉기 이후에도 일정한 농민군 집단을 거느리고서 사태의 추 이를 계속 관망하였다.

　그러던 중에 소강상태에 있던 민요(民擾)가 다시 일어난다는 소문이 크 게 일었다. 이에 조정에서는 2월 15일에 조병갑을 국문(鞫問)에 처하고 김 문현을 월봉(越俸) 3등에 처했으며, 장흥부사 이용태(李容泰)를 고부군 안 핵사(按覈使)로 임명하여 읍폐(邑弊)를 시정할 방책을 조사토록 하였다.[24] 또 같은 날 용안현감 박원명(朴源明)을 고부군수로 임명하였다.[25] 이 무렵 농민군의 규모는 천여 명 정도의 세력으로 불어났으며, 전봉준 장군은 2 월 20일경에 그 여세를 몰아 전라도 전역으로 봉기를 확산시키고자 했다.

만석보혁파선정비

이를 위해 '보국안민'을 위한 다음과 같은 '창의격문(倡義檄文)'을 전라도 각
지로 보냈다.

"수목지관(守牧之官)은 치민(治民)의 도(道)를 모르고 자신의 직책을 생
화(生貨)의 본원으로 삼는다. 여기에 더하여 전운영(轉運營)이 창설됨으
로써 폐단이 번극(煩劇)하니, 민인들이 도탄에 빠졌고 나라가 위태롭
다. 우리는 비록 초야(草野)의 유민(遺民)이지만 나라의 위기를 좌시할
수 없다. 원컨대 각 읍의 여러 군자(君子)는 제성분의(齊聲奔義)하여 나
라를 해치는 적을 제거하여 위로는 종사(宗社)를 보전하고 아래로는
백성들을 편안케 하자."[26]

이 격문은 전라도 모든 민중에게 공개적으로 '보국안민'을 위해 일제히
일어날 것을 촉구하는 본격적인 '창의선언'으로, 전봉준 장군은 이를 통
해 고부에서의 민중봉기를 인근 지역으로 확대시키고자 했던 것이다.[27]
아울러 전봉준 장군은 2월 23일 농민군을 다시 백산에서 출발시켜 고부
읍을 점령케 하고, 25일에 군기고를 약탈하여 무장을 강화시켰다.[28] 그런

가 하면 같은 날 농민군으로 하여금 함열(咸悅)의 조창에 나아가 전운영(轉運營)을 격파하고 전운사(轉運使) 조필영(趙弼永)을 징치할 것을 촉구하였다. 그러나 농민군은 "민요가 월경(越境)을 하면 반란의 칭을 받는다."라고 하여 거절하였는데,[29] 이는 이전에도 보였지만 당시 농민군의 조직력은 봉기 초와는 달리 매우 느슨해졌던 것이다.[30] 그렇지만 그로부터 며칠 후인 3월 1일에 전봉준 장군은 수백 명의 농민군을 동원하여, 줄포의 세고(稅庫)를 파괴하는 행동을 감행하기도 했다.[31]

이용태선정비 장흥부사 시절(장흥향교 앞)

한편 조병갑을 이어 새로 고부군수로 부임한 박원명은 이 지방의 민정을 잘 알고 있었고, 또한 임기응변의 능력도 있었다. 3월 3일 그는 음식을 차려놓고 농민군을 초대하여 모든 죄를 용서할 테니 집으로 돌아가 농사짓고 편히 살도록 효유하였다. 이 같은 군수의 간곡한 설득과 회유는 그렇지 않아도 지쳐있는 농민군의 마음을 크게 움직였고, 이후 농민군은 해산하기 시작했다.[32] 그런데 이 무렵 안핵사 이용태가 역졸 800명을 거느리고 고부에 난입하였다. 그는 박원명을 협박하여 민란에 참가한 자들과 그 괴수를 색출케 하였으며, 휘하의 역졸들은 온 고을 이곳저곳의 마을을 횡행하면서 부녀자를 강간하고 생선 꾸러미처럼 마을 사람들을 포박했던 것으로, 온 고을 백성들의 원한이 골수에 맺히도록 했다.[33] 아무튼 이로 인해 고부 농민봉기군은 3월 13일에는 완전히 해산했던 것으로 보인다.[34]

이러한 상황이 전개될 즈음에, 전봉준 장군은 부하 50여 명만을 거느리고 고부를 빠져나가 무장의 손화중 장군에게 가 있었다고 한다.[35] 이와 관련하여 《전봉준실기(全琫準實記)》의 "부하를 잃은 전봉준이 몸소 방문하여 구원을 청함에 손화중은 시기상조를 역설하였으나 전씨의 간원에 응하지 않을 수 없었다."[36]라고 한 내용을 보면, 당시 고부 봉기군은 이미 와해되었던 것으로 보이거니와 따라서 전봉준 장군은 재기를 위해 손화중 장군을 찾았던 것으로 생각된다.

2. 무장기포에서 황룡촌 전승까지

이렇게 해서 고부봉기는 일단 두 달여 만에 종식을 고했다. 그렇지만 안핵사 이용태의 고부에서의 폭거는 새로운 불씨를 일으켰다. 그것은 고부농민봉기 이후, 재차 기포한 이유에 대해 "장흥부사 이용태가 안핵사로 고부에 부임하여 기포했던 백성들을 모두 동학도로 몰아 이름을 적어 잡아들이고 그 집을 불태웠으며, 당사자가 없으면 그의 처자를 잡아다가 살육하였기 때문에 다시 기포했다."[37]라고 한 전봉준 장군의 공술에서도 확인이 된다. 이미 2월 20일경에 내건 창의격문에 반응을 하여 여기저기에서 농민들의 움직임이 활발하게 일어났던 것이지만, 이용태의 폭거에 자극받아 3월 10일경부터는 인근의 동학교도들이 본격적으로 합세하기 시작했다.[38] 급기야 3월 20일 무장에서 전봉준 장군 등 동학농민군 지도부는 다음과 같은 '무장포고문'을 발포하였다.[39]

"사람이 세상에서 귀하다 하는 것은 인륜이라는 것이 있기 때문이다. 군신과 부자는 인륜에서 가장 큰 것인데, 임금이 어질고 신하가 곧으

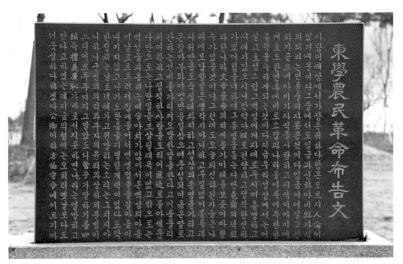

무장창의포고문

며 아비가 자애롭고 아들이 효성스러운 뒤에야 비로소 집안과 나라를 이루어 끝없는 복록을 얻을 수 있는 것이다. 지금 우리 임금께서는 어질고 효성스러우며 자애롭고 총명하시니, 성품이 어질고 품행이 바른 신하가 그 총명함을 잘 보좌한다면 요순지화(堯舜之化)와 문경지치(文景之治)를 머지않아 바랄 수 있을 것이니라.

지금 신하 된 자들은 나라에 은혜를 갚으려는 생각을 아니하고 녹봉과 작위만을 훔치려 하고, 총명함을 가린 채 아첨을 일삼아 충성스러운 선비의 간언을 요언(妖言)이라 하고 정직한 사람들을 비도(匪徒)라 일컫는다. 그러하니 안으로는 충성을 다하여 나라를 돕는 인재가 없고 밖으로는 백성들을 가혹하게 대하는 관리들만 득실거린다. 백성들의 마음은 날로 더욱 어그러져, 들어와서는 즐겁게 살아갈 생업이 없고 나와서는 몸을 보존할 방책이 없도다. 학정(虐政)은 날로 더해지고 원성(怨聲)이 계속 이어지니, 군신의 의리와 부자의 도리와 상하의 직분이 마침내 무너져 남음이 없게 되었느니라.

관자(管子)가 이르기를 '사유(四維, 禮·義·廉·恥)가 베풀어지지 않으면 나라가 곧 망한다'고 했는데, 바로 지금의 형세는 예전보다 더욱 심하

108

무장기포지 전경

다. 공경(公卿) 이하로부터 방백수령(方伯守令)에 이르기까지 나라의 위
태로움은 생각지 않고, 단지 자기 몸을 살찌우고 집을 윤택하게 하는
계책만을 간직하고, 관리를 뽑는 문을 재물을 만드는 길로 보고 과
거를 보는 시험장을 온통 사고파는 시장으로 만들어버렸다. 허다한
재화(財貨)가 국고로 들어가지 않고 도리어 개인의 창고를 채우고 있
도다. 나라에는 쌓인 부채가 있는데도 갚을 방도를 생각하지 않고,
교만하고 사치하며 음탕하게 노는데 두려움과 거리낌이 없으니, 온
나라는 어육(魚肉)이 되고 만백성은 도탄에 빠졌노라. 참으로 수령들
의 탐학 때문이라. 어찌 백성들이 곤궁하지 않을 수 있으랴.

백성은 나라의 근본이니라. 근본이 약해지면 나라가 멸망하느니라.
그런데도 보국안민의 방책을 생각하지 않고, 민간에 고향의 저택이
나 짓고 오로지 저 혼자서 살 방법에만 몰두하면서 녹봉과 작위만을
도적질하니, 어찌 그 도리라 하겠는가? 우리들은 비록 초야의 유민
이지만 임금의 땅을 지어먹고 임금이 주는 옷을 입고 있으니, 나라가
망해가는 위기를 좌시할 수 없어 온 나라 사람들이 마음을 함께 하
고 억조창생(億兆蒼生)이 의논하여 지금 의(義)의 깃발을 들어 '보국안

민(輔國安民)'을 생사의 맹세로 삼노라. 오늘의 광경이 비록 놀랄 일이겠으나 결코 두려워하지 말고, 각자 생업에 편안히 종사하면서 모두 태평성세를 축원하고 다 함께 임금의 덕화를 누릴 수 있다면 천만다행이겠노라."

이와 아울러 다음과 같은 4대 명의(四大名義)[40]를 발표하여 엄히 지키도록 했다.

1. 不殺人 不殺物(불살인 불살물)
사람을 죽이지 말고, 가축을 죽이지 말라.

2. 忠孝雙全 濟世安民(충효쌍전 제세안민)
충효의 마음을 다 갖추어, 세상을 구제하고 백성을 편안케 하라.

3. 逐滅倭夷 澄淸聖道(축멸왜이 징청성도)
일본 오랑캐를 몰아내 없애고, 임금이 가는 길을 맑고 깨끗이 하라.

4. 驅兵入京 盡滅權貴 大振紀綱立定名分 以從聖訓(구병입경 진멸권귀 대진기강 입정명분 이종성훈)
군사를 몰아 서울로 들어가 권문귀족들을 모두 다 없애고, 기강을 크게 떨치고 명분을 바르게 세워 임금의 가르침을 따르라.

이렇게 해서 무장기포가 발발했는데, 초기 기포에 참가한 동학농민군의 수는 4천여 명이었다 한다.[41] 이들은 '보국안민창의(輔國安民倡義)'라고 쓴 깃발을 앞세우고 고부로 향해 나갔으며,[42] 20일과 21일에 걸쳐서 고창(高敞)으로 이동하여 숙영하였다. 고창에서 숙영한 동학농민군 본대는 3월 22일 흥덕으로 향하여, 이날 정오 무렵 흥덕 사후포(沙後浦)로 들어갔다. 흥덕에서 하루를 머문 수천여 명의 동학농민군은 3월 23일 부안 줄포로

향하였고, 12시경에 줄포 사정(射亭)으로 들어왔으며, 오후 6시쯤 다시 고부로 향하였다. 저녁 8시경에는 말을 타고 있는 20여 명을 포함하여 총과 창 등으로 무장한 3천여 명의 동학농민군이 고부에 들어와, 향교와 관아 건물에 분산하여 주둔하였다. 이들 동학농민군들은 3월 24일 고부군의 군기(軍器)를 탈취하여 태인과 금구 원평 방면으로 향하였는데, 이날 제주의 동학농민군이 사포에 상륙하였다. 3월 25일 동학농민군 일부는 태인을 경유하여 원평에 들어가 숙영하였는데, 일부는 고부 두지면 화약고와 군기고를 공격하고서 고부 백산 예동(禮洞)에서 숙영하였다. 3월 26일 이들 농민군은 저녁 6시경 백산이 있는 태인군 용산면(龍山面) 화호(和湖) 신덕정리(新德亭里)로 이동하였다.[43]

이처럼 백산 일대에 운집한 동학농민군은 그 규모가 6~7천 명이었으며,[44]

백산 전경

이들은 26일에서 29일 사이에 백산대회를 개최하였다.[45] 이 대회에서 대
장에 전봉준, 총관령에 손화중과 김개남, 총참모에 김덕명과 오시영, 영
솔장에 최경선, 비서에 송희옥과 정백현을 선정하였다. 그리고 대장기폭
(大將旗幅)에 '보국안민(輔國安民)' 4자를 크게 쓰고, 사방에 다음과 같은 격
문을 발하였다.

우리가 의(義)를 들어 여기 이르렀음은 그 본뜻이 결단코 다른 데에
있지 아니하고, 창생(蒼生)을 도탄 가운데서 건지고 국가를 반석 위에
두고자 함이다. 안으로는 탐학한 관리의 머리를 베고 밖으로는 횡포
한 강적의 무리를 내쫓고자 함이다. 양반과 부호에게 고통을 받는 민
중들과 방백(方伯)과 수령(守令) 밑에서 굴욕을 받는 소리(小吏)들은 우

리와 같이 원한이 깊을 것이니, 조금도 주저치 말고 이 시각으로 일어서라. 만일 기회를 잃으면 후회하여도 미치지 못하리라.

갑오년 정월 일
호남 창의 대장소(湖南倡義大將所)
백산에서[46]

동학혁명 백산창의비 전북 부안 백산면

이로써 동학농민군의 지도부가 결성되었고, 전봉준 장군은 최고 지도자로서 농민군을 통솔하였다. 또한 이 격문을 발한 후로 호남의 여러 지역에서 수많은 농민군이 구름처럼 몰려왔는가 하면,[47] 서장옥 휘하의 충청도 농민군도 참여하였다.[48] 이들 농민군은 태인, 금구, 부안 일대를 돌면서 무기와 군량을 확보하였는데,[49] 이에 전라감사 김문현은 농민군을 토벌하기 위해 각 아문에서 모은 감영군과 보부상에서 차출한 보부상군을 백산으로 출동시켰다.[50] 한편 조정에서도 홍계훈(洪啓薰)을 양호토초사(兩湖招討使)로 임명하여 장위영병(壯衛營兵)을 이끌고 동학농민군 토벌에 나서

황토현 갑오동학농민혁명기념탑

도록 했다.[51]

4월 3일 감영 포군 1만여 명이 농민군을 치러온다는 소문을 듣고서, 농민군 주력부대는 금구에서 후퇴하여 태인으로 들어와 인곡, 북촌, 용산 등지에서 숙영을 하였다.[52] 이날 감영에서는 김제, 부안, 흥덕, 고창, 정읍, 장성, 태인 등 7개 읍에 지시를 내리기를, 동학농민군들이 후퇴할 때 뒤따라가며 섬멸하라고 하였다.[53] 4월 4일 농민군 가운데 일부는 태인에 남고 일부는 부안으로 가 그곳의 농민군과 합세하였고,[54] 이후 4월 6일 태인의 농민군과 부안의 농민군은 협공해 오는 감영군을 자신들이 익히 지형을 잘 알고 있는 고부 도교산(道橋山)으로 유인하였다.[55] 그리고선 4월 6일 밤 8시경 전봉준 장군은 농민군을 도교산 옆 황토산에 매복시켰다. 이윽고 이날 밤부터 관군의 공격이 시작되고 농민군과의 접전이 다음날인 7일 새벽녘까지 이어졌는데, 결과는 농민군의 대승리로 끝이 났다.[56] 이것이 바로 황토현 전투인데, 농민군과 관군 사이에 벌인 최초의 전투이면서 농민군이 최대로 승리를 거둔 전투이다.

황토현에서 대승을 거둔 농민군의 사기는 충천하였다. 그러나 전봉준 장군을 비롯한 지도부는 농민군을 이끌고 곧바로 감영이 있는 전주로 진격하지 않고 방향을 남쪽으로 돌렸다. 그렇게 한 이유는, 전술상 전주에 도착한 홍계훈의 경병과의 대적을 피하기 위한 면도 있지만 지방관의 수탈에 따른 읍폐민막(邑弊民瘼)을 교정하기 위해서였고, 또한 각 지역을 돌면서 전력을 보강하기 위함이기도 했다.[57] 농민군 주력군은 전승을 한 그날인 4월 7일 오후 고부에서 정읍으로 들어가 관아를 공격하고, 갇혀있던 농민군 6명을 석방하는 한편 무기를 탈취한 후 고부 삼거리로 가서 숙영하였다.[58]

다음날 4월 8일에는 고부 신점에서 흥덕으로 들어가 점심을 먹고, 밤 8시경 고창으로 들어갔다. 이때에도 관아를 공격하고 옥에 갇혀있던 농민군 7명을 석방하는 한편, 무기를 탈취하고 호적대장을 거두어들였다.[59] 고창에서 하루 머문 농민군은 4월 9일 12시쯤 고창을 떠나 오후 4시경 무장으로 들어왔는데, 이때 농민군은 1만여 명으로 불어나 있었다. 이들은 갇혀있던 동학농민군 40여 명을 풀어주었고 군기고를 파괴하여 화약 등 무기를 탈취하였으며, 또 성 내외의 인가를 불태웠다. 그리고서 무장 관아에서 10리쯤 떨어진 호산봉(狐山峰, 여시뫼봉)에 진을 치고 3일간 머물렀다.[60] 이러한 농민군의 움직임에 대해서 초토사로 내려온 홍계훈은 여러 지시만 내릴 뿐, 적극적인 군사행동을 하지는 않았다.[61]

3일 동안 고창에 머문 뒤, 4월 12일 10시경 농민군 1만여 명은 영광에 도착하였다.[62] 이날에서야 초토사 홍계훈은 3개 부대를 거느리고 영광군으로 가 동학농민군의 동정을 살폈다.[63] 영광에 들어간 동학농민군은 이곳 일대에서 4일간 유진(留陣)하였는데, 낮으로는 진법(陣法)을 조련(操錬)하고 밤으로는 경전을 읽었다고 한다.[64] 그리고 이곳 영광에 주둔하는 동안 농민군의 수는 크게 증강되었는데, 하루에 늘어나는 수가 몇 천 명이나 되었는지 알 수 없을 정도였다고 한다. 이에 따라 전열을 새로 가다듬었거니와 5리마다 복병을 두었으며, 30리 거리를 두고서 농민군 2천5백 명

씩을 배치하였다. 영광에 머무는 동안 사방에서 동학농민군을 추종하는 사람들이 운집하여 각처를 왕래하였던 것이며, 지역 간의 서신 왕래도 활발해졌다고 한다.[65]

이처럼 농민군의 수는 크게 불어났지만, 농민군에 새로 가담한 자들 가운데는 여러 부류의 사람들이 있었다.[66] 이에 따라 농민군이 지켜야 할 행동강령을 세울 필요가 있었다. 이를 위해 전봉준 장군을 비롯한 지도부는 다음과 같은 두 종류의 행동준칙을 내렸다.

대적시(對敵時) 약속(約束) 4항(項)

1. 每於對敵之時 兵不血刀而勝者 爲首功(매어대적지시 병불혈도이승자 위수공)
매번 대적할 때 병사가 칼에 피를 묻히지 않고 이기는 것을 최고의 공으로 삼는다.

2. 雖不得已戰 切勿傷命 爲貴(수부득이전 절물상명 위귀)
부득이 전투를 하더라도 절대로 인명을 해치지 않는 것을 귀하게 여긴다.

3. 每於行進所過之時 切勿害人物(매어행진소과지시 절물해인물)
매번 행진하여 지나갈 때 절대로 다른 사람의 재물을 해치지 않는다.

4. 孝悌忠信人所居之村 十里內勿爲屯住(효제충신인소거지촌 십리내물위둔주)
효(孝)·제(悌)·충(忠)·신(信)한 사람이 사는 촌락으로부터 10리 내에는 주둔하지 않는다.

12조(條) 계군호령(戒軍號令)

1. 降者受待(항자수대)   항복한 자는 받아들여 대접해줘라.
2. 困者救濟(곤자구제)   곤경에 처한 자는 구제하라.
3. 貪者逐之(탐자축지)   탐한 자는 쫓아내라.

4. 順者敬服(순자경복)   공순한 사람은 공경하여 따르라.

5. 走者勿追(주자물추)   도망가는 자는 추격하지 말라.

6. 飢者饋之(기자궤지)   굶주린 자에게 음식을 권하라.

7. 奸猾息之(간활식지)   간사하고 교활한 짓을 그만두어라.

8. 貧者賑恤(빈자진휼)   가난한 자는 진휼하라.

9. 不忠除之(불충제지)   불충한 자는 제거하라.

10. 逆者曉諭(역자효유)   반역한 자는 효유하라.

11. 病者給藥(병자급약)   병든 자에게는 약을 줘라.

12. 不孝殺之(불효살지)   불효한 자는 죽여라.

위의 조항은 우리들이 거행하는 근본이다. 만약 명령을 어기는 자가 있으면 지옥에 가둘 것이다.[67]

4월 16일 경군이 계속해서 내려온다는 소식을 접한 전봉준 장군은 농민군을 이동시킬 것을 결정하고, 오전 8시경에 농민군의 반은 영광에 남기고 반은 함평으로 출발시켰다.[68] 이때 전봉준 장군은 창의소(倡義所)의 명의로 초토사 홍계훈의 완영유진소(完營留陣所)에 다음과 같은 통문을 발하였다.

통문(通文)

우리들의 금일 의거는 결단코 다른 뜻이 있지 않고 탐관오리가 잘못을 고쳐 스스로 새로워지게 하고 국태공(國太公)이 감국(監國)하도록 하여, 위로는 종사(宗社)를 보전하고 아래로는 백성을 편안케 함이라. 이로써 부자간의 천륜(天倫)과 군신 간의 대의(大義)를 온전히 한다면 난신적자(亂臣賊子)는 자연히 자취를 감추게 되어 감히 나라를 해치는

황룡전적지

벌레가 되지 못할 것이다. 말은 여기에 그칠 뿐이니라.

창의소 갑오 4월 16일 [69]

농민군은 이날 오후 4시경 함평에 도착했는데, 그 수는 6~7천여 명이 었다.[70] 이후 농민군은 무안 접경을 넘기도 하면서 이곳 함평에 5일간 주둔을 하였다. 이곳에 머물면서 전봉준 장군은 4월 18일 항거의 기세를 강하게 보이는 나주 관아에 통문을 보내, 여러 고을에서 모집한 군사들을 귀농시키고 수감된 교인들을 풀어주면 나주에 들어가지 않겠다고 하면서 곧바로 회답을 달라고 했다. 그런가 하면 다음날인 19일에는 이전 영광에서 보낸 통문의 내용과 유사한 글을 초토사에게 다시 띄웠다. 그런데 나주 목사 민종렬(閔種烈)은 "명분이 없는 거사는 마땅히 도륙하도록 법에 정해져 있다. 이치에 닿지 않는 말은 듣고 싶지 않다."라는 답변을 보내왔다.[71] 이럴 즈음 초토사 홍계훈이 경병을 이끌고 함평을 향해 추격해 오고 있었으며, 이 소식을 들은 전봉준 장군은 군사력이 강화된 나주를 공격하지 않고 장성을 향해 농민군을 진격시켰다.[72]

4월 21일 오전 8시경에 장성 월평리에 도착한 농민군은 아침을 먹고 황룡촌(黃龍村)에 진을 치고 주둔하였다.[73] 4월 22일 홍계훈이 이학승, 원세록, 오달영에게 병사 300명을 거느리고 장성 등지로 가서 동학농민군의 정황을 살피게 하였는데,[74] 대관(隊官) 이학승이 지리를 몰라 헤매다가 4월 23일 오후 2시경 장성 황룡촌에서 동학농민군의 공격을 받아 전사하였다. 이때 농민군은 극로백(克虜伯, Krupp포) 1좌, 회선포(回旋砲) 1좌와 화약을 빼앗았다.[75] 이 장성 황룡촌 전투는 농민군이 경군과의 싸움에서 최초로 거둔 승리인데, 이로 인해 농민군의 의식상의 변화, 즉 왕사(王師)를 가볍게 여기는 마음이 생겼다고도 한다.[76]

3. 전주 입성과 화약, 폐정개혁을 이끌다

황룡촌 전투에서 승리를 거둔 동학농민군은 다시 월평리로 들어가 밥을 지으려고 하였으나 경군이 습격해 온다는 소문을 듣고 정읍쪽으로 향하였다.[77] 장성과 정읍 사이 어딘가에서 2일을 숙영한 동학농민군은 4월 25일에 정읍에 들어갔고, 그날 정오 무렵에는 원평으로 향하였으며, 원평에서 국왕의 효유문(曉諭文)을 가지고 온 이효응(李斅應)과 배은환(裵垠煥)을 살해하였다.[78] 다음날 농민군은 전주 서쪽의 삼천(三川) 혹은 전주에서 30리 정도 떨어진 두정(豆亭)에 도착하여 숙영하였으며, 27일 아침부터 전주성을 압박하기 시작하여 서문, 북문, 남문 등을 공격하였는데, 마침 그날이 서문 밖 장날이었다. 전봉준 장군은 이를 이용하여 수백 명의 동학농민군을 상인으로 위장시킨 다음 성안에 투입시켰고, 농민군은 성안의 관속과 내통하여 안에서 성문을 열어주었다.[79] 이로써 농민군은 무혈 입성하여 전주성을 함락할 수 있었다. 전주성을 점령할 당시 감사 김문현은

옛 전주부 일원 전주시 전경

농민군이 공격해 온다는 소식을 듣고서 미리 성 밖으로 달아나 없었다. 전봉준 장군은 농민군에게 엄격한 규율을 유지하도록 하면서 성내의 주민들을 위무하였다.[80]

농민군의 뒤를 쫓아온 홍계훈은 4월 28일에야 금구에서 전주로 들어와 완산에 진을 쳤다. 이로부터 농민군과 관군 사이에 수차례에 걸친 공방전이 펼쳐졌으나, 화력과 전술에서 열세인 농민군은 번번이 패하여 많은 피해를 입었다. 농민군은 태조의 위패가 봉안된 경기전(慶基殿)이 있어 함부로 포화 공격을 하지 못할 것으로 여겼고, 감영이 함락된 데 대한 책임 때문에 타협안이 제시될 거라 생각했었다. 그렇지만 이 같은 기대는 무너졌으며, 성 안의 양식은 고갈되어 농민군의 사기는 크게 저하되어갔다.[81] 이에 전봉준 장군은 점괘를 보면서, "사흘을 기다리면 좋은 소식이 있을 것이니 동요하지 말라. 이미 여러분들은 내 말에 따라 죽을 곳으로 들어왔는데, 어찌 다시 한 번 내 말을 듣고 조금 더 참지 못하는가"라고 하며, 동학농민군들을 진정시키고자 하였다.[82] 이 무렵 전봉준 장군도 왼쪽 다리에 부상을 입어,[83] 상황이 좋지 않았다.

이에 전봉준 장군은 적극적으로 관군과의 협상에 나서면서 차후책을 마

동학농민군 전주입성기념비 전주시 완산칠봉공원

련하기로 결정을 하고서, 5월 4일 '제중생등의소(濟衆生等義所)'의 명의로 피
도소지(彼徒訴志)와 함께 '폐정개혁안'을 초토사 홍계훈에게 제시하였다.[84]
이후 한동안 전봉준 장군과 초토사 홍계훈은 겉으로 자신들의 입장만
을 옹호하는 입장문을 각기 내세웠다. 그렇지만 농민군은 공방전에서 열
세에 몰려 있었고, 또 농번기에 접어들어 농민층의 입장을 고려해야만 했
다. 그런가 하면 정부 측도 청나라 군대의 진주와 일본군의 파병 상황에
서 초토군을 조속히 철수해야 했던 것이다. 결국 이러한 양측의 입장이
일치되어, 5월 7일 전봉준 장군과 전라감사 김학진 사이에 '전주화약'이
맺어지게 되었던 것이다.[85] 이때 합의된 폐정개혁 12개 조는 다음과 같다.

① 동학교도와 정부 사이에는 묵은 감정을 씻어버리고 서정(庶政)에
　 협력할 것
② 탐관오리의 죄상을 자세히 조사하여 엄히 징벌할 것
③ 횡포한 부호들을 엄히 징벌할 것
④ 불량한 유림과 양반들을 징벌할 것
⑤ 노비문서를 태워버릴 것

김제 원평 집강소 복원건물

⑥ 칠반천인(七班賤人)의 대우를 개선하고 백정의 머리에 씌우는 평양
립(平壤笠)을 벗게 할 것

⑦ 청상과부의 재혼을 허락할 것

⑧ 무명의 잡세는 모두 폐지할 것

⑨ 관리 채용에 있어 지벌(地閥)을 타파하고 인재를 등용할 것

⑩ 왜와 내통하는 자는 엄히 징벌할 것

⑪ 공사채(公私債)를 막론하고 지난 것은 모두 무효로 할 것,

⑫ 토지는 평균으로 분작(分作)하게 할 것

　이후 전봉준 장군은 5월 8일에 금구, 9일에 김제를 거쳐 태인으로 들어
갔다. 그리고 11일에는 순변사 이원회(李元會)에게 14개조의 '전라도유생등
원정(全羅道儒生等原情)'을 올리고,[86] 17일경에는 24개 조의 원정을 다시 제출
하여 조속히 폐정개혁안을 시행하도록 촉구했으며,[87] 18일에도 '동학회생
등장(東學會生等狀)'을 제출하여 폐정개혁안 시행을 촉구하였다.[88] 순변사와
초토사가 모두 전주를 떠난 이후인 5월 20일 전봉준 장군은 장성에서 김
학진에게 13개 조의 폐정개혁을 요구하였다.[89] 이때를 전후로 해서 산발적

남원대회가 열린 요천 전경

이나마 집강소가 설치되기 시작했다. 그렇지만 관에서 공식적으로 인정되는 그런 집강소는 아니었다. 이후 6월에 들어서 전봉준 장군은 김학진과의 협상에서 농민군이 스스로 집강을 선출하도록 하고, 그 집강에게 행정력을 양도하도록 하였다. 이로부터 군현 단위의 집강소가 확대 실시되었거니와 수령의 역할을 대행하게 되었다.[90]

　이후 전봉준 장군은 폐정개혁을 위해서 열읍(列邑)을 순행하였는데,[91] 그러는 중에 6월 6일 순창에서 천우협(天佑俠) 관계자 14명을 만나 의견을 나누기도 했다.[92] 이어서 전봉준 장군은 여러 지역에 대한 순행을 계속 이어 나갔는데, 7월 6일에는 전라감사 김학진과 전주에서 회담을 가져 '관민상화(官民相和)'를 이끌어 내어 집강소를 인정받았거니와, 전라도 일대의 행정권을 이양 받았다.[93] 7월 8일에는 김학진과의 약속을 이행하기 위해 각 읍 집강 앞으로 평민에 대한 침학(侵虐)을 금지하고, 치안을 유지하며, 무기와 공물 반납을 하라는 통문을 발하였다.[94] 그리고 7월 보름에 전봉준 장군은 김개남 장군 등과 더불어 남원에서 수만 명의 동학농민군을 불러 모아, 이른바 '남원대회'를 열어 집강소를 설치한 농민군의 결속을 다짐으로써 세력을 과시하였다.[95]

방아치전투지

아무튼 '전주화약' 이후, 우여곡절은 있었으나 집강소를 중심으로 한 농민들의 자치가 이루어졌던 것인데, 8월 17일 평양전투에서 일본이 청군에 승리하면서 상황은 크게 바뀌기 시작했다. 일본은 이제 노골적으로 조선의 내정에 간섭을 하면서 침략의 의도를 드러냈으며, 이에 따라 갑오개혁도 개혁적 성격이 희석되어 변질되어 갔다.[96] 이러한 상황 변화에 대응해서 농민군의 재봉기 움직임도 보였는데, 8월 25일에 김개남 장군은 전라좌도의 동학농민군 약 7만 명을 남원에 소집하여 대회를 열었다. 이 대회는 장차 남원을 거점으로 삼아, 전면적으로 봉기하기 위한 것이었다. 이 소식을 전해들은 전봉준 장군은 남원으로 달려가, "지금 시세(時勢)를 보건대, 일본과 청이 전쟁 중인데 어느 쪽이 이기든지 반드시 군사를 우리들에게 돌릴 것이다. 우리들은 비록 무리는 많지만 오합지졸이어서 쉽게 무너져 뜻을 이룰 수가 없으니, 귀화(歸化)에 의탁하여 각 고을에 동학농민군 역량을 보존하면서 시세의 변이를 지켜보자"라고 하면서, 김개남 장군에게 전면 봉기계획을 보류할 것을 권고하였다.[97]

4. 2차 농민봉기를 주도

9월에 들어 2일에 대원군 측의 밀사인 박동진(朴東鎭)과 정인덕(鄭寅德)이 전주에 내려왔다. 그러나 이때 전봉준 장군은 병을 치료하는 중이었고, 아직 다시 기포(起包)할 생각이 없었다.[98] 이들을 대신 만난 전라우도 도집강 송희옥이 9월 6일에 대원군의 밀사가 와서 동학농민군을 이끌고 북상하라고 했다는 내용의 편지를 전봉준 장군에게 보냈다.[99] 이에 다음날 전봉준 장군은 대원군이 보낸 밀사를 직접 만나 밀교(密敎)를 받고,[100] 이튿날 삼례로 가서 이건영(李建英)을 만나 다음과 같은 내용의 국왕의 밀지를 받았다.

"방금 왜구들이 침범하여 화(禍)가 국가에 미치었는 바, 운명이 조석에 달렸다. 사태가 이에 이르렀으니 만약 너희들이 오지 않으면 박두하는 화와 근심을 어떻게 하랴. 이로써 교시(敎示)하노라."[101]

전봉준 장군은 대원군의 밀사를 만나 국왕의 밀지를 받고서, 방향을 바꾸어 재기포를 결심하였다. 그리고선 태인을 출발하여 원평을 거쳐 9월 10일경에 삼례에 도착하여, 이곳에 대도소(大都所)를 설치하였다. 그러고는 각지의 충의지사(忠義之士)에게 함께 일어날 것을 촉구함과 동시에, "이번 거사에 호응하지 않는 자는 불충 무도한 자"라는 통문을 돌렸다.[102] 그런가 하면 각지의 관아에 재 기병을 알리는 통문을 보내 군수품 조달에 협조할 것을 촉구하기도 했다.[103] 이어서 9월 14일에는 전봉준 장군이 직접 삼례에 모여 있던 동학농민군을 이끌고서 전주성으로 쳐들어가 군기고에서 총 251자루, 창 11자루, 환도 442자루와 철환 및 각종 물품을 모두 탈취했으며, 저녁에 또다시 창고를 공격하여 화포 74문, 탄환 9773발, 탄자(彈子) 41,234개, 환도 300자루 등의 무기를 탈취해 왔다.[104]

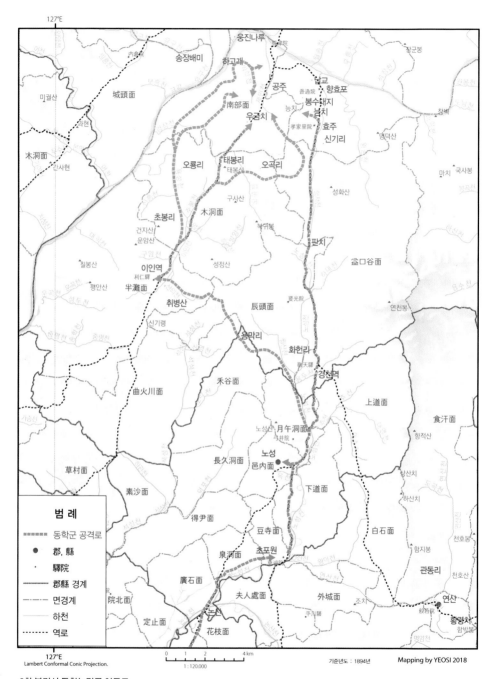

127°E
Lambert Conformal Conic Projection.

범 례

동학군 공격로
郡, 縣
驛院
郡縣 경계
면경계
하천
역로

0 1 2 4 km

1 : 120.000

기준년도 : 1894년   Mapping by YEOSI 2018

2차 봉기시 동학농민군 이동로

동학 남북접농민군 집결터 논산시 부창동 성당 자리

그러는 한편 최경선을 광주로 보내, 손화중 장군에게 다시 기포했다는 사실을 알림과 아울러서 김개남 장군에게도 연락하였다.[105] 또한 전봉준 장군은 북접에도 동참을 요청하였는데, 이에 대해 9월 18일 최시형(崔時亨)이 충청도 청산(青山)에 각 포의 접주들을 불러 모아 "전봉준과 협력하여 선사(先師) 숙원(宿冤)을 쾌신(快伸)하고 종국(宗國)의 급난(急難)에 동부(同赴)할 것"을 지시함으로써[106] 남북접 연합전선이 형성될 수 있게 되었다.

9월 그믐께 전봉준 장군은 삼례역을 출발하여 은진을 거쳐 논산에 도착하였다. 이때 그가 이끌고 온 농민군은 휘하의 직속부대 4천여 명뿐이었으며,[107] 충청도 농민군의 합류를 기다리면서 며칠을 보냈다.[108] 마침내 10월 9일 손병희가 이끄는 북접 농민군의 일부가 논산에 도착하여 합류하였으며,[109] 1만여 명의 남북접 연합 농민군은 공주를 향해 진군을 하였다. 진군에 앞서 10월 16일 양호창의(兩湖倡義) 영수(領首)인 전봉준 장군은 당시 충청감사 박제순(朴齊純)에게 다음과 같은 격문을 보내, 농민군과 함께 항일의 공동전선을 펼칠 것을 제의하기도 했다.[110]

"호남창의영수(湖南倡義領首) 전봉준은 삼가 절을 올리며, 호서순상(湖

西巡相) 각하께 글을 올립니다. 천지
간에 사람은 강기(綱紀)가 있어 만
물의 영장이라 일컫는 것이니, 거
짓말을 하고 미음을 속이는 자는
사람이라 할 수 없을 것입니다. 하
물며 지금 나라에 어려움과 근심이
있는데, 어찌 감히 외칙내유(外飭內誘)
로써 밝은 하늘 아래에 일순간이라
도 목숨을 보존하고자 할 수 있겠
으리오! 일본의 침략자들이 분쟁
의 구실을 만들어서 군대를 움직
여 우리 임금을 핍박하고, 우리 백
성들을 근심케 하니 어찌 참을 수
있으리까?

옛날 임진년의 화 때에 왜구가 쳐
들어와 궁궐과 종묘를 불태우고,
군친(君親)을 욕보이고 백성들을 살
육했으니, 백성들 모두가 분개하여
천고에 잊을 수 없는 한이라. 초야
에 있는 필부나 어린아이까지 아직
도 그 울분을 감추지 못하고 있는
데, 하물며 각하는 대대로 조정의
녹을 먹는 충신으로서 우리 평민
보다 몇 배나 더하지 않겠나이까?
작금의 조정 대신들은 망령되이 구

피체된 해월 최시형

박제순송덕비 현 충남 공주시 이인면사무소 앞

효포전투지 현 공주시 신기동 효포리

차하게 생명의 안전에만 급급하여, 위로는 군부(君父)를 위협하고 아래로는 백성을 속여 일본군과 손을 잡아 삼남의 백성들에게 원한을 불러오고, 임금의 군대를 망령되이 움직여 선왕의 백성들을 해치고자 하니, 참으로 어떤 뜻이며, 무엇을 하려는 것이옵니까?

지금 내가 하고자 하는 것은 지극히 어렵다는 것을 알고 있으나, 일편 단심 죽음을 각오하고 나라의 신하로서 두 마음을 품은 자들을 소제(掃除)하여 조선왕조가 5백 년 동안 유육(遺育)해 준 은혜에 보답고자 하니, 원하옵건대 각하는 크게 반성하여 의(義)로써 같이 죽는다면 천만다행일까 하옵니다."

갑오 10월 16일   논산에서 삼가 드림

이후 전봉준 장군이 이끄는 남북접 연합군은 노성(魯城)을 거쳐 10월 23일 공주 남쪽 30리 지점에 있는 경천(敬天)을 점령하였고, 이 무렵 북접에서 온 옥천포 동학농민군은 공주 동쪽으로 30리 떨어진 대교(大橋)에 진을 치고 있었다.[111] 이윽고 10월 24일에 전봉준 장군은 효포(孝浦) 건너편의 산 쪽에 주력부대를 배치하고 있다가 경리청 부영관 홍운섭(洪運燮)

동학농민군의 화승총　전주 동학혁명기념관 소장

일본군의 스나이더총　전쟁기념관 소장

이 이끄는 경리청군이 대교(大橋)[112]의 동학농민군을 공격하러 간 사이에 효포를 공격히여 점령하였다.[113] 다음날 효포에서 감영으로 넘어오는 고 개인 웅치(熊峙, 곰티)를 중심으로 농민군과 관군의 일대 접전이 펼쳐졌던 것인데, 이때 전봉준 장군은 가마를 타고 일산(日傘)을 펴고 깃발을 날리 며 나팔소리와 함께 동학농민군을 지휘하였다.[114] 그러나 결국 수많은 사 상자를 낸 동학농민군은 물러날 수밖에 없었으며, 경천점으로 후퇴하였 다.[115] 이 무렵 동학농민군이 공주로 육박해 온다는 급보가 전해지자 정부 군과 일본군이 공주에서 합류하기 시작했으며, 축차로 여러 부대가 속속 도착하여 농민군의 공격에 대비하였다.[116]

　이에 전봉준 장군은 진용을 재정비하기 위해 본진을 논산 풋개(草浦)로 옮겼다.[117] 전봉준 장군은 흩어진 농민군을 다시 모으고 부족한 군수품 을 준비하는 한편, 다시 공주를 공략할 방도를 농민군 주요 간부들과 숙 의하였다. 여기에서 주 공격로를 우금치로 정하고, 그 밖의 곰티나 하고개 등을 보조 공격로로 잡아 총공세를 펼치기로 결정하였다. 그러는 동안에 관군과 일본군 연합군도 전열을 정비하고 있었다. 19대대의 모든 병력과 관군 등 여타의 병력을 모두 공주로 집결시켰거니와 널티와 이인 그리고 감영 주변의 봉우리에 배치함으로써 농민군의 공격에 대비토록 하였다.

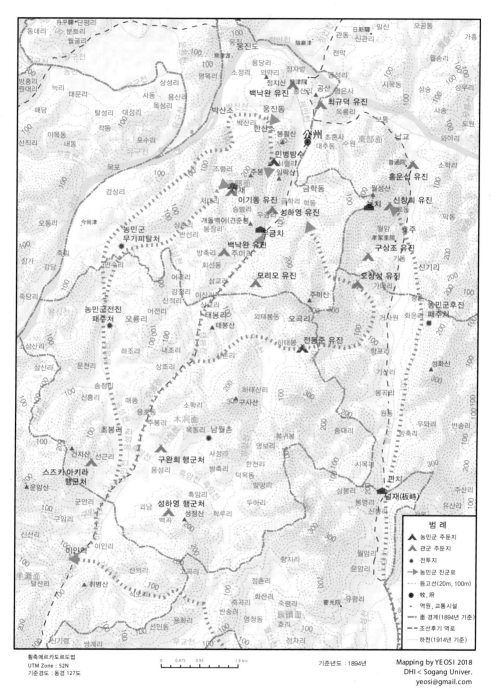

丹平驛·단평리
동대리
분토리
월굴리
熊津渡·웅진도
日新驛·일신
관동
신관리
오공동
가흥
월송리
시목동
삼송
시무리

방흥리
뭔대리
늑리
대문리
매당
이목동
내동
목포
산직리

상성리
사동
용산리
옥성리
포수리

용당리
소정리
평목리
정자방
이약리
정지산 停止山
송산리
公山 은사
초혼사
대추동 東部面
수원

금성리
공산
납교

와아리
소학리

백낙완 유진
박산소 박산신소
박산리
한산소
봉황산
公州
민병방수
서얼리
일락산

최규덕 유진
옥룡리
보동

흥운섭 유진
普通院·보통원

조령리
유구천
검상리
今尙津·금상진
오동리
송정리

저대리
이기동 유진
승방리
개돌백이(견준봉)
봉정리
우금치
백낙완 유진
주미리

금학동
급리리 학동
성하영 유진
남치
신창희 유진

월성산
월암
孝家里동
호주

농민군
무기피탈처
상촌리
반선리
어곡리
강정리
이신리
삼리리
어전리
삼교리
회선동

모리오 유진
주미산

구상조 유진
기동
신기리

오창성 유진
가마리
거사원
화운리
항포리

농민군전친
패주처
오룡리
태봉리
태봉산
내조리
상조리

외태봉동
오곡리

하태봉
전봉준 유진

농민군후진
패주처

성화산

장가
강당
죽림
반숙리
죽당리

문천리
신흥리
하조리
매동
용봉리

하태산리
소학리
300 구사산
봉거봉
영보리
복거동

기산라
봉곡리
원동
우와리
방축리

중대리
시목동
반송리

초봉리
건지산
선근리

木洞面
묵동리 남월촌
사정리
용성리
흑암천

상봉리
봉명리
신봉리

판치
널재(板峙)
주산리
유산라

스즈키아키라
행군처
운암산
군안리
괴남
백곡

구완희 행군처
성하영 행군처
성정산
학루리

한천리
덕목동
발양리
두아리

월암리
문암리

이인역
구암리
신산리

취병산

반송리
산의리
고�리
석외리
선민동
영청동

점촌리
화산리
죽평리
죽곡리

要光院·요광원
辰頭面·진두면
정차리

신기령
쌍계리
우교천
半灘面·반탄면
탈산리
용화리

범 례

▲ 농민군 주둔지
▲ 관군 주둔지
● 전투지
➡ 농민군 진군로
---- 등고선(20m, 100m)
● 牧, 府
· 역원, 교통시설
━━ 面 경계(1894년 기준)
▬▬ 조선후기 역로
〰 하천(1914년 기준)

횡축메르카도르도법
UTM Zone : 52N
기준경도 : 동경 127도

0 0.475 0.95   1.9 km

기준년도 : 1894년

Mapping by YEOSI 2018
DHI < Sogang Univer.
yeosi@gmail.com

공주대회전 동학농민군 진군로

우금치전투 터

마침내 11월 초 전봉준 장군은 노성과 경천 쪽으로 대군을 진격시켜 여러 요지에 군대를 배치하고 포대를 설치하였다. 이렇게 해서 공격할 모든 준비가 끝나자, 전봉준 장군은 마침내 11월 8일 총공격의 깃발을 올렸다.[118] 이후 이곳저곳에서 치열한 전투가 벌어졌지만 신식무기로 무장한 관군과 일본군의 화력을 도저히 당해낼 수가 없었다.[119]

결국 공주에서의 공방전은 동학농민군의 완전한 패배로 끝났고, 전봉준 장군은 11월 13일 용수막(龍水幕)을 거쳐 오후에 노성으로 내려가 봉화산에 진을 쳤으며, 다음날 다시 논산으로 이동하였다.[120]

이 무렵 전봉준 장군은 동도창의소(東徒倡義所)의 이름으로 같은 조선인인 경군과 영병에게 일본과 싸워야 한다는 다음과 같은 고시문을 발하였다.

고시(告示) 경군여영병이교시민(京軍與營兵以敎示民) [121]

다름이 아니다. 일본과 조선이 개국 이후로 비록 인방(隣邦)이나 누대로 적국이더니, 성상의 인후(仁厚)하심에 힘입어 세 항구를 개항하여 통상을 허락하였도다. 이후 갑신년 10월에 4명의 흉적이 적과 협잡하여 군부(君父)의 위태로움이 조석에 달려있었으나, 종묘사직이 부흥하여 간당을 소멸하였노라. 금년 10월에 개화 간당(開化奸黨)이 왜국과 결탁하여 밤을 틈타 서울로 들어와서, 군부를 핍박하고 국권을 제멋대로 농단하였도다. 하물며 방백과 수령이 모두 개화당 소속으로 백성을 무휼하지 아니하고 살육을 좋아하며 생령(生靈)을 토탄에 빠뜨렸으니, 이에 우리 동도(東徒)가 의병을 일으켜 왜적을 소멸하고 개화당을 제어하며 조정을 맑고 태평하게 하고 사직을 보전코자 하였노라.

그런데 매번 의병이 이르는 곳마다 병정(兵丁)과 군교(軍校)가 의리를 생각하지 아니하고 나와서 접전을 함에 비록 승패

우금치에 건립한 위령탑

는 없으나 인명이 서로 상하니, 어찌 불쌍치 아니 하리오. 기실은 조선 사람끼리 서로 싸우자는 바가 아니거늘 이처럼 골육상전을 벌이니 어찌 애달프지 아니 하리오. 또한 공주와 한밭의 일로 논한다 해도 비록 봄 사이의 원한을 갚은 것이라고는 하나 일이 참혹하고 후회막급이니라. 방금 대군이 서울을 억누르고 있어 팔방이 흉흉한데, 편벽되게 서로 싸우기만 하면 가히 골육상전이라 할 것이니라. 한편 생각하건대, 조선 사람끼리라도 도(道)는 다르나 척왜(斥倭)와 척화(斥和)는 그 뜻이 마찬가지일 것이니라.

[이에] 두어 자 글로 의혹을 풀어 알게 하노니, 각기 돌려보고 충국우국지심(忠國憂國之心)이 있어 곧 그 뜻으로 돌아온다면, 서로 의논하여 척왜 척화하여 조선이 왜국이 되지 않게 하고, 마음과 힘을 합쳐 큰일을 이루게 해야 할 것이니라.

갑오년 11월 12일

동도창의소

11월 14일 밤 전봉준 장군은 논산에서 김개남 장군이 이끄는 농민군과 합류를 하여 소토산(小土山)에 진을 쳤지만,[122] 11월 15일 추격해 온 일본군과 관군의 공격을 받고 은진의 황화대(黃華臺)로 후퇴했고, 또다시 계속되는 공격에 전주 쪽으로 퇴각하였다.[123] 전봉준 장군은 여산과 삼례를 거쳐 11월 19일 전주로 들어갔으며,[124] 그곳에 머문 지 3일 만인 11월 23일에 다시 금구 원평으로 후퇴하여, 구미란(龜尾卵) 뒤편 세 봉우리에 농민군을 품(品)자 모양의 일성팔열진(一聲叭列陣)으로 배치하고서 관군과 일본군을 맞이하였다. 이윽고 11월 25일 오전부터 치열한 전투가 벌어졌고, 혼신의 힘을 다해 싸웠으나 처절하게 패배하였다.[125]

이에 다시 전봉준 장군은 태인으로 물러나 여러 접주들의 도움을 받아

원평 구미란전적지 김제시 원평

태인 성황산 전경

농민군을 충원하고 무기도 공급받았다. 그리고선 태인의 주산인 성황산
(城隍山)을 비롯해서 한가산(閑加山), 도리산(道理山)의 봉우리마다 깃발을 세
우고 군사를 배치하여 진(陣)의 형세를 취하고서 결전을 준비하였다. 11월
27일 관군과 일본군을 맞아 치열한 공방이 펼쳤지만 역시 참패하였다.[126]
태인 전투에서 패한 전봉준 장군은 농민군을 다시 결집시켰으나 이제 더

태인 동헌

이상 전투에 임할 대오조차 갖출 수가 없었다. 이에 동학농민군을 해산할 수밖에 없었으며, 이로써 우금치 전투에서 패퇴한 이후 계속된 농민군의 저항은 사실상 끝이 났다.

3부

전봉준 장군의 죽음과 묻힌 곳

1. 전봉준 장군의 피체와 죽음

1) 체포

태인 전투에서 패한 전봉준 장군은 정면으로 관군과 일본군을 싸워 이길 수 없음을 인정하고, 장성 노령 밑에서 재기를 약속하고서 일단 농민 군을 해산시켰다. 이후 전봉준 장군은 수하 몇 명만을 데리고 잠행에 들어갔다. 갈재를 넘어 11월 29일 입암산성(笠岩山城)으로 들어가 하룻밤을 묵었는데,[1] 그는 이곳의 지형이 험준하여 당분간 몸을 숨길 수 있을 거라고 생각했다. 그러나 남하하던 이규태와 미나미 고시로(南小四郎) 부대에게 노출되어 다시 다른 곳으로 도망칠 수밖에 없었다. 11월 30일에 전봉준 장군은 백양사(白羊寺)의 말사인 청류암(淸流庵)으로 은신처를 옮기고, 이 곳에서 얼마간 머물면서 상황을 주시하였다.[2] 그러면서 아직 많은 군대를 거느리고 있는 김개남 장군에게 연락을 취하고 그를 만나고자 나섰다.[3] 일본군의 눈을 피해 태인으로 가기 위해서는 동쪽의 순창으로 비껴가야만 했다. 마침 순창에는 자신의 옛 부하인 김경천(金敬天)이 있어 그의 도움을 받을 수 있을 것으로 생각했다. 이윽고 전봉준 장군은 세 명의 부하와 함께 12월 2일 해질 무렵, 순창군 쌍치면 계룡산 밑 피로리(避老里)에 있는 김경천의 집에 도착했다.

그런데 김경천은 전봉준 장군을 반갑게 맞아 주막으로 안내하여 저녁밥을 대접하여 안심시키고서는, 전주 감영의 아전을 지낸 바 있는 한신현(韓信賢)에게 밀고하였다. 당시 전봉준 장군을 잡아서 바치는 자에게는 상금 1천 냥과 군수직을 제수한다는 포상이 걸려 있었던 것인데, 김경천은 이에 눈이 멀었던 것이다. 밀고를 받은 한신현은 김영철과 정창욱 등과 함께 마을 사람들을 동원하여 주막을 포위하였다.[4] 뒤늦게야 위기에 빠진

138

것을 감지한 전봉준 장군은 방문을 박차고 나와 토담을 뛰어넘었다. 그러나 몸은 평소와 같지 않게 말을 듣지 않았다. 이에 대해 전장수 씨는 선친으로부터 전해 듣기로, 한신현 등이 주막의 주모에게 시켜 전봉준 장군에게 독극물을 푼 음식을 먹도록 했기 때문이었다고 하면서, 전봉준 장군은 젊은 시절 학문을 익혔을 뿐만 아니라 상당한 수준의 무예도 익혔기 때문에 쉽게 체포되지는 않았을 것이라고 전하고 있다.[5] 아무튼 토담을 넘는 순간 기다리고 있던 장정들의 몽둥이가 전봉준 장군의 발목을 내리쳤고, 발목이 터진 전봉준 장군은 운신을 할 수가 없게 되었다. 이렇게 해서 동학농민혁명의 최고지도자 전봉준 장군은 체포되었던 것이다.

2) 심문

1894년 12월 2일 순창 피로리에서 한신현 등에게 붙잡힌 전봉준 장군은 순창 소모영(召募營)에 넘겨져 억류되었다. 이후 전주 감영으로 압송될 예정이었으나, 전봉준 장군이 피체되었다는 소식을 접한 일본군 보병 19대대 총지휘관인 미나미 고시로는, 호남 소모관 임두학(林斗鶴)을 압박하여 장군을 인계받아 12월 7일 일본군 주둔지인 담양으로 압송해 갔다. 이후에 다시 호남 농민군 토벌의 총본부가 있는 나주 초토영(招討營)으로 끌고 와서 임시 감옥에 가두었다.[6] 이 무렵 동학농민군의 여러 지도자들이 여기저기서 붙잡혔는데, 12월 7일 동복 벽성리에서 피체된 최경선 장군, 12월 11일 고창군 부안면 안현리에서 피체된 손화중 장군, 1895년 1월 1일 금산면 장흥리 안정사 절터에서 피체된 김덕명 장군도 나주 초토영으로 이송되어 왔고, 바로 전봉준 장군이 수감된 감옥에 같이 수감되었다.

당시 일본군이 전봉준 장군을 비롯해서 농민군의 주요 인물들을 강압적으로 인계받으려 한 것은, 이들과 흥선대원군이 비밀리에 모의한 단서를 찾아내어 흥선대원군을 제거하고자 함이었고, 또한 전봉준 장군을 회유하여 일본의 협조자로 만들려는 것이었다. 한 달여간 나주 초토영 감옥에 수감되어 있는 동안, 전봉준 장군은 일본군으로부터 흥선대원군과의 관계에 대해 끈질긴 심문을 받았지만, 이를 모두 부인하였다.

이윽고 전봉준 장군은 여러 동지들과 함께 이듬해인 1895년 을미년 1월 5일 나주를 출발하여, 전주에서 이틀간 체류한 후 공주를 거쳐 서울로 이송되었다.[7] 1월 24일 서울로 압송된 전봉준 장군 등은 진고개(지금의 충무로와 명동 일대) 언저리에 있는 일본 영사관 감옥서(監獄署. 지금의 중부경찰서 자리)에 곧바로 수감되었다.[8] 진고개 주변에는 일본 영사관과 일본인 거주 지역이 있던 관계로 경비가 매우 삼엄했으며, 이곳에 감옥서가 있었다. 당시 나주에서 압송되어 온 전봉준 장군 일행은 물론이고 충청도, 강원도 등지에서 잡혀온 농민군 지도자들 대부분이 이곳 감옥서에 수감되었다고 한다.

아무튼 이곳에 수감된 전봉준 장군은 피체될 당시 입은 부상을 일본군 군의에게 한동안 치료를 받기도 했지만, 곧바로 다시 심문이 시작되었

일본영사관 자리 부속 감옥이 설치됨

일본영사관에서 전옥서로 가는 전봉준 장군

다.[9] 나주에서와 같이 이곳에서도 흥선대원군과 비밀리에 모의했는지가 주된 심문 내용이었고, 그에 대한 회유도 끈질기게 이어졌다. 이에 대해 전봉준 장군은 "위에서 우리를 사주한 자는 결코 없으며, 내 구차한 생명을 위하여 적국에 살길을 찾음은 본의가 아니다"라면서 이들의 회유를 결단코 거절하였다고 한다.

이후 전봉준 장군은 정식 재판에 넘겨졌다.[10] 당시 법무아문 산하에 권설 재판소라는 임시 재판소가 마련이 되었고, 전봉준 장군을 일본 영사관 순사청에서 인계받는 형식을 취하여 이곳에서 재판이 진행되었다. 이에 전봉준 장군은 이제 의금부의 감옥으로 이감되었는데, 감옥은 지금의 종각 건너편 무교동(제일은행 자리)에 있었다고 한다. 그리고 재판장은 개화정부 법무대신인 서광범이었는데, 회심(會審, 여러 사람이 재판에 참여하는 절차)이라는 이름으

서광범

로 재판할 때마다 일본 영사가 빠짐없이 참여하였다.

마침내 1895년 2월 9일 1차 심문이 이루어진 이래, 3월 10일까지 다섯 차례의 심문이 이루어졌다. 당시 일본 영사 우치다 사다쓰치(內田定槌)는 모든 심문에 빠짐없이 참석하였고, 3차 심문부터는 적극적으로 개입했을 뿐만 아니라, 이후 두 차례는 그의 단독으로 심문이 행해졌다. 특히, 우치다의 심문은 대원군의 혐의를 밝히려는 내용으로 거의 채워졌지만, 전봉준 장군은 이전과 마찬가지로 의연하고도 단호하게 대원군과의 관련성을 적극 부인하였다.

3) 죽음

마지막 심문이 있은 후, 20일이 지난 3월 29일(양력 4월 23일)에 마침내 전봉준 장군을 비롯해서 손화중, 최경선, 성두한, 김덕명 등에 대한 판결이

전옥서 터의 전봉준 장군 동상 현 종로 영풍문고 자리

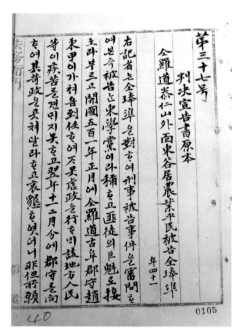

전봉준 장군 판결문

내려졌다. 전봉준 장군에 대한 판결의 주문(主文)에는 고부봉기 이후 전라도 순창에서 피체될 때까지의 주요 행적이 적시되어 있고, 최후로 그의 죄목은 《대전회통(大典會通)》의 형전(刑典)에 규정된 "군복을 입고 말을 타고서 관문에서 변란을 일으킨 자는 때를 기다리지 않고 즉시 참형에 처한다(軍服騎馬作變官門者不待時斬)"는 것이었다.[11] 형이 선고되자 전봉준 장군은 불편한 몸을 불끈 일으키면서 "정도를 위해 죽는 것은 조금도 원통하지 않으나 오직 역적의 누명을 받고 죽는 게 원통하다"

라고 큰 소리로 외쳤다고 한다. 판결이 끝나자 그날로 전봉준 장군을 비롯한 5명의 농민군 지도자를 교수형에 처해야 한다는 주청이 올라오고, 이에 대한 고종황제의 윤허가 내려졌다.[12] 그리고서 만 하루가 지나지 않

은 다음날 새벽 2시에, 이들은 수감되어 있는 의금부 전옥서(典獄署)[13]에서 교수형에 처해졌다.[14]

이상에서 보듯 전봉준 장군에 대한 처형은 전례에 비추어 즉각적으로 집행되었던 것인데, 여기에는 중대한 음모가 숨어 있다는 지적이 있다. 당시 개화정부에서는 "모든 재판과 소송은 2심으로 한다."라는 내용으로 형법을 개정하여, 4월 1일부터 시행한다고 공포하였다.[15] 따라서 이들에 대한 선고가 이루어진 이후 이틀만 경과하게 되면, 개정된 형법에 의거해 2심을 해야만 했던 것이다. 그런데 들뜬 민심을 한시라도 빨리 가라앉혀야만 했던 개화정부로서는, 개정 형법 시행을 불과 이틀 앞두고서 속전속결 전격적으로 사형을 단행했다는 것이다.[16] 그런가 하면 그동안 일본의 낭인집단인 천우협(天佑俠) 관련 인사들을 중심으로 전봉준 장군에 대한 구명공작이 끈질기게 펼쳐져왔던 것인데,[17] 이를 원천적으로 차단하려는 의도 역시 숨겨있었다고 생각된다.

이처럼 전봉준 장군은 3월 29일 사형 판결을 받고, 다음날인 30일 새벽 2시에 의금부 전옥서에서 교수형에 처해졌던 것이다. 그런데 항간에는 당시 전봉준 장군의 처형에 대해 교수형이 아니라 효수형에 처해졌다는 주장도 계속해서 제기되어 왔다.[18] 그렇지만 1894년 12월 27일에 "일체 사형 죄에 대하여 능지처참(凌遲處斬) 등의 형률을 이제부터 폐지하고 법무아문(法務衙門)에서 형벌하는 것에는 교수형(絞首刑)만 적용하고 군율(軍律)에 의하여 형벌하는 것에는 총살만 적용하라"[19]라는 조칙이 내려졌거니와, 전봉준 장군은 이에 입각하여 교수형에 처해졌던 것이다.

교수형에 처해졌다는 사실은, 교수대 앞에서 "가족에 대하여 할 말이 있으면 말하라"라고 한 법관의 말을 듣고서, "나는 다른 말은 없다. 나를 죽일진대 종로 네거리에서 목을 베어 오고 가는 사람들에게 피를 뿌려주는 것이 옳거늘, 어찌 컴컴한 적굴 속에서 암연히 죽이느냐?"[20]라고 준엄히 꾸짖었다는 전봉준 장군의 말에서도 확인할 수가 있다. 또한 당시 유생들이 전봉준 장군을 비롯한 농민군 지도자들에게 참형을 쓰지 않고 교수형을 쓴 데 대해 한스러워했다고도 하는데,[21] 이 역시도 교수형에 처해졌음을 보여주는 증좌라 할 것이다.

전봉준 장군은 심문을 받는 동안 내내 당당하고 의연한 모습으로 일관했을 뿐만 아니라, 죽음에 임박해서도 이러한 모습을 잃지 않았다. 사형집행을 앞둔 전봉준 장군에게 어떤 사람이 "일본 공사에게 청원하여 목숨을 살려달라고 하라."라고 하였다고 하는데, 이에 대해 전봉준 장군이 분연히 말하기를, "이 마당에 이르러 어떠한 잘못된 비열한 마음도 가질 수 없다. 나는 죽음을 기다린 지 오래되었다."라고 하였다고 한다.[22] 또한 당시 형 집행을 총 책임졌던 집행 총순(執行總巡) 강모(姜某)라는 이가 전봉준 장군의 모습을

나는 전봉준이 처음 잡혀오던 날부터 끝내 형벌을 받던 날까지 그의 전후 행동을 잘 살펴보았다. 그는 과연 만나보기 전 풍문으로 듣던 말보다 훨씬 더 돋보이는 감이 있었다. 그는 외모부터 천인만인 중에 특별히 뛰어난 인물이었다. 그의 맑고 빼어난 얼굴과 정채(精彩)있는 눈썹과 눈, 엄정한 기상과 강장한 심지는 세상을 한번 놀랠만한 큰 위인, 큰 영걸의 모습이었다. 과연 그는 평지돌출로 일어서서 조선의 민중운동을 대규모적으로 대창작적으로 한 사람이며, 그는 죽을 때까지 뜻을 굴하지 아니하고 본심 그대로 태연히 간 자이다.[23]

라고 전하고 있음에서도 그 의연함을 알 수 있거니와, 또 죽음을 앞두고 전봉준 장군이 남긴

전봉준 장군 단소 전경

時來天地 皆同力(시래천지 개동력)
때를 만나서는 천지도 모두 힘을 합하더니

運去英雄 不自謀(운거영웅 불자모)
운이 다하니 영웅도 어찌할 수 없구나

愛民正義 我無失(애민정의 아무실)
백성을 사랑하고 정의를 행했으니 내게 무슨 허물 있으랴만

愛國丹心 誰有知(애국단심 수유지)
나라를 위한 일편단심 그 누가 알리[24]

라는 시에서도, 장군의 당당하고 의연한 모습을 확인할 수가 있다.

전봉준 장군은 결국 그가 원하던 세상을 이루지 못하고서 의연히 형장의 이슬로 사라졌지만 그의 죽음은 수많은 민중들의 마음을 애달프게 했다. 그 애달파 하는 마음을 담은 노래는 누군가에 의해 지어져 그 후 오랫동안 민중들 속에서 불리어 왔다. 많은 변형된 가사의 노래가 전해지고 있는데, 그 중 몇 개만 소개하면 다음과 같다.

새야 새야 녹두(綠豆)새야

윗녘 새야 아랫녘 새야

전주 고부 녹두새야

함박 쪽박 열나무 딱딱 후여[25]

새야 새야 녹두새야

녹두밭에 앉지마라

녹두꽃이 떨어지면

청포(靑包)장사 울고간다[26]

새야 새야 팔왕(八王)새야

너 무엇하러 나왔느냐

솔잎 댓잎이 푸릇푸릇

하절(夏節)인가 하였더니

백설(白雪)이 펄펄 흩날리니

저 건너 청송녹죽(靑松綠竹)이 날 속인다[27]

2. 전봉준 장군이 묻힌 곳

1) 미완의 발굴

전봉준 장군은 1895년 3월 30일 새벽 2시에 의금부 전옥서에서 교수형에 처해졌다. 그러나 형이 집행된 이후 장군의 시신이 어떻게 처리되었는지, 어디에 묻혔는지는 오랫동안 베일에 가려져 왔다. 그런데 언젠가부터 전

전봉준 장군 묘가 있는 곳으로 지목된 곳 정읍시 산외면 동곡리 산11번지

봉준 장군의 묘가 있다는 이야기가 간혹 전해져 오기 시작하면서 세간의
관심을 끌기도 했다. 그동안 전봉준 장군의 묘일 것이라고 지목된 곳은
옹동면 산성리 우동마을, 산외 동곡마을 뒤편 솔밭 기슭(지금의 동곡리 산 11
번지) 일대였다. 그러나 옹동면 우동산성에 있다는 묘는 임진왜란 때에 용
인전투에서 전사한 전덕린 장군의 가묘로 밝혀졌으며, 산외 동곡리의 묘는
1973년에 파묘했지만 시신은 물론이고 어떠한 단서도 찾아내지 못하였다.

그로부터 수십 년이 지난 근자에 '장군천안전공지묘(將軍天安全公之墓)'라
는 명문이 새겨진 비석이 정읍시 옹동면 비봉산 자락(정읍시 옹동면 비봉리 산
17-2번지)에서 발견되었는데, 이 비가 전봉준 장군의 묘비이고 이곳에 전봉
준 장군이 묻혀있을 거라는 주장이 새롭게 제기되었다. 이에 이를 확인하
기 위해 2016년에 전봉준장군기념사업회의 의뢰를 받아 동학농민혁명기념
재단 주관 하에 이 묘비에 대한 조사와 발굴이 진행되었다. 당시 필자도 발
굴추진위원회의 조사위원으로 참여하였고, 조사와 발굴을 위해 행해진 워
크숍에서 '장군천안전공지묘'의 주인공은 전봉준 장군인가?[28]라는 제목으
로, 이 묘비가 전봉준 장군의 묘비일 것이라는 개연성에 대해 발표를 하였다.

그런데 그해 11월 초에 이 묘비 앞에 있는 무덤에 대한 발굴이 행해지

고, 내려진 결과는 일단 이 무덤은 전봉준 장군과 관련이 없다는 것이었다. 그 근거로 발굴되어 나타난 묘가 '회곽묘이기 때문'이라는 것이다. 즉, 회곽묘는 17세기 중기의 묘제이므로 시기적으로 보아 전봉준 장군의 묘가 될 수 없다는 것이다. 그러나 이러한 결론은 무지하고 섣부른 판단에서 내려진 것이라고 아니할 수가 없다. 조선시대의 묘제에 대한 상식적인 수준의 지식만 있어도 잘못된 결론이라는 점을 금방 알 수가 있기 때문이다.

과연 회곽묘는 17세기 조선 중기에만 사용된 묘제인가? 일반적으로 조선시대의 묘에는 토광묘, 회격묘, 회곽묘가 주로 많이 사용된 것으로 나타나고 있다. 이 가운데 회격묘는 주로 조선 전기에 사용되었고, 이후 조선 중기와 후기에는 이 회격묘를 간소화한 회곽묘가 주로 많이 만들어져 사용된 것으로 알려져 있다.[29] 이는 회곽묘의 발굴 사례에서도 확인되고 있는데, 17세기 조선 중기뿐만 아니라 18세기, 19세기 심지어는 일제 강점기에 이르러서까지도 회곽묘가 만들어져 사용된 사례가 여러 지역에 두루 나타나고 있다.[30] 특히, 1837년에 세상을 떠난 흥선대원군의 부친인 남연군의 묘 역시도 회곽묘를 사용했던 것인데, 여기에는 도굴을 방지하기 위해 쇳물까지도 사용된 것으로 나타나고 있다.

그리고 정읍지역 촌로들의 입을 통해서도, 해방 이후 시기까지도 사대부 집안에서는 여전히 회곽묘가 광범위하게 조성되었음을 확인할 수가 있다. 따라서 회곽묘로 되어 있다는 것만으로 이 무덤이 17세기 중기의 것이라 판단하여 전봉준 장군의 묘가 아니라고 단정한 것은, 성급한 결론이라 하지 않을 수 없다. 다시 말해 회곽묘는 17세기 중기뿐만 아니라 전봉준 장군이 살았던 시대 이후까지도 여전히 사용되었던 묘제로, '장군천안전공지묘' 앞에 위치한 무덤은 얼마든지 전봉준 장군의 묘일 수가 있다는 것이다. 따라서 2016년에 이루어진 발굴은 결과적으로 미완의 발굴이라고 할 수밖에 없고, 재차 발굴이 이루어져야 한다는 것이 필자의 주장

장군천안전공지묘 정읍시 옹동면 수암마을 산17-2

이었다.[31]

2) '장군천안전공지묘'에 대한 필자의 기존 견해

　예전에 필자는 '장군천안전공지묘'란 비가 세워져 있는 곳이 전봉준 장
군의 묘일 것이라는 개연성에 대해 피력한 바 있다. 아직도 그 생각에는 변
함이 없을 뿐만 아니라 최근에 전장수 씨의 증언을 보면서, 이곳에 전봉
준 장군의 묘가 확실하게 있을 거라는 심증을 더욱더 갖게 되었다. 여기
에서 이 묘역과 관련한 전장수 씨의 증언 내용을 살피기에 앞서서, 종래
이곳이 장군의 묘일 개연성이 크다고 주장했던 필자의 견해를 우선 간단
하게 정리해놓고자 한다.[32]

　먼저 필자가 이곳이 장군의 묘역일 개연성이 크다고 본 것은 첫째로,
'장군천안전공지묘'라는 명문이 새겨진 비석이 세워져있다는 점이다. 이
비석의 명문으로 볼 때, 이 묘비의 주인은 천안 전씨로서 장군이라 불리
는 인물임에 틀림없고, 이 묘비가 위치한 지역에 연고를 두고 있는 인물이
라고 할 수 있을 것이다. 필자가 파악한 바, 이러한 조건을 갖춘 인물로는

전덕린 장군[33]과 전봉준 장군 두 분뿐으로 생각된다. 그런데 전덕린 장군
은 임진왜란 때에 순국한 충절지사로 1666년(顯宗 7년)에 이 묘비 근처인
옹동면 산성리에 모충사(慕忠祠)를 세워 배향하고 있거니와 이곳에 그의
가묘가 조영되어 있다. 때문에 이 '장군천안전공지묘'라는 묘비의 주인은
전덕린 장군이 아닐 것이며,[34] 그렇다고 한다면 전봉준 장군의 묘비일 개
연성이 크다는 것이다.

두 번째로, 이 비석의 주인공이 전봉준 장군이라는 증언이 있다는 점이
다. 이 묘비가 자리한 정읍시 옹동면 비봉리 수암마을에 사는 주민 김상
섭(당시 72세) 씨가 2013년 8월 초, 정읍의 동학역사문화연구소에 이 묘
비가 전봉준 장군의 묘비라는 제보를 해왔다고 한다. 그는 이 묘비에서
아주 가까운 집에 살고 있는데, 어려서부터 이 묘비를 익히 보아왔다고 한
다. 그는 익산 이씨 문중에서 이 묘비 근처에 있는 문중 선산에서 시제를
모실 때마다, 시향제가 끝난 뒤 제사 음식을 나누어 주어 가곤 했는데, 여
러 어른들이 이야기를 나누는 중에 이 '장군천안전공지묘'라는 묘비가 전
봉준 장군의 묘비라고 하는 말을 들어왔다는 것이다.

셋째로, 이 묘비가 서있는 비봉산 자락 인근에 산외면 동곡리가 자리하

소고당의 규당고택

고 있다는 점이다. 산외 동곡은 김개남 장군이 살던 곳이기도 하지만 젊어서 전봉준 장군이 이사해 와 성장한 곳이기도 하고,[35] 이후 전봉준 장군의 둘째 딸(전성녀)이 출가해 와 살던 곳이기도 하다.[36] 뿐만 아니라 고부봉기 직전에 전봉준 장군이 가솔을 데리고 이주하여 마지막까지 거처한 곳이고, 장군이 붙잡혔을 당시에도 가족들이 여전히 살고 있던 곳이다.[37] 이처럼 산외면 동곡은 전봉준 장군과 많은 연고가 얽혀있는 곳이다. 때문에 전봉준 장군의 유해를 모셔와 안장을 했다고 한다면, 바로 동곡에서 그다지 멀지 않은 비봉산 자락 이 비가 서있는 곳에 안장했을 개연성이 크다고 생각되는 것이다.

넷째로, 소고당(紹古堂) 고단(高端) 여사가[38] 쓴 가사(歌辭) 〈동학이야기〉[39]에 "조장태의 거동보소 녹두장군 잘린머리 부담안에 담아오니 장군소실 고부댁이 동곡뒷산 장사하고"라는 내용이

〈동학이야기〉가 실려 있는 《소고당가사집》

봉직랑전공지묘

장군천안전공지묘

장군천안전공지묘와 봉직랑전공지묘 근경

있는데, 장군의 유해를 장사한 동곡 뒷산이란 다름 아닌 이 비가 위치한
비봉산 자락이었을 개연성이 높다고 생각되는 것이다.[40]

다섯째로, 이 비가 위치한 곳에 전봉준 장군과 관련이 있는 여러 집안의
선산이 어우러져 있다는 점이다. 지금 이 비가 세워져있는 땅은 김제 조씨 첨
지중추부사파(僉知中樞府事派) 집안의 소유이다. 그렇지만 그 위쪽으로는 천
안 전씨인 봉직랑의 묘[41]가 있고, 또 천안 전씨와 밀접한 관련이 있으면서 김
개남 장군의 외가로 보이는 익산 이씨의 선산이 있다.[42] 그리고 아래쪽에는
전봉준 장군의 처가와 관련이 있을 것으로 보이는 여산 송씨의 선산이 위치
해 있기도 하다. 그럼으로써 장군의 유해를 안치하는데 용이했을 것이라는
점이다.

여섯째로, 이 비가 있는 곳은 산외 동곡에서 그다지 멀리 떨어져 있지
않으면서도, 누구도 쉽게 접근하기 어려운 오지에 위치해 있다는 점이다.
따라서 은밀하게 장군의 유해를 안치할 수 있을 뿐만 아니라 보안상에도
그다지 염려하지 않아도 될 매우 적당한 장소였다는 점이다.

이상에서와 같이 이 비석에는 '장군천안전공지묘'라는 명문이 새겨져
있고, 이 묘비가 전봉준 장군의 묘비라는 증언이 있으며, 이 묘비가 세워

진 곳이 지리적으로 전봉준 장군과 밀접한 관련이 있는 산외 동곡 인근에 자리 잡고 있다. 또한 이곳은 장군과 관련 있는 여러 집안의 선산들이 어우러져 있고, 한적한 오지에 위치해 있어 보안상에서도 안전한 곳이며, 그리고 〈동학이야기〉가사의 내용에도 이를 묘사한 내용이 보인다는 점에서, 종래 필자는 이 '장군천안전공지묘'라는 비석의 주인공이 전봉준 장군일 개연성이 크다고 피력했던 것이다. 그런데 최근 필자의 이 같은 견해가 틀리지 않을 뿐만 아니라 바로 이 묘비가 있는 곳에 전봉준 장군의 유해가 모셔져 있다는 사실이 전장수 씨의 증언을 통해 밝혀지고 있다. 그러면 이제 전장수 씨가 이 묘비와 관련해서 증언하고 있는 내용을 살피도록 하겠다.

3) '장군천안전공지묘'와 관련한 전장수 씨의 증언

전장수 씨는 그의 나이 14세 때인 1971년에 부친(전익선)을 따라 '장군천안전공지묘'라는 묘비가 세워져있는 비봉산 자락을 찾아왔었다고 한다. 그런데 당시에 자신은 어렸고, 또 부친을 따라왔기에 이곳이 어디인지를 전혀 알지 못했다고 한다. 그러다가 2016년에 이 묘가 전봉준 장군의 묘인지를 확인하기 위해 발굴을 한다는 소식을 듣고서 10월 18일 개토제가 행해지는 날 이곳을 찾아왔는데, 이때서야 이곳이 자신이 어렸을 때 부친을 따라와 보았던 그 묘지임을 비로소 알게 되었다고 한다. 오랜만에 이곳을 찾아와 감개무량했지만, 자신의 증조부 묘인데 허락도 없이 마구 발굴한다는 생각을 하니 몹시 마음이 상하고 아팠다고 한다. 이 무덤이 자신의 증조부의 묘임을 증명할 수가 없기에, 어쩔 수 없이 그냥 지켜볼 수밖에 없었다는 것이다. 그런데 발굴은 다행스럽다고 해야 할지 모르겠으나, 앞에서 본 바와 같이 봉분을 헤쳐 회곽묘인 것만 확인한 채, 전봉준 장군의 묘가 아니라는 결론을 내고서 끝을 냈다.

장군천안전공지묘 원경

　그로부터 2년이 지난 2018년 동학농민혁명 참여자 유족 등록을 재차 받는 중에, 전장수 씨는 자신의 이름으로 유족 신청을 했다.[43] 이때 유족임을 증빙하는 문건으로 전봉준 장군과 관련된 세부 내용을 담은 '가족사'를 제출했는데, 여기에 이 묘와 관련된 생생하고 상세한 많은 내용을 담고 있거니와 이와 관련해서 기억 속에 남아있는 많은 이야기를 전해주고 있다. 우선 부친 전익선은 조상들의 묘를 벌초하는 일을 중요하게 여겨 80세가 넘어서까지 벌초를 하러 다녔다고 한다. 서울에 살 때 벌초하러 갈 때면, 새벽 3시쯤에 나가 벌초를 하고 밤 12시 전후에 귀가했다고 하는데, 제일 먼저 비봉산에 있는 증조부(전봉준 장군)의 묘소를 벌초하고, 다음으로 신태인 백산에 있는 고조부(전기창)의 묘소를 벌초한 후에, 함평 곤봉산으로 내려가 조부(전의천)의 묘소를 벌초하고 돌아오셨다는 것이다.

김개남 장군 고택
전봉준 장군 차녀 전성녀가 시집간 곳
(동곡리 630번지)

장군천안전공지묘
(비봉리 산17-2번지)

전봉준 장군 허묘가 있던 곳(동곡리 산11번지)
전봉준 장군 외손녀 강금례가 시집간 곳(동곡리 315번지)

전봉준 장군의 마지막 거처지(동곡리 160-3번지)
강금례와 마지막 거처지(동곡리 122번지)

산외면 소재지

전장수 씨가 부친을 따라 전봉준 장군 묘소를 찾아간 길과 전봉준 장군 관련 유적지(바탕지도는 국토지리정보원)

    그리고 1971년 14세로 당시 중학교 1학년 때, 부친을 따라 증조부인 전
봉준 장군의 묘를 처음 찾았는데, 그는 차에서 내려 부친을 따라 개천 둑
길로 한참을 걸어 올라가 어느 집에서 하루를 묵었다고 한다. 그리고 다
음날 아침에 두 개의 산등성이를 넘어 힘들게 묘비가 있는 곳에 당도했다
는 것이다. 부친의 발걸음을 따라가는데 너무 힘들어서 부친께 '아들을
죽이려고 하느냐'라고까지 했다고 한다. 전장수 씨는 당시 자신이 간 길이
어디인지 전혀 알지 못하는데, 필자의 판단으로는 당시 산외면 소재지에
서 차에서 내려 지금실제로 연결되는 둑길을 따라 3km 남짓 걸어 아마도
지금실에 도착한 것으로 보인다. 그리고 그곳 어느 집에서 묵은 뒤, 다음
날 아침에 지금실에서 비봉산 산등성이를 넘어 주곡제를 지나 또 하나의
산등성이를 넘어 '장군천안전공지묘'가 있는 곳에 도달했던 것으로 보인

다.[44] 수암마을 노인들에게 확인해 본 바, 예전에 수암마을에서 산외면 소재지를 오갈 때면 주로 산등성을 넘어 다니곤 했다고 한다.[45]

그런가 하면 전장수 씨는 묘소를 찾아오는 중에 부친과 나누었던 기억 속의 이야기를 소상하게 전해주고 있다. 당시 부친께서는 "너의 증조부(전봉준)는 이곳 정읍 비봉산에 묻혀 있고, 너의 할아버지(전용현)와 할머니(이양림)는 함평 곤봉산에 묻혀 있으니, 이를 절대로 잊지 말라"라고 하셨다고 한다. 이후 비봉산 자락의 묘소에 막상 당도해 보니, 봉분도 없이 평지에 단지 '장군천안전공지묘'라고 쓰인 묘비 하나만 덩그러니 세워져 있었다. 그래서 전장수는 부친께 "이름도 없고 돌아가신 날짜도 없는데, 어떻게 이 글자만 가지고서 이 무덤이 전봉준 장군의 무덤인 줄 알 수 있느냐"라고 물었다고 한다. 이에 부친께서 대답하시길, "내가 전봉준 장군의 친손자인데, 어찌 손자가 자기 친할아버지의 무덤을 모르겠느냐"라고 말씀하셨고, 우리 집안은 숨어 다녀야 하는 집안이라서 묘비명에 자세한 것을 새겨놓을 수 없다고 하셨다는 것이다.

그러면서 부친께서는 "산외 동곡리, 비봉산의 이씨 문중 선산, 또 비봉산의 끝자락에 있는 우동마을 이 세 곳에 (전봉준 장군의 묘라 칭하는) 묘가 있는데, 이 가운데 두 곳은 가짜 묘이고 나머지 한 곳만이 진짜 전봉준 장군의 묘이다"라고 말씀하셨다고 한다. 이에 전장수가 부친에게 "왜 무덤을 세 곳씩이나 만들어 놓고, 잘 찾지도 못하게 하느냐"라고 물으니, 부친께서는 "무덤이 알려지면 사람들이 파헤쳐서 유해를 훼손할까 봐 그렇게 해놓은 것이다"라고 대답하셨다고 한다. 그래서 다시 묻기를, "만약 사람들이 세 곳을 모두 다 파 버리면, 어떻게 하느냐"라고 하니, 부친께서는 "전봉준 장군의 무덤은 아주 옛날부터 해오던 방식으로 매장을 했기 때문에[46] 아무리 힘센 사람일지라도 곡괭이를 가지고서 세게 휘둘러도 절대로 파낼 수 없게 해 놓았다"라고 대답해 주셨다고 한다. 이어 묻기를, 바

100년 전 시구문밖 모습(국립중앙박물관)

위만큼 단단하냐고 물어보았는데, 바위보다 더 단단할 수도 있다고 하셨고, 관 주변을 아주 넓게 파서 관을 통째로 들어내면 어떻게 하느냐고 물었더니, 넓게 파내어도 사람들이 들을 수 없을 만큼 크고 넓게 만들어 놓았기 때문에 관을 파내어서 가져가는 것은 불가능하다고 말씀해 주셨다는 것이다.[47] 무덤 앞에 이르러서, 왜 봉분을 올리지 않았느냐고 묻자, 부친께서는 "봉분이 올려있으면 혹시라도 전봉준 장군의 무덤이라고 생각해서 파헤치려는 사람들이 생길까 봐 할아버지(전용현)께서 그렇게 해놓은 것이다"라고 하셨다고 한다.

또한 전장수 씨는 1919년 3.1운동이 전국적으로 일어났을 당시, 조부인 의천(용현) 할아버지께서 이 혼란한 틈을 이용하여 가매장된 증조부 전봉준 장군의 유해를 수습하여 정읍 비봉산 자락으로 이장을 했다고 증언하면서, 부친(익선)으로부터 전해들은 이야기를 다음과 같이 아주 상세하게 전하고 있다.

1895년 3월 30일 새벽 2시에 전봉준 장군은 동지들과 함께 의금부 전옥서에서 교수형에 처해졌는데, 이때 처형된 시신들은 남산 기슭에 버려졌다고 한다. 그런데 이들 시신을 버린 사람들 가운데 한 사람이 나중에 몰래 돌아와서 전봉준 장군의 시신만 불교학당(현, 동국대학교) 뒷산인 남산 끝자락에 구덩이를 파고 가매장해두었다는 것이다. 그리고선 가매장한 자리에 특별히 표가 나지 않으면서도 알 수 있게끔 돌멩이를 돌무더기처럼 쌓아서 올려놓았다고 한다. 당시 전봉준 장군의 시신을 수습하여 가매장한 사람은 동학군이었는지 조선 군인인지는 알 수 없지만 군인이었다고 들었다고 한다. 아무튼 그 사람은 전봉준 장군의 키가 특별히 작아서 시신 가운데 쉽게 분별할 수 있어, 수습하여 가매장할 수 있었다고 말했다는 것이다.

그리고 장군의 시신을 매장한 장소를 장군의 혈육에게 전해주기 위하여 백방으로 수소문한 끝에 전남 무안군 다산리 용뫼마을 근처에 있는 예전 동학군들에게 그 소식이 전해졌다고 하며, 이곳에 사는 동학군들 가운데 한 사람이 당시 바로 옆 무안 성동면에 살고 있는 조부인 의천(용현)에게 장군의 유해가 묻힌 장소를 전했다는 것이다.[48] 이렇게 해서 조부 의천(용현)은 전봉준 장군의 유해가 가매장된 장소를 알게 되었던 것이며, 이후 3.1운동이 일어나던 해에 어수선한 틈을 타 가매장한 곳을 찾아가서 유해를 수습하여 비봉산 자락으로 이장을 해왔다고 한다. 당시 가매장한 장소를 알려준 사람의 말에 의하면, 가매장된 전봉준 장군의 무덤이 제대로 잘 있는지 확인하러 가 보았는데, 장군의 시신 외에 다른 시신들은 산짐승들의 밥이 되어버렸는지 찢어진 옷가지들과 뼈 조각 몇 개만 남겨진 채, 형체도 없이 모두다 사라져버렸다고 한다.

그리고 비봉산 자락으로 전봉준 장군의 유해를 이장할 때, 의천(용현)은 실학실 저수지 근처에 모셨던 자신의 모친(남평 이씨 순영)의 유해도 재이장하여[49] 전봉준 장군의 유해와 합장했다고 한다. 의천(용현)의 모친 남평 이씨에 대해서는 뒤에서 상세히 살피겠지만[50] 그의 모친은 큰아들 용규의 폐병을 간호하다가 전염되어 혼자서 외롭게 투병을 하고 있었다고 한다.

함평 곤봉산 익선의 가매장 묘

이 소식을 전해들은 큰딸 옥례가 모친 이씨를 모셔와 간호를 하며 같이 살았지만 불과 4년 만에 돌아가셨다는 것이다. 따라서 남평 이씨는 옥례가 살고 있는 진안 부귀 부근에 안장되었지만,[51] 이후 의천(용현)이 누이를 만나 모친의 유해를 그가 사는 무안으로 모셔와 실학실 옆에 있는 저수지 부근으로 옮겨왔던 것이며, 다시 1919년 부친 전봉준 장군의 유해를 비봉산 자락으로 이장할 때, 모친의 유해도 재이장하여 합장했다는 것이다.[52]

   이상의 전봉준 장군의 무덤에 얽힌 이야기는 의천(용현)을 이어 아들 익선과 손자 장수에게 전해져 오고 있는데, 장군의 묘에 보이는 여러 정황과 모습들이 이들 자손의 묘에서도 재현되고 있음을 볼 수 있다. 즉, 의천(용현)은 목포에서 세상을 떠나 유달산 기슭 공동묘지에 묻히는데, 이후 아들 익선이 부친의 유해를 수습하여 함평 곤봉산에 잠들어 있는 모친 묘소 옆으로 이장을 하였다. 그리고서 묘 앞에 비석을 세우는데, 비석에 '천안전공의천지묘'라는 명문으로 비봉산에 있는 '장군천안전공지묘'와 흡사한 문장으로 새겨놓고 있다. 그뿐만 아니라 비의 형태도 거의 같은 모양으로 제작했으며, 세상을 떠난 날짜도 '장군천안전공지묘'에서와 같이 전혀 기록해 놓지 않고 있다.[53] 이처럼 익선이 부친의 묘비를 조부(전봉준 장군)의 묘비와 똑같은 형식으로 세워놓은 것은, 부친 의천(용현)이 조부 전봉준 장군의 묘를 세울 때의 의미를 본받기 위함이 아니었을까 생각된다.

그런가 하면 익선은 1998년 90세의 나이로 세상을 떠났는데, 그의 유해는 지금까지도 함평 곤봉산 부모의 묘 밑에 가매장 상태로 있다고 한다. 그는 노령에 접어들어 자기 집안의 족보를 바로잡아 놓으려고 무진 노력을 했지만 끝내 뜻을 이루지 못했다고 한다.[54] 그래서 죽기 전에 아들 장수에게 자신이 전봉준 장군의 친손자라는 사실이 밝혀지기 전까지는 자신의 할아버지(전봉준 장군)가 남산 자락에 가매장되어 있던 것처럼 자신의 시신을 그렇게 묻어놓으라고 했다는 것이다. 이처럼 가매장한 것 역시도 한 맺힌 채 가매장되어 있었던 조부(전봉준 장군)의 모습을 본받으려는 의미가 담긴 것이 아닌가 생각된다.

이상에서 보듯 '장군천안전공지묘'라는 비석은 여러 면에서 전봉준 장군의 묘비라는 뚜렷한 개연성을 보여주고 있다. 어려서 이곳을 찾아왔을 때 전장수 씨가 부친과 나눈 소상한 이야기며, 전봉준 장군의 유해를 이장한 자세한 증언 등으로 미루어 보건대, '장군천안전공지묘'는 의심할 여지없이 전봉준 장군의 묘비이며, 이곳에 전봉준 장군이 묻혀있음이 확실하다고 판단된다.

4) 재개된 발굴에서 나타난 문제점과 새로운 과제

2016년 11월 기념재단 주관하에 '장군천안전공지묘'라는 비석 앞에 있는 묘에 대한 발굴이 이루어진 이후, 재차 발굴이 이루어져야 한다는 저변의 여론이 있었다. 이 때문인지 정읍시에서는 이 묘에 대한 발굴을 하려고 몇 차례 시도한 바 있다. 그러나 번번이 천안 전씨 종중의 이의 제기로 발굴을 하지 못했는데, 2020년에 들어와 마침내 발굴을 재개하게 되

2020년 11월 장군천안전공지묘 발굴현장에서

었다. 그간 이의를 제기해온 천안 전씨 종중 측의 한 인사가 '장군천안전공지묘'의 비석과 바로 위에 위치한 '봉직랑전공지묘'의 비석이 서로 바뀌어 있다면서, 전봉준 장군의 묘는 바로 '봉직랑전공지묘'의 비석 앞에 있는 묘라고 주장하며 이에 대한 발굴을 제안했다는 것이다. 이에 정읍시에서는 '봉직랑전공지묘'에 대한 발굴을 먼저 하되, 장군의 묘가 아님이 확인되면 '장군천안전공지묘'에 대한 발굴을 하겠다는 조건으로 발굴을 진행하게 되었다고 한다. 어처구니없는 일이지만 아무튼 이렇게 해서 발굴이 재개되었던 것이다.

발굴은 전주문화유산연구원에 의해 2020년 10월 21일에서 23일까지 3일간 우선 '봉직랑전공지묘'에 대해 비공개로 이루어졌다. 결과는 예상한 대로 전봉준 장군의 무덤이 아니라는 것이다. 이장해 온 유해의 모습이 아니고, 교수형을 당한 흔적이 없으며, 신장도 170cm 이상으로 큰 키의 유해로 판단되었다고 한다. 이에 따라 차후 '장군천안전공지묘'에 대한 발굴이 행해지게 되었는데, 발굴 자문위원으로 참여해 달라는 요청에 필자도 이 발굴에는 자문위원으로 참여하게 되었다. 대신 위원으로 참여하는 조건으로, 전봉준 장군의 증손자라는 전장수 씨와 2016년도 발굴 시에 세심한 의견을 제시한 신순철 교수의 참여를 요청하였다. 추후 유해를 확인하는데 다양한 시각으로 바라볼 필요가 있고, 또 우리가 미처 알지 못한 많은 증언을 하고 있는 유족의 자문이 필요할 것이라 생각했기 때문이었다.

마침내 11월 28일 발굴이 행해질 것이라며, 그날 2시에 현장에 참여해 달라는 연락이 정읍시 선양사업소로부터 왔다. 발굴한다는 소식을 전해 받았지만 사실 매우 실망스러웠다. 재차 행해지는 발굴이기에 보다 더 철저한 사전 준비가 필요했을 테지만, 오히려 예전보다 졸속으로 이루어지는 것 같아 안타까울 뿐이었다. 이미 결정된 일이기에 성과 있는 발굴이 되길 기대하면서 발굴 현장에 도착하여 지켜봤지만 아쉽게도 그날은 유해를 볼 수가 없었다. 다음날 오후 늦게야 회곽 안에 드러난 유해를 사진으로 받아볼 수 있었는데, 기대했던 유해로 보이지 않았다. 다음날인 11월 30일 오후에 다시 여러 자문위원들이 함께 모여 발굴된 유해에 대한 전문적인 판단 작업이 이루어졌다. 그런데 이 역시 이장된 흔적이 없고, 교수형에 처한 유해가 아닌 것으로 판단되어, 일단 전봉준 장군의 유해가 아닌 것으로 결론이 났다.

그러나 앞에서 서술한 전장수 씨의 생생한 증언과 여러 정황으로 볼 때, 이 묘가 전봉준 장군의 묘일 것이라는 거의 확신에 찬 믿음을 가졌던 필자로서는 허탈감과 아울러 무엇인가 분명 착오가 있을 것이라는 생각이 떠나질 않았다. 그러는 중에 개운치 않게 머릿속에 맴도는 것은 전날 저녁에 보았던 2016년도 이 무덤에 대한 발굴보고서[55]의 내용이었다. 사실 2016년도의 발굴에 참여했지만 필자는 이때의 발굴보고서를 보지 못했다. 당시의 발굴이 졸속으로 결론이 내려졌던 관계로 보고서 작성에 관심을 두지 않았거니와 보고서가 나왔는지조차도 알지 못했다. 그러다가 이번 발굴이 이루어지면서 자문회의 전날에서야 신영우 교수가 보내준 2016년도 발굴보고서를 보게 되었던 것이다.

이 보고서를 보는 순간 눈에 크게 띄었던 것이 '장군천안전공지묘'라는 묘비석은 토층 조사 결과 비석 앞에 있는 묘의 봉분이 조성되면서 함께 세워졌으며, 넘어진 비석을 다시 세우면서 비신과 대석의 접합부에 시멘트를 발라 놓았다는 내용이었다.[56] 예전에 정읍 동학역사문화연구소의 조사에 의하면 20년쯤 전(2013년 당시 10여 년 전)에 익산 이씨 문중에서 현재 이 묘비석 앞의 묘에 봉분을 쌓았다고 하는데,[57] 바로 이때 주변에 넘어져 있던 이 묘비석을 현재의 위치에 세워놓았다는 것으로 보인다. 이를 토대로 당시의 상황을 유추해 보건대, 오랜 세월 폭우 등 자연현상으로 인해 봉분이 깎여 없어져버린 무덤을 보고서, 이곳 선산에 시제를 모시러 온 익산 이씨 문중 사람들이 봉분을 새로 쌓았던 것인데, 이때 주변에 넘어져 있던 '장군천안전공지묘'라는 묘비석을 이 묘 앞에 세워놓은 것으로 추측된다. 만일 그렇다고 한다면 이 묘비석과 묘의 주인은 서로 다른 인물일 가능성이 높다 할 것이다.[58]

이 묘비석의 위치와 관련해서 당시 발굴 현장에서 언급한 전장수 씨의 증언은 필자의 견해와도 어느 정도 부응하는 것이어서 매우 주목이 된다. 즉, 전장수 씨가 1971년에 부친을 따라 이곳에 방문했을 때의 기억에 의하면, 위쪽에 위치해 있는 봉직랑의 비석과 '장군천안전공지묘'의 묘비석은 지금보다 상당히 더 떨어져 밑쪽에 있었던 것 같고, 약간 넓은 평지에 달랑 비석 하나만이 덩그러니 세워져 있었던 것 같다고 말하고 있다. 아무튼 위의 발굴보고서와 전장수 씨의 증언 내용으로 미루어 보건대, '장군천안전공지묘'의 묘비석은 언젠가 넘어져 위치가 이동되었던 것으로 보이며, 원래 세워져 있던 곳은 현재의 위치보다 더 밑에 있었던 것으로 추정된다. 따라서 '장군천안전공지묘'의 묘비석은 현재 이 묘비 앞에 있는 묘와는 처음부터 상관이 없었던 것이라는 생각이 든다.

사실 지금까지는 '장군천안전공지묘'의 묘비석 앞에 있는 묘의 주인공이 당연히 비석에 새겨진 '장군 천안 전공'일 거라 생각했었다. 그러나 앞에서 살폈듯이, 묘비석이 원래 있었던 곳에서 이동되어 세워진 것이라면 지금까지 우리의 이 같은 인식은 잘못된 것이며, 전봉준 장군의 유해가 아니라는 발굴의 결과는 당연한 귀결이라 할 것이다. 따라서 차후 발굴이 재차 이루어진다면 지금까지와는 다른 시각에서, 원래 비석이 세워져 있던 위치를 정확하게 비정하여 보다 세밀하고 철저한 발굴이 이루어져야 하리라 생각된다.[59] 이미 이전 발굴에서도 이러한 점들이 충분히 논의되고 검토되었어야 할 문제였지만, 충분한 사전 준비 없이 바쁘게 발굴이 이루어질 수밖에 없었던 점이 아쉬울 따름이다. 당시에는 전장수 씨의 증언을 들을 수도 없었기에 어쩔 수 없다 할 것이지만, 이제 그의 자세하고 생생한 증언이 제시된 마당에 보다 세심한 사전 점검과 준비를 바탕으로 한 발굴이 행해져야 할 것이다.

지금까지 알려진 이 묘비에 관한 여러 정황, 특히 전장수 씨의 장군의 묘에 관한 생생한 증언이 사실이라고 한다면, 이곳 어디엔가 전봉준 장군의 유해가 잠들어 있음이 틀림없다고 할 것이다. 지금까지 이를 찾아내지 못한 것은 전적으로 우리의 부주의 탓이라고 생각된다. 동학농민혁명을 기리고 전봉준 장군을 추모하는 이들이라고 한다면, 아무도 모르는 곳에 묻혀있는 장군의 유해를 더 이상 방치해두어서는 안 될 것이며, 이제는 반드시 찾아내어 밝은 세상에 드높이 드러내야 할 것이다.

4부

전봉준 장군의 아내와 자식 이야기

1. 전봉준 장군의 아내

1) 전처 여산 송씨

전봉준 장군에게 전처인 여산 송씨와 후처인 남평 이씨가 있었다는 사실은 일찍이《병술보》를 통해 확실하게 밝혀진 바 있고, 이 밖에 단편적으로 전해져 오는 여러 증언을 통해 여타의 새로운 내용들도 밝혀져 왔다. 그런데 최근 전장수 씨의 증언이 수록되어 있는 '가족사'를 보면, 장군의 아내에 대한 상세하고도 사실적인 수많은 내용을 전하고 있다. 따라서 기존의 밝혀진 내용에 더해 증언에서 새롭게 밝히고 있는 내용들을 추가할 필요성이 있거니와 여기에 장군의 아내에 대한 이야기를 정리해 놓고자 한다.

먼저 전봉준 장군의 전처에 대해 정리하고자 한다.《병술보》가 발견되기 전 한동안 장군의 전처는 전주 최씨로 알려져 왔다. 1960년대 후반 무렵 당시 경향신문 기자인 이용선(李鏞善)은 〈누가 녹두장군의 후예인가?〉[1]라는 글에서 이경렬(李京烈)과 전용진(全用辰)의 증언을 토대로 전봉준 장군의 처가가 전주 최씨라고 기술했었다. 또《전봉준의 생애와 사상》의 저자인 신복룡 교수 역시도 1966년에 간행된《천안전씨대동보(天安全氏大同譜)》를 근간으로 장군의 처가가 전주 최씨라고 서술한 바 있다.[2] 그러나 전주 최씨라는 주장의 근거가 되는《천안전씨대동보》는 이제 위보로 밝혀진 바 있고, 전용진의 증언 역시도 확인이 되지 않아 의문의 여지가 많았었다.

그러는 중에 1895년 2월 19일에 행해진 전봉준 장군에 대한 일본 영사의 3차 심문에서, 비서였던 송희옥(宋憙玉)과의 관계를 끈질기게 심문하고 있거니와 이에 대해 전봉준 장군이 그를 처가로 7촌(寸)이 된다고 공술한 내용이 눈에 띄었다. 이를 통해 필자는 전봉준 장군의 처가가 송씨일 거라는 단서를 얻을 수가 있었다. 물론 처족에는 외족도 있기 때문에 이러한 공술이 있다고 해서 반드시 처가의 성씨가 송씨라고 단정할 수만은 없다. 그렇지만 일찍이 《동학과 동학란》의 저자인 김상기(金庠基) 선생이 송용호(宋龍浩) 씨의 목격담을 기록하면서, 송용호를 전봉준의 처숙(妻叔)이요, 동학 진영의 중진이었던 송헌옥(宋憲玉)의 손자라고 소개하고 있는 부분을 통해,[3] 필자는 전봉준 장군의 처가가 송씨였을 거라는 심증을 더욱 가지게 되었다.

이후 이러한 심증이 확실한 사실로 확인이 된 것은 전봉준 장군의 가계를 담고 있는 《병술보》가 발견되면서이다. 《병술보》에 실려있는 전병호, 즉 전봉준 장군에 관한 내용 중 "配 礪山 宋氏 斗玉女, 辛亥 八月 十六日 生, 忌 丁丑 四月 二十四日, 墓 泰仁 山內面 巢禽洞 祖妣墓下 卯坐."라는 기록을 통해, 전봉준 장군의 부인은 여산 송씨 두옥의 여식이며, 신해년(1851) 8월 16일에 태어났고, 정축년(1877) 4월 24일에 세상을 떠나 태인 산내면 소금동(巢禽洞, 소금실마을)에 있는 장군의 할머니(仁同 張氏) 묘소 밑에 안장되었다는 새로운 사실들을 알 수 있게 된 것이다. 또 위 기록에서 전봉준 장군의 빙부로 기록된 송두옥이 앞에서 장군의 처숙으로 언급된 송희옥, 송헌옥과 함께 옥(玉)자 돌림의 같은 항렬이었음을 보면, 이전에 장군의 처족이 송씨였을 거라는 심증이 그다지 틀린 것이 아니었음을 알 수가 있었다.

여산 송씨의 생년월일은 신해년(1851) 8월 16일생으로, 전봉준 장군(1855년생)보다는 네 살 연상이다. 앞서 살핀 바, 전봉준 장군이 혼인한 시기는 그의 나이 21세 때인 1875년인 것으로 추정되는데,[4] 그렇다고 한다면 혼인할 당시 그녀의 나이는 25세였다. 당시로서는 매우 늦은 나이에 혼인을 한 셈이다. 그녀가 어떤 인물이고 또 어떻게 전봉준 장군을 만나 혼인을 하게 되었는지는 아직 알 수 없다. 다만 서로 전혀 알지 못하는 사

람들끼리 우연히 만나 혼인을 하지는 않았을 거라 생각된다. 장군의 집안
이 비록 몰락하긴 했으나 그래도 학자 집안의 체모를 지키고자 했기 때문
이다. 그렇다고 한다면 이전부터 어느 정도 관계를 가지고 지내온 집안의
규수였을 거라 여겨진다.

이를 염두에 두고서 오지영(吳知泳)의《동학사》를 들여다보는 중에 우연
히 전봉준 장군의 빙부와 이름이 같은 송두옥이라는 인물이 눈에 크게
들어왔다. 즉, 동학농민군이 고부관아를 함락하고 백산(白山)에 돌아와
진을 치고서 두 번째 격문을 발한 시점에 배주인(裵主仁), 배주찬(裵主贊), 송
보호(宋寶浩), 박기운(朴璂雲), 정경택(鄭敬澤) 등과 함께 무안(務安)에서 농민
군을 이끌고 백산에 합류한 장령으로 송두옥(宋斗玉)이라는 인물이 기록
되어 있음이 보였던 것이다.[5] 이 때문에 필자는 한때 동학과 관련이 있는
이 인물이 혹 전봉준 장군의 빙부일 개연성이 있을 거라는 생각을 가지기
도 했다. 그러나 이후 "1893년에 무안 청계면 상마리의 송두욱과 송두옥
이 (동학에) 입도했다"[6]는 글을 대하면서 섣부른 생각이었음을 알게 되었
다. 이들은 동학에 입도한 지도 얼마 되지 않았지만, 특히 옥(玉)자가 아닌
두(斗)자 돌림의 형제간으로 보였기 때문이다.

그런데 근자에 새롭게 생각되는 바로는, 어려서 고부 신중리에 살면서
잘 알고 지내던 여산 송씨 송두호 가문의 규수일 수도 있다는 생각이다.
그것은 신중리 여산 송씨 집안에서 사발통문을 작성했는가 하면 훗날 전
기창이 죽기 전 장독을 치료받았을 정도로 돈독한 관계를 계속해서 유
지해 왔기 때문이다.[7] 한편 전봉준 장군이 어려서 종정마을 서당에서 여
산 송씨 성을 가진 훈장으로부터 학문을 전수받았는데, 바로 이 훈장 집
안[8]의 여식일 수도 있다는 생각이 들기도 한다. 종정마을 서당의 훈장이
어릴적 전봉준이 부친과 함께 고부의 친척 집 잔치 때에 만난 학자인지는
확실치 않으나, 전봉준의 뛰어난 학문적 자질에 훈장도 그를 마음에 들

어 했을 것으로 생각되고, 역시 줄곧 관계를 맺어왔던 것으로 보이기 때문이다. 아무튼 결혼 전에 전봉준 장군이 접해온 집안 중에 여산 송씨 집안으로서 이만한 학식과 덕망이 있는 집안을 만난 흔적이 없는 것을 보면, 이들 집안 중 한 곳이 그의 처가일 개연성이 크다는 생각을 지울 수가 없다.

한편으로, 언젠가부터 경허연구소에서 경허당 성우대사(鏡虛堂惺牛大師, 俗名 宋東旭, 1849~1912)가 전주 자동리에서 출가했거니와, 대사의 부친이 여산 송씨 송두옥(宋斗玉)이라는 점과 관련해서 전봉준 장군과 처남 매부지간이 아닐까라는 관련성을 추구해 오고 있기도 하다. 만일 이게 사실이라고 한다면 장군의 처인 여산 송씨는 1851년생이므로, 경허대사의 여동생이 된다고 할 것이다. 수년 전에 경허연구소의 어느 연구원이라는 분으로부터 전봉준 장군과 경허대사와의 관계에 대해 문의를 받은 적이 있다.

경허의 부친과 전봉준 장군 빙부의 이름이 동일하고, 출신 지역도 전주 부근이며, 연령상으로도 얼추 관계가 있을 것이라는 내용이었다. 이에 대해 당시 필자는 이 정도만으로 관련성이 있다고 인정하기에는 어렵고, 앞으로 보다 신빙성이 있는 자료가 나와야 할 것이라고 답을 한 기억이 있다.

그런데 전장수 씨의 증언에서 뜻밖에도 이와 관련한 내용을 접할 수가 있었다. 뒤에서 자세히 언급하겠지만 동학농민혁명 직후 전봉준 장군의 장녀 옥례가 피신한 곳이 절이었는데, 옥례의 친 외삼촌 두 분이 스님이었던 것

경허당 성우대사

과 관계가 있다는 내용이다.[9] 이에 혹 그 관련성을 찾아보기 위해 경허대사에 대해 다시금 살펴본 바, 경허의 형님이 태허(太虛) 성원(性圓) 스님으로 이들 두 분 형제 역시도 스님이었다는 예사롭지 않은 새로운 사실을 알게 되었던 것이다. 물론 아직도 이런 정황만을 가지고서 단정적으로 말할 수는 없을 것이지만, 혹 옥례의 외삼촌 중 어느 한 분이 경허대사일 수도 있지 않을까라는 생각을 떨쳐버릴 수가 없다.

아무튼 여산 송씨는 전봉준 장군이 산외면 지금실에서 심심산골인 산내면 소금곡으로 이사했을 무렵에 혼인한 것으로 보이는데, 이전부터도 그러했지만 장군의 집안 형편이 매우 궁핍했을 때였다. 백면서생인 기창과 봉준 부자가 산골에서 할 수 있는 일이라곤 별로 없었기 때문이다. 어려운 생활 형편에 연로한 시할머니까지 모셔야 했던 그녀는 혼인 초기부터 매우 고생스러운 생활을 했으리란 점은 쉽게 짐작할 수 있을 것이다. 전장수 씨의 증언에 의하면, 여산 송씨는 혼인한 다음 해인 1876년에 첫째 딸 옥례를 낳았다고 한다. 그런데 공교롭게도 그 해에 시할머니가 세상을 떠난다. 때문에 산모로서 자신의 몸을 돌볼 겨를조차도 없었지만, 이듬해인 1877년에 그녀는 연년생으로 또 둘째 딸 성녀를 낳았다. 그래서였을까 안타깝게도 그녀는 둘째 딸을 낳다가 27세의 젊은 나이에 세상을 떠났다는 것이다.[10]

종래 필자 역시도 여산 송씨가 젊은 나이에 일찍 세상을 떠난 것은 해산의 후유증 때문이 아니었을까 추측을 했는데, 전장수 씨의 증언은 이를 사실로 확인해 주고 있다. 또 그녀가 세상을 떠난 시기는 《병술보》에 정축년(1877) 4월 24일로 기록되어 있는데, 이 역시도 전장수 씨의 증언에서 말하고 있는 기일과 맞아떨어진다. 그리고 그녀는 시할머니가 돌아가신 이듬해에 세상을 떠나는데, 한 해 먼저 세상을 떠나 산내면 소금곡에 안장된 시할머니 묘소 밑에 안장되었다고 《병술보》에 기록되어 있다. 다만 시할머니와 그녀의 묘소가 소금실마을 어느 곳에 있는지는 확인되지 않고 있다.

2) 후처 남평 이씨

신상과 전봉준 장군과의 만남

다음으로 전봉준 장군의 후실인 남평 이씨에 대해 보도록 하겠다. 전봉준 장군이 후실을 들였다는 사실은 일찍이 1920년대에 기쿠치 겐조(菊池謙讓)라는 일본인 기자가 고부군 이평면을 찾아 이곳 촌로(村老)들로부터 전봉준 장군에 대해 들은 이야기를 기록한 내용에서 확인할 수 있다.

> "이곳에서는 후처(後妻)인 이조이(李召史)가 오랫동안 외로운 안채를 지키며 전처(前妻)의 소생과 자기의 소생 두 아들을 기르고 있었는데, 전쟁터에서 갑자기 돌아온 남편을 맞이하는 이조이의 기쁨과 두 아이의 환호는 비유하기 어려운 광경이었다."[11]

이 내용은 전봉준 장군이 전주화약 이후, 가족이 살고 있는 태인(泰仁) 동곡(東谷)의 집에 잠시 돌아왔을 때의 광경을 묘사한 것인데, 이를 통해 전봉준 장군이 전처와 사별한 후, 후실을 맞이했다는 사실을 분명히 알 수 있다. 그뿐만 아니라 후실의 성씨가 이씨이고 '조이(召史)'[12]라 칭하고 있음에서 과부였다는 사실도 확인할 수 있고, 전처소생의 자식과 그녀가 낳은 두 명의 아들이 있었음도 아울러 알 수가 있다.

전봉준 장군이 후실을 두었고, 그녀가 과부였다는 사실은 신복룡 교수가 1981년 1월에 장군의 외손녀인 강금례 노파로부터 들었다는 증언에서도 확인할 수 있는데,

"전봉준 장군이 평사리(平沙里)에서 사는 동안 즉, 3차 거병이 있기 직전에 그는 이곳 오씨(吳氏) 문중의 한 과수댁을 후실로 맞이했고, 그 때문에 얼마 전까지 그 과수댁의 전부(前夫) 소생인 오씨 집안에서 전봉준 장군의 제사를 받들었다." [13]

라는 내용을 통해서다. 여기에서 3차 거병 직전이라는 시기는 착오로 보이지만, 전봉준 장군이 평사리에 사는 오씨 문중의 과수댁을 후실로 맞이했다는 것은 거의 사실이었을 것으로 생각된다. 이 같은 사실은《병술보》를 통해서도 확인되거니와, 여기에는 보다 세부적인 후처에 대한 신상에 관한 내용도 기재되어 있다. 즉,《병술보》에 "後室 南平 李氏 文琦女 庚申 九月 十五日生"이라는 기록인데, 그녀는 남평 이씨 이문기의 딸이고, 경신년(1860) 9월 15일생으로, 전봉준 장군보다 다섯 살 연하였음을 알게 해준다.

전봉준 장군은 전처인 여산 송씨와 사별하고 다섯 살 연하의 과부인 남평 이씨를 후처로 맞아들였던 것인데, 남자들만이 있는 집안에서 젖먹이 어린 두 딸을 도저히 키울 수 없었기 때문에 부득이 선택할 수밖에 없었을 것으로 여겨진다. 특히, 과수댁을 후처로 들인 까닭은 젖먹이 두 어린 딸들 때문이었으리라 생각된다. 전장수 씨의 증언은 이와 관련하여 놀랄 정도로 남평 이씨에 대한 구체적이고 생동감 넘치는 이야기를 전해주고 있다. 이하에서는 이 증언을 중심으로 그녀에 대한 새로운 이야기들을 정리해 놓도록 하겠다.

우선 증언에서 남평 이씨의 이름은 이순영(李順瑛)이라 전하고 있다. 지금까지 그녀의 이름은 전혀 알 수가 없었는데, 이 증언에 의해 처음 알 수 있게 되었다. 그런가 하면 그녀는 전봉준 장군을 만나기 전 이미 시집을 가서 자식을 하나 낳았지만 돌림병으로 남편과 갓 낳은 아기가 모두 죽고 청상과부가 되었다고 한다. 때문에 이순영은 여전히 젖이 잘 나와서 젖어미로 전봉준 장군의 집에 들어와 갓난아기인 성녀에게 젖을 먹였을 뿐만 아니라, 두 살 된 옥례를 키우면서 자연스럽게 함께 살았다는 것이다.

부인 여산 송씨가 갑자기 죽자, 남겨진 어린 두 딸을 키울 사람이 필요했던 전봉준 장군은 아마도 누군가의 주선으로 이순영을 소개받았을 것으로 보인다. 당시 과연 누구의 도움을 받았던 것일까? 앞에서 소개한 신복룡 교수가 강금례 노파로부터 들은 증언도 전장수 씨의 증언과 유사하거니와 이 두 증언을 관련지어 보건대, 이순영은 평사리 오씨 문중의 과수댁이었을 개연성이 크다고 생각된다. 그렇다고 한다면 평사리 일대를 어려서부터 생활 터전으로 삼아온 김개남이 이 지역 사정을 잘 알고 있었을 것이고, 또 절친한 벗인 전봉준 장군의 급박한 사정을 누구보다도 잘 알고 있었기에, 아마도 그가 청상과부가 되어 젖어미를 할 수 있는 이순영을 수소문하여 찾아내 전봉준에게 소개하지 않았을까 생각된다.

결혼 이후의 삶

전장수 씨의 증언에 의하면, 전봉준 장군이 남평 이씨 이순영을 처음부터 후실로 맞이하고자 한 것은 아니고, 다만 젖먹이 두 아이를 키우기 위해 집에 들였던 것으로 보인다. 그런데 집에 들어와 두 아이를 키울 뿐만 아니라 수많은 집안일을 도맡아 하면서 함께 살았던 것으로, 이러한 여자를 아내로 맞이하지 않는 것은 사내 된 도리가 아니라는 생각이 들었다고 한다. 그렇지만 상처(喪妻)를 한 지 얼마 되지 않았고, 또 남평 이씨 역시도 남편과 아이를 잃은 지 얼마 안 되었기에, 공개적으로 번듯하게 결혼식을 올린다는 것은 덕스러운 모습이 아니라고 생각했다는 것이다. 때문에 이들은 추운 방안에다 정화수(井華水) 한 그릇만을 떠 놓고서 약식으로 혼인예식을 치렀으며, 이 사실을 이후에 주위 사람들에게 알리고서 정식 부부로서 함께 살기 시작했다고 한다.

또 증언에 의하면, 남평 이씨는 1879년에 전봉준 장군과의 사이에 첫 아들인 용규를 낳았는데, 이때 전봉준 장군은 후취로 들어온 아내가 힘들어서 또다시 죽게 될까 봐 무척이나 조심하면서 살았다고 한다. 예를 들어, 남평 이씨로 하여금 첫 아들을 잘 키우도록 하기 위해 전처의 어린 두 딸들을 자주 밖으로 데리고 나가 시간을 보내는 등 배려를 했다는 것이다. 그러나 딸 둘을 키우느라 지쳐버린 아내는 첫 아들을 제대로 잘 돌보지 못해서, 용규는 어려서부터 매우 약한 아이로 자랐다고 전하고 있다. 그리고 이후 남평 이씨는 3년 터울로 1882년에 둘째 아들 용현을 낳았다고 하는데, 아들의 생년은《병술보》에 보이는 생년과는 차이가 있다.[14]

그런가 하면 또 다른 증언으로, 집안 어른들이 나중에 장군의 후손을 보호하기 위해 족보에 용규와 용현이라는 이름을 나타내지 않고, 용규는 동일로, 용현은 동길로 바꾼 뒤에 전봉준의 6촌 동생인 태호의 양자로 입적시켜 올려놓았다고 전하고 있다. 그런데 여기서 말하는 족보는《병술보》를 일컫는 것으로 보이는데, 이 족보는 동학농민혁명이 일어나기 훨씬 전인 1886년에 제작되었던 것이어서, 후손을 보호하기 위해 이름을 바꾸어 기재했다는 말은 잘못된 것으로 보인다. 또한 용규와 용현은《병술보》상의 동길과 동일로 확인되거니와[15] 증언 내용 중 이들 이름 역시도 서로 뒤바뀌어 전하고 있다.

남평 이씨가 전봉준 장군을 만나 처음 살기 시작한 곳은 산내 소금실이었지만 산골 오지인 이곳에서 계속 생활하지는 않았으리라 생각된다. 전처의 소생 두 딸뿐만 아니라 자신의 두 아들을 낳고 키우기에 산골 마을은 아무래도 어려움이 많았을 것이기 때문이다. 사실 전봉준 장군의 행적을 보면 이후 고부로 이사해 나오는 것으로 나타나는데, 확실한 시기는 알 수는 없으나 대체로 아들을 낳은 전후의 시기가 아니었을까 짐작된다. 그리고 고부로 나온 이후 그녀가 어떻게 생활했는지에 대한 행적 역시 전혀 보이지 않는다. 다만 시아버지는 장의(掌議)를 지내면서 촌민들을 대변하는 활동을 하고, 남편은 집안에서 조그마한 서당을 열어 아이들을 가르치면서 자주 외출을 하는 생활을 했음을 감안하면, 그녀는 네 아이를 키우면서 여전히 고단한 삶을 살았으리라 짐작된다.

이렇게 생활하는 중에 남평 이씨는 자신이 낳은 딸은 아니지만 애지중지 키운 둘째 딸 성녀를 동학농민혁명이 일어나기 두 해 전인 1892년에 김개남 장군의 중매로 지금실에 사는 강씨 집안으로 시집을 보낸 것으로 보인다.[16] 아직 16세밖에 되지 않은 어린 딸을 시집보내는 어미의 심정은 기쁨보다는 착잡한 마음이 더했으리라 여겨진다. 게다가 이듬해인 1893년에는 시아버지인 전기창이 고부군수 조병갑에 항거하다 태장으로 인한 장독을 이기지 못해 세상을 떠나는 일이 일어난다. 어려움 속에서도 오랫동안 자신을 감싸주던 시아버지의 죽음은 그녀에겐 형언하기 어려운 큰 아픔이었을 것이다. 이 아픔은 비단 그녀뿐만 아니라 당시 고부 민중들이라면 모두가 안고 있었던 것이며, 혁명의 불씨로 서서히 일어나기 시작했던 것이다. 급기야 불씨는 1894년 1월 10일 봉기의 횃불로 크게 피어올랐던 것인데, 세 아이를 돌보면서 혁명을 주도한 남편의 뒷바라지를 해야 했던 그녀 역시도 굳은 결심을 했으리라 짐작된다.

거사의 모든 것을 계획하고 핵심적인 역할을 해온 전봉준 장군 역시도 이제 목숨을 건 본격적인 혁명의 선봉에 서기에 앞서, 한 집안의 가장으로서 자신의 식솔에 대한 안위를 걱정하지 않을 수는 없었을 것이다. 이에 이 무렵 식솔들의 거처를 산외 동곡리 원동골로 옮긴 것으로 나타나는데, 왜 산외 동곡을 택했던 것일까? 이곳을 택한 것은 여러 가지가 고려되었던 것으로 보이는데, 우선 지리적으로 심산궁곡에 자리하고 있어 난리 중에 비교적 안전하게 지낼 수 있는 곳이기 때문이다. 그런가 하면 절친인 김개남 장군의 터전이기도 하지만 그 자신도 젊었을 때 한때 거주한 곳

전봉준 장군의 마지막 거처지 동곡리 160-3번지

이고, 또한 남평 이씨도 처음 시집을 가서 살았던 평사리와도 바로 인접한 지역이어서 전혀 낯설지 않은 곳이기도 했다. 더욱이 이곳은 둘째 딸 성녀가 시집을 가 생활하고 있는 곳이어서, 이곳으로 이사함으로써 서로 그리움을 달랠 수 있을 뿐만 아니라 어려울 때 의지할 수도 있는 곳이기 때문이었다. 아무튼 남평 이씨는 아이들 셋을 데리고 이곳 동곡 원동골로 이사를 왔던 것인데, 바로 이곳이 전봉준 장군과 식솔들의 마지막 거주지이다.[17]

투병과 죽음

남평 이씨는 동곡 원동골에서 세 아이를 데리고 숨죽이며 살고 있는 중에, 2차 봉기 후 농민군은 패퇴를 거듭했거니와 결국 전봉준 장군도 체포가 되고 말았다. 그런 와중에 관군들에 의해 농민군에 참여한 가족들에 대한 색출도 대대적으로 행해졌다. 남평 이씨는 이를 피하기 위해 아이들을 데리고 산으로 들어가 토굴을 파고 그 속에서 생활을 했다. 토굴에서 생활하면서 남평 이씨는 며칠 간격으로 마을로 내려와 먹을 것을 구해 산으로 돌아가곤 했다고 하는데, 추운 겨울 날씨에 배고픔을 견디며 살아야 했던 이들의 생활은 무척이나 힘들고 고통스러웠으리라 생각된다.

이러한 고난의 생활 속에서 어려서부터 약하게 자란 용규는 추위를 견디지 못하고 결국 폐병에 걸렸던 것이다. 남평 이씨는 어떻게든 아들의 병을 낫게 해야 했지만, 그보다 먼저 다른 아이들에게 병이 전염되는 것을 막는 것이 중요했을 것이다. 이 때문에 어쩔 수 없이 어린 둘째 아들 용현을 시집간 성녀의 집으로 보내고, 옥례를 사찰의 비구니로 보냈던 것이다.[18]

이후 남평 이씨는 토굴 속에서 폐병에 걸린 용규를 어떻게든 살리기 위해 온갖 정성으로 간호를 했을 것이다. 그렇지만 극도로 열악한 피난 생활 중에 먹을 것도 변변치 못한 상황에서 제대로 된 약재 하나도 쓰지 못했음은 자명하다 할 것이다. 용규는 모친의 지극한 간호에도 불구하고 2년 정도 투병을 하다가 1896년 즈음에 결국 병을 이기지 못하고 죽고 말았다고 한다. 설상가상으로 아들을 간호하던 남평 이씨도 전염이 되어 폐병에 걸렸으며, 남편을 이어 아들을 잃은 슬픔을 안고서 혼자서 힘들게 투병생활을 했다고 전장수 씨는 전하고 있다. 그런데 이즈음에 둘째 아들 용현이 사위에게 쫓겨나서 행방불명이 되었던 것인데, 아마도 이 소식은 그녀의 병세를 더욱 악화시켰을 것으로 보인다.

이러한 남평 이씨의 투병 소식은 이후 절에 들어간 딸 옥례에게 우여곡절 끝에 전해지게 되었고, 모친을 모셔야 되겠다고 결심을 한 옥례는 1900년 경 환속을 하여 결혼한 후, 남평 이씨를 모셔왔다고 한다.[19] 당시 전옥례가 거처한 곳은 진안군 부귀면 신정리 49번지의 집(신리마을)이었다고 하는데,[20] 6년여 만에 상봉한 남평 이씨와 딸 옥례는 오랜만에 가족의 정을 서로 듬뿍 느꼈으리라 생각된다. 그리고 옥례는 병을 낫게 하려고 지극정성으로 어머니를 간호를 했을 것이지만 병세는 조금도 회복되지 않고 심해져만 갔다. 결국 남평 이씨는 오랜 지병을 이기지 못하고서 딸과 함께 한 지 4년 만인 1903년 자신의 생일을 하루 앞둔 9월 14일에 한 많은 세상과 작별을 고했다고 한다.[21] 폐병으로 사망했기 때문에 당시 폐병

진안 부귀면 신정리 49번지(신리마을) 전경

환자들의 시신을 처리하는 방법에 따라 화장을 했다고 하는데, 그녀의 유해는 아마도 옥례가 살고 있는 진안 부귀 신리마을 부근에 모셔졌을 것으로 보인다.

그러나 이후 남평 이씨의 유해는 둘째 아들 용현에 의해 전남 무안읍 성동리 실학실에 있는 저수지 부근으로 이장하여 모셨다고 전장수 씨는 증언하고 있다. 용현의 행적에 대해서는 뒤에서 상세히 살펴겠지만[22] 그는 누이 집에서 나온 이후로 전국을 떠돌며 방황을 했기 때문에 식구들의 소식을 잘 접할 수 없었다. 때문에 한참 후에야 옥례 누나가 어머니를 모시고 살았고, 어렵게 투병생활을 하시다가 모친이 돌아가셨다는 슬픈 소식을 뒤늦게야 알았다고 한다. 이 소식을 접했을 당시 용현은 무안 성동리에 정착하여 살고 있었는데, 이때 모친의 유해를 진안 부귀에서 무안 성동리로 모셔온 것으로 보인다. 그런데 이후 그녀의 유해는 다시 정읍 옹동면 비봉산 자락으로 이장이 된다. 용현은 누군가로부터 부친 전봉준 장군의 유해가 서울 남산 끝자락(지금의 동국대학교 뒷산)에 가매장되어 있다는 전갈을 받고서, 1919년 3.1운동이 일어난 혼란한 틈을 이용하여 부친의 유해를 수습하여 정읍 비봉산 자락에 이장을 했는데, 이때 그는 실학실

에 모셨던 모친의 유해도 다시 이장하여 부친 전봉준 장군의 유해와 합장하여 모셨다고 한다.[23]

2. 전봉준 장군 두 딸의 행적과 행방

1) 누가 큰딸이고 작은딸인가?

기존의 견해들

전봉준 장군에게 2남 2녀가 있고, 이중 두 딸은 모두 전처인 여산 송씨와의 사이에서 태어났다는 사실은 이미 여러 증언에서 확인되고 있으며,[24] 이제는 일반적으로 인정되고 있다. 그렇지만 아직도 이들 두 딸의 이름만 하더라도 명확하지 않고, 또 누가 큰딸이고 작은딸인지 엇갈려 알려지고 있다. 그동안 장군의 딸에 대해 여러 증언을 수집해 소개한 최현식 선생과 신복룡 교수 역시도 각기 큰딸과 작은딸을 서로 바꾸어 말하고 있다. 즉, 최현식 선생은 장녀를 전옥례(全玉禮), 차녀를 전성녀(全姓女)로 기록하고 있는데[25] 반하여 신복룡 교수는 장녀를 고부댁(古阜댁), 차녀를 김옥련(金玉連)으로 기록하고 있다.[26] 그런가 하면 최근에 전봉준 장군에 관한 새롭고 구체적인 증언을 해주고 있는 전장수 씨 역시도 장군의 두 딸에 대한 증언에서 혼동을 불러일으키고도 있다. 따라서 두 딸의 구체적인 행적을 살피기에 앞서 혼동을 피하기 위해 어느 딸이 큰딸이고 어느 딸이 작은딸인지, 또 이들의 이름은 각기 무엇인지를 먼저 정리해 놓을 필요가 있다.

이를 위해 일찍이 전봉준 장군의 딸들에 대해 여러 증언을 채집하여 수록해 놓은 최현식 선생과 신복룡 교수가 전하고 있는 내용들을 살피면서 정리하도록 하겠다.

먼저 최현식 선생이 전하는 내용부터 살펴보겠다. 1969년 어느 날 선생은 전봉준 장군에 관한 중요한 정보가 있다는 연락을 진안에서 농장을 운영하는 이희종이라는 사람으로부터 받았다고 한다. 이에 선생은 열 일을 제쳐두고 그를 만나러 갔는데, 이희종 씨는 자신의 할머니로부터 당신이 '전봉준 장군의 딸이다'라는 말을 들었다고 한다. 이에 선생이 왜 이제야 밝히느냐고 질문하자, 이희종 씨는 그 동안 할머니께서 이 사실을 숨겨왔지만 정읍에서 동학혁명 관련 행사가 벌어지고 조명이 되면서 아이들이 '새야새야 파랑새야' 노래를 부르는 것을 보고서 녹두장군이 당신의 아버지란 말씀을 했다는 것이다. 이 말을 들은 이희종 씨도 처음에는 믿지 않았으나 점차 맞는 말씀 같다는 생각이 들었다고 한다.

최현식 선생은 곧바로 이희종 씨와 함께 진안으로 달려가 할머니로부터 그간의 행적을 듣고 호적을 열람해 보았다고 한다. 당시 할머니께서 말씀하기를, 동학농민혁명이 농민군의 패전으로 막을 내린 뒤 자손을 모두 멸한다는 소문이 돌자, 당시 15세의 나이로 사람들의 이목을 피해 산으로 도피했다고 한다.[27] 진안 마이산에 이르러 김옥련으로 이름을 바꾸고 금당사(金塘寺)의 공양주로 숨어 살다가, 이씨 성을 가진 남자와 혼인하여 오늘에 이르렀다는 것이다.[28] 최현식 선생은 이러한 사실을 세상에 알리는 한편, 현존하는 조소리의 전봉준 장군 고택이 실제 할머니가 살았던 집인지 직접 모시고 가서 확인을 했는데, 현재는 네 칸이지만 자신들이 살 때에는 세 칸이었다는 것이 다를 뿐 예전에 살았던 집이 틀림없다고 증언했다고 한다.[29] 이러한 증언을 정리하면서 최현식 선생은 이희종 씨의 할머니 이름을 전옥례라고 기록하고 있다.

그로부터 수년이 지난 1970년대 초에 최현식 선생은 당시 정읍군 산외면 면장인 은석표씨로부터 전봉준 장군과 관련한 제보를 받았다고 한다. 산외면 동곡리에 전봉준 장군의 묘가 있고 그곳에 장군의 외손녀가 살고 있다는 내용이었다. 이러한 새로운 사실을 듣고서, 선생은 문화재위원회에 나가 이에 관한 이야기했지만 누구도 관심을 두지 않았다고 한다. 이후 이 사실을 알려준 은석표 씨를 만날 때면 그냥 방치할 거냐면서 핀잔을 듣곤 했는데, 궁리 끝에 문화재와 동학농민혁명에 관심이 많은 김삼주 정읍군수를 찾아가야겠다고 마음을 먹었다는 것이다. 이윽고 군수를 찾아가 정황 설명을 하고, 만일 전봉준 장군의 묘가 확실하다면 황토현 기념탑 부근으로 이장해야 할 거라면서, 파묘를 하여 사실을 확인하자고 설득을 했는데, 군수는 이에 찬성을 하고서 묘의 이장도 책임지겠다고 약속을 했다고 한다. 마침내 1973년 4월에 파묘하여 확인을 했지만, 막상 시신을 찾을 수가 없어 실망이 매우 컸다고 한다.

그렇지만 그날 뜻밖의 수확을 얻기도 했는데, 묘를 관리하던 전팔룡(全八龍)이라는 사람으로부터 자신이 사는 마을에 전봉준 장군의 외손녀로 알려진 강금례 여사가 살고 있다는 말을 듣게 되었다고 한다. 이에 그와 함께 강금례 여사를 만났는데, 그때 여사는 자기가 전봉준 장군의 작은딸의 친딸이라고 소개했고, 어머니 고부댁(장군의 작은딸)은 해수병을 앓다가 1930년대에 돌아가셨다고 말했다는 것이다. 그런데 마침 또 그날, 선생은 파묘의 소문을 듣고 찾아온 강금례 여사와 같은 마을에 산다는 태은기(太殷基) 옹으로부터도 유익한 말을 들었다고 한다. 전봉준 장군의 딸이 동곡리에 살았는데, 큰딸은 종적이 묘연하고 작은딸과 두 아들이 이곳에 살았다는 것이다. 난리가 난 뒤로 큰아들은 남의 집 머슴살이하다 폐병으로 죽었고, 둘째 아들은 이 마을 강씨(姜長彦)와 혼인해 사는 작은누이 집에 얹혀살았는데, 누이네 황소를 훔쳐 달아났다가 붙잡힌 후로 행방불명이 되었다고 한다. 이후 장군의 작은딸은 죽고 지금은 그녀의 딸 강금례만 이 마을에 살고 있다는 말을 들었다는 것이다.[30]

다음으로 신복룡 교수가 전하는 내용을 보도록 하겠다. 신복룡 교수 역시도 1981년 1월 16일에 답사를 통해 당시 정읍군 산외면 동곡리 원동 골에 살고 있는 강금례 여사를 만났다고 한다. 당시 강금례 여사의 증언과 이웃에 살고 있는 김개남 장군의 종손녀인 김씨(당시 80세) 노파의 증언을 통해서 강금례 여사가 전봉준 장군의 외손녀임을 확인할 수 있었다고 하는데, 당시 강금례 여사로부터 다음과 같은 증언을 들었다고 한다. "외삼촌이 둘이 있었어, 큰 삼촌이 용규고 작은 삼촌이 용현인데, 둘 다 먹이도 시원치 않아 폐병에 걸려서 누이가 사는 이곳에(지금실) 와서 얻어먹고 지내다가 열 살 넘어 모두 죽었다우." 그리고 강금례 여사의 모친은 고부에서 시집을 왔기에 고부댁으로 불렸는데, 지금실의 강씨 문중에 출가하여 1930년경까지 살다가 해수병으로 세상을 떠났다고 한다.[31]

신복룡 교수는 또한 전영래 선생이 발표한 글[32]을 토대로 김옥련이 전봉준 장군의 차녀라고 하면서 그녀에 대한 행적에 대해서도 소개하고 있다.[33] 이에 따르면, 그녀는 갑오년 전봉준 장군의 거사가 실패로 끝나자 삼족을 죽인다는 소문에 겁을 먹고 15세의 어린 나이에 집을 나서 금산사로 피했다는 것이다. 그 후 다시 진안 마이산 석탑사 입구에 있는 금당사에 들어가 김씨로 성을 바꾸고 7년 동안 과부로 행세하며 살았으며, 23세 때에 주막집 주인의 소개로 이영찬과 결혼하여 1970년 1월 5일 92세로 세상을 떠날 때까지 진안군 부귀면 신정리 샛터 부락에 살았다고 한다. 그녀는 살면서 후환이 두려워 아버지의 이름을 함구하며 살아왔지만, 1968년 6월 하순경 전주에 사는 손자 이희종의 집을 방문하여 증손자가 읽는 '전봉준전'에 실려 있는 장군의 사진을 보고서, "이 분이 나의 아버지다"라고 자식과 손자에게 처음 밝혔다는 것이다.

이상의 두 분 선생이 정리해 놓은 전봉준 장군의 두 딸의 행적에 관한 내용은 큰딸과 작은딸이 서로 엇갈리고 있을 뿐, 대체로 동일한 내용을 담고 있다. 즉, 전봉준 장군의 두 딸 중 한 명은 지금실 강씨 문중으로 시집을 갔고, 남동생을 맡아 길렀으며, 강금례라는 딸을 두었고, 1930년경에 해수병으로 세상을 떠났다는 것이다. 또 다른 딸은 동학농민혁명 실패 후, 자손들을 멸한다는 소문을 듣고서 절로 피신하여 김옥련이라는 이름으로 살았고, 이후 환속하여 이씨 성을 가진 사람과 혼인을 하여 진안 부귀에 살다, 1970년에 세상을 떠났다는 것이다.

새롭게 정리된 내용

그러면 이제 두 선생이 서로 엇갈리고 있는 내용, 즉 어느 딸이 큰딸이고 어느 딸이 작은딸인지 그리고 이들의 이름은 무엇이었는지에 대해 정리해 보도록 하겠다. 예전에 필자는 큰딸이 작은딸보다 먼저 시집갔을 것이라는 피상적인 생각에서 지금실로 시집간 딸, 즉 고부댁을 큰딸이리라 피력한 적이 있다.[34] 신복룡 교수와 같은 견해를 피력한 것이다. 그러나 필자는 근자에 이 글을 준비하면서 장군의 딸에 관한 내용을 보다 세밀히 들여다보게 되었고, 그 결과 이전에 피력한 견해가 잘못되었음을 발견하게 되었다.

우선 최현식 선생이 채록한 증언 내용이 매우 신빙성이 높다는 생각이 들었다. 그것은 동곡리 원동골에서 오랫동안 강금례 여사와 같이 살아온 태은기 옹이 강금례 여사의 모친인 고부댁을 장군의 작은딸이라고 하고 있음에서도 알 수 있지만, 누구보다도 강금례 여사 본인이 자신의 어머니인 고부댁을 장군의 둘째 딸이라고 직접 말하고 있기 때문이다. 사실 앞에서 전영래 교수의 글을 전제로 신복룡 교수가 진안 부귀에 살았던 장군의 딸을 차녀라 기술했던 것이지만 정작 전영래 선생의 글을 찾아 보건대, 이 딸을 차녀라고 한 내용을 전혀 찾아볼 수 없을뿐더러, 오히려 이 딸이 장녀로 추정되는 내용이 기술되어 있다. 따라서 신복룡 교수의 견해는 착오였던 것으로 보인다.

더군다나 두 딸에 대해 자세한 증언을 해주고 있는 전장수 씨에게 확인해 본 바에 의하면, 그는 어려서부터 진안에 살고 있는 고모할머니가 장군의 큰딸, 지금실로 시집간 딸을 작은딸이라고 들어왔고, 자신의 집안에서는 조부(의천, 용현) 대부터 줄곧 그렇게 전해왔다고 하고 있다. 이로 미루어 보건대, 절에 들어갔다가 환속하여 진안 부귀에 살았던 딸이 큰딸이고, 지금실 강씨 집안으로 시집을 간 딸이 작은딸임이 확실하다고 할 것이다.

이제 두 딸의 이름에 대해서 알아보겠는데, 최현식 선생은 큰딸을 전옥례, 작은딸을 전성녀라 칭하고 있는 반면 신복룡 교수는 진안에 살던 큰딸을 김옥련, 지금실에 살던 작은딸은 이름을 알 수 없어서인지 고부댁으로 기록해 놓고 있다. 과연 이들 두 딸의 확실한 이름은 무엇이었을까? 먼저 진안 부귀에 살았던 장군의 큰딸에 대해서 보면, 앞의 증언에서 언급했듯이 마이산 금당사에 숨어 살면서 신분을 감추기 위해 김옥련으로 변성명을 하고 살았었다. 따라서 그녀의 제적등본에는 김옥련으로 기재되어 있지만 이는 그녀의 본래 이름이 아니라 할 것이다. 그리고 1968년에 장군의 큰딸이 세상에 처음 밝혀지게 되면서 그해 7월에 여러 언론사에 대서특필이 된 바 있는데, 당시 모든 언론사 지면에는 그녀의 이름을 전옥녀(全玉女)로 표기하였다. 무엇을 근거로 전옥녀라는 이름으로 기록했는지 알 수는 없으나, 이후 이 이름을 계속 쓰지 않고 있음을 보면, 이 역시 확실한 이름은 아니었던 것 같다.

그런데 다음 해인 1969년 최현식 선생은 장군의 큰딸을 만나는데, 이때부터 선생은 장군의 큰딸의 이름을 옥녀가 아닌 옥례라 줄곧 쓰고 있다. 무슨 근거로 옥례 쓰는지에 대해 선생으로부터 들은 바가 없어 확인을 할 수는 없지만, 아마도 선생은 정읍에서 오랫동안 전봉준 장군에 대한 증언들을 채집하면서 장군의 자식들 이름을 익히 들어 알고 있었던 것이 아닌가 한다. 옥례라는 이름은 그녀의 묘비명에도 쓰여 있거니와 이제 일반적으로 알려져 오고 있다. 특히, 최근에 전장수 씨의 증언은 이를 더욱 확인시켜주고 있는데, 그의 집안에서는 오래전부터 장군의 큰딸의 이름을 옥례로 불러왔다는 것이다. 뿐만 아니라 그는 12세 때인 1969년 즉, 옥례 고모할머니가 돌아가시기 전 해에 아버지를 따라 직접 만나 뵈었다고 하고 있다.[35]

다음으로 지금실 강씨 집안으로 시집간 장군의 작은딸의 이름에 대해 알아보도록 하겠다. 그녀의 제적등본에는 전길부[36]로 기재되어 있다. 이로 보아 언니가 그랬듯이 그녀 역시도 신분을 감추기 위해 변성명을 하고 지냈던 것으로 보인다. 그런데 1970년대 초 강금례 여사를 만나서 장군의 작은딸에 대한 이야기를 들은 최현식 선생은 그녀의 이름을 처음부터 전성녀라 기록하고 있다. 이 역시 무슨 근거로 전성녀라 기록하고 있는지는 알 수 없으나, 선생은 큰딸 전옥례와 마찬가지로 오래전부터 작은딸의 이름이 성녀였다는 사실을 알고 있었던 듯하다.

아무튼 이에 대해서도 전장수 씨는 확인을 해주고 있는데, 오래전부터 그의 집안에서 장군의 작은딸의 이름을 성녀로 불러왔다는 것이다. 다만 전장수 씨는 그의 '가족사'에 대한 증언 내용에서 장군의 큰딸인 전옥례를 지금실로 시집간 딸로, 작은딸인 전성녀를 사찰에 들어갔다가 환속하여 진안에 살았던 딸로 잘못 기록하고 있다. 이는 부친으로부터 전해들은 바를 바탕으로 기록하고 있다지만 착오임에 분명하다. 그것은 그가 1969년에 부친을 따라가 만난 분은 분명 전옥례 고모할머니였다고 하고 있음에서도 확인되지만, 지금실에 살고 있던 작은딸 전성녀는 62세인 1938년에 이미 세상을 떠났기 때문에,[37] 전장수 씨가 만날 수가 없다는 사실에서 분명하게 확인된다. 당시 전장수 씨가 어리고 또 부친을 따라갔기에, 자신이 간 곳이 진안 부귀가 아닌 동곡리 지금실로 착각하여 알고 있었기 때문으로 보인다.

2) 두 딸의 생년

이제 진안에 살았던 장군의 큰딸 전옥례와 지금실 강씨 문중으로 시집을 간 작은딸 전성녀라는 바로잡힌 이름으로, 이들의 생년을 바르게 알아보고 난 뒤에 이들의 구체적인 행적에 대해 살펴보도록 하겠다.

이들 두 딸이 언제 태어났는지 역시도 여러 내용들이 서로 엇갈려 알려지고 있다. 전옥례로 일컬어지는 김옥련의 제적등본을 보면, 개국 490년(明治 14년, 1881년) 4월 18일생으로 기재되어 있다. 그런가 하면 전옥례 여사의 묘비명에는 1880년 고종 경진(庚辰) 4월 8일에 태어난 것으로 새겨져 있다. 그러나 그녀의 이 생년이 올바르지 않다는 것은 금방 알 수가 있다. 즉, 장군의 딸들은 장군의 첫 부인인 여산 송씨의 소생이란 사실은 이미 밝혀진 바인데, 여산 송씨는 그녀가 태어난 연도보다 이전인 1877년에 세상을 떠났다고 《병술보》에 분명히 기록되어 있기 때문이다.

작은딸인 전성녀의 생년도 마찬가지다. 그녀는 제적등본에 전길부로 기재되어 있는데, 여기에 1881년(단기 4214년) 1월 7일에 태어난 것으로 되어있다. 이는 앞에서 본 언니인 김옥련(전옥례)의 제적등본의 생년과 견주어 보아도 오히려 앞서며, 묘비명에 기재된 생년과 비교해 보아도 10개월 정도밖에 차이가 나지 않는다. 더욱이 작은딸 성녀 역시도 여산 송씨의 소생이었던 것으로, 제적부에 기재된 그녀의 생년 또한 여산 송씨가 세상을 떠난 1877년 이후로 되어 있다. 따라서 그녀의 제적부에 기재된 생년도 분명히 잘못된 것임을 알 수가 있다.

그런데 이들 제적등본에 있는 생년과는 달리 전장수 씨는 여산 송씨가 전봉준 장군과 혼인한 다음 해인 1876년에 첫째 딸인 옥례를 낳았고, 연이어서 이듬해인 1877년에는 둘째 딸 성녀를 낳았다고 증언하고 있다. 아울러 여산 송씨는 안타깝게도 둘째 딸을 낳다가 27세의 젊은 나이에 세상을 떠났다는 자신의 집안에서 전해오는 이야기를 전해주고 있다. 이 증언에서 여산 송씨가 세상을 떠났다는 시기는 《병술보》에 여산 송씨가 정축년(1877) 4월 24일에 세상을 떠났다는 기록과도 일치하고 있어 매우 신빙성 있게 받아들여지거니와, 증언에서 언급한 두 딸의 생년 또한 앞에서 언급된 여러 생년과는 달리 매우 타당성이 있다고 판단된다. 더구나 그가 말하는 증언 내용에는 여산 송씨와 이들 두 딸에 관한 이야기뿐만 아니라 집안 전체에 대한 상세하고 사실적인 여러 내용도 전하고 있음을 보면, 이 생년은 믿어도 될 만큼 확실하다는 판단이 든다.

이상에서 일단 전봉준 장군의 큰딸 전옥례는 1876년에, 작은딸 전성녀는 1877년에 연년생으로 태어났음이 거의 사실로 인정이 된다. 그러나 젖먹이 어린 두 딸은 해산의 후유증으로 친모인 여산 송씨가 세상을 떠나게 되어 동냥젖을 먹일 수밖에 없었지만 산골에서 젖동냥하기도 쉽지 않았을 거라 생각된다. 때문에 어린아이들을 키우기 위해 전봉준 장군은 부득이 청상과부인 남평 이씨를 젖먹이 어미로 들여왔던 것이며, 이후 이 두 딸은 남평 이씨의 품 안에서 양육되었던 것이다. 남평 이씨는 이후 자신의 두 아들 용규, 용현을 낳았지만 두 딸 역시도 자신의 친자식처럼 정성을 다해 길렀던 것으로 보인다.

3) 작은딸 성녀의 행적

남평 이씨 슬하에서 자란 전봉준 장군의 두 딸이 어린 시절 어떻게 지냈는지에 관한 이야기는 어디에도 나타나있지 않다. 다만 전옥례 할머니가 되살려낸 희미한 기억, 즉 고부 조소리에서 살 당시에 비록 세 칸짜리 좁은 초가집에 일곱 식구가 비좁게 살았지만 당산 고목나무 밑에서 마을 친구들과 어울리면서 어린 시절을 보냈던 광경만이 전해질 뿐이다.[38] 아

전성녀의 시집 터 산외면 동곡리 630번지

무튼 이들 두 딸의 어린 시절에 대한 행적은 전혀 보이지 않다가 갑오년을 전후한 시기부터 여러 증언에 나타나고 있다.

먼저 둘째 딸인 성녀가 1892년에 16세의 나이에 동곡리 지금실 강씨 문중으로 시집을 갔다는 내용이다. 전봉준 장군의 작은딸이 동곡리 강씨 문중으로 시집을 갔다는 증언은 앞에서도 언급했듯이 일찍이 태은기 옹과 강금례 여사가 증언한 내용에서 확인이 된다. 그러나 성녀가 언제 누구와 결혼했는지에 대해서는 전혀 알려지지 않았었다. 그런데 전장수 씨는 동학농민혁명이 일어나기 두 해 전인 1892년에 김개남 장군의 중매로 동곡리 강씨 문중으로 시집을 왔다는 증언을 하고 있다. 이와 아울러 성녀의 아들인 강성진의 제적등본을 확인해보건대, 성녀의 부군은 강장언(姜長彦)이었고, 그가 살았던 곳은 정읍군 산외면 동곡리 630번지로 기재되어 있다. 이에 그녀가 시집을 가 살았던 곳을 확인해 보니, 다름이 아닌 김개남 장군 고택 바로 옆집으로 나타나고 있다. 이를 종합해 보건대, 1892년에 김개남 장군은 어려서부터 줄곧 지켜보아 온 바로 옆집 청년 강장언을 전봉준 장군의 딸 성녀의 짝으로 중매했던 것으로 보인다.

1894년 무렵 전봉준 장군은 식솔과 함께 조소리에서 산외 동곡으로 이사를 해 오는데, 여기에는 다른 여러 이유도 있겠지만 작은딸 성녀가 동곡리 지금실로 시집와 살고 있던 것과도 어느 정도 관계가 있었으리라 생각된다. 성녀 역시도 친정집이 옆으로 이사 오게 되어 마음이 든든했을 것이다. 그런데 동학농민군이 패퇴당한 후 혁명에 가담한 가족들의 신변에 위험이 닥치자, 모친 남평 이씨는 아이들을 데리고 산속에 들어가 토굴로 피신하였다. 추운 겨울 굶주림 속의 토굴 생활은 무척이나 힘겨웠던 것인데, 어려서부터 약하게 자란 남동생 용규가 이를 이기지 못하고 그만 폐병에 걸렸던 것이다. 남평 이씨는 폐병에 걸린 아들을 간호해야 했지만 한편 다른 자식들에게 폐병이 전염되는 것을 막아야만 했다. 이 때문에 우선 작은아들 용현을 시집간 성녀에게 보내어 맡기고, 큰딸 옥례는 절로 피신시키고서 자신은 용규와 함께 토굴 생활을 하며 간호를 했던 것이다.

아무튼 이렇게 해서 성녀가 막내 동생 용현을 맡게 되었는데, 용현을 자신의 집에 들인 다음 해에 부친 전봉준 장군이 처형을 당하였다. 이에 성녀는 동생의 신분을 숨기기 위해 이름을 의천(儀千)으로 지어주었으며, 용현은 이후 평생을 의천이란 이름으로 살았다고 전장수 씨는 전하고 있다. 그런데 용현이 성녀의 집에 들어온 지 3년이 지난 1897년 즈음에, 심각한 문제를 일으켜 집을 뛰쳐나가버렸다고 한다.[39] 잘못을 저질렀기 때문이지만 가족들이 뿔뿔이 헤어진 마당에, 동생마저 집을 나가게 해야만 했던 성녀의 심정은 매우 비통했으리라 여겨진다. 이후 성녀의 행적은 별로 나타나지 않지만 제적등본에 의하면 남편 강장언과 사이에 장남 강성진(1900년생)을 낳고, 장녀 강금례(1905년생)에 이어 차녀 강화녀(1908년)와 삼녀 강귀녀(1912년)를 낳은 것으로 나타난다. 그리고 셋째 딸을 낳은 지 2년 뒤인 1914년에 남편 강장언과 사별을 하고, 그로부터 24년 뒤인 1938년 11월 62세의 나이로 성녀 역시도 파란 많은 세상을 떠난 것으로 기재되어 있다.

전성녀의 자식들, 즉 전봉준 장군의 외손자들이 어떻게 살았는지는 알 수 없다. 다만 장녀인 강금례의 행적과 관련해서 몇 가지 흥미로운 점이 보인다. 제적등본에 의하면 그녀는 1921년 17세의 나이에 동곡리 315번지에 사는 박형래의 둘째 아들 박영주와 혼인을 한 것으로 나타난다. 그런데 그녀가 시집을 간 곳은 마을 끝자락에 위치한 외딴 집으로, 우연치 않게도 1973년 전봉준 장군의 묘라 하여 발굴을 했지만 허묘로 밝혀진 묏자리가 있는 동곡리 산 11번지와 바로 인접해 있다. 그리고 이 묘를 오랫동안 관리해 온 사람이 다름 아닌 강금례의 아들 박승규였다고 전해져 오고 있는데, 이 묘는 혹 박승규의 조부인 박형래의 묘가 아니었을까 하는 생각이 얼핏 들기도 한다. 이후 강금례 여사는 만년에 원동골 마을의 중심부인 동곡리 122번지로 이사와 살게 되는데, 1983년 나이 79세에 노환으로 세상을 떠난다. 강금례 여사가 만년에 이사와 살던 집 가까이에는 외조부인 전봉준 장군의 식솔들이 예전에 살았던 집(산외면 동곡리 160-3번지)이 위치해 있다.[40]

4) 큰딸 옥례의 행적

피신과 은둔생활

이제 전봉준 장군의 장녀인 전옥례의 행적에 대해 정리해 보도록 하겠다. 앞에서 언급했듯 전옥례는 1894년 무렵 식구들과 함께 산외 동곡리 원동골로 이사해왔다. 그러나 관군의 추포를 피해 토굴 생활을 하는 중에 동생 용규가 폐병에 걸리게 되었다. 이에 전염이 염려되어 온 가족이 뿔뿔이 헤어지게 되는데, 용현은 시집간 성녀의 집으로 피하고 옥례는 식구들과 헤어져 절로 피신을 하게 되었다. 이때 옥례의 나이는 18세였던 것으로 보인다.[41] 옥례가 절로 피신하여 비구니가 되었다는 사실은 훗날 그녀 자신이 증언한 바이기도 하지만, 여러 사람들의 입을 통해 일찍부터 전해져오고 있다.

그러나 당시 어떻게 처녀의 몸으로 산중에 있는 절로 피신을 했는지는 아직까지 알려진 바가 없었다. 그런데 뜻밖에도 전장수 씨는 옥례가 절로 피신하게 된 것은 다름 아닌 외삼촌 두 분이 스님으로 있었기 때문이라는 새로운 이야기를 전해주고 있다. 그렇다고 한다면 두 분 스님은 옥례를 낳아준 여산 송씨의 오빠 아니면 남동생이었을 것으로 보이는데, 혹시 이 중 한 분이 경허대사가 아니었을까 하는 생각이 새삼 들기도 한다. 경허대사는 속명이 송동욱으로 전주 자동리에서 출가했거니와 그의 부친 역시 전봉준 장군의 장인과 같은 이름의 여산 송씨 송두옥이며, 형님 역시도 스님이었다. 그간 경허연구소에서 전봉준 장군과의 관련성을 추구해오기도 했는데, 언젠가 필자에게도 이들의 관련성을 물어온 적이 있었다. 물론 아직도 이를 입증할 만한 직접적인 정황증거를 찾아야 한다고 생각되지만

고금당 나옹암

전장수 씨의 이 증언 내용은 뜻밖에도 이들의 관련성에 한발 더 다가설 수 있는 단서를 제공해 주고 있다고 생각된다.[42]

아무튼 전옥례는 스님인 외숙부들의 도움으로 절로 피신을 했던 것으로 보이는데, 먼저 산외 동곡 가까이에 있는 큰절인 금산사로 들어갔다고 한다.[43] 이곳에서 얼마 동안 머물렀는지는 모르겠으나 그 후에 그녀는 진안군 마령면 마이산 탑사로 들어가는 입구에 위치한 금당사로 옮겨 공양주가 되었다는 것이다.[44] 이곳에서 옥례는 김씨로

고금당 나옹암의 안쪽 모습

성을 바꾸고 옥련이란 이름으로 7년 동안 과부로 행세하며 살았는데, 그러던 중에 주막집 주인의 소개로 진안군 마령면 신정리 샛터부락(지금의 신리마을)에 사는 이영찬(李永贊)을 만나게 되었다고 한다.

전장수 씨의 증언에 의하면, 이들은 처음엔 서로 마음만을 주고받았지만 1년여의 세월이 지난 뒤 어느 날, 옥례는 이영찬에게서 청혼의 제의를 받았다고 한다. 그렇지만 출가한 비구니인데다가 승려인 외삼촌들도 있어서 몹시 망설였다고 한다. 그런데 당시 절에 있는 동안 옥례는 이영찬을 통해서 절 밖의 세상이 어떻게 돌아가는지를 알게 되었고, 자신의 가족들이 어떻게 살고 있는지에 대한 소식들도 전해 들었다고 한다. 특히, 옥례는 부친 전봉준 장군의 처형 소식과 남동생 용규의 죽음, 용현이 누나 집에서 쫓겨난 일 등을 듣고서 무척이나 괴로워했으며, 무엇보다도 용규를 돌보던 어머니 남평 이씨가 폐병이 들어서 외롭고 힘들게 투병 중이라는 소식을 전해 듣고는, 절에서 나와 환속하여 자신을 키워준 병든 어머니를 돌보기로 마음을 먹었다고 한다. 그래서 옥례는 혼인해 달라고 조르는 이영찬에게 폐병에 걸린 어머니를 모시고 함께 살겠다면 절에서 나와 혼인해 줄 수 있다고 하고서, 단단히 약조를 받은 후에 혼인을 허락했다

194

고 한다.

금당사에 들어간 지 7년이 되던 1900년 즈음에 전옥례는 절에서 나와 이영찬과 결혼을 하였다. 이때 옥례의 나이는 25세였고, 남편인 이영찬은 1868년생으로 여덟 살 연상인데 그는 재혼이었다고 한다. 이들 부부는 진안군 부귀면 신정리 49번지(신리마을)에서 신접살림을 차리고, 결혼 전에 약조한 대로 병든 어머니 남평 이씨 순영을 모셔와 같이 살았다고 한다. 옥례는 4년 동안 지극정성으로 간호를 하며 어머니의 병을 고치고자 했으나 상태가 나빠진 어머니의 폐병은 호전되지 않았다. 결국 남평 이씨는 7년 동안 병마에 시달리다 옥례를 만나서 산 지 4년째인 1903년, 향년 44세의 나이로 한 많은 일생을 마쳤다고 전장수 씨는 전한다.

옥례는 1900년에 이영찬과 결혼했지만 그로부터 10년 뒤에서야 아들 주석(1910년생)을 낳는다. 이처럼 늦게 아이를 가진 것은 전처의 자식도 있어서 그랬을 수도 있지만, 아마도 어머니의 병간호 때문에 그간 아이를 갖지 않았던 것이 아닌가 한다. 이후 옥례는 슬하에 모두 4남 3녀를 두는 등 다복한 가정을 꾸리며 살았지만, 1933년에 자신의 모든 뜻을 받아준 남편 이영찬과 사별을 하고 아들과 함께 생활을 해왔다.

장군의 딸임이 밝혀지다

아들 손자와 함께 살아오면서도 전옥례 할머니는 후환이 두려워 자신이 전봉준 장군의 딸이라는 신분을 혈육에게까지도 철저하게 숨기며 살아왔다. 옥례 할머니가 세상을 떠나기 두 해 전인 1968년에 우연히 전봉준 장군의 딸이라는 신분이 처음으로 밝혀지게 되었는데, 당시 이를 접한 자손들 그 누구도 할머니의 신분을 전혀 알지 못했다고 한다. 할머니의 신분이 처음 밝혀질 당시의 상황에 대해 최현식 선생의 증언과 신복룡 교수의 글을 통해 부분적으로 소개한 바 있지만, 당시 전주시립박물관장이었던 전영래 선생이 비교적 자세하게 정리해 놓고 있고,[45] 할머니의 후손들도 당시의 상황을 자세하게 증언하고 있다. 이들 증언 내용은 대동소이하지만 약간의 다른 점도 있는데, 여기서는 여러 증언 내용을 종합해서 그 대강을 정리해 놓도록 하겠다.

전옥례 할머니는 일 년에 한두 번 전주에 사는 손자 이희종의 집을 방문하곤 하는데, 1968년 6월 하순께 평소와 같이 전주의 손자 집을 방문했다고 한다. 옥례 할머니가 집에 머물고 있던 중 초저녁에 희종 씨의 아들 성우 군(당시 전주 북중학교 1학년)이 우리나라 위인전기 책 가운데 녹두장군 편(소년소녀 세계 전기 전집 12: 한국 편 2, 삼화출판사)을 보고 있었다고 한다. 이때 옆에 계시던 할머니께서 책 속에 형리들이 들 것에 태운 전봉준 장군의 사진을 보고서 "그분이 우리 아버님이시다"라고 했다는 것이다. 당시 성우 군은 상할머니께서 정정하시기는 해도 나이가 드셔서 뭔가 잘못 알고 계신가 하여 책 내용을 읽어드리며, 사실이 아님을 주지시키고자 했다고 한다. 그런데 상할머니께서는 위인전 책에 나오지도 않은 녹두장군에 대한 가정에서나 알 만한 소소한 이야기를 하시면서 '시천주 조화정, 영세불망 만사지(侍天主造化定 永世不忘萬事知)'라는 주문[46]을 읊으셨으며, 이 이야기를 다른 사람에게 하면 큰일 난다면서 절대로 함구할 것을 몇 번이나 다짐하셨다는 것이다.

성우 군이 밤늦게 집에 들어오신 아버지(이희종)에게 낮에 할머니께서 하신 행동과 말씀을 전해드렸더니, 아버지께서도 '할머니께서 한 번도 친정 이야기를 하신 적이 없으며, 집안 식구 누구도 할머니의 친정에 대해서 알지 못한다.'라고 하셨다고 한다. 그날 밤 성우 군과 이희종 씨가 할머니와 대좌하여 여러 가지를 여쭈어보았으나 할머니께서는 이 일이 알려지면 집안에 큰일 난다며 한사코 침묵하셨고, 이희종 씨는 세상이 바뀌어 옛날에는 녹두장군이 역적이었으나 지금은 모두가 추앙하는 영웅이니 염려

하실 것이 없다면서 새벽 가까운 시간까지 설득을 했다고 한다. 그런 끝에 결국 할머니께서는 진안 금당사에 오게 된 경위, 성이 김씨가 아니라 전씨라는 등 여러 가지 자세한 이야기를 손자인 이희종 씨에게 했다는 것이다.

이런 일이 있고 며칠이 지나서 전북일보 신문지상에 당시 전주시립박물관장인 전영래 선생이 할머니에 관한 내용을 정리하여 기고를 했고, 또 이듬해(1969년)에는 이희종 씨가 최현식 선생께 할머니에 관한 이야기를 제보하였으며, 이를 확인하고서 정리한 최현식 선생의 글이 남아 있다.[47] 이후 이들 두 분 선생은 각기 전옥례 할머니가 전봉준 장군의 딸인가를 확인하기 위해서 할머니로부터 어려서 살던 조소마을 둘레의 모습을 사전에 대략 듣고 난 다음, 할머니를 모시고 조소리를 방문하여 그 일치 여부를 확인하였다.

당시 할머니께서는 어려서 살던 조소마을을 방문하여 회상한 내용은 다음과 같다. 동네 뒤에 동산이 있는데 거기 올라가면 '뚝전배'(船)가 보이고, 이곳에 해묵은 당산 고목나무가 있는데, 거기서 마을 친구들과 놀았다고 한다. 또 이 고목나무 언저리에는 대밭이 있는데, 난리가 나자 거기서 대를 쪄서 대창을 만들고, 어머니는 당산나무 밑에 냉수를 떠놓고 '시천주 조화정, 영세불망 만사지'란 주문을 손을 모아 외더라고 했다. 75년이란 오랜 세월 뒤에 마을에 돌아온 할머니는 당산 위의 고목나무를 보고서, "우리 어버이 만난 거나 다름없다"라면서 춤을 더덩실 추며, 같이 온 딸을 붙들고서 "얘야, 눈물밖에 나오는 것이 없다. 내 눈물 좀 닦아라."라고 했다 한다.

전옥례 할머니와 가족들

그리고 거기에는 처음 동학군이 대

조소마을 샘터

창을 깎았다는 대나무 숲이 아직도 남아 있었으며 할머니의 말처럼 살았
던 집 마루는 높으나 천정이 얕고, 아랫방엔 지금도 봉창이 뚫려 있었는
데 이를 보고서 어렸을 때, "내려 찧면 목이 부러진다. 조심해라"라고 하던
어머니의 말을 상기하기도 했다고 한다. 그러면서 마을 동남쪽을 가리키
며, "저 번드기(언덕) 날맹이(몬댕이)에 큰 정자나무가 있었는디 그게 없구나."
라고 했고, 마을 가운데에 있는 공동우물을 보고서는, 시멘트로 짜놓은 샘
틀을 가리키면서 "저게 (예전에는) 없었다."라고 하며, 그때보다 샘이 넓어졌다
고도 했다 한다. 이에 이 동네에 수십 년을 살아온 이갑봉(당시 70세)이라는
노인이 "연전에 베어버렸다"라고 말하고 우물도 넓혔다고 맞장구치며 고
개를 끄덕였다고 한다. 그리고 집을 보면서 지금은 네 칸이지만 자신들이
살 때에는 세 칸이었다는 것이 다를 뿐, 예전에 살았던 집이 틀림없다고
하면서, 훗날 이 집에 들어와 살았던 사람들이 한 칸을 늘린 것 같다고 추
측을 덧붙이기도 했다고 한다.[48]

　이상의 여러 정황에서 보듯, 전옥례 할머니가 전봉준 장군의 딸이라는
사실은 이제 의심의 여지가 없어 보인다. 전옥례 할머니는 이처럼 오랫동
안 자손들에게까지도 자신의 신분을 철저히 숨기며 일생을 살아왔던 것

전옥례 할머니의 마지막 거처지 진안군 부귀면 신정리 305번지(구 희만농장 자리)

인데, 이 같은 사례는 전옥례 할머니뿐만 아니라 동학에 참여한 다른 여러 집안에서도 쉽게 찾아볼 수 있다.[49] 자신들에게 씌워진 역적의 굴레가 혹 자손들에게 미칠까 염려되고 두려운 마음에서 일체 함구하며 살아왔던 것이다. 이는 동학농민혁명이 실패로 끝난 뒤, 혁명에 참여했던 자와 그 가족들에 대한 탄압이 얼마나 가혹했는지, 또 이들이 가졌던 공포가 얼마나 컸는지를 여실히 보여준다 할 것이다.

그런데 전옥례 할머니는 자식들에게는 자신의 신분을 철저하게 감추고 생활하면서도 은밀하게 자신의 남동생과 조카와는 연통을 하며 지낸 정황이 보인다. 전장수 씨의 증언에 의하면, 전옥례 할머니가 모시고 살다 돌아가신 남평 이씨의 유해가 이후 남동생 용현에게 전해져 전남 무안읍 성동리 실학실에 있는 저수지 부근으로 이장해 모셔졌다고 한다.[50] 이 이야기가 사실이라고 한다면, 옥례 할머니는 언젠가부터 남동생 용현과 만남이 이루어져왔다고 해야 할 것이다. 또한 용현이 세상을 떠난 뒤에도 용현의 후손과도 계속된 왕래가 지속되어 왔다는 사실 역시 전장수 씨의 증언에 나타나고 있다. 바로 전장수 씨는 초등학교 5학년에 다니던 12세 때인 1969년에 부친 전익선을 따라 전옥례 고모할머니를 직접 만났다는

전봉준 장군 장녀 전옥례의 묘 부귀면 신정리 307-2번지

것이다.[51]

당시 부친께서 말씀하시기를 고모할머니가 돌아가시기 전에 자신을 꼭 한번 보고 싶어 하기 때문에 같이 가야 한다고 했다고 한다. 그러면서 부친께서는 고모할머니를 만나러 갈 때마다 늘 들키지 않게 조심해야만 한다고 했다고 하면서, 부친은 이전에도 자주는 아니더라도 옥례 할머니 집에 여러 차례 왕래했을 거라는 생각이 들었다고 전장수 씨는 말하고 있다. 아무튼 당시 부친을 따라 전옥례 할머니를 찾아뵈었는데, 할머니께서는 찾아온 부친과 자기를 아주 따뜻하고 반갑게 맞이해 주셨고 눈물까지도 글썽거렸다고 한다. 그러고는 당신이 전봉준 장군의 친딸이라고 말씀하시면서 본인(전장수)의 두 손을 꼭 잡으시고 얘기하시길, "네가 우리 전봉준 장군의 집안을 이어갈 장손이니, 절대로 들키지 말고 꼭꼭 숨어 잘 커가지고 집안을 일으켜 세우라"라는 말씀을 하셨다고 전하고 있다.

아버지 전봉준 장군의 혈육을 생전에 꼭 보고 싶어 했던 전옥례 할머니는, 장군의 증손자인 전장수를 만난 다음 해인 1970년 11월 27일에 95세를 일기로 파란만장한 생을 마감했다. 전옥례 할머니는 오랫동안 살아온 진안군 부귀면 신정리 산 사기정골에 안장되었다. 이 묘역은 후손들에 의해 1984년에 새롭게 정비되었는데, 이때 최현식 선생이 쓴 비문이 새겨진 비석과 할머니 석상이 세워졌다.

3. 전봉준 장군 두 아들의 행적과 행방

1) 두 아들의 이름과 생년에 대해서

이름에 대해서

전봉준 장군은 슬하에 2남 2녀를 두었고, 이들 가운데 두 딸은 전처인 여산 송씨와의 사이에서, 두 아들은 후처인 남평 이씨와의 사이에서 태어났다는 것은 일반적으로 잘 알려진 사실이다. 일찍이 최현식 선생과 신복룡 교수는 여러 증언을 바탕으로 전봉준 장군에게 2남 2녀가 있었다고 말해 왔고[52] 1920년대 고부군 이평면을 답사한 일본인 기자 기쿠치 겐조도 전봉준 장군과 후처인 이조이(李召史) 사이에 두 명의 아들을 두었다는 증언을 전한 바 있다.[53] 그런가 하면 근자에 발견된《병술보》를 통해서도 장군은 두 명의 아들을 두었다는 사실이 확인되거니와[54] 최근 전장수 씨의 증언을 통해서도 이를 알 수 있다.

장군의 두 아들의 이름은 여러 증언의 내용을 바탕으로 일찍부터 용규와 용현으로 알려져 왔다. 그런데 전장수 씨의 증언에 의하면 어렸을 때 집에서 용규, 용현으로 불렸으나, 용현은 이후 의천이라는 이름으로 평생 살았다고 전하고 있다. 그런가 하면《병술보》에는 용규와 용현이란 이름은 보이질 않고 동길(東吉)과 동일(東一)이라는 이름으로 나타나 있다. 그것도 동일만이 전봉준 장군(본명은 전병호)의 아들로 등재되어 있을 뿐이고, 동길은 전봉준 장군의 6촌 형인 태호의 뒤를 이은 것으로 나타나고 있다.

전용현(전의천)의 묘소와 비석

따라서 동길이 전봉준 장군의 아들인지를 밝혀야 할 것이지만, 과연 용
규가 동길이고, 용현이 동일인지에 대해서 명확하게 확인해 놓을 필요가
있다고 생각된다. 이는 이들의 생년을 밝히는 데 있어서 필요하고 여러 행
적과 행방을 살피는 데에도 필요한 사항이기도 하다.

 일찍이 최현식 선생과 신복룡 교수는 비록 단편적이긴 하지만 여러 증
언들을 토대로 전봉준 장군의 가족들에 대한 기록들을 남기고 있어, 장
군의 가족 사항을 파악하는데 큰 도움을 주고 있다. 이들 기록 내용에서
장군의 두 아들의 이름을 용규와 용현이라 일컫고 있는데, 이후 여러 사
람들이 장군의 장남을 용규로, 차남을 용현으로 부르게 된 것은 이들 기
록에 의한 것으로 보인다. 그러면 어떠한 증언 내용을 근거로 해서 장군의
아들을 용규, 용현이라 칭했던 것일까? 그것은 전봉준 장군의 외손녀로
알려진 강금례 여사의 증언 내용을 바탕으로 한 것이 아니었을까 한다.

 신복룡 교수는 1981년 1월 16일 답사를 통해 당시 정읍군 산외면 동곡
리 원동골에 살고 있는 전봉준 장군의 외손녀인 강금례 여사를 만났는
데, 그녀로부터 "외삼촌이 둘이 있었어, 큰삼촌이 용규고 작은삼촌이 용
현인데, 둘 다 먹이도 시원치 않아 폐병에 걸려서 누이가 사는 이곳에(지금

전봉준 장군 외손녀 고 강금례

실) 와서 얻어먹고 지내다가 열 살 넘어 모두 죽었다우"라는 증언을 들었다고 기록하고 있다.[55] 최현식 선생 역시도 1973년 4월에 산외면 동곡리에 있는 전봉준 장군의 묘에 대한 확인을 위해 파묘 작업을 할 당시, 묘를 관리하는 전팔룡이라는 사람의 소개로 강금례 여사를 만나 여러 이야기를 들었는데,[56] 기록으로 남겨놓지는 않았지만 신복룡 교수가 들었던 증언과 똑같은 내용의 증언을 들었을 것으로 여겨진다.[57]

아무튼 강금례 여사는 전봉준 장군의 혈육으로서 장군의 마지막 거처지인 지금실 원동골에서 태어나 그곳에서 줄곧 살아왔고, 그녀가 말한 삼촌들의 이름은 모친인 전성녀로부터 익히 들어왔으리라고 여겨지기 때문에 의문의 여지가 없다고 생각된다. 두 분 선생 역시 별다른 의문 없이 장군의 아들 이름을 용규와 용현이라 일컬은 것도 이 같은 생각에서였다고 보인다. 사실 산외면 일대에서 장군의 아들 이름이 용규와 용현으로 전해져 온 것은 오랜 세월을 거치면서 일상화된 것으로 여겨진다. 그것은 소고당 고단 여사가 자신이 살던 산외면 평사리 일대에서 전해 오는 이야기를 배경으로 쓴 《동학이야기》 가사에 '장군아들 두 형제를 혈육처럼 길렀으나 용개용현 장성하여 병을앓다 세상떴네'라고 서술한 내용에서 엿볼 수가 있다.

그러면 이제 《병술보》에 기재된 장군의 아들 이름에 대해서 살펴보도록 하겠다. 《병술보》에 기재된 내용을 무심코 보면, 전봉준 장군은 동일이라는 이름의 아들 하나만을 둔 것으로 알기 쉽다. 전병호, 즉 전봉준 장군을 잇는 자식으로 동일이라는 자식 한 명만이 기재되어 있기 때문이다. 그러나 《병술보》를 자세히 들여다보면, 전병호의 큰집 6촌 형인 태호

(泰鎬)에게 자식이 없어 동길을 양자로 삼아 대를 잇고 있음을 볼 수 있는데, 바로 이 동길이 다름 아닌 전봉준 장군의 장남이라는 것이다. 일반적으로 양자를 입적시킬 때에는 촌수가 가장 가까운 혈손 중에서 들이고, 또 큰집에 양자를 들일 경우에는 작은집의 혈손 가운데 장자를 들이는 것이 관례이다. 그렇다고 한다면 양자로 입적된 동길은, 태호에게는 친형제가 없고 4촌도 없기 때문에 6촌 동생인 전봉준 장군 아니면 장군의 사촌동생인 전두호의 장자였다고 할 것이다.

《병술보》를 보면 두호에게도 동열(東烈)이라는 아들이 있다. 때문에 동길은 동일의 형일 수 있고 동열의 형일 수도 있다고 할 것이다. 그런데 두호의 처인 김제 조씨는 1870년생으로,《병술보》를 제작할 당시 17세의 나이로 이미 동열이라는 아들을 두고 있음을 감안하면, 그녀는 이 아들 하나만을 낳았을 것으로 보인다. 그렇다고 한다면 동길은 전봉준 장군의 장남이었음이 분명하다 할 것이며, 바로 이 아들을 큰집인 태호의 양자로 들여 대를 잇도록 한 것으로 생각된다. 이러한 해석은 전봉준 장군에게 2명의 아들이 있었다고 하는 사실과도 부합하는 것이다.

이상에서 전봉준 장군의 아들은 일상에서는 용규, 용현이라 불렸고, 《병술보》에는 동길과 동일이라는 이름으로 기재되어 있음을 살펴보았다. 그리고 이를 통해 우리는 용규의 족보상의 이름은 동길이고 용현의 족보상의 이름이 동일이었다는 사실 또한 쉽게 가늠할 수가 있다. 다만 일상에서 부르는 이름과 족보상의 이름이 서로 다르다고 하는 것이 문제일 수 있는데, 지금도 그런 예가 없지 않지만 예전에는 일반적으로 족보에 오르는 이름과 집안이나 일상에서 불리는 이름이 서로 다른 경우가 허다했던 것이다. 예컨대 전봉준 장군만 하더라도 일상에서 불리는 이름과 달리 《병술보》에는 전병호로 기재되어 있고, 전봉준 장군의 아버지 역시도 일상에서는 전창혁, 전승록으로 불리고 있으나《병술보》에는 전기창으로

기재되어 있다.[58]

한편 최근에 전장수 씨는 자신의 '가족사'의 증언에서, 남평 이씨가 폐병에 걸린 장남 용규를 간호하기 위해 작은아들 용현을 시집간 작은딸 성녀의 집에 보내 얹혀살도록 했는데, 전봉준 장군이 처형을 당하자 용현은 신분을 감추기 위해 누이가 지어준 의천(儀千)이라는 이름으로 이후 평생 살았다고 하고 있다. 이로써 용현은 족보상의 이름인 동일 이외에도 의천이라는 또 다른 이름을 가졌음을 알 수가 있다.

생년에 대해서

이제 용규와 용현의 생년에 대해 살펴보도록 하겠다. 《병술보》를 통해 이들의 생년을 보면 용규 즉, 동길의 생년은 나타나 있지 않고 용현 즉, 동일의 생년만이 확인되는데, 병술년(丙戌年, 1886년) 2월 5일로 기재되어 있다. 그런데 전장수 씨는 용현, 즉 의천의 제적등본을 통해 그의 생년월일이 개국(開國) 491년(1882년) 9월 9일이라 하고 있다. 그리고 용규에 대한 기록은 없으나 용규와 용현은 세 살 터울이었다고 집안에서 전해오는 이야기에 근거하여 용규는 1879년생이라 증언하고 있다. 이처럼 용현의 생년이 《병술보》와 제적등본에 각기 기재되어 있으나 서로 다르다는 점이다. 그렇다면 과연 이들 생년 중에 어느 것이 정확한 것일까? 필자의 견해로는 《병술보》에 기재된 생년이 정확한 생년일거라고 판단된다. 이렇게 판단하는 근거는 《병술보》를 만들 당시 수단서(收單書)를 작성하여 올린 인물이 다름 아닌 전봉준 장군의 부친인 전기창이었기 때문이다.[59]

전기창은 어려서부터 학문을 익힌 식자층으로 분별력이 뛰어났으며, 집안에서도 촉망받는 인물이었다. 때문에 족보를 제작할 때, 집안을 대표해서 자기 집안의 수단서도 작성해 올렸던 것이다. 그는 아들 전봉준에 대해 쏟은 정성도 지대했지만 손자에 대해서는 더욱더 사랑을 아끼지 않았을

것이라 충분히 짐작된다.[60] 이러
했기에 그가 족보에 등재될 수
단서를 작성하면서 자신의 친
손자에 대한 생년을 누구보다
도 잘 챙겼을 것임은 자명하다
할 것이다. 더군다나 용현이 태
어난 병술년(1886) 바로 그 해에
이《병술보》가 간행되었던 것이
었기에, 수단서에 손자의 생년
을 틀림이 없이 정확하게 기재
했을 것이라는 점은 의심의 여
지가 없다고 생각된다.

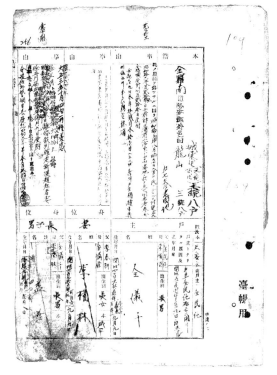

전의천 제적등본

　반면에 제적등본은 1909년
전국적으로 시행된 민적법에 의해 정비된 호적부를 바탕으로 만들어진
것이지만 당시 호적부에 빠져있는, 특히 이미 세상을 떠난 사람들에 대해
서는 구두로 묻거나 임의로 작성하여 만들었다. 때문에 1909년 이후에 태
어난 사람들의 정보는 비교적 정확하다 할 것이지만 이전에 태어난 사람
들에 대한 내용은 진술을 토대로 기재했기 때문에 정확하지 않은 면이 많
다.[61] 더군다나 자신의 신분을 감추어야만 하는 사람들로서는 이름도 그러
하거니와 생년도 전혀 사실과 다르게 기재했던 것이다. 따라서 의천 역시
새로 호적을 작성할 때에 자신의 신상을 임의로 기재했을 것으로 보이거
니와 생년 또한 임의로 기재했을 것으로 본다.[62]

　이로 보건대, 용현은《병술보》에 기재된 1886년 2월 5일에 태어난 것이
확실하다고 할 것이다. 그리고 용규의 생년은 기록이 없어 확실히 알 수
는 없지만, 전장수 씨의 증언대로 용현과 용규가 세 살 터울이었다고 한

다면 용규의 생년은 1883년으로 추정이 된다. 이렇게 추정된 용규의 생년은 강금례 여사가 자신의 외삼촌이 열 살 넘어 폐병으로 죽었다는 증언과도 상당히 부합이 된다고 할 것이다.[63]

2) 두 아들의 행적

다음으로는 이들 두 아들의 행적에 대해 살펴보도록 하겠다. 종래 전봉준 장군의 두 아들에 대한 행적은 이미 앞에서 소개한 몇몇 증언들 속에 극히 단편적인 내용만이 알려져 왔을 뿐이다. 그중 하나는 신복룡 교수가 장군의 외손녀인 강금례 여사로부터 채취한 증언에 있는 "큰 외삼촌 용규와 작은 외삼촌 용현이 있었는데 둘 다 먹이도 시원찮아 폐병에 걸려 누이가 사는 곳에 와 얻어먹고 지내다가 열 살 넘어 둘 다 죽었다"라는 내용이다. 이는 소고당의 〈동학이야기〉 가사에 '장군의 소실 고부댁이 장군의 아들 두 형제를 혈육처럼 길렀으나 용개(용규)와 용현이 장성하여 병을

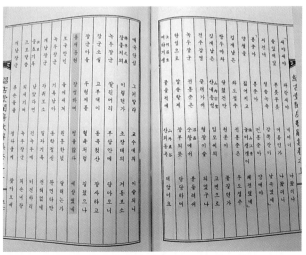

〈동학이야기〉 중에 "용개용현 장성하여…"라는 대목이 보인다.

앓다가 세상을 떠났다'라는 내용으로 담겨 있기도 하다.[64]

또 다른 하나는 최현식 선생이 태은기 옹으로부터 채취한 증언 속에 "전명숙의 큰아들은 난리가 난 뒤 산외면에서 남의 집 머슴살이를 하다가 폐병으로 죽었고, 둘째 아들은 이 마을 강씨와 혼인해 사는 작은누이 집에 얹혀살았는데, 어느 날 누이네 황소를 훔쳐 달아났다가 붙잡힌 후로 행방불명이 되어 그 후로 소식이 없으며, 장가라도 들었다면 손이 있을 텐데."라는 내용이다.[65] 이들 증언을 통해서 우리는 전봉준 장군에게 장남인 용규와 차남인 용현 두 아들이 있었는데, 이후 용규는 10여 살 때에 폐병으로 죽고 용현은 작은누이 집에 얹혀살다가 잘못을 저질러 쫓겨나 행방불명이 되었다는 단편적인 내용만을 알 수 있을 뿐이었다.

그런데 최근 전장수 씨는 자신의 '가족사'에서 장군의 두 아들에 대한 행적을 아주 자세하고 생생하게 전해주고 있다. 이 증언 내용은 큰 틀에서 앞의 증언 내용과 일맥상통하고 있어 매우 신빙성이 높다고 생각된다. 그러면 이하에서는 전장수 씨의 증언 내용을 바탕으로 이들 두 아들의 구체적인 행적을 정리해 놓도록 하겠다. 다만 앞에서 두 아들의 생년에 대해 살핀 바, 용현은 1886년생이 확실하다고 판단되고 용규는 용현보다 세 살 많은 1883년생으로 추정되기 때문에, 여기서는 이 생년을 기준으로 하여 여러 행적들을 정리하고자 한다.[66]

용규의 죽음

그러면 먼저 큰아들 용규의 행적부터 정리하도록 하겠다. 용규는 전봉준 장군과 남평 이씨 순영 사이에서 1883년에 장남으로 태어난 것으로 추정된다. 용규는 태어나면서부터 약했고, 이후에도 매우 허약한 아이로 자랐다고 한다. 그것은 전처가 낳은 어린 두 딸을 키우느라 남평 이씨는 매우 지쳐 있었고, 이러한 상태에서 아이를 낳음으로 해서 용규는 태어나면서부터 허약했던 것으로 보인다. 게다가 변변치 못한 생활 형편에 동생 용현이 태어남으로 중간에 끼이게 된 용규는 자연 돌봄이 소홀해져 매우 부실하게 자랄 수밖에 없었던 것 같다. 그래서였을까 1894년 동학농민혁명이 발발하여 혼란스럽고 어려운 시기에 용규는 그만 폐병에 걸렸다고 한다. 이때 용규의 나이는 12세였는데, 그가 이 무렵 폐병에 걸렸다는 이야기는 앞의 여러 증언 내용과도 일치한다.

큰아들 용규가 폐병에 걸린 것은 장군의 식솔들이 마지막 거처인 산외면 동곡리 원동골로 이사와 살고 있을 때였다. 이때 남평 이씨는 용규의 폐병을 간호하기 위해 큰딸 옥례를 스님인 외삼촌에게 맡겨 사찰로 피신시키고, 작은아들 용현은 인접한 동곡리 지금실로 시집가 사는 작은딸 성녀에게 맡기고서, 자신은 큰아들과 함께 산으로 들어가 토굴을 파고 숨어서 지냈다고 전장수 씨는 증언하고 있다. 아마도 다른 아이들에게 폐병이 전염되는 것을 막기 위해 흩어지게 했던 것으로 보인다. 그런데 훗날 전옥례 할머니는 자신 역시도 토굴 속에서 생활을 했다는 증언을 하고 있음을 보면, 전장수 씨의 증언과는 달리 식구들이 흩어지기 전에 이미 토굴 생활을 했던 것이 아닌가 한다.

즉, 전옥례 할머니의 증언에 의하면 '동학군이 몰리게 되자 형제들은 굴속에 숨어서 석 달 동안을 보내다가 아무 곳으로나 도망가야 산다는 어머니의 말에 따라 제각기 흩어져서 도망쳤다. 굴속에서는 간장을 적셔 말린 백지를 물에 담가 흰무리와 함께 그 물을 마셨다'라고 하고 있다.[67] 이 이야기를 전장수 씨의 증언 내용과 접목시켜 보면, 당시의 상황을 좀 더 정확하게 유추할 수 있을 것 같다. 즉, 동학농민혁명 당시 남평 이씨는 산외면 동곡리 원동골로 이사와 아이들과 함께 살고 있었는데, 태인 전투에서 동학농민군이 패퇴를 당한 이후 농민군의 가족들에 대해서도 수색작전이 펼쳐지자, 아이들을 이끌고서 산에 들어가 토굴을 파 그 속에서 생활을 한 것으로 보인다. 때는 추운 겨울로 접어들었고 제대로 먹지도 못하는 굶주림 속에서 특히, 몸이 허약했던 용규는 폐병에 걸리고 만 것으로 생각된다. 이에 남평 이씨는 폐병이 다른 아이들에게 전염될까 염려가 되어 용현을 인접마을로 시집간 성녀에게 맡기고, 큰딸 옥례는 외삼촌의 도움을 받아 사찰로 피신을 시킨 것으로 보인다.

아무튼 이렇게 해서 폐병에 걸린 용규는 모친의 간병을 받으며 토굴 속에서 병마와 싸우며 힘들게 지냈던 것이다. 며칠 간격으로 남평 이씨는 토굴에서 내려와 먹을 것을 구해 산으로 들어가곤 했다지만, 이것으로 제대로 된 영양 공급이 될 수는 없었을 것이다. 또한 이런 열악한 상황에서 병을 낫게 할 약재를 구한다는 것은 더더욱 상상도 할 수 없었을 것이다. 당시 두 모자는 형언할 수 없을 정도로 힘들고 고통스러운 나날들을 보냈으리라 여겨진다. 결국 용규는 모친의 지극한 간병에도 불구하고 병을 이겨내지 못하고, 전봉준 장군이 처형된 다음 해인 1896년에 결국 세상을 떠났다고 한다. 이때 그의 나이는 14세 무렵이었는데, 폐병에 걸려 죽어 화장을 했기 때문에 그의 무덤은 없다고 한다. 시아버지가 돌아가시고 남편마저 체포되어 처형된 지 얼마 되지 않아 아들까지도 잃게 된 남평 이씨의 심정은 이루 말로 표현할 수 없을 만큼 비통했으리라 생각된다. 그런데다 남평 이씨도 아들을 간호하다가 전염이 되어 폐병을 앓게 되었다고 한다.

용현의 누이 집 가출

다음으로 용현의 행방과 행적에 대해 살펴보도록 하겠다. 용현은 1886년 2월 5일에 전봉준 장군과 남평 이씨 순영 사이에 둘째 아들로 태어났다. 아마도 막내로 태어났기에 집안 모든 식구들의 사랑을 한 몸에 받으며 애지중지 자랐을 것으로 생각된다. 그런데 아직 세상 물정을 알지 못할 나이인 여덟 살 때(1893년)에 자신을 귀여워하고 재롱을 받아주던 할아버지가 억울하게 세상을 떠났다. 그런가 하면 이듬해에는 동학농민혁명이 일어남으로 아버지와는 늘 떨어져 지내야만 했고, 모친과 형, 누나들 틈 속에서 전전긍긍 불안한 생활을 했으리라 여겨진다. 급기야 동학농민군이 패퇴를 당하면서부터는 피신하여 숨어 지내야 했고, 식구들과 함께 산에 들어가 토굴 속에서 힘든 생활을 해야만 했다. 추운 겨울날 토굴에서 지내면서 먹을 것도 변변치 못해 매일 굶주림 속에서 지낼 수밖에 없었으며, 그러던 중에 어려서부터 몸이 허약한 형 용규가 폐병에 걸리게 되었다. 이에 모친은 병이 다른 자식들에게 옮길까 걱정이 되어 어쩔 수 없이 큰딸 옥례는 사찰로 보내고, 아직 열 살도 안 된 어린 용현을 인접 마을 지금실에 시집가 사는 작은딸 성녀에게 맡겼다. 이렇게 해서 용현은 누나 집에 얹혀살게 되었던 것이다.

용현은 누나 집에 들어와 살았지만 전봉준 장군의 아들이라는 신분을 숨겨야만 했다. 동학농민군이 패퇴를 당한 후, 관군들이 농민군 가족들에 대한 추포가 행해졌기 때문이다. 이에 성녀는 동생 용현의 이름을 의천으로 바꾸어 주었다. 그런데 용현이 누이 집에 들어온 지 얼마 안 되어 부친 전봉준 장군이 붙잡혔으며, 이후 서울로 압송되어 처형을 당하였다. 1895년 3월 30일인데 이때 용현의 나이는 겨우 열 살이었다. 부친의 처형 소식을 접한 어린 용현의 마음은 천길 벼랑 끝으로 떨어지는 심정이었을 것이다. 이후로 용현은 죽을 때까지 전봉준 장군의 친아들이라는 것을 철저히 숨긴 채, 오로지 누이가 지어준 의천이라는 이름으로만 살았다고 한다.

슬픔에 젖어 더부살이를 해야만 했던 용현은 누이의 따뜻한 보살핌이 있었지만 자형의 눈치를 볼 수밖에 없었을 것이다. 넉넉지 못한 형편에 식구가 하나 늘어 부담을 주었을 것이기 때문이다. 이에 그는 동네에서 머슴살이 생활을 했다고도 한다. 그렇게 한 해를 넘기고 1896년을 맞았지만 어린 용현의 괴로운 생활은 계속 이어졌고, 그러는 중에 또 다른 슬픔을 맞이했다. 늘 어려서부터 같이 놀던 형 용규가 결국 병마를 이기지 못하고 세상을 떠났다는 소식과 함께 형을 간호하던 모친마저도 폐병에 걸렸다는 소식을 전해 들었던 것이다. 큰누나와의 이별, 부친이 세상을 떠난 슬픔을 잊기도 전에 또 형을 잃고, 모친마저 병에 걸려 함께 살 수 없게 되었다는 슬픔을 맞이한 용현의 심정은 그야말로 참담했을 것이다.

그래서였을까 그는 견디기 힘든 괴로움을 달래기 위해 방황을 하다가 도박판을 기웃거리게 되고, 결국 도박에 빠져들었다고 전장수 씨는 전하고 있다.[68] 용현은 처음에는 많은 돈을 땄지만, 이를 괘씸하게 여긴 어른들의 농간에 휘말려 결국 많은 돈을 잃고 빚까지 지게 되었다고 한다. 이에 처음 몇 번은 도박을 하는 처남의 심정을 이해하고서 자형이 그 빚을 갚아주기도 했지만, 점차 늘어나는 처남의 도박 빚을 도저히 감당할 수 없게 된 자형은 용현을 집에서 나가라고 쫓아냈다고 한다. 안타깝지만 성녀 누나도 용현의 잘못이 분명했기에 이를 말릴 수가 없었다고 한다. 일찍이 태은기 옹이 증언한 이야기 중에, 용현이 누이네 황소를 훔쳐 달아났다가 붙잡혔다는 내용이 보이는데, 이 역시 당시 도박 빚을 갚으려고 한 행동이었을지도 모른다.

아무튼 큰 빚을 지게 된 용현은 이제 지금실에서 계속 살 수 없음을 깨닫고 밤중에 몰래 마을에서 도망쳐 나왔다고 한다.[69] 이렇게 해서 용현은 작은누나 집에 들어간 지 3년 만인 1897년에 지금실을 떠났던 것인데, 이때 용현의 나이는 겨우 12세였다.

용현의 방랑생활

동곡 지금실을 떠난 이후 용현의 행방은 묘연해져 누구도 그의 소식을 알지 못했고, 따라서 지금까지 전봉준 장군의 혈손은 끊어진 것으로만 알려져 왔다. 그런데 최근에 전장수 씨의 증언으로 용현이 죽지 않고 살아남아 그의 혈손이 계속 이어져 왔음이 확인되고 있다. 그러면 지금실 누이 집에서 나온 이후 용현의 행적은 어떠했는지를 전장수 씨의 '가족사' 증언을 통해 계속해서 살펴보도록 하겠다.

지금실 성녀 누이 집에서 나온 용현은 정처 없이 이곳저곳을 떠돌아다 녔다고 한다.[70] 그가 20세 무렵 이양림을 만나 무안에 정착할 무렵까지는 집안 식구들과 거의 절연되어 살았던 것으로 보인다. 뒤에서 보겠지만 용 현의 나이 15세 무렵에 옥례 누나가 시집을 갔지만 이러한 사실을 전혀 알 지 못했고, 또 1903년, 즉 그의 나이 18세 때에 7년간 폐병을 앓고 지내온 모친이 결국 세상을 떠났지만 이 역시도 당시에는 듣지 못했으며, 사후 뒤 늦게야 알게 되었다고 한다. 그도 그럴 것이 당시의 상황에서는 일부러 직 접 고향을 찾아와 친지들을 만나거나 혹 우연히 고향 사람을 타지에서 만나 소식을 듣지 않으면, 고향의 상황이나 가족 친지들의 소식을 전혀 알 수가 없었던 것이다. 그런데 나중에 옥례 누나가 혼인을 해서 병든 모 친을 모시면서 살고 있다는 얘기를 전해 들었다고 전장수 씨는 전하고 있 는데, 누구한테서 어떻게 전해 들었는지 알 수는 없다. 아무튼 이런 소식 을 들은 걸 보면, 그래도 이곳저곳을 떠돌면서 고향의 소식을 아는 사람 을 분명 만났으리라 짐작된다.

이후 용현은 큰누이가 사찰로 피신해 들어갔다는 것은 알고 있었기에 근처 사찰들을 돌면서 수소문하고 다녔다고 하며, 결국 큰누이 옥례를 찾아 만났던 것으로 보인다. 뒤에서 언급하겠지만 이양림과 결혼을 앞둔 용현은 1년을 기다렸다가 모친이 돌아가신 지 3년째 되는 해에 비로소 결 혼을 했다고 하는데, 이를 통해서 적어도 결혼 1년 전에 누이를 만나 모친 의 죽음을 전해 들었음을 알 수가 있다. 아무튼 용현은 옥례 누이를 천신 만고 끝에 만났지만 이미 모친은 돌아가신 후였던 것이다.

그는 모친의 임종을 지켜보지 못한 불효를 크게 원망했다고 하며, 특히 그렇게 된 원인이 자신이 도박에 빠져 누이 집에서 나오게 된 것이라면서 무척이나 자책했다고 한다. 이 때문에 용현은 이후로 두 번 다시 도박에 손을 대지 않았을 뿐만 아니라 훗날 자기 아들인 익선에게도 절대로 도박을 하지 못하도록 엄히 가르쳤다고 한다. 이후 가문 대대로 그 누구도 도박에 절대로 손을 대지 않았다고 하는데, 전익선 역시도 아들인 장수에게 도박을 하면 손목을 잘라 버리겠다고 위협할 정도로 엄히 가르쳤다고 한다.[71] 평생 전장수는 전혀 도박을 하지 않고 살았고, 그도 부친의 가르침을 따라 자신의 두 딸과 아들에게 게임이나 놀이일지라도 도박성이 있는 놀이는 절대 하지 못하도록 가르쳤다고 한다.

용현의 결혼

용현이 떠돌이 생활을 마친 것은 그의 나이 20세 때인 1905년에 전남 함평에서 이양림을 만나면서부터이다. 두 사람이 어떻게 만났는지는 알 수 없으나 용현은 이양림과의 나이 차이가 부친 전봉준 장군과 모친 이순영이 다섯 살 차이인 것과 똑같음을 알고 매우 좋아했고, 나중에 생일까지도 9월 9일로 똑같음을 알고는 하늘이 정해준 운명이라고까지 생각했다고 한다.[72] 하지만 모친이 돌아가신 지 얼마 안 되었기 때문에[73] 장차 함께 혼인할 것만 약조하고서 결혼하여 살 집을 마련하기 위해 전남 무안으로 내려가 조그만 촌집을 구해놓았다.[74] 그리고선 1년이 지나 모친이 돌아가신 지 3년째가 되는 1906년에 용현은 함평으로 돌아와 이양림 처자에게 정식으로 청혼을 했다고 한다.

청혼을 하면서 용현은 장인이 될 어른에게 자신은 고아나 다름없는 혈혈단신으로 결혼을 치러줄 사람이 아무도 없지만, 그래도 따님을 좋아하니 혼인을 허락해 주실 수 있느냐고 물었다고 한다. 당시 용현의 조부모와 부모님은 모두 돌아가시고 형 용규도 세상을 떠난 상태였다. 물론 옥례 누

용현(의천)이 살았던 집터 무안읍 성동리 573번지

나와 자형은 있었지만 결혼할 때나 모친을 모시고 있을 때 한 번도 얼굴을 비춘 적이 없었고, 또 성녀 누나와 자형에게는 쫓겨난 신세였기에 자신의 결혼과 관련해 상의하거나 참석해달라고 부탁할 수가 없었다고 한다.

다행히도 장인어른께서는 비록 가난하고 출신이 어떤지도 알 수 없지만 사위가 되겠다는 용현이의 인물이 훤하고, 글도 읽고 쓸 줄 알 뿐만 아니라 기개가 있다고 여겨, 딸과의 혼인을 그렇게 나쁘게 생각하지는 않았다고 한다.[75] 마침내 장인어른이 자기 집에서 혼례를 치르자고 하였고, 용현은 이에 따라 처가 식구들과 동네 사람들만이 모인 가운데 함평 이씨 이춘경의 딸 이양림과 처가에서 혼례를 치렀다. 용현은 혼인을 할 당시에도 자신이 전봉준 장군의 친아들임을 철저히 숨기고 누구에게도 전혀 발설하지 않았다고 한다. 혼인을 치른 후, 용현은 무안에 마련한 집으로 내려가 살겠다고 하였는데, 이 말을 들은 장인어른은 무안에서 농사를 지으며 살 수 있도록 땅 몇 마지기를 살 수 있는 돈을 주면서, 딸과 사위를 무안으로 떠나보냈다고 한다.

혼인한 지 1년 지난 1907년에 용현은 첫 딸을 낳았는데, 이름을 오복이라 지었다. 남자 이름처럼 오복이라 지은 것은 자신의 삶이 하도 기구하고 박복하였기에, 다섯 가지 복을 가져오는 아이가 되라는 의미에서였다고 한다. 그로부터 2년 뒤인 1909년에 장남 익선(상원)을 낳았다. 이때 용현의 나이 24세 때인데, 이 무렵에 이르러 용현은 농사일을 그만두고 동네에 서당을 내어 어린아이들에게 한학을 가르치면서 생계를 꾸려 나갔다고 한다. 무안에 내려와 농사를 지으면서 몇 해를 살고 있었는데, 어느 날 이곳 마을 사람들이 용현의 손과 얼굴을 보고서 농사지을 사람 같지 않은데 농사를 짓고 있다고 하면서, 혹시 글을 읽고 쓸 줄 아느냐고 물었다고 한다. 이에 글을 안다고 하니, 자기네들이 농사를 대신 지어줄 테니 자기 아이들에게 글을 가르쳐 줄 수 있겠느냐고 제안을 했다는 것이다. 사실 결혼을 하고 처음 몇 년간 장인어른이 사준 땅 몇 마지기로 농사를 지으며 생활을 했지만 농사일을 해본 적이 전혀 없던 용현에게는 매우 힘들었던 것이다. 따라서 서당을 내어 훈장을 하는 게 낫다는 생각이 들어서, 용현은 마침내 이들의 제안을 받아들여 훈장을 하게 되었다고 한다.

물론 서당의 훈장을 했다고 해서 용현의 학식이 대단히 있던 것은 아니었다. 사실 용현은 앞에서도 봤지만 열 살도 채 되지 않아서, 동학농민혁명의 소용돌이 속에서 부친을 잃고 목숨을 부지하기 위해 모친과도 헤어져 이리저리 피신 생활을 해야만 했다. 이러한 상황에서 그가 어떤 학문을 익힌다는 것은 도저히 상상하기 어려운 것이고, 만약 그가 한학을 접했다고 한다면 어린 시절 조소리에서 부친이 서당에서 아이들을 가르칠 때 옆에서 보고 배운 것이 전부였던 것이다.

그렇지만 전장수 씨의 전언에 의하면, 조부 용현은 어릴 때부터 무척이나 총명했다고 하며, 어린 시절 부친 전봉준 장군에게서 배운 한학 지식이 비록 깊지는 않지만 시골 마을에서 아이들을 가르칠 정도는 되었을 것이라고 한다. 열 살 때에 백구시를 쓸 정도의 천재적인 머리를 가진 부친 전봉준 장군의 자질을 조금이라도 이어받았다고 한다면, 용현의 학식도 그렇게 크게 얇지만은 않았으리라 생각된다. 용현은 이때부터 훈장을 하며 생활을 했던 것인데, 선친들(석풍, 기창, 봉준)을 이어서 자신도 서당의 훈장 일을 하게 되었던 것이다.

아들 익선을 낳은 후, 용현은 자식을 연년생으로 낳으면 아내가 죽을 수도 있고 낳은 자식들도 잘 키우기가 힘들다고 하여, 아들이 어느 정도 자랄 때까지 약 4년간 자식을 낳지 않았다고 한다. 그는 어려서부터 부친인 전봉준 장군으로부터 이 같은 말을 자주 들어왔다는 것이다.[76] 그래서 장남 익선을 낳은 지 4년이 되던 1913년에서야 차녀를 낳았다. 이때 용현의 나이 28세 때인데, 둘째 딸의 이름을 장녀인 오복의 '오' 자와 어릴 때 좋아하고 따랐던 둘째 누이 성녀의 '녀' 자를 따서 오녀로 지었다고 한다. 그로부터 3년 뒤 용현의 나이 31세 때인 1916년에 셋째 딸을 낳았으며, 딸의 이름을 장녀 오복의 '복' 자와 어머니 이순영의 '순' 자를 따서 복순으로 지었다고 한다. 그리고 2년 뒤인 1918년에 용현은 차남 태선을 낳아 2남 3녀를 둔 다복한 가정을 이룬다.

용현의 부친 유해 수습

태선을 낳은 다음 해인 1919년에 3.1운동이 전국적으로 일어났다. 이때 용현은 어수선한 틈을 이용하여 가매장된 부친 전봉준 장군의 유해를 수습하여 정읍 비봉산 자락으로 이장을 했다고 전장수 씨는 전하고 있다. 그러면 전봉준 장군의 유해가 어떻게 수습되어 가매장되었고, 또 용현은 전봉준 장군의 시신이 가매장된 곳을 어떻게 알게 되었던 것일까? 그리고 가매장된 유해를 어떻게 수습해 비봉산 자락으로 이장했던 것일까? 지금까지 전봉준 장군이 어디에 묻혀있는지 전혀 알지 못하고 있는 터에, 이런 의문을 풀어줄 전장수 씨의 증언은 전봉준 장군이 묻혀있는 곳을 찾는 데에 매우 귀중한 단서를 제공해주리라 생각된다. 이하에서는 처형된 이후 장군의 시신이 어떻게 수습되고, 이후 용현에게 가매장된 장소가 어떻게 전달되었는지, 또 언제 어떤 연유로 비봉산 자락에 장군의 유해를 모셨는지에 대해 증언 내용을 바탕으로 정리해 보도록 하겠다.

먼저 용현이 부친 전봉준 장군의 유해가 가매장된 장소를 전달받은 것은 무안에서 생활한 지 10여 년이 지난 후였다고 한다. 용현이 무안 성동리로 내려와 생활한 시기가 1906년이므로, 아마도 1917년 아니면 1918년 즈음으로 추정된다. 그리고 용현에게 장군의 가매장된 장소를 전달을 해준 사람은 무안 다산리 용뫼마을 부근에 사는 어떤 분이었다고 할 뿐, 누구인지는 알지를 못한다고 한다. 그런데 용현이 무안에 정착하게 된 것은 앞에서도 언급했지만 동학농민혁명에 참여한 무안면 다산리 용뫼마을 부근(차뫼마을)의 나주 김씨 가문과 관련이 있다는 사실을 상기해 보면, 이를 전달해 준 사람 역시 이 나주 김씨 집안사람 중 어느 한 사람이었으리라 생각된다. 그것은 용현이 오랫동안 자신의 신분을 숨기며 외로이 떠돌면서 살아왔고, 무안에 살면서도 다른 사람들과는 친밀하게 어울리지 않

김응문이 살던 무안 몽탄면 차뫼마을 전경

고, 오로지 동학농민혁명에 참여했던 나주 김씨 집안사람들하고만 의지하며 지내온 것으로 보이기 때문이다.

그러면 1895년 3월 30일 새벽 2시에 의금부 전옥서에서 교수형에 처해진 전봉준 장군의 시신은 누구에 의해 어떻게 수습되어 가매장되었고, 이후 용현이 사는 무안에 어떻게 전달되었던 것일까? 이에 대해 전장수 씨는 부친으로부터 전해들은 이야기를 다음과 같이 전하고 있다. 당시 처형된 시신들은 불교학당(현 동국대학교) 뒷산인 남산 끝자락에 가져다가 버렸는데, 이들 시신을 버린 사람들 가운데 한 사람이 나중에 몰래 와서 전봉준 장군의 시신만 구덩이를 파고 가매장해두었으며, 가매장한 자리에 특별히 표가 나지 않으면서도 알 수 있게끔 돌멩이를 돌무더기처럼 쌓아서 올려놓았다고 한다.[77] 당시 전봉준 장군의 시신을 수습하여 가매장한 사람은 군인이었다고 들었는데, 과거에 동학군이었던 사람인지 조선 군인인지는 알 수 없다고 한다. 아무튼 그 사람은 전봉준 장군의 키가 특별히 작아서 시신 가운데 장군의 유해를 쉽게 찾아 가매장해놓을 수 있었다

김응문 옛집 터

는 말을 했다는 것이다. 그리고 가매장한 장소를 장군의 혈육에게 전해주기 위하여 백방으로 수소문한 끝에 전남 무안군 다산리 용뫼마을 근처에 있는 예전 동학군들에게 그 소식이 전해졌고, 이곳에 사는 동학군들 가운데 한 사람이 용현에게 장군의 유해가 묻힌 장소를 전했다는 것이다.

이렇게 해서 용현은 부친 전봉준 장군의 유해가 가매장된 장소를 알게 되었던 것이다. 몰랐으면 어쩔 수 없으되, 가매장된 곳을 안 이상 자식 된 도리로서 어떻게 해서든 부친의 유해를 편안한 곳으로 이장해 오려고 했을 것이다. 그러기 위해서는 우선 옮겨올 장소를 물색해야 할 것이고, 또 남의 눈을 피해 비밀리에 이장해야 할 것이며, 이장하는데 믿을 만한 사람들의 도움도 필요했으리라 생각된다. 또 이러한 준비를 하기 위해서는 많은 시간과 자금도 필요했을 것이기에 혼자서는 감당하기 어려웠을 것으로 보인다. 때문에 생활 형편이 변변치 못한 당시 용현의 상황에서는 아마도 다산리 용뫼마을 부근에 살고 있는 동학농민군 출신 여러 사람들의 은밀한 도움을 받았을 것으로 생각되며, 특히, 동학농민혁명 이후에도 여전히 이 지역의 유지

무안 차뫼경로당 앞 '동학혁명투사현창비'

이며 덕망이 높았던 나주 김씨 집안의 도움을 받지 않았을까 생각된다.

아무튼 부친의 유해가 가매장된 곳을 알게 된 용현의 머리에는 오로지 어떻게 해서든 유해를 좋은 곳으로 이장해 와야 한다는 생각으로 가득했을 것이며, 이 때문에 이리저리 매우 분주했으리라 짐작된다. 이장을 하려면 무엇보다도 먼저 이장을 할 장소를 물색해야 했을 터인데, 아무래도 전봉준 장군과 관련이 있는 곳이어야 했을 것이다. 아울러 주위의 이목을 피해야 하면서도 여러 사람의 도움이 필요하기에 믿을 만한 사람들을 구할 수 있는 곳이어야 했을 것이다. 이러한 조건을 충족시킬만한 곳이 과연 어디였을까? 아마도 용현에게는 자신의 식구들이 마지막으로 거처했고, 남의 눈에 띄지 않는 안전한 곳이면서도 자신에게 익숙한 산외 지금실 원동골 인근 지역이 제일 먼저 머리에 떠올랐을 것이다. 이 밖에도 고려할 것들이 또 많이 있었겠지만 용현은 부친의 유해를 모실 곳으로 현재 '장군천안전공지묘'라는 비석이 서있는 정읍 옹동면 비봉산 자락으로 결정했던 것으로 보인다.

이곳은 지금실 원동골에서 그다지 멀지 않고, 누구도 쉽게 접근할 수 없는 아주 오지에 위치해 있으며, 또한 주변이 잘 알 만한 집안의 선산으로 어우러져 있어 장군의 유해를 모시기에 여러 면에서 적합한 곳이었다.[78] 이렇게 해서 장소를 물색한 뒤, 용현은 믿을만한 사람들의 도움을 받아 1919년 3.1운동이 일어나는 어수선한 시기를 이용하여 은밀하게 비봉산 자락으로 부친의 유해를 수습하여 이장한 것으로 보인다. 이때 이전에 진안 부귀에서 실학실 저수지 부근에 모셔온 모친 남평 이씨의 유해도 이곳 비봉산 자락으로 이장하여, 장군의 유해와 합장하여 모셨던 것이다.

용현의 두 번째 방랑생활과 죽음

이렇게 용현은 1919년 그의 나이 34세 때에 부친 전봉준 장군의 유해와 모친 남평 이씨의 유해를 각기 이장해와 함께 모시는 큰일을 해냈다. 자식으로서 마지막으로 해야 할 도리를 했던 것이다. 그런데 다음 해부터 그에게는 또다시 여러 아픔과 고난의 삶이 펼쳐진다. 부모의 유해를 이장해 모신 다음 해인 1920년에 장남 익선이 가출해버리는 사건이 일어난다. 앞에서 서술했듯, 용현은 장남 익선을 낳으면서 동네 사람들의 권유로 농사일을 그만두고 서당을 내어 동네 어린이들을 가르치면서 생계를 유지해 왔었다. 이후 아들 익선이 어느 정도 성장하자 용현은 아들에게도 한학을 직접 가르쳤는데, 아들도 커서 선대로부터 계속 이어온 훈장을 해야 한다는 생각에서 몹시 엄하게 가르쳤다고 한다. 제대로 익히지 못해 자신의 기대치에 미치지 못하면 사정없이 매를 들어 혼을 냈던 것인데, 이처럼 엄한 부친을 너무나도 무서워한 익선은 괴로움을 참지 못하고서 결국 몰래 집을 나가버렸던 것이다. 이때가 익선의 나이 12세 때인데, 공교롭게도 용현이 어려서 성녀 누이 집을 나갔을 때와 같은 나이이다. 이로부터 아들 익선은 아주 오랜 세월 방랑생활을 했던 것이다.[79]

이로부터 3년 뒤인 1923년 용현의 나이 38세 때에는 둘째 아들 태선이가 장티푸스에 걸려 심한 고열과 오랜 토사곽란(吐瀉癨亂) 끝에 그만 사망하였다. 이에 용현의 아내 이양림은 너무나 엄격한 남편 때문에 큰아들 익선이 어린 나이에 가출한데다가 겨우 여섯 살 된 막내 태선이마저도 돌림병으로 죽자, 상심한 나머지 시름시름 병을 앓게 되었다. 이 무렵 용현과 이양림 부부 사이는 극도로 나빠졌으며, 더 이상 남은 딸들을 키우기가 힘들어진 이양림은 결국 딸 셋을 모두 데리고 함평 친정집으로 들어가 버렸다. 그런데 그로부터 2년 뒤인 1926년에 이양림은 결국 병을 이기지 못하고 세상을 떠났다고 한다. 이때 이양림의 나이는 40세였는데, 무안에는 남편 말고는 아무런 연고가 없었기 때문에 친정집이 있던 함평에서 장례를 치른 후 그곳 곤봉산에 안장을 하였다고 한다.

　한편 무안에 혼자 남게 된 용현은 집을 나와, 아내가 친정에서 세상을 떠
난 줄도 모르고서 혼자 외롭게 전국 이곳저곳을 15년 동안이나 떠돌아다
니며 살았다고 한다. 그런 와중에 처가댁에서 살고 있는 딸들을 보고 싶은
마음이 간절한 때도 있었지만 장인어른을 뵐 면목이 없고, 또 그럴 용기도
나지 않아서 끝내 딸들을 보지 못했다고 한다. 용현은 여러 곳을 전전하
다 다시 무안군으로 돌아와 해제면에서 몇 년간 살았다고 전장수 씨는 전
한다. 용현이 무엇 때문에 해제면에 왔고, 이곳에서 무엇을 하며 살았는지는
알 수가 없다. 다만 해제면은 동학농민혁명에서 빼놓을 수 없는 곳이기도
하다. 최장현, 최선현, 최기현 3형제가 이 해제면에서 동학농민혁명에 참여
했다가 밀고로 붙잡혀 함께 처형된 곳이며,[80] 무안 지역 동학농민혁명 최고
의 지도자인 배상옥 장군이 본거지를 두고 활동해 온 곳이기도 하다.[81] 이
로 보건대, 확실한 증거는 없지만 용현이 해제면을 찾아 몇 년 동안 지낸 것
은 그냥 우연으로만 치부할 수는 없다 할 것이며, 이곳에서 동학에 참여해
활동한 사람들과 어떤 관련성이 있지 않았을까 라는 생각을 지울 수 없다.
　이후 용현은 해제면을 떠나 1936년 즈음에 목포로 내려가 그곳에서 외
롭게 생활을 하는데, 이듬해인 1937년 어느 날 우연하게도 목포항 선창

가에서 어려서 집을 나간 아들 익선을 만났다고 한다. 18년 만의 상봉인데, 그야말로 영화에서나 있을 법한 이야기이다. 이때 익선의 나이도 서른에 가까웠고 이미 결혼하여 아들을 낳아 가장이 되어 있었다.[82] 생각지도 못한 뜻밖의 장소에서 상봉한 이들 부자는 내심으로는 무척이나 반가웠을 테지만 서로가 무척이나 민망하고 어색하기도 했을 것이라 생각된다. 그렇지만 어쩔 수 없는 것이 혈연으로 맺어진 관계로, 이들 부자는 같은 목포 하늘 아래에 살면서 자주는 아니지만 명절이나 생신 때에는 서로 왕래를 하면서 지냈다고 한다.

그런데 며느리가 서씨인 것을 알게 된 용현은 비록 자신의 손자를 낳아주었지만 별로 탐탁지 않게 여겼다고 한다. 용현이 이처럼 서씨를 혐오하게 된 것은 자신의 부친인 전봉준 장군에게 사형을 언도한 재판장이 다름 아닌 개화정부의 법무대신이었던 서광범이었기 때문이라 한다. 이를 보면 부친의 죽음에 대한 원한을 얼마나 오랫동안 가슴속 깊이 간직해 왔던가를 짐작하게 해준다. 아무튼 이로 인해 용현과 며느리 사이는 별로 좋지 않았던 것인데, 부자가 상봉한 지 2년이 되던 1939년에 다섯 살난 손자 기철이가 이질에 걸려 그만 죽게 되었다고 한다. 이를 계기로 용현은 이제 자식도 없으니 더 이상 얽매일 것도 없게 되었다면서 아들 익선에게 며느리 서씨와 헤어질 것을 종용하였다고 한다. 그렇지 않아도 아들의 죽음으로 부부 사이가 원만하지 않았던 익선은 부친의 종용에 따라 결국 다음 해(1940년)에 부인 서씨와 이혼을 하게 되었다고 한다.[83]

어떻게 본다면 용현은 자식에게 억지로 이혼하게 한 못된 일을 했던 것이지만, 어쨌든 이 무렵 아들을 설득하기 위해 자신의 집안에 얽힌 수많은 이야기를 해주었을 것으로 보인다. 사실 훗날 익선이 아들 장수에게 자신의 집안과 조부 전봉준 장군의 묘에 얽힌 수많은 이야기를 전하여, 지금 '가족사'에 실린 내용이 세상에 드러날 수 있게 된 것은, 바로 이 무렵 부친 용현으로부터 집안에 얽힌 수많은 이야기를 자세히 듣고, 또 함께 묘지도 방문을 했기에 가능했다고 본다. 그렇게 보는 까닭은 익선이 어렸을 때에는 부친 용현과 도저히 대화가 이루어질 수 없었고, 목포에서 만난 이 시기가 아니었다면 모든 게 전해질 수 있는 기회가 전혀 없었기 때문이다.[84] 아무튼 이 무렵 목포에서 아들의 이혼을 종용하기 위해 나눈 이들 부자의 대화가 있었기에, 지금 이와 같은 글이 쓰여질 수 있게 되었다고 생각된다.

결국 용현의 종용에 따라 아들 익선은 이혼을 하게 되었지만, 익선은 허망한 마음을 추스르지 못하고서 한때 머물렀던 목포를 등지고 다시 어디론가 떠나버렸다. 비록 친밀하지는 못했지만 자식과 이별을 하게 된 용현의 마음 역시도 무척이나 착잡하고 비통했을 거라 여겨진다. 그래서였을까 자식과 헤어진 다음 해인 1941년에 용현은 56세의 나이로 사연도 많고 한도 많은 생애를 목포에서 마감하였다. 그의 시신은 죽기 몇 해 전부터 목포에서 함께 지내던 사람들에 의해 목포 유달산 기슭에 있는 공동묘지에 매장되었다고 한다. 나중에서야 이 소식을 접한 아들 익선이 부친의 유해를 수습하여 함평군 곤봉산 능선 중간에 위치한 모친 이양림의 무덤 곁에 나란히 안장해 놓았다고 한다.[85]

5부

전봉준 장군 혈손들의 이야기

1. 손자 전익선의 삶과 행적

1) 가출과 오랜 방랑생활

전익선은 1909년 1월 8일 무안군 무안읍 성동리 573번지에서 부친 용현(의천)과 모친 이양림 사이에서 장남으로 태어났다.[1] 익선은 호적상의 이름이고, 어릴 때 집안에서는 상원으로 불리었다. 위로는 두 살 위인 누나 오복이가 있고, 밑으로는 네 살과 일곱 살 아래인 누이동생 오녀와 복순이가 있으며, 아홉 살 아래인 남동생 태선이 있었다. 이처럼 양친과 5남매 7식구가 아주 작은 오두막 같은 집에서 살아야 했다. 또한 외할아버지께서 마련해 준 땅 몇

전봉준 장군 손자 고 전익선

마지기로 부친 용현(의천)이 농사를 지어 생계를 유지해야 했기에, 그의 어렸을 때의 생활 형편과 환경은 매우 열악했을 것이다. 부친 용현은 농사일을 해본 적이 없기에 신체적으로 매우 고달팠으리라 생각된다. 그런데 마침 익선이 태어날 때쯤에 동네 사람들의 권유로, 서당을 내어 아이들에게 한학을 가르치게 되었다고 한다. 그렇지만 조그마한 시골 마을에서 서당 훈장을 한다고 해서 넉넉한 생활을 할 수 있는 것은 아니었다.

어린 시절 익선은 이처럼 어렵고 열악한 환경에서 자랐다. 그렇지만 부친이 서당의 훈장이었기에 어려서부터 자연스레 어깨너머로 공부하는 모습을 접했을 것이다. 그리고 7, 8세 무렵부터는 서당의 아이들 틈에 끼여

자연스럽게 천자문을 익혔으리라 여겨진다. 그런데 부친(용현)은 선대로부터 훈장을 해온 것처럼 아들 익선도 나중에 훈장을 해야 할 것이라는 생각에서 무척이나 엄하게 가르쳤다고 한다. 아들에 대한 기대가 너무 컸는지 아니면 자신의 욕심이 지나쳤는지는 모르겠으나 자신의 기대에 미치지 못하면 사정없이 매를 들어 혼을 내가면서 가르쳤다고 한다. 당시 익선은 천자문과 소학 등을 배웠지만 부친이 너무나 무서워서 오히려 공부를 제대로 하질 못했다고 한다.

그러던 중 11세 때 부친이 조부(전봉준 장군)의 유해를 수습하기 위해 출타하여 오랫동안 집을 비우는 동안에 오랜만에 마음껏 뛰놀며 자유를 만끽했다고 한다.[2] 그런데 조부의 묘지를 이장하는 일이 끝나고선, 다시 예전처럼 익선은 부친의 혹독한 교육에 시달려야만 했다. 자유스러움을 잠시나마 맛보았던 익선은 이제 더 이상 부친의 엄한 교육을 참아내지 못하고서, 부친에 대한 두려움을 피하기 위해 몰래 집을 나가버렸던 것이다. 그때가 1920년 익선의 나이 12세 때인데, 이후로 그는 약 15년이라는 오랜 세월 동안 전라도와 충청도 지역 일대를 떠돌며 살게 된다. 사실 그의 부친이 12세 같은 나이에 누이 집에서 가출하여 전국을 떠돌아 다녔던 것과 거의 판박이로, 이들 부자는 그야말로 운명과도 같은 참으로 기구한 삶을 살았던 것이다.

익선은 막상 집을 나오긴 했지만 갈 곳이 막막했는데, 문득 머릿속에 떠오른 곳이 외갓집이었다 한다. 그래서 외갓집이 있는 함평면 방향으로 향했는데, 학다리 부근에서 길을 잘못 들어 멀리 나주면에 이르게 되었다는 것이다. 먼 길을 가면서 배가 너무나 고파 밭에 있는 농작물을 캐먹기도 하고 산에 있는 나무 열매도 따먹기도 했으며, 마음씨 좋은 민가에서 밥을 얻어먹기도 했다고 한다. 나주에 이르렀을 때에는 거의 상거지 모습이 되어버렸는데, 오히려 밥을 얻어먹기는 더 쉬웠다고 한다. 나주에서 걸식을 하는 중에 익선은 자신과 비슷한 거지들을 만나 이들과 한 1년 정도 함께 어울리며 걸인 생활을 했는데 그중 몇몇 아이들이 광주면에 가면 더 쉽게 배불리 얻어먹을 수 있다 하여, 이들과 함께 나주에서 광주로까지 가게 되었다고 한다. 광주면에서도 약 반년 정도 걸인 행각을 하면서 지냈는데, 평소 자기에게 잘 해주던 거지 왕초 형이 고향인 남원으로 돌아간다기에 익선도 그를 따라 남원면까지 가게 되었다고 한다.

남원에 와서도 구걸을 하며 왕초 형과 약 반년 정도 지냈는데, 어느 날 그곳에 터를 잡고 있던 거지 패거리들과 싸움이 일어났다. 한참 크게 싸움이 벌어졌는데, 어느 한 어른이 다가와 싸움을 말려주어 다행히 큰 사고 없이 패싸움이 끝났다고 한다. 싸움을 말려준 그 어른이 "싸움을 아주 잘 하던데 누구한테 싸우는 법을 배운 것이냐"라고 묻기에, 익선은 어려서 부친께 기본 무술을 조금 배웠다고 이야길 했다고 한다.[3] 이 얘기를 듣고 난 뒤, 그 어른께서 "이곳에서 이렇게 구걸이나 하면서 힘들게 살지 말고 나를 따라와 무술을 제대로 배워보지 않겠느냐"라고 했는데, 익선은 싸움을 말릴 때 보여주었던 그 아저씨의 모습이 너무 멋져 보였고, 또 구걸을 안 해도 된다는 소리에 망설임 없이 따라가겠다고 했다고 한다.

그래서 그 아저씨를 따라 지리산 아주 깊은 골짜기로 들어갔는데, 그곳에는 이미 무술을 배우고 있던 제자들이 4명이나 있었다고 한다. 이들은 익선보다 네 살에서 열 살 정도 더 나이가 많았는데, 이들과 함께 이곳에서 꼬박 10년 동안 단 한 번도 지리산 밖으로 나와 보지 못한 채, 사부(그 아저씨. 이름은 현월이었다고 함)로부터 검을 사용하는 여러 가지 무술을 배웠다고 한다.[4] 이때 다행스러웠던 것은 사부님 이하 사형들 모두가 글을 잘 알지 못했기에, 더 이상 글을 배우는 문제로 고통을 받지는 않았다고 한다.

10년 동안 무술을 연마한 후, 익선은 자기에게 적합한 검을 구하기 위해 처음으로 지리산을 내려왔는데, 이때 그의 나이는 24세였다. 하산해서 제일 먼저 찾은 곳은 어릴 때 살던 무안의 집이었다. 그러나 이미 모친은 누나와 여동생들을 데리고 친정으로 들어갔고, 남아있던 부친(용현)마저도 집을 나가버렸기에 텅 비어 있었다. 그래서 함평에 있는 외가댁을 찾아갔는데(이번에는 제대로 찾아갔다고 함), 이미 6년 전(1926년)에 모친은 그곳에서 세상을 떠났다는 말만 들을 수 있었다고 한다. 이에 비통한 마음으로 모친의 무덤에 성묘를 하고, 며칠 동안 머물면서 오랜만에 누나와 여동생과 그간의 얘기를 나눈 다음, 외가댁을 나와 전주, 공주를 거쳐 천안으로 올라왔다고 한다. 그리고선 천안에 있는 어느 대장간에서 1년여 동안 머물면서 검을 만드는 일을 도와주면서 대장장이 일도 조금씩 배워 익혔으며, 이곳 동네 씨름판에 나가서 우승하여 상으로 송아지를 받아오기도 했다고 한다. 이후 자신에게 필요한 검을 마련하고 나서는[5] 다시 함평과 무안을 거쳐 목포에까지 내려오게 되었다는 것이다.

2) 결혼과 부자 상봉

익선이 목포에 내려온 것은 그의 나이 26세 때인 1934년인데, 배를 타기 위해 이곳에 왔다고 한다.[6] 그런데 이곳 목포에서 여덟 살 연하인 이천 서씨 서정월을 만남으로 익선은 이곳에 정착을 하게 된다. 이들은 만나자마자 서로가 첫눈에 마음에 들었다고 하며, 곧바로 결혼을 하고선 다음 해인 1935년에 첫 아들 기철을 낳았다. 몇 년 뒤에 혼인신고를 하긴 했지만 당시에는 정식 결혼을 한 것이 아니고 혼인신고도 하지 않은 채, 함께 가정을 꾸리고서 살았다고 한다. 기철을 낳고서 아들이 세 살쯤 되었을 무렵인 1937년 어느 날, 익선은 정말 우연하게도 부친 용현(의천)을 목포 항구 선창가에서 만났다고 한다.[7] 용현은 1년 전에 무안 해제면에서 목포로 내려와 생활하고 있었던 것이다. 부친이 무서워 집을 나온 후, 근 20년 만

1900년대 전반기 목포항(국립민속박물관)

에 극적으로 상봉한 이들 부자는 아마도 만감이 교차했으리라 생각된다.

이들 부자는 비록 사는 집은 달랐지만 같은 목포에 살면서 자주는 아니더라도 명절이나 부친의 생신 때에는 서로 왕래를 했었다고 한다. 그런데 익선이 이미 결혼을 해서 자식까지 낳았지만 부친은 며느리가 서씨인 것을 알고서는 몹시 탐탁지 않게 여겼다고 한다. 자신의 부친인 전봉준 장군에게 교수형을 언도한 재판장이 개화정부 법무대신인 서광범이었기에 평소 서씨를 무척이나 혐오하며 원수처럼 여겨왔다는 것이다. 이로 인해 부친과 며느리 사이는 매우 좋지 않았다. 또한 부자관계라 해도 다정다감한 사이가 아니어서, 이들이 함께 만난다 하더라도 오래 있지를 못했고, 조금 있다가 바로 헤어지곤 했다고 한다.

그런데 부자가 상봉해서 2년이 되는 1939년에 익선의 아들 기철이 다섯 살 어린 나이에 이질에 걸려 그만 죽고 말았다. 자식의 장례를 치른 뒤 슬픔이 아직 가시지도 않았는데도, 이전부터 며느리를 마땅치 않게 여기던 부친은 익선에게 이혼을 적극적으로 종용했다고 한다. 이제 자식도 없으니 더 이상 얽매일 것도 없게 되었다면서 며칠 동안이나 아들 익선과 함께 지내며 며느리 서씨와 헤어지도록 설득했다는 것이다. 당시 익선은 아내 서씨로부터 아비 구실을 제대로 못했기에 자식이 죽었다면서 온갖 원망과 비난을 받고 있던 터이기도 했다.

결국 익선은 부친의 끈질긴 권유를 이지지 못해 이혼을 결심했던 것인데, 아내 서씨 역시도 시아버지와 사이가 몹시 안 좋은데다가 아비답지도 못한 남편이 헤어지자는 말에 조금의 망설임도 없이 그러자고 했다고 한다. 그리고선 바로 다음 해에 이혼을 하게 되었는데, 익선은 훗날 이때의 일을 얘기하면서, 당시 혼인신고를 제때 하지 못해 호적에 올리지도 못한 채 어린 자식을 떠나보낸 것이 몹시 가슴 아팠다고 한다. 그러면서 무척 똑똑한 아이였는데, 자신이 잘 거두질 못했다고 자책을 하곤 했다고 한다.

한편 익선은 목포에서 4년이란 짧은 기간이나마 부친과 같이 지내면서 부친과 그동안 단절되어 나누지 못했던 수많은 이야기를 나누었던 것으로 보인다. 특히 이혼을 종용하면서 왜 서씨와 헤어져야 하는가를 익선에게 설명해야 했을 테고, 또 이를 설명하면서 자신의 부친인 전봉준 장군에 대한 이야기를 하지 않을 수 없었을 것이며, 그런 가운데 자연스럽게 집안의 선대 이야기부터 시작해서 집안에 얽힌 수많은 이야기, 그리고 자신이 걸어온 숱한 이야기들을 나누었을 것으로 생각된다. 그러면서 후손으로서 마땅히 알아야 하고, 해야 할 여러 가지 일들까지도 익선에게 주지시켰을 것으로 보인다.

뿐만 아니라 훗날 익선이 그의 부친과 조부는 물론이고 증조부의 묘소를 벌초하곤 했고, 또 여러 어른들에 대한 제사도 빼놓지 않고 지내온 것을 보면 목포에서 부친과 같이 지내던 때에 부친과 함께 이들 선조들의 묘소에도 방문했음이 틀림없다고 본다. 이들 부자의 만남은 이때가 마지막이었던 것으로, 집안에 관한 여러 이야기를 부친으로부터 들을 기회가 다시는 없었기 때문이다. 아무튼 익선은 부친과 헤어지기 전에 집안에 얽힌 수많은 이야기를 가슴 깊이 새겨들었거니와 이를 후에 자신의 아들인

장수에게 그대로 전해주어, 전봉준 장군과 그의 가족사에 대한 생생한 이야기가 전해져 올 수 있게 했던 것이다.

3) 또다시 긴 방랑생활

익선은 어린 자식을 잃고, 잠시 함께 살았던 아내와도 헤어진 뒤에, 허허로운 마음을 붙잡질 못하였다. 그렇다고 부친과의 관계도 친밀하질 못해서, 신혼살림을 꾸리고서 약 6년 정도 살았던 목포를 떠나 다시 방랑생활을 하게 된다. 이때가 1940년 익선의 나이 32세 때이다. 익선은 목포를 떠나 다시 지리산으로 들어가 그곳에서 사부와 몇 개월을 함께 보내다가 사형들과 함께 하산하여 남원에 도착하였다고 한다. 그런데 무엇 때문이었는지는 모르지만 남원에서 일제 순사들과 큰 싸움이 벌어졌고, 도피하는 중에 일본 낭인들과도 칼부림이 나서 낭인 여러 명을 죽인 후 피신했는데, 이후 이들 일행은 백두산을 거쳐 만주로까지 넘어가게 되었다는 것이다.[8]

그런데 이들 일행은 만주에 도착해서도 일본 군인들과 싸우게 되었는데, 군인들을 당해낼 수 없어 각자 살길을 찾아 뿔뿔이 흩어졌다고 한다. 이때 익선은 자신의 사부 현월의 스승(사조님)을 찾아뵙기로 마음먹고 중국말을 잘하는 조선 사람 한 명을 구해 북경을 거쳐 화산(華山)[9]에 이르렀다고 한다. 이때 익선의 나이 35세였는데, 사부의 스승은 이미 오래전에 돌아가셨다고 한다. 익선은 그곳에서 약 6개월 정도 머물다가[10] 이듬해에 소림사(少林寺)가 있다는 숭산(嵩山)[11]으로 건너가 그 인근에서도 몇 개월 더 머물렀는데, 이곳에서 일제가 항복하고 조국이 독립했다는 소식을 들었다는 것이다. 이에 익선은 고국으로 돌아올 결심을 하고, 오는 길에 태산에 잠시 들렀다가 산둥반도에서 배를 타고 황해도로 상륙한 뒤, 개성을 거쳐 38세 때인 1946년에 서울에 도착했다고 한다.[12]

익선은 서울에 온 후, 한국전쟁이 일어나던 1950년까지 4년 동안 서울 동대문 밖에 살면서 대장간에서 일을 하며 지냈다. 예전에 천안의 대장간에서 일한 경험이 도움이 되었던 것이다. 서울에 있으면서 익선은 조부인 전봉준 장군이 가매장되었다는 불교학교(현 동국대학교) 뒷산을 여러 번 찾아가기도 했다고 한다.[13] 그런데 1950년 익선의 나이 42세 때에 6.25전쟁이 터지자 서울을 떠나게 되었고, 정읍 신태인으로 피난을 갔지만 인민군이 계속해서 남하하자 다시 고창을 거쳐 예전에 살았던 함평, 무안, 목포로 피난을 갔다고 한다. 이후 그는 다시 나주를 향해 올라와 광주 무등산으로 숨어들어, 이곳에서 산길을 타고서 사부님이 있는 지리산으로 들어갔다.

지리산에서 사부님과 사형들을 만나 잠깐 지내는 중에 서울이 수복되었다는 소식을 듣고서, 익선은 그해 가을 지리산을 나와 다시 서울로 올라왔다고 한다. 그런데 중공군의 개입으로 1.4후퇴 때 다시 피난길에 올라 천안으로 내려와 이곳에서 약 1년 정도 머무른 후, 이듬해(1952년) 봄에 다시 함평과 무안을 거쳐 목포에까지 이르렀다. 익선은 목포에 잠시 머물러 있었는데, 이때 10여 년 전 자신과 헤어진 부친이 1년 뒤에 세상을 떠나, 유달산 근처의 공동묘지에 묻혀있다는 소식을 접했다고 한다. 이에 부친의 유해를 수습하여 함평 곤봉산에 묻혀있는 모친의 묘소 옆에다 이장했다고 한다. 익선은 곤봉산에 모셔져 있는 양친의 임종을 모두 지켜보지도 못했던 것인데, 그는 이를 평생의 한으로 여기면서 늘 마음 아프고 힘들어하면서 살았다고 전장수 씨는 전하고 있다.[14]

4) 재혼과 어려운 가정생활

부친의 유해를 이장하고 난 다음 해(1953년)에 익선은 목포에서 19년 연하의 광산 김씨 김석권의 딸 김연임을 만나 혼인을 하였다. 당시 김연임은

나주와 고막원 사이에 있는 안골이라
는 외진 산골 마을에 살고 있었는데,
목포에 사는 외사촌 언니의 소개로 익
선을 만나게 되었다고 한다. 전쟁 후
모두가 살아가기가 매우 힘들었던 때
로, 익선은 둘이서 함께 살면 서로 의
지가 될 것이라는 생각에서 혼인을 하
고자 했다는 것이다. 또한 익선은 당시
나이가 꽤 많은 편으로 집안의 후손을
이어가야만 한다는 마음이 강하게 들

전봉준 장군 손부 김연임

었다고 하며, 이 때문에 비록 김연임과

나이 차이가 많이 났음에도 혼인을 서둘렀다고 한다. 인연이 되려고 했던
지 당시 익선의 나이가 40대 중반이었음에도 김연임의 눈에는 젊게 보여
그렇게까지 나이가 많았는지는 몰랐다고 한다.

  아무튼 이렇게 목포에서 김연임을 만난 익선은 한국전쟁이 끝나자 함
께 서울로 올라와 혼인을 하였으며, 목포로 내려오기 전 잠깐 살았던 동
대문 밖에 정착하였다. 우선 살 집이 없었기에 숭인동 산 중턱의 언덕을
깎아서 집터를 만들고, 그곳에 큰 천막을 치고서 살림을 시작했다고 한
다. 당시 이 천막집을 만드는데, 서울에 올라와 있던 사형의 제자 몇 명이
도와주었다고 한다.[15] 이후로 익선은 세상을 떠날 때까지 서울을 떠나지
않고, 가족들과 함께 여생을 오로지 서울에서 보냈다. 그렇지만 서울에서
의 그의 가정생활은 결코 편안한 생활은 아니었던 듯하다. 전쟁 직후였기
에 모두 다 어려웠지만 배운 학식도 없고 대장장이 일 외에는 할 줄 아는
기술도 거의 없는 익선은 달리 생계의 방편을 마련하지 못했기 때문이다.
당시 사형이 지리산으로 들어와 함께 살자고 했지만, 혼인한 내자를 데리

고 다시 산으로 들어가 사는 것은 정말 싫었다고 한다.

그렇지만 익선은 아직 신체가 건장했기에 공사장 일도 하고 장터에서 물건 나르는 일도 했으며, 나중에는 동네 미곡상에서 쌀 배달을 하면서 어렵사리 하루하루 생계를 꾸려나갔다. 그러는 중에 혼인한 지 3년째 되던 해에 익선은 나이 48세에 장녀 전영자를 낳았다. 이어서 2년 뒤인 50세 때에는 아들 전장수(우석)를 낳았는데, 50세에 낳았다 하여 늘 '쉰둥이'라 부르곤 했다고 한다. 그리고 이어서 53세에 차녀 전영숙을, 55세에 차남 용석을 낳았다. 이렇게 해서 2남 2녀를 둔 단란한 가정을 꾸렸던 것이다. 그러나 아이들이 하나 둘 늘어나면서 아무래도 씀씀이가 늘어나게 되어 가계는 어렵게 될 수밖에 없었다. 이에 생계를 보태기 위해 처 연임도 막내아들이 첫돌이 될 무렵부터는 아기를 등에 업고서 생선 행상을 나섰다고 한다.

따라서 집에는 아이들만 남게 되었는데, 생선 행상에 나선 지 얼마 안 되어서 겨우 네 살이던 둘째 딸 영숙을 잃어버리는 슬픔을 겪게 된다. 저녁 늦게 아들 장수가 여동생 영숙을 데리고 행상에서 돌아오는 어머니를 마중하러 나갔다고 한다. 그런데 도중에 갑자기 소나기가 쏟아져 비를 피하기 위해 정신없이 달음박질쳐 집으로 돌아오는 중에, 그만 동생 영숙의 손을 놓쳐버렸다는 것이다. 영숙의 행방은 묘연해지고 이후 백방으로 수소문했지만 지금까지도 찾지 못하고 있다고 한다. 가난이 부른 슬픔이 아닐 수 없다 할 것이다.

그로부터 1년이 지난 그해 겨울 어느 날 익선은 자전거에 쌀을 무겁게 싣고서 쌀가게 맞은편에 있는 창신동 산동네로 배달을 갔는데, 도중에 길을 가로막는 폭력배 여러 명과 싸움이 벌어졌다고 한다. 그런데 싸움이 거의 끝나갈 무렵에 익선은 그만 빙판길에 미끄러져 왼쪽 어깨가 탈골이 되었다는 것이다. 이때 익선은 다쳤다는 사실을 숨기고도 싶었고, 또 대수롭지 않게 생각되어 치료비용을 아끼고자 했다고 한다. 그러나 방치하고 지내다가 치료받을 수 있는 적절한 시기를 놓쳐버려, 결국 다친 왼쪽 팔을 평생 제대로 사용할 수 없는 큰 장애를 가지게 되었다. 이후로 익선은 더 이상 쌀 배달하는 일을 할 수가 없게 되어, 집안의 생계를 꾸려갈 수 없게 되었던 것이다.

이에 이전에 막내를 업고서 생선 행상을 하며 약간씩 살림을 도와주던 처 연임이 이제 본격적으로 생계를 감당하지 않으면 안 될 형편이 되어버린 것이다. 둘째 딸을 잃어버리고서 상심에 싸여 쉬고 있던 연임은 딸을 잃어버린 아픔에도 불구하고 가족들과 살아남기 위해 어쩔 수 없이 다시 행상에 나서야만 했다. 어린 자식 셋이 딸린 여자 혼자서 집안 살림을 꾸려 나간다는 것은 여간 힘들고 고통스러운 일이 아닐 수 없었을 것이다. 그녀는 거의 매일 동대문시장에서 생선을 떼어 뚝섬, 광나루까지 걸어 왕래를 하면서 장사를 했다고 한다.[16] 이렇게 해서 겨우 입에 풀칠을 할 수는 있었지만 여유로울 수는 없어, 자식들에 대한 교육을 제대로 시키지를 못했다고 한다. 뒤에서 살피겠지만 이러한 형편이었기에 아이들도 정상적으로 학교를 다니질 못했다.[17]

1969년 환갑을 맞은 익선은 11세 된 아들 장수를 데리고 전옥례 고모를 만나러 갔다. 당시 옥례 고모는 노환으로 병이 들어있었는데, 죽기 전에 아버지(전봉준 장군)의 핏줄을 꼭 한번 보고 싶다고 하여 아들을 데리고 갔다는 것이다. 당시 전장수 씨는 가는 길에 부친으로부터 "옥례 고모를 만나러 갈 때마다 늘 들키지 않게 조심해야만 한다."라는 말을 들었고, 옥례 할머니를 만났을 때, 할머니는 부친과 자신을 아주 따뜻하고 반갑게 맞이해 주셨다고 전하고 있다.[18] 이로 보건대, 익선은 자주는 아니지만 오래전부터 옥례 고모와 왕래를 해왔다는 사실을 알 수가 있다. 그런데 이때 익선이 옥례 고모를 찾은 것이 마지막이 되어버렸다. 다음 해인 1970년 11월에 옥례 고모가 노환으로 세상을 떠났기 때문이다. 장례식에는 익선

혼자만 참석했다고 한다.

익선은 평소에도 술을 마시기는 했으나 환갑이 지나면서 평소보다 많은 술을 마시기 시작했다고 한다. 전장수 씨는 부친이 이처럼 술을 많이 마시기 시작한 것을 자신이 예닐곱 살 어릴 적에 부친의 사형에게 무술을 배우기를 거부해서였다고 하고 있다. 그렇지만 그보다는 오히려 어깨의 이상으로 일을 못하고 집에서 쉴 수밖에 없었기에, 가장으로서 자격지심 때문이 아니었을까 생각된다. 아무튼 이 무렵부터 폭음을 할 때가 많았고, 폭음을 하고서 집에 들어올 때면 가족들에게 심한 폭언과 폭행을 서슴지 않았다고 한다. 이러한 익선의 행동이 오랫동안 계속되자 이를 견디지 못한 부인 연임은 1971년 가을에 결국 집을 나가 세검정의 어느 부잣집 가정부로 들어가 숨어 지냈다고 한다. 생계를 책임질 사람이 없게 됨으로 자연히 집안 생활은 엉망이 되고 가족들은 기아선상의 생활에서 허덕일 수밖에 없게 되었다.[19] 이로부터 2년이 지난 뒤, 익선은 부인이 있는 곳을 어떻게 알아내고선 자신의 잘못을 극구 용서를 빌고서 부인을 집에 돌아오게 했다고 한다.

5) 뿌리를 찾고자 노력한 노년생활

집에서 쉬면서 시간의 여유가 많아서인지 아니면 이제 나이가 들어서인지, 환갑을 넘긴 익선은 자신의 집안에 관한 일에 많은 관심을 쏟으면서 아들 장수에게 집안의 여러 가지 내력을 전하고 있다. 앞서 본 바와 같이 아들 장수를 옥례 고모에게 데려가 보인 것도 그렇지만, 고모가 돌아가시고 난 다음 해인 1971년에 14세 된 아들을 데리고 정읍 비봉산에 묻혀 있는 조부 전봉준 장군의 묘소를 찾았던 것이다. 이때 익선은 아들 장수에게 "너의 증조부(전봉준)는 이곳 정읍 비봉산에 묻혀있고, 너의 할아버지(전용현)와 할머니(이양림)는 함평 곤봉산에 묻혀 있으니, 이를 절대로 잊지 말라"라고 다짐을 받는가 하면, 조부 전봉준 장군의 묘에 얽힌 여러 가지 이야기를 아들에게 자세하게 일러주었다.[20] 그가 이처럼 자식에게 선조들의 묘에 관한 여러 이야기를 들려줄 수 있었던 것은 그 역시도 언젠가 부친 용현(의천)을 따라 묘를 방문하고, 또 묘에 관한 이야기를 익히 들어 알고 있기 때문이었을 것이다.

그리고 익선은 집에서 쉬면서부터 80세가 넘어서까지 매년 조상들의 묘를 벌초해 왔으며, 벌초하는 일을 매우 중요시 여겼다고 한다. 그는 서울에 살고 있을 때, 벌초하러 갈 때면 새벽 3시쯤에 나가서 벌초를 마치고 밤 12시 전후에 귀가했다고 한다. 벌초하는 순서는 먼저 비봉산의 조부(전봉준)의 묘소를 벌초한 다음, 백산에 있는 증조부(전기창)의 묘소를 벌초하고, 함평으로 내려가 부친(전용현)의 묘소를 벌초하고서 서울로 올라왔다고 한다. 벌초를 하러 다니면서 이제 아들에게도 벌초하는 일을 알려주려고 해서인지, 비봉산을 방문한 지 3년이 지난 1974년에 익선은 다시 아들 장수를 데리고 함평 곤봉산에 묻혀있는 양친(전의천, 이양림)의 묘소를 찾았다. 그의 나이 66세 때의 일이다.

이로부터 5년 뒤인 1979년 익선은 71세의 늦은 나이에 장녀 영자를 출가시켰다. 그리고 1982년부터는 오로지 자신의 집안 족보를 바로잡기 위해 많은 노력을 기울이기 시작한다. 즉, 그는 전봉준 장군의 장남 용규와 차남 용현을 제대로 족보에 올려 전봉준 장군의 친아들임을 분명히 하고, 차남 용현이 전의천임을 밝힌 후에 그 아래에 자신 전익선을 친자로 올리고, 또한 자신의 장남 우석(장수)과 용석도 족보에 올리려고 했던 것이다.[21] 당시 익선이 이처럼 잘못된 부분을 바로잡으려고 한 것은 자신이 속한 족보에 잘못 기재되어 있음을 보았기 때문일 것이다. 그가 어떤 족보를 보았는지는 알 수 없으나, 족보에 있는 '병호'가 전봉준 장군이 확실하다는 말을 하고 있고, 또 두 아들 중 한 명이 큰집의 양자로 족보에 올려있다는 말을 하고 있음을 보면, 당시 익선이 본 족보는 《병술보》임에 틀림없다. 왜냐하면 전봉준 장군의 이름이 '병호'로 기재되어 있는 족보는 《병술보》밖에 없기 때문이다.[22] 아무튼 익선은 여러 잘못된 기록을 바로잡기 위해, 당시 같은 천안 전씨 사람으로 전봉준 장군의 제사를 모시고 있는 전만길 씨를 만났다는 것이다.

전봉준 장군의 큰아들 용규는 어려서 폐병으로 죽고 작은아들 용현이 누이 집을 나간 뒤로 행방불명이 되었다. 이 때문에 천안 전씨 삼재공파 문중에서는 전봉준 장군의 혈육이 끊어진 것으로 여기고 전만길을 용현의 양아들로 입적시켜 전봉준 장군과 전용현의 제사를 모시도록 했던 것이다.[23] 그런데 익선이 노년에 족보에 관심을 갖고 잘못된 곳을 바로잡기 위해 이리저리 알아보는 중에 전만길 씨가 전봉준 장군의 양손으로 입적되어 제사를 모시고 있음을 알게 된 것이다. 정작 전봉준 장군의 친손자인 본인이 제사를 모시고 있는 터에 남이 자신의 자리에서 장군의 제사를 지내고 있음을 알게 된 익선은 아마도 몹시 당황했을 것이다.[24] 그렇지만 종중의 공적인 입장에서 장군의 제사를 모시고 있기에 어찌할 수는 없고, 오히려 전만길의 힘을 빌려 족보에 자신과 자식들을 장군의 후손으로 입적시키고, 잘못된 곳도 바로잡으려고 했었다고 한다.[25]

그러나 이러한 익선의 노력은 아주 단순하고 소박한 생각에서 비롯된 것이라 여겨진다. 만일 자신이 전봉준 장군의 손자로 입적이 된다면 수십 년 동안 양손으로 제사를 모셔온 전만길의 자리는 없어질 수밖에 없는 것이다. 더구나 익선이 전봉준 장군의 손자라는 어떠한 증거도 없을 뿐만 아니라 있다 하더라도 당시 양손인 전만길 씨의 입장에서는 전봉준 장군에 관한 족보의 내용을 고칠 수 있을 만큼의 영향력이 있지도 않았다. 아무튼 익선의 이러한 노력은 물거품으로 돌아갔고, 이로 인해 익선은 오랫동안 속상해했다고 한다.

익선이 이처럼 자신의 뿌리를 찾고자 노력을 하는 중인 1985년 그의 나이 77세 때에 장남 전장수를 결혼시켰다. 그런데 공교롭게도 며느리의 성씨가 서씨였는데, 익선 역시도 자신의 부친이 그랬던 것처럼 서씨를 못마땅하게 여겼다고 한다. 그로부터 3년 뒤에 첫 손녀를 얻고, 이듬해에 연년생으로 둘째 손녀를 얻었다. 그런데 그의 나이 84세 때인 1992년에 차남 용석(당시 30세)이 평소에 앓고 있던 조현병이 심해져 치료를 받는 중에 세상을 떠나는 슬픔을 맞았다.[26] 이미 이 무렵 익선은 노령에 접어들기도 했지만, 아들을 잃은 슬픔과 오랜 노력에도 불구하고 족보를 바로잡지 못한 허탈감이 더욱 기력을 쇠하게 해, 결국 1998년 12월 17일에 90세의 나이로 세상을 떠났다. 화장을 한 그의 유골함은 함평의 곤봉산 능선에 있는 그의 부모의 묘소 아래에 모셔졌는데, 봉분이 없이 돌무덤 형태로 가매장된 채로 있다고 한다. 이처럼 가매장되어 있는 것은 생전에 익선이 아들 장수에게 자신이 전봉준 장군의 친손자라는 사실이 밝혀질 때까지는 자신의 할아버지 전봉준 장군이 가매장된 채 있었던 것처럼 자신을 묻어놓으라고 했기 때문이라 한다. 아무쪼록 하루빨리 봉분이 만들어지기를 바랄 뿐이다.

2. 증손자 전장수의 삶의 역정

1) 형을 따라 고창 당촌을 방문한 기억

전장수 씨는 부친 전익선과 모친 김연임 사이에서 1958년에 장남으로 태어났다. 어려서는 '석(奭)' 자 돌림자를 따라 우석으로 불렸으며, 익선이

50세에 낳아서 어린 시절엔 쉰둥이로도 불렸다고 한다. 그에게는 두 살 위인 누이 전영자가 있고, 그가 세 살 때에 여동생 전영숙이 태어났다. 바로 누이동생이 태어나던 해인 그의 나이 네 살 때, 고모 전오녀의 둘째 아들인 진의장[27]이 군대에서 휴가를 나와 자신의 집에 찾아왔다고 한다. 이때 그는 의장이 형과 같이 고창 당촌에 있는 증조부 전봉준 장군이 살았던 집에 가면서 나누었던 여러 이야기를 기억하여 전하고 있다. 네 살 때의 일을 전하고 있는 전장수의 기억력은 정말 대단한데, 아무튼 그는 다음과 같은 흥미로운 이야기를 전하고 있다.

"제 나이 네 살 때, 저의 부친의 여동생인 고모(전오녀)의 둘째 아들(진 의장)이 군대에 있다가 휴가를 나와서 저희 집을 찾아왔었습니다. 제가 볼 때는 완전 아저씨였는데도 저의 부친께서는 '삼촌'이라고 부르지 말고, 반드시 '형'이라고 불러야 된다고 해서 '의장이 형'이라고 부르면서 따라다녔던 기억이 납니다. 저의 부친께서는 의장이 형에게 휴가 기간 중에 저를 데리고 '당촌'을 다녀오라고 말씀하셨습니다. 저는 오랜 시간 동안 의장이 형과 기차도 타고 버스도 타고 형의 목에 목마도 타다가 등에 업히기도 하면서 '당촌'이라는 동네에 들어갔었습니다. 당시에 지명 이름이 '삼촌'이 아니고 '당촌'이라서, 어린 저는 '삼촌들이 많이 사는 동네라서 당촌이라 하는가 보다' 그렇게 생각했던 기억이 납니다.
그곳에서 의장이 형은 군복을 입은 채 어떤 초가집의 대청마루에 앉아서, 저를 보고서 이 마을은 너의 증조할아버지 전봉준 장군이 태어난 동네라고 얘기해 주었으며, '너는 전봉준 장군의 4대 독자'라고 그렇게 얘기했었습니다. 그래서 어린 제가 의장이 형에게 전봉준 장군이 어떤 사람이냐고 물어보았고, 형은 전봉준 장군은 나라를 위

고창군 고창읍 죽림리 당촌마을 전경

해서 목숨 걸고 싸운 훌륭한 사람이었다고 얘기했습니다. 계속해서 저는 그럼 전봉준 장군은 싸움을 잘 했느냐고 물어보았는데, 형은 그분은 엄청나게 싸움을 잘 했었다고 저에게 대답해 준 기억이 납니다. 그러면서 의장이 형은 저에게 전봉준 장군이 너의 증조할아버지라는 것을 아무에게도 말하지 말고, '너만 알고 있어야 된다.'라고 얘기했었습니다. 그래서 제가 왜 그러냐고 물어보았는데, 의장이 형은 전봉준 장군이 싸움을 너무 잘해서 다른 사람이 너의 증조할아버지가 전봉준 장군인 것을 알게 되면, 너를 다치게 할 수 있기 때문이라고 그렇게 말했었습니다. 때문에 저는 늘 그 사실을 숨기고 살아야만 된다는 것을, 저의 부친에 이어서 의장이 형에게서도 또 듣고 자랐습니다. 또한 의장이 형이 증조할아버지를 설명해 주면서 할아버지의 아버지가 바로 증조할아버지라고 얘기해 주던 기억과, 그 얘기를 들으면서 저는 '할아버지에게도 아버지가 있으니까 아버지는 계속 계속해서 이어지는 거구나'라고 생각했었던 기억이 납니다. 그리고 의장이 형은 너의 할아버지가 바로 '전봉준 장군의 아들'이고 그분이 '나(의장)의 외할아버지'라고 그렇게 얘기했었습니다.

그래서 제가 의장이 형에게 '4대 독자가 뭐냐'고 또 물어보았었는데, 의장이 형은 저에게 너처럼 형이나 동생이 없이 아들만 하나인 사람이 독자인데, 아버지도 아들 하나, 할아버지도 아들 하나, 그 할아버지의 아버지도 아들이 하나이면 네가 4대 독자가 되는 거라고 설명해 주었습니다. 그래서 저는 아주 어려서부터 늘 4대 독자라는 생각을 가지고 살아왔었는데, 나중에 제 동생(전용석)이 태어났을 때, '그럼 나는 이제부터는 독자가 아니구나.'라고 생각했던 어린 시절의 기억이 납니다."

이 증언을 듣고서 필자는 전장수 씨에게 당촌에 방문했을 당시 누구의 집을 찾아갔던가를 물었는데, 전봉준 장군이 살았던 집에 갔었다고 한다. 그러면서 마을로 들어가서 왼쪽으로 들어갔던 것 같다고 하며, 집은 초가집으로 일자형이며, 방이 작고 방 앞에 툇마루와 툇돌이 있었다고 말하고 있다.

2) 전옥례 고모할머니와의 만남

이로부터 3년이 지난 전장수의 나이 일곱 살 때인 어느 날 저녁 늦게 네 살 난 누이동생 영숙과 함께 행상 나간 어머니를 마중 나갔다가 헤어져 영숙이 실종되는 사건이 발생하였다. 마중을 나가는 길에 갑자기 천둥 번개와 함께 엄청난 폭우가 쏟아져 이를 피하기 위해 정신없이 달음박질쳐 집으로 돌아오는 길에 장수는 그만 동생의 손을 놓쳐 잃어버렸다는 것이다. 그로부터 백방으로 수소문했지만 아직도 찾지 못했다고 한다. 그로부터 5년 뒤인 1969년 장수의 나이 12세 때인 초등학교 5학년 때 부친을 따라 멀리 전옥례 고모할머니를 만나러 갔다고 한다.[28] 당시 고모할머니는 94세의 나이로 매우 연로했는데, 살아생전에 아버지 전봉준 장군의 핏줄이면서 자신의 조카 손주를 꼭 한 번 만나보고 싶다고 부친께 간곡히 부탁했다는 것이다.

장수는 부친과 함께 집을 나서 버스를 타고 아주 먼 길을 내려왔는데, 오는 길에 부친께서는 고모할머니를 만나러 갈 때마다 늘 들키지 않게 조심해야만 한다고 말씀하셨다한다. 이 말을 들은 장수는 자주는 아니더라도 부친께서는 이전에도 옥례 할머니 집

전봉준 장군 장녀 고 전옥례

에 여러 차례 왕래했을 것으로 생각을 했다고 한다. 이윽고 장수는 부친과 함께 오랜 시간 버스를 탄 끝에 어느 시골 버스정류소에서 내린 후, 한참 동안을 걸어 옥례 고모할머니 집에 당도하여 할머니를 만났다고 한다. 지금으로부터 50년도 지난 일인데, 놀랍게도 전장수 씨는 당시 할머니와 나눈 자세한 이야기를 기억하여 '가족사'에 기록하고 있다. 그런데 이보다 더욱 놀라운 것은 이후에 전장수 씨가 필자에게 보내온 SNS(카카오톡) 문자 내용이다. 2020년 11월 초 필자는 전옥례 할머니와 관련된 곳을 답사하는 중에, 할머니께서 돌아가시기 전에 거주했다는 '희만농장(진안 부귀면 신정리 305번지)'을 방문하여 이곳 집을 찍은 사진 한 장을 기념 삼아 전장수 씨에게 보내었다. 그런데 뜻밖에도 이 사진을 보고서 바로 다음날, 그는 50여 년 전 이곳을 방문했을 당시의 광경을 기억해 내어 매우 자세하게 정리한 글을 필자에게 보내온 것이다.

필자가 전해준 사진 속의 할머니가 살았던 집에 대한 기억을 전장수 씨는 다음과 같이 아주 세밀하게 묘사하고 있다.[29]

첫째로, 집의 지붕이 빨간색이었다는 점인데, 산골 같은 곳에도 빨간

색 지붕으로 된 집이 있어 신기해했던 기억이 난다고 했다. 둘째로, 집으로 들어가는 문이 나무로 된 것 같은데, 문이 벽 전체에 비해 커서 창고인가 라고 생각했던 기억이 난다는 것이었다. 셋째로, 문 앞에 정사각형 모양의 턱이 진 곳에 씻는 곳이 있고, 작두 펌프가 있었던 것 같은데, 집을 찾아 오느라 목이 너무 말라 이곳에서 물 한 모금을 먹으려고 했던 생각이 났 다는 것이다.[30] 넷째로, 마당에서 문까지 가는 길이 없어 의아했다는 것이 며, 다섯째로, 마당이 상당히 넓게 느껴졌는데, 흙마당이 아니라 잔돌과 잡초로 된 마당이어서 걷기가 조금 불편했던 기억이 난다는 것이다. 여섯 째로는, 집 좌우편에 큰 나무가 심어져 있었고, 뒤편에도 마당 끝부분에 크고 작은 나무들이 있었던 기억이 난다는 것이다. 그리고 마지막으로, 그 집 마당으로 들어가는 길은 조금 경사진 비탈길을 오른쪽에서 왼쪽 으로 올라오다가 마지막에 역 ㄱ자 모양으로 구부러져 있고, 잔돌과 조금 큰 돌들이 섞여있는 흙길이었다고 하며, 마치 낮은 산기슭 중간에다 길을 내놓은 것 같았다고 기억하고 있다.

그런가 하면 할머니의 집 내부의 모습과 아울러 할머니를 만나던 광경 에 대해서도 다음과 같이 자세하게 묘사하고 있다. 즉, 큰 문을 열고 들어서자 집안이 굴속처럼 매우 어두웠고, 마루나 방이 아닌 조금 넓은 복도가 곧게 나 있었다고 한다. 그리고 이 복도를 따라 한두 번 돌면서 지나면 좁은 복도 오른쪽에 방문이 있는데, 방문 앞에 나무로 된 마루가 벽을 따라 길게 이어져 있었다는 것이다. 방문 앞 좁은 툇마루 아래로는 2~3개의 좁은 계단이 놓여 있고, 그 계단 앞으로 방을 지나가는 좁은 복도가 있는데, 바로 툇마루가 있는 방이 옥례 할머니가 계시던 방이었다고 한다. 할머니께서는 이 방문을 열고 힘겹게 툇마루로 나와 부친과 자신을 맞이했는데, 이때 할머니를 위해 한 아저씨가 앉을 의자 비슷한 것을 가져왔고,[31] 옥례 할머니는 그곳에 앉으시면서 '몸이 좋지 않아 이런 곳에 앉아야 된다.'라고 말씀하셨다는 것이다.

당시 옥례 할머니께서는 툇마루에 놓인 의자에 앉아계셨고 장수 본인은 할머니에게 큰절을 올리고서 계단 옆쪽에 서 있었으며, 부친께서는 창문 옆 벽에 등을 약간 붙인 채로 이야기를 듣고 계셨다고 한다. 장수가 큰절을 올리자, 할머니께서는 자신이 '전봉준 장군의 친딸'이라고 직접 말씀하시면서 눈물을 글썽거리셨다고 한다. 그리고선 손을 잡아보게 가까이 오라고 하여 계단을 올라갔는데, 할머니께서는 두 손으로 장수의 손을 꼭 잡고서 한참을 마주 바라보시고 미소를 지으시면서 "네가 우석이구나! 아주 잘 컸네, 우리 집안의 종손이니까 들키지 말고 꼭꼭 숨어서 잘 자라 집안의 대를 꼭 이으렴, 아프지도 말고."라고 말씀하시고는 머리를 두어 번 쓰다듬어 주셨다고 한다. 그리고는 부친과 잠시 약 5분 정도 몇 가지 말씀을 나누신 후에 "내가 이제는 몸이 안 좋아서 들어가야 되니까 조심해서 돌아가라"라고 말씀하시고, 어린 장수에게는 이 먼 곳까지 왔는데 밥 한 끼 차려주지 못해서 미안하다고 하셨다는 것이다.

이에 부친께서는 "고모님. 괜찮으니까 몸 잘 살피시고 빨리 들어가십시오. 저랑 우석이는 알아서 잘 가겠습니다."라고 할머니께 인사 말씀을 드리고 집을 나왔다고 한다. 집을 나와 돌아올 때에는 배웅 없이 부친과 둘이서만 버스 타는 곳으로 왔는데, 부친께서는 집으로 돌아오는 길을 다 알고 계신 것 같았다고 한다. 그리고 집으로 돌아올 때 장수는 '이렇게 짧게 만나려고 그 먼 길을 왔구나!"라는 생각을 했지만, 미처 다음 해에 할머니께서 돌아가실 것으로는 전혀 상상을 못했다고 한다. 할머니께서는 이렇게 만난 지 1년이 지난 1970년 11월 27일에 결국 노환을 이기지 못하고 돌아가셨다고 한다. 돌아가셨다는 부음을 전해 듣고서 부친께서 문상을 가셨는데, 이때 자신도 가야 되지 않겠느냐고 했지만 가지 않아도 된다고 하여 부친만이 장례식에 가셨다는 것이다. 옥례 할머니는 조카 손자인 자신을 만나 본 뒤에, 마음을 놓고서 남은 날들을 편안히 지내시다가 돌아가셨다고 전해 들었다고 한다.

이상에서와 같이 전장수 씨는 50여 년 전 어렸을 때, 자신이 옥례 할머니 집을 찾아간 일을 회상하면서 기억해 낸 이야기를 전하고 있다. 그러면서 필자가 전해 준 사진이 진짜 옥례 할머니께서 사신 곳이 확실하다면, 할머니 집으로 올라가는 길의 모습과 할머니 집 안의 구조가 본인이 묘사한 그림과 같거나 아주 비슷할 것이라고 말하고 있다.[32]

3) 부친을 따라 전봉준 장군 묘소 찾음

옥례 할머니가 돌아가시고 1년이 지난 1971년에 장수는 14세로 중학교 1학년이었는데, 이때 처음으로 부친과 함께 정읍의 비봉산 자락에 묻혀있는 증조부 전봉준 장군의 묘소에 다녀왔다고 한다. 당시 장수는 중학교를 다녔기 때문에 여름방학 때에 부친과 이 묘소를 방문했을 거라 생각된다. 서울에서 이곳 비봉산 자락은 매우 먼 곳이고, 오랜 시간 버스를 타고 또 내려서 산길을 통해 이곳에 당도했기 때문에,[33] 어린 장수로서는 이곳이 어디인지 잘 알지를 못했을 것이고, 실제 전혀 알지 못하고서 지내왔다고 한다. 그러다가 2016년에 이 묘가 전봉준 장군의 묘인지를 확인하기 위해 발굴이 이루어질 때, 신문을 통해 발굴 소식을 듣고 10월 18일 개토제가 행해지는 날 이곳을 찾고서야, 이곳이 바로 45년 전 부친을 따라 찾았던 그 묘지임을 비로소 알게 되었다는 것이다.

　장수는 부친을 따라 처음 이 묘지를 방문하면서 부친과 나눈 묘와 관련된 여러 이야기와 당시 그가 본 묘지의 정황에 대해 다음과 같이 증언하고 있다.[34] 즉, 묘소를 찾아오는 중에 부친께서는 "너의 증조부(전봉준)는 이곳 정읍 비봉산에 묻혀있고, 너의 할아버지(전용현)와 할머니(이양림)는 함평 곤봉산에 묻혀 있으니 이를 절대로 잊지 말라"라고 하셨다고 한다. 이윽고 비봉산 자락의 묘소에 막상 당도해 보니, 봉분도 없이 평지에 단지 '장군천안전공지묘'라고 쓰인 묘비 하나만 덩그러니 세워져 있어, 장수는 부친께 "이름도 없고 돌아가신 날짜도 없는데, 어떻게 글자만 가지고서 이 무덤이 전봉준 장군의 무덤인 줄 알 수 있느냐"라고 물었다고 한다. 이에 부친께서 대답하시길, "내가 전봉준 장군의 친손자인데, 어찌 손자가 자기 친할아버지의 무덤을 모르겠느냐"라고 말씀하시면서 "우리 집안은 숨어 다녀야 하는 집안이라서 묘비명에 자세한 것을 새겨놓을 수 없었다."라고 하셨다는 것이다.

　그러면서 부친께서는 "동곡리, 비봉산의 이씨 문중 선산, 또 비봉산 끝자락에 있는 우동마을 세 곳에 (장군의 묘라 칭하는)묘가 있는데, 이 가운데 두 곳은 가짜 묘이고 한 곳만이 진짜 전봉준 장군의 묘이다"라고 말씀하셨다고 한다. 이에 "왜 무덤을 세 곳씩이나 만들어 놓고, 잘 찾지도 못하게 해 놓았느냐"라고 물었더니, 부친께서는 "무덤이 알려지면 사람들이 파헤쳐서 유해를 훼손할까 봐 그렇게 해놓은 것이다"라고 대답했다는 것이다. 그래서 다시 묻기를 "만약 사람들이 세 곳을 다 파버리면, 어떻게 하느

250

냐"라고 하니, 부친께서는 "전봉준 장군의 무덤은 아주 옛날부터 해오던 방식으로 매장을 했기 때문에 아무리 힘센 사람일지라도 곡괭이를 가지고서 세게 휘둘러도 절대로 파낼 수 없게 해 놓았다"라고 대답해 주셨다고 한다. 그리고 무덤에 왜 봉분을 올리지 않았느냐고 물으니, 부친께서는 "봉분이 올려있으면 혹시라도 전봉준 장군의 무덤이라고 생각해서 파헤치려는 사람들이 생길까 봐 할아버지(용현)께서 그렇게 해놓은 것이다"라고 말씀했다고 전해주고 있다.

이상에서와 같이 묘에 관해 생생한 증언을 하고 있음을 보면, 비봉산 자락의 '장군천안전공지묘'는 전봉준 장군의 묘비임이 확실하다고 판단되거니와 이곳에 장군이 묻혀있음이 분명하다고 생각된다.

4) 어려운 가정생활과 방황

부친 익선은 평소에도 술을 마셨지만 환갑 무렵부터 평소보다 훨씬 많은 술을 마시기 시작했고, 술을 마시고 집에 돌아올 때면 언제나 가족들에게 심한 폭언과 폭행을 서슴지 않았다고 한다.[35] 장수 역시도 어린 시절 수년 동안 내내 부친에게 많은 미움을 받았고, 욕도 많이 먹었으며, 수도 없이 매도 많이 맞았다고 한다. 그러면서 부친으로부터 "네가 공부를 잘해서 공무원이 될 수가 있겠느냐, 아니면 훌륭한 학교 선생이 될 수가 있겠느냐, 그렇다고 군인이 되어 장군으로 출세를 하겠냐 하시면서 너는 아무리 공부를 열심히 해도 다 소용없는 일이다"라는 말을 늘 들어왔다는 것이다. 이런 말을 들을 때마다 장수는 너무나도 마음이 상했고, '내가 왜 이런 집구석에서 태어났는지'라는 원망과 함께 산다는 것에 대한 깊은 좌절감을 느끼기도 했다고 한다.

이러한 부친의 행동이 오랫동안 계속되자 폭력을 견디지 못한 어머니께서 중학교 1학년 때인 1971년 가을에 결국 집을 나가 세검정의 어느 부잣집 가정부로 들어가 숨어 지냈다는 것이다. 생계를 책임질 사람이 없게 되자 자연히 집안 생활은 엉망이 되고 가족들은 기아선상에서 허덕이게 되었다고 한다. 당시 장수는 매일 하루에 아침 한 끼만을 먹고살았는데, 쌀이 없어 오로지 보리만을 삶은 꽁보리밥 한 공기에 된장은 고사하고 간장도 없어서, 보리쌀을 씻은 물에 굵은소금 한 숟가락을 넣어 끓인 소금국만을 가지고 식사를 했다는 것이다. 그렇지만 당시에는 너무나도 배가 고파 이런 꽁보리밥이라도 조금만 더 먹고 싶을 정도로 무척 맛이 있었다고 한다.

아침을 먹고 학교에 등교하여 점심때가 되면 혼자 밖으로 나와 수돗물로 배를 채우고, 잔디밭에 누워 하늘을 바라보고 있다가 점심시간이 끝날 때까지 도서관에 가서 책을 읽었다고 한다. 수업이 다 끝난 뒤에도 바로 집에 돌아가지 않고 도서관 문이 닫힐 때까지 책을 읽으면서 배고픔을 달래곤 했는데, 어차피 집에 가도 먹을 것이 전혀 없었기 때문이었다는 것이다. 늦게 집으로 돌아가면 울다 지쳐 얼룩진 얼굴로 잠든 동생을 보면 가슴이 아팠고, 간혹 학교에서 일찍 돌아올 때면 좋아서 매달려 놀다가 배가 고프다고 하면 아무것도 해줄 수 없어 괴로웠기에, 가능하면 학교에서 늦게 돌아왔다고 한다.

이렇게 고픈 배를 움켜쥐고 지친 채로 잠을 자고 일어나 아침이 되면, 어제와 똑같이 항아리에서 보리쌀 딱 한 공기만을 퍼서 씻은 뒤, 그 물로 소금국을 끓이고 꽁보리밥을 하면 부친과 동생과 장수 본인이 먹을 밥 딱 세 그릇이 나와, 그렇게 아침만 먹었다는 것이다.[36] 이렇게 지내다가 나중에는 너무나도 배가 고파서 동네 형을 따라 방학 때는 아이스케키 장사도 하고, 구두를 닦는 형에게 닦을 구두를 걷어다 주는 일도 했으며, 학교 가기 전 새벽 일찍 일어나 청계천 일대에 신문을 돌리는 신문배달도 했다고 한다. 이렇게 하여 겨우 허기를 때우면서 중학교를 졸업했는데, 가정 형편이 어려워 고등학교에 진학을 못하고 대신 당시 서울 마포에 있는 책을 만드는 회사인 '대한제본소'에 들어갔다고 한다. 이 제본소에서 일하고 있던 중 어느 날 부친께서 모친이 있는 곳을 어떻게 알아내고선, 자신이 잘못했다고 극구 용서를 빌고서 모친을 집으로 돌아오게 했다고 한다.

다행스럽게 어머니가 돌아오고 나서는 집안이 좀 안정이 되었는데, 장수는 몸이 아파서 제본소의 일을 잠시 쉴 수밖에 없었다고 한다. 그런데 마침 쉬고 있는 동안에 부친을 따라 함평군 곤봉산 능선 기슭에 있는 조부모(전의천과 이양림)의 묘소를 다녀올 수 있었는데, 이때가 1974년 그의 나이 17세 때의 일이다. 다음 해에 장수는 고등학교에 입학하여 비록 생활이 어려웠지만 그래도 3년 만에 학업을 마칠 수 있었다고 한다. 하지만 역시 가정 형편이 좋지 않아 곧바로 대학에 진학할 수가 없었고, 고3 담임 선생님의 추천으로 졸업도 하기 전에 서울시 등촌동에 있는 현금 출납기 등 전자제품을 만드는 '민성전자 주식회사'라는 회사에 취직하여 돈을 벌어야만 했다고 한다. 이렇게 해서 직장에 다니게 되었는데, 직장 내 주위 사람들을 보면서 '남자는 적어도 제대로 된 대학을 나오지 않고서는 사람대접을 충분히 받지 못하는구나'라는 것을 절감했다고 한다.

당시 장수는 교회를 다니고 있었다. 아마도 기독교 학교인 대광중학교를 다닌 영향 때문이었을 것으로 보인다. 그런데 다니던 교회에서 담임목사와 장로님들이 서로 싸우는 모습을 보고서 교회를 다니지 않기로 하고, 다니던 직장마저 6개월 만에 그만둔 뒤 불교에 빠져들게 되었다는 것이다. 1978년 그의 나이 21세 때의 일로 심적인 큰 방황이 있었던 듯하다. 당시 서경보 박사가 쓴 '불교철학개론'을 비롯하여 여러 권의 불교서적을 읽으면서 불교에 큰 관심을 가지게 되었는데, 마침 모교였던 중동고등학교 맞은편에 조계종 본사가 있어, 그곳 총무원장을 찾아가 불교에 귀

의하고 싶다는 말씀을 드렸다고 한다. 자초지종을 듣고 난 총무원장께서 경북 문경군 약수산 운암사에 자신이 잘 아는 스님이 계시니, 일단 그곳에 가서 행자생활을 하고 있으라고 하시면서 주소와 소개서 한 장을 써 주셨다는 것이다. 그래서 총무원장의 소개서와 주소를 가지고 운암사라는 절을 찾아가서 그곳에서 머리를 깎고, 승려복을 입고서 목탁을 치며 반야심경과 천수경과 같은 염불을 배우면서 행자생활을 하였다고 한다. 그런데 약 3개월 정도 행자생활을 하고 있던 어느 날 새벽, 법당에 들어가 목탁을 치면서 반야심경을 외우며 예불을 드리고 있는 도중에, 갑자기 천둥소리와도 같은 하나님의 음성을 들었다는 것이었다. 그 음성을 듣고서 약 2주간을 고민하다가 더 이상 견딜 수가 없어서 하산을 하여 집으로 돌아왔다고 한다.[37]

5) 청장년 시절 삶의 역정

절에서 내려온 후, 장수는 약 한 달 남짓 혼자 집에서 대학 입학시험을 준비하여 1979년도에 고려대학교 농업경제학과에 합격을 하였다. 남들보다 2년 늦게 대학에 입학했던 것인데, 극히 짧은 기간 동안 그것도 열악한 환경 속에서 혼자 준비하여 명문 대학에 합격한 것을 보면, 그 역시도 장군의 명석한 두뇌를 이어받은 것으로 보인다. 대학 합격을 축하하기 위해 당시 부친께서는 큰마음을 먹고서 집 가까이(동대문 근처)에 있는 진고개(珍古介)라는 고급 한식집에 데리고 갔는데, 이때 부친으로부터 이 음식점의 이름이 대고모할머니(전봉준 장군의 여동생)의 이름과 똑같다는 말을 들었다고 한다.[38]

뒤늦게 대학에 들어간 장수는 한 학기를 마친 후, 군 복무를 위해 휴학을 하고서 보충역으로 병역의 의무를 수행하였다. 당시 육군본부 인쇄소

현 동대문 밖 진고개 식당

전봉준 장군 여동생(全古介)과 같은 이름인 한식집 진고개(珍古介) 동대문점

에서 근무를 했는데, 그곳에서 근무하던 그해에 12.12사태가 발생했다고
한다. 1980년, 장수의 나이 23세에 보충역 근무를 모두 마치고 소집해제
되었다. 그 해에 누이 전영자가 결혼을 했다고 한다. 이후 24세 때인 1981

년 가을에 1학년 2학기로 복학을 하여 2학년까지의 과정을 마쳤지만 학비가 없어 학업을 계속할 수가 없어 다시 학교를 휴학하였다. 이전에 남동생과 누나가 학비를 도와주었지만[39] 동생이 수송병으로 지원해 군대에 가고 또 누나도 시집을 감으로써 더 이상 도움을 받을 수 없었기 때문이었다.

따라서 장수는 스스로 학비를 마련해야 했으며, 이를 위해 한국해양대학교 전수과(항해사 단기 양성과정)에 들어갔다. 이때가 그의 나이 26세 때인 1983년이었는데, 그곳에서 항해사 수업과정을 마치고 항해사 자격시험에 합격한 후에, 대한선박(주) KOREAN JADE호(11,000GT)에 승선하여 실습 항해사를 했다고 한다. 그리고 이듬해인 1984년에 해영상운(주) 해영 이스턴호(14,000GT)에 승선하여 3등 항해사로 약 1년간 일을 했는데, 이때 당시로서는 많은 월급을 받았다고 한다. 아무튼 이렇게 항해사를 해서 번 돈으로 1985년에 고려대학교 3학년으로 복학했다.

장수는 아직 학생의 신분이었지만 복학을 한 그해에, 1년 연상인 달성 서씨 서경국의 딸 서봉자와 결혼을 한다. 당시 장수의 나이는 28세로 사실 장가갈 나이는 되었지만 아직 학생의 신분이어서 결혼할 여건은 아니었다. 그런데도 결혼을 한 것은 연로하신 부친의 적극적인 요구 때문이었다고 한다. 그런데 공교롭게도 장수의 처도 집안에서 꺼리는 서씨였다고 한다. 역시나 부친 익선은 혹 대구 서씨가 아닌가라고 물어보면서 그다지 탐탁찮게 여겼다고 하는데, 이에 대해 장수는 대구가 아닌 달성 서씨라 하면서 별일 없이 넘어갔다고 한다. 부친께서는 일찍이 자신이 서씨와 결혼한 후 할아버지(용현)의 종용에 못 이겨 이혼을 한 당사자였음에도 불구하고, 서씨를 혐오하는 관념이 조부 못지않게 그의 머릿속에도 강하게 자리 잡고 있었다고 한다.

1987년에 장수는 30세의 늦은 나이에 대학교를 졸업하고서 대학원에 진학을 했다. 이때 대학원 지도교수의 추천으로 한국농촌경제연구원에 임시 연구원으로 들어가서 근무할 수가 있어 생계는 유지할 수가 있었다. 그리고 다음 해인 31세 때에 장녀 혜지를 낳고, 그 이듬해 연년생으로 차녀 혜정을 낳았다. 당시 부친께서는 자신의 고모인 전옥례와 전성녀가 연년생이었던 것처럼 자기 아들(전장수 본인)도 연년생으로 딸을 둘 낳았다고 여러 번 말씀하셨다고 한다. 연년생인 것에 대해 부친께서는 이상할 정도로 매우 민감하게 반응하셨는데, 아마도 할아버지(용현)로부터 들은 이들 고모할머니에 관한 여러 이야기가 생각났기 때문이 아닐까 한다.

32세가 되던 1989년에 장수는 고려대학교 대학원을 졸업하였다. 그리고 한국농촌경제연구원의 정식 연구원을 뽑는 입사시험을 치르고 합격하여 이제 임시가 아닌 정식 연구원이 되었다. 그런데 그로부터 3년이 지난 1992년에 당시 30세이던 동생 용석이 조현병으로 그만 사망하는 슬픔이 닥쳤다. 용석은 강원도 홍천에 있는 육군 수송부대에서 현역으로 군 복무를 했는데, 그때 너무 심한 스트레스를 받아 제대하기 바로 직전에 발병하여 계속 고생을 했다는 것이다. 그러다가 서울 동부시립병원에서 치료를 받아왔는데, 결국 청량리 정신병원에서 세상을 떠났다고 한다.

동생의 죽음은 장수의 삶에 큰 전환점이 되었다. 동생 용석은 어려서부터 형을 무척이나 따랐고, 고등학교를 중퇴하고 점원 생활을 하면서도 형의 학비까지 대줄 정도로 정이 매우 두터웠다. 이러한 동생의 죽음은 장수에게 크나큰 충격을 주었던 것이다. 이때부터 장수는 삶과 직업의 문제를 놓고서 심한 갈등을 하기 시작했는데, 1993년도에 고려대학교 대학원 박사과정에 입학을 하고 수료까지 했으나 그러는 동안에도 이전부터 머릿속에 맴돌던 인생의 방향 설정에 대한 갈등은 떠나지 않고 계속되었다. 결국 그는 인생의 방향을 바꾸어 다른 삶을 살기로 결정을 하고서, 1995년 38세 때에 안정적인 연구원을 그만두고 목사가 되기 위해 총신대학교 신학대학원에 입학을 했다고 한다.

6) 부친의 유언과 목회생활

그로부터 4년 뒤인 1998년 12월에 장수의 부친 익선이 90세의 나이에 노환으로 세상을 떠났다. 돌아가시기 전 부친께서는 중간에 동생이 죽어 어쩔 수 없이 4대 독자가 되어버린 장수에게 어떻게 해서든 가문의 대를 이을 아들 하나 낳기만을 간절히 소원했다고 한다. 그런데 결국 손자를 보지 못하고서 돌아가셨다. 장수는 부친의 시신을 화장을 해서 유골함에 담아 함평 곤봉산에 있는 조부모님의 묘소 아래에 임시로 가매장해 놓았다고 한다. 그렇게 한 이유는 부친의 유언에 따른 것이라 한다. 이미 앞에서 살핀 바 있지만 익선은 노년에 자신의 뿌리를 찾기 위해 많이 노력했음에도 불구하고 뜻을 이루지 못하고서 매우 자책을 하며 힘들게 지냈다. 그러면서 아들 장수에게 자신이 전봉준 장군의 친손자임이 밝혀져 족보에 이름이 올라가기 전까지는, 죽더라도 제대로 된 무덤을 만들지 말고 조부처럼 가매장해 놓으라고 일러두었다는 것이다.[40] 그래서 아직까지도 함평 곤봉산에 가매장 상태로 있다고 한다.

부친이 돌아가신 다음 해인 1999년 나이 42세 때에 장수는 대한 예수교장로회(합동) 교단에서 목사 안수를 받고 목사가 되었다. 그로부터 3년 뒤인 2002년 부친께서 그렇게 바라던 아들 예성을 45세의 나이에 낳았다. 그리고 다음 해에 한나 선교회의 복음 전파용 선박인 '한나호'의 2등 항해사로 승선하여 근무를 하였다. 그런데 그로부터 1년 뒤인 2004년에 뜻하지 않게 진주산업대학교(현 경남과학기술대학교) 산업경제학과에서 시간강사로 강의를 맡게 되었다. 당시 '한나호'가 정박하는 곳이 통영이었는데, 배에서 내려 서울로 올라가려면 진주를 거쳐야 했다. 통영에서 진주에 도착하여 서울로 가려던 중에, 마침 진주산업대학교에 예전 한국농촌경제연구원에서 같이 근무했던 잘 아는 선배가 있어 연락을 하게 되었다고 한다. 그런데 뜻밖에도 선배로부터 통계학, 계량경제학 등 강좌를 맡아달라는 부탁을 받았고, 결국 이를 받아들여 이후 4년 동안 진주에서 강의를 하게 되었다는 것이다.

　이것이 기연이 되어 진주에 머물게 되고, 지금까지도 진주에 살게 되었다고 한다. 그런데 당시 진주 성남교회의 담임목사가 마침 또 총신대학교 선배였는데, 진주에 있는 동안 자기 교회에서 청년부를 좀 맡아달라는 부탁을 해 와, 이 교회 교육목사로 부임하여 청년 2부 사역을 맡았다고 한다. 그러면서 예전에 쓰지 못한 박사논문을 틈틈이 시간을 내어 완성을 하여 2007년에 경제학 박사학위를 받았다. 한편 진주에 머물고 있던 2005년에 마침 '동학농민혁명참여자등의명예회복에관한특별법'에 따라 동학농민혁명참여자의 유족 등록을 정부기관에서 받았던 것인데, 몇 번이나 망설이다가 모친 김연임의 이름으로 유족 등록 신청서를 내었다고 한다. 당시에는 손자녀까지만 유족 신청을 할 수 있고 증손인 자신은 신청 대상이 되지 않았기 때문에 전봉준 장군의 손자며느리인 모친의 이름으로 신청을 했다는 것이다. 그러나 당시 손자며느리의 입장에서 전봉준 장군의 유족임을 증빙하기 위해 쓸 내용이 별로 없었기에, 경남도청으로부터 신청서가 반려되었다고 한다.[41]

　그로부터 2년 뒤인 2009년 장수는 52세의 나이에 남미 파라과이에 있는 엔카 한인교회의 청빙을 받아서 담임목사로 부임했다. 이곳에서 5년간 시무를 하고 56세 때인 2013년에 파라과이에서 경남 진주로 돌아와, 당시 진주 성남교회에서 신앙생활하고 있던 교인 30여 명과 함께 주님사랑교회를 개척하여 위임을 받고서 지금까지 목사로 사역하고 있다.

부록

〈자료 1〉

동학대장 전봉준 장군 가족들의 가족사

1) 고조부 〈전기창(창혁)〉
* 아래의 나이는 증언과 《병술보》에 근거한 1827년생을 기준으로 함.

- 창혁은 어릴 때 이름이고, 기창은 족보에 올라가 있는 이름임.
- 25세 때, 언양 김씨 김환의 딸과 혼인함.
- 29세 때, 당촌에서 아들 전봉준(명숙)을 낳았음.
- 서당 훈장의 일을 하면서, 생계를 꾸려 나갔음.
- 40세 때, 부인과 사별함.(아들 전봉준이 12세 때임)
- 41세 때, 어린 아들 명숙이 죽은 모친을 너무나 그리워했기 때문에 아들 의 마음을 달래기 위해서, 전창혁은 그동안 살고 있었던 고창을 떠나서, 근처에 있는 고부로 이사 갔음.
- 부인과 사별한 후에는 재혼하지 않고서 끝까지 혼자서 생활했음.
- 아들 전봉준과 둘이서만 살면서, 자신이 알고 있는 많은 것들을 아들에 게 다 가르쳤음.
- 67세의 나이로 사망했음.(고부 군수 조병갑에게 잡혀가, 태장을 심하게 맞아서 죽었음)
- 후손은 전봉준 뿐임.(전봉준은 형제가 전혀 없는 독자였음)

2) 증조부 〈전봉준(명숙)〉
* 아래의 나이는 증언과 《병술보》에 근거한 1855년생을 기준으로 함.

- 봉준과 명숙은 둘 다, 어릴 때 사용하던 이름임. 그러나 족보에는 '명숙'
  이나 '봉준'이 아닌, '병호'라는 이름으로 올라가 있다고 하셨음. 전봉준
  이 처형당한 후, 역적으로 몰려서 모두 죽게 되었던 전봉준의 후손을 보
  호하기 위해, 명숙이나 봉준이라는 이름이 족보에 나타나지 않도록 했으
  며, 그 대신에 '병호'라는 이름만 부친 전기창(창혁)의 친자로 남겨두었다
  고 했음. 족보나 호적에 있는 이름이나 날짜가 틀린 것들이 종종 있다고
  하셨는데, 실제로 그런 것 같음.
- 21세 때, 여산 송씨 송두옥의 딸과 혼인함.(부인이 네 살 연상임)
- 22세 때, 장녀 전옥례를 낳았음.(결혼한 그 다음 해에 낳았음)
- 23세 때, 차녀 전성녀를 낳았음.(언니 전옥례와 연년생으로 태어났음)
- 23세 때, 첫째 부인과 사별했음. 몸이 약한 부인은 연년생으로 딸 둘을
  낳은 결과, 둘째 딸 성녀를 낳다가 사망했음. 당시 사망한 부인의 나이는
  27세로, 아주 젊은 나이였음.
  첫째 부인 여산 송씨의 후손은 전옥례(장녀), 전성녀(차녀)임. (둘째 딸 전
  성녀는 전봉준의 둘째 아들인 전용현보다 다섯 살 더 많았음)
- 23세 때, 남평 이씨 이문기의 딸 이순영과 재혼했음. 전처와 사별한 바로
  그 해에, 공개적인 혼인예식 없이 재혼했음. 둘째 부인 이순영이 다섯 살
  연하임. 이순영은 이미 시집가서 자식을 하나 낳았지만, 돌림병으로 자
  신의 남편과 갓 낳은 아기를 모두 잃어버리고 청상과부가 되었었는데, 여
  전히 젖이 잘 나왔었기 때문에 죽은 첫째 부인의 둘째 딸 성녀의 젖어미
  로 집안에 들어와, 갓난아기 성녀에게 젖을 먹였을 뿐만 아니라 두 살짜
  리인 첫째 아이 옥례도 함께 키우면서, 어쩔 수 없이 아주 자연스럽게 전
  봉준과 한집에서 함께 살게 되었음.
  당시 전봉준은 자신의 두 아이를 키울 뿐만 아니라 수많은 집안일을 실
  제로 도맡아 하면서 함께 살고 있는 여자를 아내로 맞이하지 않는 것은,

사내 된 도리가 아니라고 생각했음. 하지만 그래도 자신이 처를 잃고 상
처한 바로 그 해에, 그리고 이순영도 역시 남편과 아이를 잃고 지내던 그
해에, 공개적으로 번듯하게 결혼식을 올리는 것은 결코 덕스러운 모습이
아니라고 하셨음. 물론 전봉준은 서로 결혼할 때까지는 이순영을 취하
지 않았다고 함. 때문에 전봉준은 추운 방안에다 정화수(井華水) 한 그
릇만을 떠 놓은 채, 이순영과 둘이서만 약식으로 혼인예식을 치렀으며,
그 이후에 이 사실을 주위 사람들 모두에게 알리고 나서, 그때부터 비로
소 정식 부부로서 함께 살기 시작했음.

- 25세 때, 장남 전용규를 낳았음. 재혼한 아내가 전처의 딸 둘을 키우느
라 힘든 상황에서 자신의 첫아들을 낳게 되자, 전봉준은 두 번째로 얻
은 아내가 힘들어서 또다시 죽게 될까 봐 무척 조심하면서 살았음. 때문
에 전봉준은 전처의 어린 두 딸을 자주 밖으로 데리고 다니면서 많은 시
간을 보냈었음. 그렇게 하여 당시 20세에 불과한 어린 아내가 자신이 낳
은 첫아들을 잘 키우도록 배려했으나, 전처의 어린 딸 둘을 키우느라 이
미 지쳐버린 아내는 자신의 첫 아들을 제대로 잘 돌보지 못해서, 첫 아들
전용규는 매우 약한 아이로 자라났음.

- 28세 때, 둘째 아들 전용현(의천)을 낳았음. 전용현은 갑신정변이 일어나
기 두 해 전에 태어났으며, 둘째 누나인 전성녀보다 다섯 살 아래였음. 나
중에 집안 어른들이 전봉준의 후손을 보호하기 위해, 족보와 호적에서
전봉준의 이름과 전명숙의 이름이 나타나지 않도록 했을 때, 전봉준의
두 아들 전용규와 전용현의 이름도, 모두 다 족보에서 보이지 않도록 했
다고 함. 장남 전용규는 부친 전봉준이 처형된 다음 해인 18세 때 사망
했기 때문에 족보에다 전병호의 친자인 '동일'이라는 이름으로 올려놓았
음. 당시 살아있던 차남 전용현은 그를 보호하기 위해서 족보에 전병호
의 아들로 올리지 않고, 이름을 '동길'로 바꾼 뒤에 전태호의 양자로 입적

시켜서 족보에 올려놓았다고 함.

후에 전용현의 아들 전익선이 이런 잘못된 호적을 바로 잡아서, 전병호의 이름이 전봉준임을 밝히고 '동일'은 '용규'로, 그리고 '동길'은 '용현'으로 고친 뒤에 전용현을 전태호의 양자가 아닌 전병호(봉준)의 차남으로 올려놓으려고 애를 썼지만, 배운 것이 없을 뿐 아니라 돈도 없어서 그만 뜻을 이루지 못한 채 이 세상을 떠나고 말았음. 그런데 학자들의 주장에 따르면, 보통 장남을 양자로 들여보내기 때문에 양자로 입적된 동길이 용규이며, 친자로 올라가 있는 동일이 용현일 것이라고 그렇게 주장함.(부친께서 저에게 해 주신 말씀과 학자들의 주장 가운데, 어떤 것이 더 정확한지는 저도 잘 모르겠음)

- 39세 때, 부친(전창혁)이 태장을 맞아서 사망함.(이때, 둘째 아들 전용현의 나이가 12세였음)

- 41세의 나이로 사망함.(동학군의 우두머리로 체포되어, 재판을 받고 교수형으로 처형되었음)

- 〈둘째 부인 이순영의 후손〉은 전용규(장남), 전용현(차남)임. 약하게 자라난 장남 전용규는 폐병에 걸려, 이를 이기지 못한 채, 18세 때 동곡리에서 죽었음. 죽은 용규의 시신은 폐병에 걸린 채 죽었다고 하여 매장하지 않고 화장을 해서, 무덤이 없음.(현재, 전용현의 배다른 누나인 전옥례, 전성녀의 후손들과 전용현의 후손들과는 서로 연락이 완전히 두절된 상태임)

3) 조부 〈전의천(용현)〉

* 아래의 나이는 증언에 근거한 1882년생을 기준으로 함(《병술보》에는 1886년생으로 기재되어 있음)

- 전용현은 어릴 때 집에서 사용하던 이름임.('전의천'이라는 이름은 전용
  현의 큰누나인 전옥례가 직접 지어준 이름으로, 고향을 떠나 숨어 다니
  면서 살 때, 역적의 자식으로 잡혀 죽지 않도록 호적에 올려놓은 이름이
  며, 죽을 때까지 사용했던 '전용현'의 또 다른 이름임)

  〈전동길/(족보)=전용현/(아명)=전의천/(호적)〉
- 11세 때, 큰 누나 옥례가 17세의 나이로, 지금실에서 살고 있던 강씨 집안
  남자에게 시집갔음.(부친 전봉준은 자신과 친구처럼 지내던 김개남의 중
  매로, 큰딸을 지금실로 시집보낸 것임)
- 12세 때, 큰 누나 전옥례가 시집간 다음 해에, 전창혁(기창) 할아버지께
  서 돌아가셨음.
- 13세 때, 몸이 약했던 형 전용규(당시 16세)가 폐병에 걸렸음.(전봉준과
  그 아내 이순영은, 큰아들의 폐병이 다른 자녀들에게 옮기는 것을 막기
  위해 전용현을 시집간 큰 누나 전옥례의 집으로 보냈으며, 전성녀를 사
  찰에 비구니로 들여보냈음. 차녀 전성녀가 절에 들어가서 비구니가 된 것
  은 전성녀의 친 외삼촌 두 분이, 모두 스님으로 계셨기 때문인 것 같다고
  했음)
- 14세 때, 부친(전봉준)이 관군에게 잡힌 후, 처형당했음.(전용현이 폐병에
  걸린 형을 피해서 시집간 전옥례 누나의 집으로 가서 살게 된 다음 해에,
  부친 전봉준이 처형당한 것임. 그 이후에 큰 누나 전옥례는 남동생 전용
  현의 이름을 '전의천'으로 바꾸어 주었으며, 그 뒤부터 전용현은 죽을 때
  까지, 큰 누나가 지어준 '전의천'이라는 이름으로만 살았음. 즉, 전용현은
  부친이 처형당한 이후에는 자신이 전봉준의 친아들인 것을 철저히 숨긴
  채, 오직 '전의천'이라는 이름으로만 살아갔던 것임. 전의천은, 처음에는
  더부살이하는 자신 때문에, 시집간 옥례 큰 누나와 자형이 살아가는 데
  부담을 주지 않으려고, 그 동네에서 머슴살이 생활을 하기도 했었음. 전

봉준이 처형당하자, 전봉준의 아내 이순영은 폐병에 걸린 큰아들 용규를 데리고 산으로 들어가서, 토굴을 파고 숨어서 지냈음. 모친 이순영은 며칠 간격으로 토굴에서 내려와, 먹을 것을 구해서 산으로 돌아가곤 했지만, 당시 두 모자는 너무나도 힘들고 고통스러운 나날들을 보내야만 했었음)

- 15세 때, 폐병을 앓던 형 전용규(당시 18세였음)가 결국 병을 이기지 못한 채, 죽고 말았으며, 큰아들의 병을 간호하던 모친 이순영도, 역시 아들과 똑같은 폐병에 걸리게 되었음.

- 16세 때, 전의천은 큰 누나 전옥례의 집에서 함께 살다가 심각한 문제를 일으키고 자형에게 쫓겨나서, 큰 누나가 살던 지금실 마을을 떠나게 되었음. 당시 전의천은, 둘째 누나는 절로 들어가 버렸지, 부친은 처형당하여 세상을 떠났고, 그 이듬해엔 형도 폐병으로 죽고 어머니마저 병에 걸리게 된 것으로 말미암아 너무나도 큰 충격을 받았으며, 갑자기 누나와 부친과 형을 잃은 슬픔과 괴로움을 달래기 위해서 도박에 빠져들게 되었음.

  그러다가 도박 빚을 많이 지게 되어서 함께 사는 옥례 누나와 자형에게도 큰 부담을 주었음. 자형이 처음 몇 번은 처남이 도박하는 심정을 이해하고, 그 빚을 갚아 주기도 했었다고 함. 하지만 계속해서 늘어나는 처남의 도박 빚을 끝까지 다 감당할 수가 없었던 자형은 마침내 처남인 전의천을 집에서 나가라고 쫓아냈으며, 옥례 누나도 이를 말릴 수가 없었음. 한편, 큰 빚을 지게 된 전용현(의천)은 지금실 마을 안에서는 계속해서 살 수가 없음을 깨닫고, 밤중에 몰래 마을에서 도망쳤음. 큰 누나 집으로 간 지 3년 만에 지금실을 떠나게 된 것임.

- 17세 때, 절에 들어가서 비구니로 생활하던 둘째 누나 전성녀는 절에서 지내는 도중에 어찌어찌하여, 서로 마음이 통하는 남자(이씨 집안 사람

이라고 함)를 만나게 되었다고 함. 그런데 성녀는 이 남자와 서로 마음만 주고받으면서 몸은 함께 하지 않고, 1년여의 세월을 보냈음. 그 남자는 둘째 누나 성녀가 너무나 마음에 들어서, 절을 떠나 같이 혼인하자고 무척 많이 졸랐으나, 성녀는 당시 출가한 비구니인 데다가 승려인 외삼촌들도 있어서 몹시 망설였다고 함. 아무튼, 당시 비구니로 절에 있었던 전봉준의 둘째 딸 전성녀는 이씨 집안의 이 남자를 통해서, 절 밖의 세상이 어떻게 돌아가고 있는지를 알게 되었으며, 그리고 자신의 가족들이 어떻게 살고 있는지에 대한 여러 가지 소식들도 전해 듣게 되었음.

성녀는 자신이 출가한 이후에, 부친의 처형 소식과 남동생 전용규도 병으로 사망했으며, 어릴 때 자신을 좋아하여 따르던 동생 전용현이 옥례 언니의 집에서 쫓겨난 일 등등으로 인해서 무척 괴로워했으며, 특히 병든 동생 용규를 돌보던 어머니가 같은 폐병이 들어서 외롭고 힘들게 투병 중이라는 소식을 전해 듣고는 절에서 나와 환속하여, 비록 자신을 낳지는 않았지만 자신을 키워준 아픈 어머니를 돌보기로 마음을 고쳐먹었음. 그래서 성녀는 자신에게 혼인해 달라고 조르는 그 남자에게, 폐병에 걸린 어머니를 모시고서 함께 살겠다면 절을 내려가서 혼인해 줄 수 있다고 했으며, 이에 대한 약조를 단단히 받은 후에 그 남자에게 혼인을 허락했다고 함.

- 18세 때, 둘째 누나 성녀가 마침내 비구니 생활을 포기하고 절에서 나와 환속하여, 그곳에서 서로 알고 지내며 자신이 혼인을 약속해 주었던 이씨 집안 남자와 결혼했음. 당시 성녀의 나이는 23세였음. 그런데 동생 전용현은 도피 중이라서, 둘째 누나의 혼인 소식을 듣지도 못했었음. 절에서 나와 결혼한 전성녀는 자신이 전봉준 장군의 친딸인 것을 철저히 숨기기 위해서 자신의 이름을 언니 '옥례'의 이름과 비슷한 '옥련'으로 바꾸었으며, 심지어 성까지도 '전(全)'자와 비슷한 '김(金)'으로 고쳐 '김옥련'으

로 바꿔 부르면서 살았지만, 호적까지 고쳐서 산 것은 아니라고 함. 둘째 딸 전성녀는 자기 남편과 함께 병든 어머니 이순영을 모시고 4년간 생활했으나, 이미 상태가 매우 나빠진 어머니의 폐병은 도저히 고칠 수가 없었음.

- 22세 때(둘째 누나 성녀가 27세 되던 해에), 약 7년간 폐병을 앓고 있던 병든 모친은 결국 향년 44세의 나이로 일찍 돌아가셨음. 사망한 모친은 35세 때부터 장남 전용규의 폐병을 치료해 주다가, 용규가 죽던 37세 때 그만 자신도 폐병에 걸려서, 그 이후로 7년 동안 큰아들과 똑같은 병을 앓았던 것임. 44세의 젊은 나이로 사망한 이순영은, 당신의 나이 34세 때는 시아버지 전창혁(기창)이 태장에 맞아서 죽고, 35세 때는 장남이 폐병에 걸려서 차남을 출가한 큰딸에게 맡겨야 했으며, 차녀는 비구니로 절에 들여보내야만 했고, 36세 때는 남편 전봉준이 처형당해서 죽고, 37세 때는 2년 동안 폐병을 앓던 장남이 죽었을 뿐만 아니라 자신도 같은 병에 걸리게 되었고, 38세 때는 사위집에 얹혀서 살던 차남 용현이 도박 빚 때문에 사위에게 쫓겨나서, 도망치듯이 16세의 어린 나이로 살던 마을을 떠나는 등 가슴 아프고 괴로운 일들을 한해도 빠짐없이 겪어오던 이순영의 병세는 조금도 회복되지 않고, 점점 더 심해지고 말았음. 물론 그 후, 2년 뒤인 40세 때는 둘째 딸 전성녀가 절에서 나와 혼인하게 되어, 잠시 딸과 사위의 보살핌을 받으면서 함께 생활하기도 했었지만, 앓고 있던 폐병이 계속 심해져서 결국, 44세 때, 오랜 지병을 이기지 못한 채, 너무나도 가슴 아프고 서러웠던 당신의 일생을 마무리하고는, 자신의 생일을 하루 앞둔 날, 자기보다 먼저 이 세상을 떠난 남편 전봉준을 따라 남편이 죽은 지 8년 만에, 한 많고 서글픈 이 세상의 삶을 모두 마쳤음.

전봉준의 아내 이순영도 그 아들 전용규처럼 폐병으로 사망했기 때문에 당시 폐병 환자들의 시신을 처리하는 방법대로 똑같이 화장했다고 함.

그래서 내가 어릴 때, 처음에는 증조모(이순영)의 무덤은 없다고 부친(전익선)에게서 들었는데, 나중에 내가 청년이 되었을 때는, 조부(전용현)께서 무안에 살고 있을 때, 현재 동국대학교 뒷산인 서울 남산 끝자락에 처형된 후에 버려져서 '가매장' 되어있던 증조부(전봉준)의 유해를 이장하면서, 실학실('시럭실'이라고도 하셨음)에 있는 저수지 근처에 묻혀 계시던 증조모(이순영)의 유해도 '재이장'하여, 증조부와 합장하여 두 분의 고향 근처인 비봉산 깊숙한 곳에다 모셔놓았다고 했음. 하지만 나는 부친(전익선)에게 그 사실을 어떻게 믿을 수 있느냐고 물어보면서, 믿지 않았었음. 처음에 내가 어렸을 때, 무덤이 없다고 했었던 말과 다르게 말했기 때문에 믿지 않았던 것임.

- 자신의 도벽 때문에 큰 누나와 자형의 집에서 쫓겨나, 전국을 떠돌며 방황하던 용현은 전국을 여기저기 떠돌아다녔기 때문에 처음엔 둘째 누나 성녀의 혼인 소식을 듣지 못했으나, 나중에 누나가 혼인해서 병든 모친을 모시면서 살고 있다는 얘기를 전해 듣게 되었다고 함. 하지만 형 용규에게서 폐병이 옮은 모친이 시집간 성녀 누나의 집에서 함께 살다가, 병이 점점 심해져서 결국 폐병을 이기지 못한 채, 힘들고 고통스러운 나날을 보내시다가 돌아가셨다는 슬픈 소식도, 전국을 떠돌던 전용현은 모친 사후에야 뒤늦게 알게 된 것임.

- 전의천(용현)은 모친이 돌아가셨지만 임종도 지켜보지 못했음을 자책하게 된 이후로는, 모든 도박에서 손을 떼고 그 이후로 두 번 다시 도박에 손을 대지 않았을 뿐만 아니라, 훗날 자기 아들인 전익선에게도 절대로 도박을 하지 못하도록 매우 엄하게 가르쳤음.

- 그리고 전익선 역시 자신의 자녀들에게 도박을 전혀 하지 못하게 했으므로, 전익선의 아들인 전장수 역시 도박을 전혀 하지 않고 살았음. 전용현(의천)의 아들 전익선은 그 아들 전장수에게 만일 도박을 하면, "그 손

목을 잘라 버리겠다"고까지 위협할 정도로, 도박에 대해서는 일체 손을 대지 못하게끔 매우 엄하게 가르친 것임. 때문에 전장수도 이와 마찬가지로 자신의 두 딸과 현재 고등학교 1학년인 자기 아들 전예성에게 게임이나 놀이일지라도, 도박은 아예 가까이도 가지 못하게 가르치고 있음.

- 24세 때, 전국을 떠돌다 전남 함평에서, 처녀 이양림을 만났음. 전의천은 처자 이양림의 나이가 자신보다 다섯 살 연하임을 알게 되어, 자기 부친 전봉준과 모친 이순영 사이의 나이 차이와 똑같은 다섯 살 연하임을 발견하고 매우 좋아했으며, 나중에는 생일까지도 쌍구월(9월 9일)로 서로 똑같은 것을 알고 나자, 둘이 만난 것은 하늘이 정해 준 운명이라고 그렇게까지 생각했다고 함. 하지만 모친이 돌아가신 지 얼마 안 되었기 때문에 장차 함께 혼인할 것만 약조하고, 결혼 후에 살 집을 마련하기 위해 전남 무안으로 내려가 그곳에서 조그만 촌집을 구해 놓고서, 그다음 해에 다시 함평으로 돌아와서 이양림 처자에게 혼인하자고 했음. 이때가 모친이 돌아가신 지 3년째가 되는 해였음.

전의천은 장인어른에게 자신은 고아와 같이 혈혈단신이므로 결혼식을 치러줄 이가 아무도 없는데, 그래도 따님을 좋아하니 딸과 함께 살 수 있도록 허락해 주시겠냐고 그렇게 물어봤다고 함.(그때 당시 전의천의 조부모님과 부모님은 모두 다 돌아가시고 형 용규도 병사했으며, 큰 누나 옥례와는 그 남편인 자형에게서 쫓겨 난 신세이고, 둘째 자형은 결혼식 할 때나 모친을 모시고 있을 때, 한 번도 얼굴을 비춘 적이 없었기 때문에 찾아뵙기가 너무나 민망했으므로, 자신의 결혼과 관련하여 상의하고 의지할 가족이 아무도 없었던 것.) 다행히도 장인어른은 사위가 되겠다는 전의천의 인물이 훤하고 글도 읽고 쓸 줄 아는 등, 비록 집안도 알 수 없고 매우 가난했었지만 그래도 젊은이에게 기개가 있다고 생각하여, 자기 딸의 혼인을 그렇게 나쁘게 생각하지는 않았다고 함. 물론 의천(용현)은 그 당시에도 자신이 전봉준의 친아들임을 철저히 숨기고는 말하지 않았었음.

그런데 당시 장인어른께서는, 만약 이 두 사람을 혼인시키지 않으면 자기 딸이 그대로 집을 나갈 것 같은 눈치를 채고서, 그럼 자기 집에서 결혼식을 치르자고 하여 처가 식구들과 동네 사람들만을 모아 놓고서 처가 집에서 혼인예식을 치렀다고 함. 당시 신랑인 전의천은 자신이 전봉준의 친아들인 것을 속이고서 살아가는 중이라, 자신의 가족이나 친척은 물론이고 그 누구도 자신의 하객으로 부를 수가 없었음.

- 25세 때, 함평 이씨 이춘경의 딸 이양림과 혼인했음.(결국 모친이 돌아가신 지, 3년이 지난 후에야 결혼한 것임) 딸을 자신의 집에서 혼인시킨 장인어른은 사위가 무안으로 내려가서 살겠다는 말을 듣고, 무안에서 농사를 지으며 살 수 있도록 땅 몇 마지기 정도 살 수 있는 돈을 사위에게 주면서, 딸과 사위를 무안으로 떠나보냈음.

- 26세 때, 장녀 전오복을 낳았음.(혼인한 지 1년 후에 첫 딸을 낳은 것임) 전의천은 자신이 하도 기구하고 박복한 생을 살고 있어서, 첫 딸의 이름을 복이 많은, 즉 5가지의 복을 가져오는 아이가 되라고 오복이라는 이름을 지어 주었다고 함. 그래서 큰딸의 이름이 남자 이름 같이 지어진 것임.

- 28세 때, 장남 전상원(익선)을 낳았음.(고조부[전기창]께서 그 아들 전봉준을 29세에 낳았고, 증조부[전봉준]는 조부[전의천]를 28세에 낳았는데, 조부께서도 역시 증조부와 똑같이 28세에 부친[전상원]을 낳았다고, 저의 조부께서 저의 부친에게 늘 말씀하곤 하셨다고 함. 제가 28세에 결혼을 하니까 이런 얘기를 하신 것임) 28세에 귀한 아들을 얻게 된 전의천(용현)은 자식을 연년생으로 낳으면 아내가 죽을 수 있으며, 낳은 자식들도 잘 키우기가 힘들다는 말을 아주 어린 시절에 부친에게서 자주 들었었기 때문에, 아들을 얻은 이후에는 매우 조심하여 아들이 어느

정도 자랄 때까지, 약 4년간은 자식을 낳지 않았었음. 전의천은 처음 몇 년은 무안에 내려가서 농사를 지으며 살았지만 아들 전익선을 낳은 이후에는, 자신이 살던 동네 어린이들에게 한학을 가르치면서 살았음. 즉, 마을 서당 훈장을 한 것임. 전의천은 아주 어릴 때부터 무척 총명했다고 함. 그래서 어린 시절에 부친 전봉준에게서 배운 한학 지식을 가지고 동네에서 서당 훈장 노릇을 하면서, 자신의 생계를 꾸려갔던 것임.

- 32세 때, 차녀 전오녀를 낳았음.(둘째 딸의 이름을 '전오녀'라고 지었는데, 이는 장녀 오복의 '오'자와 어릴 때 좋아하고 따랐던 둘째 누나 성녀의 '녀'자를 따서 지었다고 함)

- 35세 때, 삼녀 전복순을 낳았음.(셋째 딸의 이름은 장녀 오복의 '복'자와 어머니 이순영의 '순'자를 따서 '전복순'으로 이름을 지었다고 함)

- 37세 때, 차남 전태선을 낳았음.(이때가 '삼일독립만세운동'이 일어나기 직전 해였다고 함)

- 38세 때, 삼일독립만세운동이 일어난 혼란을 이용하여, 서울 남산 끝자락(현, 동국대학교 뒷산)에 '가매장'되어있던 부친 전봉준의 유해를 수습해 가지고 내려와서, 정읍 비봉산에다가 이장했음.

- 39세 때, 장남 전익선이 가출함.('삼일독립만세운동'이 일어난 다음 해에, 큰아들 전익선이 12세의 어린 나이로 가출했음. 저의 조부 전의천은 처음에 장인어른이 사준 땅 몇 마지기로 농사도 지어봤지만 쉽지 않았다고 함. 따라서 힘들게 농사지으며 사는 것보다는 동네 아이들에게 한학을 가르치면서 생활했었음. 전용현은 아들 전익선도 한학을 배워야만 한다고 생각해서 무척 엄하게 공부를 시켰었는데, 아들은 이런 엄한 부친을 너무 무서워하면서 괴로워하다가 결국에는 아버지에게서 도망쳐서, 그 길로 전국을 방랑하면서 살았음. 어린 아들 전익선은 부친이 자신에게 공부를 가르치면서 사정없이 매를 들어서 혼내는 것을 너무나 두려워해

서, 부친 전용현 몰래 집을 가출한 것임)

- 42세 때, 차남 태선이가 6세의 나이로 장티푸스(장질부사)에 걸려, 심한 고열과 오랜 '토사곽란' 끝에 그만 죽고 말았음.

- 43세 때, 전용현의 아내 이양림은 너무나 엄격한 남편 때문에 큰아들 익선이가 나이도 어린 12세 때(당시 아내 이양림의 나이 34세 때) 집을 떠나 가출한데다가, 3년 뒤에는 여섯 살짜리 막내 태선이 까지도 돌림병으로 죽게 되자, 너무나도 상심한 나머지 계속해서 시름시름 앓다가는 더이상 딸들을 키우기가 힘들어서, 딸 셋을 모두 데리고 친정인 함평으로 돌아가 그곳에서 지내다가 약 2년 후에 사망했다고 함.

- 45세 때, 아내 이양림(당시 40세)이 친정집 함평에서 남편보다 먼저 이 세상을 떠났음. 이때 집을 나간 장남 전익선은 모친의 죽음에 대한 소식을 연락받을 길이 없어서, 모친의 장례식에도 참석하지 못했음. 그리고 모친은 무안에는 아무런 연고가 없었기 때문에 모친의 친정집이 있던 함평에서 장례를 치른 후, 그곳 함평 땅에다 그녀의 무덤을 만들었음.

- 아내를 잃고, 딸 셋을 모두 다 처가 집의 장인어른께 맡겨 놓은 저의 조부 전의천은, 혼자서 외롭게 전국의 이곳저곳을 15년 동안이나 떠돌아다니면서 살았다고 함. 전의천은 그런 와중에 처가댁에서 살던 딸들을 보고 싶은 마음이 간절한 때도 종종 있었지만, 장인어른을 뵐 면목이 없고 또 그럴 용기도 나질 않아서 끝내 딸들을 만나보지 못했다고 함.

- 전의천(용현)은 60세의 나이로, 환갑을 맞이하기 직전에, 전남 목포에서 사연 많고 한 많은 자신의 외롭고 서글픈 일생을 모두 마감했음.(그때가 해방되기 4년 전이었음) 사망한 전용현의 시신은 그가 죽기 몇 해 전부터 목포에서 그와 함께 지내던 사람들이 목포 유달산 기슭에 있는 공동묘지에 매장해 놓았으나, 나중에 아들 전익선이 이를 알게 되어, 부친의 유해를 수습하여 함평으로 모시고 가서, 모친 이양림의 무덤 곁에

다 나란히 안장해 놓았음. 현재, 전용현은 함평군 곤봉산 능선 중간에, 부인 이양림과 함께 나란히 묻혀 있음. 조부 전용현의 사망 당시에는, 그 아들 전익선이 전국을 떠돌아다니다 만주에 있었기 때문에, 당신 부친의 장례식에도 참석하지 못했었음. 전익선은 당신 부모님 두 분 모두의 장례식에 참석하지 못한 일을 두고 평생을 후회하고 가슴 아파했었음. 그래서 나중에 전익선은 따로 매장되어 있던 부친의 유해를 거두어서, 모친의 고향인 함평 곤봉산에다 이장한 것임.

- 후손으로 전오복(장녀), 전익선(장남), 전오녀(차녀), 전복순(삼녀), 전태선(차남)이 있음.(차남 전태선은 여섯 살 때 장티푸스로 죽었으며, 딸들도 현재는 모두 다 돌아가셨고, 지금 저희 집과 그 후손들끼리는 서로 연락이 완전히 두절된 상태임)

4) 부친〈전익선(상원)〉

* 아래의 나이는 증언에 근거한 1909년생을 기준으로 함(제적등본에는 1907년생으로 기재되어 있음)

- 전상원은 어릴 때 집안에서 부르던 이름이며, 전익선은 호적에 올려진 이름임.
- 11세 때, 삼일독립만세 운동이 있었다고 함.
- 12세 때, 너무나도 무서운 아버지에게서 도망치려고 가출하여, 전국을 떠돌아다니면서 살았음.
- 15세 때, 남동생인 막내 전태선이 장티푸스에 걸려서 여섯 살의 어린 나이로 죽었음.(이 사실을 나중에 소식으로만 전해들은 것이라고 함)
- 18세 때, 모친(이양림)이 돌아가셨지만 그 임종도 지켜보지 못했다고 함.(당시 모친은 40세의 젊은 나이였음)

- 26세 때, 이천 서씨 서극선의 딸 서정월과 결혼했음.(전국을 떠돌아다닌 지 14년 만임. 당시 아내 서정월의 나이가 남편 전익선의 나이보다 여덟 살 연하인 18세였음)
- 27세 때, 첫아들 전기철을 낳았음.
- 31세 때, 그때까지 아들 전기철을 호적에 올리지 않고 있었는데, 전기철이 다섯 살의 나이로 그만 이질에 걸려서 나중에는 결국 '병사'했음.(전익선은 첫아들의 죽음 때문에 아내 서정월과 부부 사이의 갈등이 너무 심해져서 결국 결혼생활에 실패했으며, 아들이 죽은 그 해에 서로 이혼하고 말았음)
- 32세 때, 어린 아들의 죽음과 아내의 이혼으로 인한 마음의 상처 때문에 전익선은 또다시 약 14년 동안 전국 각지를 방랑하면서 떠돌아다녔고, 이때는 멀리 만주와 연해주 및 중국 땅까지도 돌아다녔었다고 함.
- 33세 때, 부친 전용현이 향년 60세의 나이로 목포에서 돌아가셨음.(해방되기 4년 전임) 당시 전익선은 만주에 있었기 때문에 부친의 죽음에 대해서 어떤 연락도 받지 못했다고 함. 물론 부친의 부음을 알게 되었다고 하더라도 그때는 너무나 먼 곳에 있어서, 부친의 임종이나 장례식에는 참석할 수가 없는 상태였었다고 함. 전익선은, 첫 번째로 부친의 집을 떠난 지 6년이 지난 18세 때는, 함평에서 세상을 떠난 모친(이양림)의 임종과 장례식에 참석하지 못했고, 나중에 두 번째로 자기 집을 떠나서 방랑하던 33세 때는, 목포에서 세상을 떠난 부친(전용현)의 임종과 장례식에 참석하지 못함으로써, 부모님 두 분께서 세상을 떠나는 마지막 임종 모습을 모두 다 뵙지 못해서, 전익선은 이를 평생의 한으로 여기면서 늘 마음 아프고 힘들어하면서 살아갔었음.

  그리고 이 때문에 전익선은 '사람의 운명이 참으로 기구하다'는 말을 평소에 자주 했었음. 자기 부친인 전용현도 처형당한 아버지(전봉준)나 어머니(이순영)의 임종을 지켜보지 못했었는데, 자신도 역시 아버지(전용현)와 어머니(이양림)의 임종을 모두 다 지켜보지 못했다고 한탄했음. 그런데 나중에 전익선의 아들 전장수 역시 서울에서 멀리 떨어진 지방에서 목회하느라고 그 부친(전익선)의 임종을 지켜보지 못했으니, 참으로 '기구한 운명의 연속'이 아닐 수가 없음.

- 38세 때, 만주와 연해주 및 북한지역을 떠돌던 생활을 종료하고, 남한 지역으로 내려와서 살게 되었음. 이때가 해방된 그 다음 해였으며, 여전히 남한 지역 전국을 떠돌아다녔음.

- 42세 때, 한국전쟁이 일어나자 피난 생활을 하면서, 선친과 자신의 고향인 전라도 지역으로 내려가서 살았음. 주로 정읍, 고창, 나주, 함평, 무안, 목포 등지를 오가면서 살았다고 함.

- 45세 때, 한국전쟁이 끝나던 그해에는 서울로 올라와서 살게 되었고, 그런 와중에 광산 김씨 김석권의 딸 김연임을 서울에서 만나 재혼하였으며, 그 이후로는 사망할 때까지 서울을 떠나지 않았음.(가족들과 함께 자신의 남은 생애 전부를 서울에서 보낸 것임) 둘째 부인 김연임은 함평 사람으로 19세 연하인데, 그 부인은 지금까지 생존해 있으며, 모두 2남 2녀를 낳았고, 현재 시집간 장녀(전영자)의 서울 집에서 함께 살고 있음.

- 전익선은 결혼한 후에, 서울에서 주로 막노동을 하면서 하루하루 생계를 꾸려갔었음. 어린 시절에 너무나 무서운 부친 때문에 일찍 집을 떠나 전국을 떠돌면서 살았기 때문에, 글을 제대로 배우지 못했고 기술도 익히지 못해서, 다른 직업은 거의 가질 수가 없었음. 때문에 공사장이나 장터 등지에서 날품을 팔면서 하루하루 생계를 이어나가야만 했었음.

- 48세 때, 재혼한 지 3년 후, 장녀 전영자를 낳았음.

- 50세 때, 아들 전우석(장수)을 낳았음. 50세가 되던 해에 아들을 낳았다고 해서, 그 아들을 보고 늘 '쉰둥이'라는 소리를 하곤 했음.

- 53세 때, 차녀 전영숙을 낳았음.
- 55세 때, 차남 전용석을 낳았음.
- 56세 때, 차녀 영숙(당시 네 살)을 잃어버렸음.
- 58세 때, 겨울철에 자전거로 쌀 배달을 하다 빙판길에 미끄러져서 왼쪽 어깨뼈가 부러졌지만, 치료비가 없어서 부러진 뼈를 치료하지 못하고 지내다가, 그 부작용과 후유증으로 왼쪽 팔을 영구히 쓰지 못하는 신체장애자가 되고 말았음. 이후부터는, 당시 39세로 훨씬 젊었던 아내가 네 살짜리 막내(전용석)를 등에 업고 다니면서, 생선 행상을 하여 직접 돈을 벌어서 집안 살림을 꾸려나갔고, 또 아이들도 모두 키웠음.
- 61세 때(환갑 때), 자신의 장남 전장수를 데리고 당신 고모인 전옥례를 만나러 갔음. 당시에 전옥례 고모가 노환으로 병이 들어 있었는데, 그 고모가 죽기 전에 당신 아버지(전봉준)의 핏줄인 전장수를 꼭 보고 싶다고 해서 저를 데리고 간 것임.
- 62세 때, 결국 전봉준의 장녀인 전옥례 고모님께서 돌아가셨음.
- 63세 때, 장남 전장수를 데리고 정읍 비봉산에 묻혀 있는 조부 전봉준 장군의 묘소를 찾아감. 모두 세 곳을 알려줌.(동곡리와 비봉산 이씨 문중 선산, 그리고 비봉산 자락 우동마을임) 이 세 곳 가운데 2곳은 가짜 묘이며, 나머지 한 곳만이 진짜 조부 전봉준 장군의 묘라고 했음.
- 66세 때, 장남 전장수를 데리고 함평 곤봉산에 묻혀 있는 양친(전용현, 이양림)의 묘소를 찾아감.
- 71세 때, 장녀 전영자를 결혼시킴.
- 74세 때, 족보를 바로 잡기 위해서 같은 천안 전씨 사람인 전만길 씨를 만났음. 그 옛날, 전용현(의천)이 마을에서 쫓겨나듯이 떠난 뒤로는 전혀 연락이 닿지 않자, 종친회에서는 전봉준의 아들 전용현의 양자로 전만길을 입적시켜서, 전봉준 장군과 그 아들 전용현의 제사를 도맡아서 지

내게 하고 있었다고 함. 그때는 전익선이 교회를 다니기 이전이라, 증조부 전창혁과 조부 전봉준 그리고 부친 전용현의 제사를 모두 다 지내고 있었기 때문에, 전익선은 그 아들 전장수에게 "내가 이렇게 멀쩡히 조상님들의 제사를 잘 지내고 있는데, 양자인 전만길이 또다시 제사를 지낸다"라고 얘기하면서, 기분 나쁘게 생각했었음. 물론 나중에는, 교회를 다니게 된 이후에는 모든 제사를 다 포기하였으며, 그 이후로는 어떠한 제사도 드리지 않았었음.

- 전익선은 생전에, 아들 전장수에게 집안의 파시조가 '보문각 대제학'을 지낸 매우 훌륭한 분이라고 어려서부터 얘기해 주면서, 그 사실을 잊지 않도록 주지시켰음. 때문에 그 아들 전장수는 한때 이 말을 오해하여, 자신의 집안이 천안 전씨 '대제학공파'가 아닌가? 하는 그런 생각도 오랫동안 했었음. 하지만 나중에 천안 전씨 시조 단소를 찾아보았을 때, 묘소에 있는 비문을 통해서, '보문각 대제학'을 지낸 분이 '문효공'임을 분명하게 확인할 수 있었음.

- 76세 때, '천안전씨대동보(문효공파)'의 족보를 만들 때, 전봉준의 장남 전용규와 차남 전용현을 제대로 족보에 올려서, 두 아들이 전봉준의 친자임을 분명하게 알 수 있도록 고쳐놓으려고 했음. 그리고 차남 전용현이 전의천인 것을 밝힌 후에, 전용현(의천) 아래에다 본인 전상원(익선)을 친자로 올리고, 또한 자신의 장남 전우석(장수)과 차남 전용석도 족보에 올리기 위해서 애를 많이 썼었음. 이를 위해 당시 당시 전용현의 양자로 입적되어 제사를 모시고 있던 전만길에게 부탁을 함. 하지만 이런 시도에도 불구하고 전익선은 끝내 족보에다 어떤 가족의 이름도 올리지 못했으며, 족보에 잘못 기재된 부분들을 고치는 일도 전혀 하지 못했음. 왜냐하면 그 당시 전익선은 돈도 없었고, 아는 것이나 힘도 너무나 없었기 때문임. 이 일로 인해 전익선은 나중에 84세가 다 될 때까지, 근 10여

년 이상을 몹시 속상해하면서 하루하루를 매우 힘들게 보내곤 했었음. 그는 "내가 조금만 더 많이 배웠어도 이런 일을 당하지 않았을 것"이라는 말을 늘 하곤 했음.

- 77세 때, 장남 전장수를 결혼시켜서 며느리(서봉자)를 맞이했음.
- 80세 때, 장남 전장수로부터 큰 손녀 전혜지를 얻었음.
- 81세 때, 아들 전장수로부터 둘째 손녀 전혜정을 얻었음. 연년생으로 두 손녀를 얻은 것임.
- 84세 때, 차남 전용석이 평소 앓고 있던 조현병으로 사망했음. 육군 현역 복무 중에, 부대에서 받은 스트레스로 인해서 제대 바로 직전에 병이 발병한 것임.
- 87세 때, 아들 전장수가 그의 동생 용석이의 죽음으로 인해서 충격을 받아, 몇 년이 지난 후, 목사가 되기 위해서 총신대학교 신학대학원에 입학했음.
- 향년 90세의 나이로(1998년 12월 17일 / 음력 10월 29일), 서울에서 노환으로 사망했음.
- 〈 후손 〉 전영자(장녀), 전장수(장남), 전영숙(차녀), 전용석(차남)
  차녀 전영숙은 네 살 때 실종되어, 그 이후로 아직도 찾지 못했음. 모친이 생선 행상을 나간 동안에 오빠 전장수가 저녁 늦게 여동생 영숙을 데리고 어머니 마중을 나갔다가, 갑자기 쏟아지는 소나기에 쫓겨 정신없이 달음박질쳐 집으로 돌아올 때, 그만 동생 영숙의 손을 놓쳐서, 어린 여동생을 잃어버리고 만 것임.
  차남 전용석은 결혼하지 않은 채, 30세에 조현병으로, 서울 청량리 정신병원에서 사망했음.
  장녀 전영자는 결혼하여, 슬하에 1남 1녀를 두고 있으며, 그 아들도 결혼했음. 현재 남편과 함께 살면서 연로한 모친 김연임을 모시고 있음.

5) 본인 〈전장수(우석)〉

* 아래의 나이는 증언과 호적에 근거한 1958년생을 기준으로 함.

- 전우석은 어릴 때, 집에서 부르던 이름임.(동생은 전용석으로, 석(奭)자 돌림임)

- 12세 때(당시 국민학교 5학년이었음), 부친을 따라가서 부친의 고모인 전옥례 대고모할머니를 만났음. 당시 고모할머니는 나이가 94세로, 매우 연로한 상태인데다 몸이 많이 쇠약하신 상황이라, 저의 부친에게 조카 손주인 저를 살아생전에 꼭 만나보고 싶다고 간곡히 부탁하셔서, 저의 부친께서 저를 전옥례 고모할머니 집으로 데리고 가, 대고모할머니를 만나 뵙도록 한 것임. 내(전장수)가 전옥례 할머니를 만나서 큰절을 올렸을 때, 전옥례 대고모할머니는 자신이 "전봉준 장군의 친딸"이라고 저에게 직접 말씀하셨으며, 나에게 "들키지 않게 꼭꼭 잘 숨어 있다가 죽지 말고 잘 커서 꼭 대를 이으라"라고 말씀하셨었음.

- 13세 때, 전옥례 대고모할머니가 결국 노환을 이기지 못하고 돌아가셨음.(내가 전옥례 할머니를 만나 뵌 그다음 해에 돌아가신 것임) 나중에 들은 소리로는, 전옥례 할머니가 조카 손자인 저(전장수)를 만나 본 뒤에, 마음을 놓고서 남은 날들을 편안히 지내다가 돌아가셨다고 함. 그런데 돌아가신 전옥례 대고모할머니의 장례식에는 부친만 가셨었고, 나는 가지 못했음.

- 14세 때(대광중학교 1학년 때임), 부친과 함께 정읍의 비봉산에 묻혀 있는 증조부 전봉준 장군의 묘소를 처음으로 다녀왔음. 당시 전익선은 그 아들 전장수에게, "너의 증조부는 〈정읍 비봉산〉에 묻혀 있고, 너의 할아버지와 할머니는 '함평 곤봉산'에 묻혀 있으니, 이를 절대로 잊지 말라"고 하셨음. 당시 비봉산의 '이씨 문중 선산'에 있던 묘소에는, 단지 '將

軍天安全公之墓'라고 쓴 묘비 하나만 덩그러니 세워져 있어서, 제가 저의 부친에게 묻기를, "어떻게 이 글자만 가지고서 이 무덤이 전봉준 장군의 무덤인 줄 알 수 있겠느냐"고 물어보았더니, 부친께서 대답하시길, "내가 전봉준 장군의 친손자인데, 어찌 손자가 자기 친할아버지의 무덤을 모르겠느냐"라고 그렇게 말씀하셨었음. 부친은 동곡리와 비봉산의 이씨 문중 선산, 또 비봉산 끝자락에 있는 우동마을 세 곳을 알려주셨음. 그리고 세 곳 가운데 2곳은 가짜 묘이며, 나머지 한 곳만이 진짜 전봉준 장군의 묘라고 말씀하셨음. 그때 나는 부친에게 왜 무덤을 3곳씩이나 만들어 놓고, 잘 찾지도 못하게 하느냐고 물었더니, 무덤이 알려지면 사람들이 파헤쳐서 유해를 훼손할까 봐 그렇게 해 놓은 것이라고 대답하셨음. 그래서 내가 만약 사람들이 세 곳을 모두 다 파버리면, 그러면 어떻게 하냐고 물어보았었는데, 부친께서는 전봉준 장군의 무덤은 절대로 사람들이 파볼 수 없게 해 놓았다고 대답해 주셨음.

- 17세 때, 대광중학교를 졸업하고 경제적 형편상 고등학교에 진학하는 대신에, 당시 서울 마포에 있던 책을 만드는 회사인 '대한제본소'에 들어갔음.(지금은 없어졌음) 함평군 곤봉산 능선 기슭에 있는 조부모(전의천, 이양림)의 묘소를 다녀왔음. 당시는 중학교를 졸업한 후, 일터인 대한제본소를 다니다가 잠시 몸이 아파서 쉬고 있을 때였음.

- 18세 때, 중동고등학교에 입학했음.

- 21세 때, 중동고등학교를 졸업하고, 남들처럼 대학교에 바로 진학하는 대신에 가정 형편상 담임 선생님의 추천을 받아서, 서울시 등촌동에 있던 현금출납기를 만드는 회사인 '민성전자 주식회사'의 자재관리과 사원으로 들어갔었음.(물론 이 회사도 지금은 없어졌음)

- 22세 때, 고려대학교 농업경제학과에 입학했음.(한 학기를 다니고, 군 복무 때문에 휴학함)

- 22세 때, 보충역으로 병역의무를 수행하였음.(육군본부 인쇄소에서 근무했으며, 그해에, 12. 12.사태가 발생하였음)
- 23세 때, 누나 전영자가 결혼함.
- 23세 때, 보충역 근무를 모두 마치고 소집해제 되었음.(1979. 9. ~ 1980. 12.)
- 24세 때, 고려대학교 가을 학기에 1학년 2학기로 다시 복학했음.
- 26세 때, 고려대학교 2학년까지의 과정을 모두 다 마친 후에는 학교를 휴학하고, 한국해양대학교 전수과(항해사 단기양성 과정)에 들어갔음. 그곳에서 항해사 수업과정을 모두 마치고 항해사 자격시험에 합격한 후에, 대한선박(주) KOREAN JADE호(11,000 GT)에 승선하여 실습항해사를 했음.
- 27세 때, 해영상운(주) 해영이스턴호(14,000 GT)에 승선하여, 당시로는 많은 월급을 받고 약 1년간 3등 항해사로 일했음. 이렇게 한 것은 그 당시 대학교 학비가 없었기 때문에, 더 이상 학업을 계속할 수 없어서였음. 학비를 벌기 위해서 대학교를 휴학한 후, 해양대 단기과정을 마치고 항해사로 일했던 것임.
- 28세 때, 타던 배에서 내려서, 항해사를 하면서 번 돈을 가지고 고려대학교 3학년에 복학했음.
- 28세 때, 달성 서씨 서경국의 딸 '서봉자'와 결혼했음. 연로하신 부친의 적극적인 요구로 인해서, 미처 대학교를 졸업하기도 전에 결혼부터 한 것임. 동해가 고향인 아내 서봉자의 나이는 신랑인 저보다 한 살 더 연상임.
- 30세 때, 고려대학교 농업경제학과를 졸업하고 고려대학교 대학원에 진학했음. 그리고 당시 지도교수의 추천으로 한국농촌경제연구원에 임시 연구원으로 들어가서 근무했음.
- 31세 때, 장녀 전혜지를 낳았음.

- 32세 때, 차녀 전혜정을 연년생으로 낳았음. 당시 제 부친께서는 부친의 두 분 고모님인, 〈전옥례-전성녀〉 고모들이 연년생이었던 것처럼 자기 아들도 역시, 당신의 고모님들처럼 제가 연년생으로 딸 둘을 낳았다고 여러 번 그렇게 말씀하곤 하셨음. 연년생에 대해서 이상할 정도로 대단히 민감하게 반응하셨었음.

- 32세 때, 고려대학교 대학원을 졸업했음. 졸업 후에, 정식으로 입사시험을 치르고 합격하여 한국농촌경제연구원의 연구원이 되었음.

- 35세 때, 동생 전용석이 조현병으로 사망했음. 강원도 홍천에 있는 육군 수송부대에서 현역으로 군 복무를 했는데, 그때 너무나 심한 스트레스를 받아서 제대하기 바로 직전에 병이 발병한 것임.

- 36세 때, 연구원 생활을 계속하면서 고려대학교 대학원 박사과정에 입학하였음.

- 38세 때, 고려대 박사과정을 모두 수료했으나 연구원을 그만두고, 신학대학원에 입학했음. 이전부터 삶과 직업의 문제를 놓고서 수년간 계속해서 갈등했었는데, 동생의 죽음으로 인한 충격 때문에 인생의 방향을 바꾸어서 다른 삶을 살려고 결정한 것임.

- 41세 때, 부친이 향년 90세의 나이에 노환으로 돌아가셨음. 부친께서는, 중간에 형제들이 다 죽어서 어쩔 수 없이 4대 독자가 되어버린 제가 어떻게 해서든지 가문의 대를 이을 아들 하나 낳기만을 간절히 소원하셨지만, 결국 손자를 못 보고 돌아가셨음. 부친의 시신은 생전에 저에게 하신 유언대로 화장한 후에, 그 유골함을 가져다가 함평 곤봉산에 있는 조부모님의 묘소 아래에다 임시로 '가매장'해 놓았음. 부친께서는, 당신 자신이 '전봉준 장군의 친손자'임이 밝혀지고 족보에도 이름이 올라간 이후에, 정식으로 제대로 된 무덤을 만들라고 아들인 저에게 살아 계실 때 그렇게 유언하셨기 때문임.

- 42세 때, 대한예수교장로회(합동) 교단에서 목사 안수를 받고 목사가 됨.
- 45세 때, 아들 전예성을 낳았음.(5대 독자임)
- 46세 때, 한나선교회의 '한나호(복음 전파용 선박)' 2등 항해사로 승선하여 근무하였음.
- 47세 때, 진주산업대학교(현, 경남과학기술대학교) 산업경제학과에서 시간강사로 일했음. 이후 약 4년 동안 강의를 계속했음.
- 47세 때, 진주성남교회에서 교육목사로 부임하여 청년2부 사역을 맡아서 했음.
- 50세 때, 고려대학교 대학원에서 박사학위 논문을 쓰고, 경제학 박사학위를 받았음.
- 52세 때, 남미 파라과이에 있는 엔카한인교회의 청빙을 받아서 담임목사로 부임했음.(2009년 ~ 2013년까지 5년간 시무함)
- 56세 때, 남미 파라과이에서 경남 진주로 돌아와, 당시 진주성남교회에서 신앙생활하고 있던 교인 30여 명과 함께 주님사랑교회를 개척하여 위임을 받고, 현재까지 담임목사로 사역하고 있음.
  61세 때, 차녀 전혜정이 30세의 나이로 올해(2018년) 결혼했음.
- 2018년 현재, 전장수의 나이는 61세임.(1958년생)

【작성자】전봉준 장군의 친 증손자 전장수 목사(2018년 9월 10일 작성)

〈자료 2〉

'가족사'의 내용에 대한 질문과 답변

1) 이 모든 사항을 부친으로부터 들은 내용인가? 아니면 본인이 공부하여 정리한 내용도 있는가?

【답변】 거의 모든 내용이 다 부친으로부터 들은 것이며, 부친이 말씀하신 우리 집안이 문효공파라는 사실을 추적하기 위해서, 전씨의 시조 전섭으로부터 전봉준 장군까지 이어지는 족보의 흐름과, 그 족보의 흐름이 신미보에 기록되어 있다는 것, 그리고 부친께서 족보의 기록이 잘못되었다고 말씀하신 것이, 바로 병술보 세보의 내용을 언급한 것이라는 점은, 제가 자료를 찾아서 보충한 것임.(부친께서는 생전에, 족보는 대동보를 보지 말고, 꼭 세보를 보아야만 된다고 계속해서 말씀했었는데, 그 세보가 병술보 세보를 말씀하시는 것이라고 생각했음)

또한 부친께서 말씀해 주신 가족과 친척들의 생일과 기일 및 나이와 가족관계 등을 토대로 연표를 만들 때, 해당 년도에 발생한 국내외적인 사건들이 무엇인지에 대해서는, 부친의 말씀해 주신 내용들(예; 임오군란이 일어나던 그 해에, 할아버지〈전봉준의 차남: 전용현〉께서 출생하셨다는 것과, 삼일독립운동이 일어난 해에, 할아버지께서 증조할아버지인 전봉준 장군의 유해를 서울 남산에서 모시고 내려왔다는 등의 시대상황에 대한 말씀들)을 확인하기 위해서, 제가 자료를 찾아서 그 당시의 사건과 연대를 확인해 본 것 이외에, 다른 년도의 국내외 사건들은 제가 보충하여 연표 옆에다 기록해 놓은 것들이 많이 있음.

2) 어린 아들 명숙이 죽은 모친을 너무나 그리워했기 때문에 아들의 마음을 달래기 위해 고창을 떠나 근처에 있는 고부로 이사했다고 했는데, 누구에게 들은 내용인가? 왜 하필 고부로 이사를 갔는가? 고부와 전봉준 모친과의 관계가 있는가?

【답변】 고부에는 전봉준 할아버지의 외가댁 사람들이 여럿 살고 있었기 때문에 거기로 이사 간 것이라고 하셨음. 다음은 부친께서 해 주신 말씀임. 한 번은 고부에서 살던 중에, 외가댁으로 촌수가 조금 먼 집안에서 잔치를 열었었는데, 그곳을 고조할아버지(전창혁)께서 어린 전봉준을 데리고 참석하여 다른 양반들과 함께 식사를 하고 있었다고 함. 그때 같이 밥을 먹던 젊은 양반 하나가 다 먹은 반찬(고기 전) 하나를 하인에게 더 가져오라고 시켰다고 함. 하인이 대답을 하고서 주방으로 갔었는데, 한참이 지나도 얘기한 반찬을 가져오지 않았음. 때문에 젊은 양반은 자신이 하인에게 무시를 당했다고 생각해서 매우 화가 나 있었다고 함.

그러다가 나중에 그 하인이 돌아와서 주방에서 전을 부칠 생선이 떨어져서, 다시 생선을 사러갔기 때문에 기다리셔야만 할 것 같다고 젊은 양반에게 머리를 조아리며 공손하게 대답을 했다고 함. 그러자 이미 화가 많이 나 있었던 젊은 양반이 대청에서 마당으로 내려와서 하인의 뺨을 후려갈기면서, 양반이 더 가져오라고 하면, 즉각 가져와야지, 온갖 핑계를 대면서 하찮은 종놈이 양반의 말을 함부로 무시해 버린다고 거친 욕설을 마구 퍼부었다고 함. 이 때, 어린 전봉준이 그 젊은 양반을 향해서, "어린 자기가 보기에도 하인이 한 말은 핑계가 아니라, 이치에 맞는 말 같은데, 그럼에도 불구하고 양반이기만 하면, 자기 뜻대로 안된다고 해서, 아랫사람에게 말도 안 되는 억지를 마구 부려도 되고, 상놈이면 잘못한 일이 없어도 양반에게 매를 맞고 욕을 먹는 것이 조선의 올바른 법도이며, 그런 짓을 저지르는 것이 양반의 체통에 맞느냐"라고 따졌다고 함. 그러자 젊은 양반은 나이도 어린 전봉준이 여러 사람들이 있는 잔치 자리 가운데서, 자신의 잘못을 지적하며 책망하자, 전봉준과 언쟁이 붙었다고 함. 그리고 그 언쟁에서 젊은 양반은 어린 전봉준의 말을 이기지 못하고 큰 창피를 당한 채, 식사 도중에 잔치자리에서 일어나 그곳을 빠져나가 버렸다고 함.

　이때 바로 옆 밥상에서 이 모습을 지켜보던 나이 든 양반 하나가, 전봉준의 아버지인 전창혁에게 다가와, 아들 전봉준의 똑똑함을 크게 칭찬하면서, 자신은 태인에서 아이들을 가르치는 사람인데, 전봉준을 데려다가 공부를 시켜서 과거시험을 치르게 하고 싶다는 얘기를 했다고 함. 하지만 전창혁은 전봉준을 가르칠 돈이 없었기 때문에, 돈 때문에 그렇게 하기가 힘들다고 대답했는데, 나이 든 그 학자분이 돈은 안 받아도 되니까 공부만 가르칠 수 있도록, 아들 전봉준을 자신에게 맡겨달라고 요청했고, 결국 전창혁은 아들을 공부시키기 위해서, 태인으로 이사를 하게 된 것이라고 말씀해 주셨음. 전봉준은 태인으로 이사 가서 사서삼경을 모두 배웠으며, 과거시험을 치르기 위한 학문을 모두 익혔다고 함. 이 모든 일들이 고부에서 전봉준의 외가댁 먼 친척 집안 잔치에서 벌어진 사건으로부터 시작된 것이라고 함. 하지만 나이든 그 학자의 이름이 무엇이었는지는, 제가 전혀 기억하지 못함.

3) 전봉준은 형제가 없는 독자였다고 하는데, 그러면 누이들은 있었는가?

【답변】 형제가 처음부터 없었던 것은 아니고, 남자 형제가 한 명 있었는데, 족보에 올라가지 않고 일찍 죽었다는 소리를 들었었음. 증조할아버지(전봉준)도 그렇고, 할아버지도 형(전용규)이 일찍 죽었고, 저의 부친도 동생(전태선)이 일찍 죽었고, 저 역시 동생(전용석)이 일찍 죽어서 모두 다 독자가 된 것임. 아마도 집안 내력이 아닌가 하는 생각이 듦. 그리고 전

봉준 증조할아버지에게는 전고개(全古介)라는 누이동생이 있었음. 시집
가서 잘 살고 있다는 얘기만을 부친으로부터 들었었음. 제가 서울에 있는
중동고등학교를 졸업한 이후, 그 다음 해에 대학교에 합격하게 되었는데,
그 때 저의 부친께서 큰마음을 먹고서, 동네(동대문)에 있는 진고개(珍古
介)라는 음식점으로 저를 데리고 가서서 식사를 사주셨음. 이 음식점은
고급음식점이라서 평소에는 우리 가정형편으로 그런 곳에서는 식사를 전
혀 할 수가 없었음. 아무튼 그 때 부친께서는 전봉준 장군의 여동생 이름
이 이 음식점 이름과 똑같은 고개(古介)라고 말씀했었음. 그래서 제가 그
분은 역적으로 몰려서 처형당하지 않고 사셨느냐고 부친에게 물어보았었
는데, 부친께서는 그 고모할머니가 시집을 갔기 때문에, 시집가서 잘사셨
다고 그렇게만 말씀해 주셨음. 저는 어디로 시집갔는지 묻지 않았고, 단지
전고개(全古介)라는 이름이, 여자의 이름치고는 매우 이상하고 희한한 이
름이라고 그렇게 생각했었음. 쉽게 잊혀 지지 않는 그런 이름임.

4) 족보에 명숙이나 봉준이 아닌 병호라는 이름으로 올라가 있는 것은 장군이
   처형된 후 역적으로 몰려 죽을 것에 대비해 족보에 나타나지 않도록 했다고
   함. 그러나 병술보는 장군이 처형당하기 훨씬 전인 1886년에 간행된 것임.
   부친이 본 족보는 어떤 족보인가?

【답변】 부친이 구체적으로 어떤 족보를 보았다고 말씀하지는 않으셨지만,
'족보에 명숙이나 봉준이 아닌 병호라는 이름으로 올라가 있는 것은 장군
이 처형된 후에 그 후손들이 역적으로 몰려 죽을 것에 대비해 족보에 나
타나지 않도록 했다'고 하는 말씀은 저에게 아주 분명하게 수없이 했었음.
부친께서는 전씨 집안사람들 가운데 족보 때문에 잡혀서 죽은 사람들
이 많았기 때문에, 모든 족보를 다 태워버려서 아무도 족보를 가지고 있지
않다고 하셨으며, 사람들이 몰래 숨겨서 가지고 있는 족보에도 전봉준의

이름은 찾아 볼 수가 없게 만들었다고 말씀했었음. 그러면서 부친께서는 우리 집안족보(전봉준 장군의 족보)는 대동보를 보아서는 절대로 안 되며, 반드시 세보를 보아야만 된다고 누누이 강조했었음. 그 세보가 병술보를 뜻하는 것인지 아닌지는 저도 잘 알 수 없지만, 부친께서 말씀하신 내용으로 미루어 볼 때, 병술보가 아닌가? 하는 생각을 제가 한 것임.

또한 제가 부친에게 그럼 우리도 족보가 있느냐고 물어보았었는데, 부친께서 족보에는 아직까지 당신의 이름이나 제 이름이 올라가 있지 않다고 말씀했었음. 그러면서, 비록 부친 자신의 이름이 올라가 있진 않지만, 몰래 숨겨서 가지고 있는 족보가 하나 있긴 한데, 그 족보를 가지고 있으면 너무나 위험하기 때문에, 다른 사람에게 맡겨서 보관해두고 있는 중이라고 하셨음. 하지만, 부친께서는 돌아가실 때까지 저에게 더 이상 족보에 대한 이야기를 하지 않으셨고, 저 또한 대학생이 된 이후로는, 족보에 대해서 부친에게 물어보지 않았었음. 그리고 부친께서 돌아가실 당시(1998년)에, 저는 서울에서 매우 멀리 떨어진 곳에서 목회를 하고 있었기 때문에, 부친의 임종마저도 지켜보지 못했었음.

5) 전봉준 장군과 그의 가족에 대한 이야기는 모두 부친께 들은 내용인지?
【답변】 모두 부친에게서 들은 내용들임.

6) 장군의 나이 21세 때 혼인을 했다는데 확실한 근거는?
【답변】 전봉준 증조할아버지가 20세를 넘긴 다음 해에 결혼하셨다고 했었음. 태인에서 18세가 될 때까지 과거시험을 공부했으며, 과거시험을 치르기 위해 마지막 정리를 하기 위해서, 조용한 곳에 가서 공부하려고 동곡리로 이사했다고 했음. 하지만 이곳에서 김개남과 같은 여러 친구들과 어울려 지내면서, 과거시험 공부를 너무 소홀히 했기 때문에, 고조할아버

지인 전창혁이 걱정을 매우 많이 했었다고 함. 그래서 전창혁은 전봉준이 친구와 떨어져 지내면서 공부만 전념할 수 있도록 더 깊은 산골(아마도 소금곡이 아닌가 생각됨)로 이사를 했는데, 전봉준은 이곳으로 이사를 와서도 김개남과의 교분을 끊지 않고서 계속 만났으며, 그 결과 과거시험 공부를 열심히 하는 대신에, 다른 곳에다 더 많은 관심을 가지고 생활하게 되었음. 결국 21세가 되던 해에 전봉준은 과거시험 대신에, 여산 송씨를 만나서 첫 결혼을 하게 된 것임.

7) 장녀를 22세 때에 낳았다고 했는데 확실한 근거는?

【답변】 증조할아버지께서 처음 결혼한 바로 다음 해에, 첫 딸을 낳았다고 했으니까, 21세에 결혼했다면, 22세에 장녀를 낳은 것이 분명함.

8) 연년생으로 둘째 딸을 낳았다는데 확실한 근거는?

【답변】 장녀를 낳고 나서, 그 다음 해에 바로 또 임신이 되어서, 전봉준도 이상하다고 생각했었다고 함. 보통은 자식을 낳으면, 한 2년간은 곧 바로 임신이 안 되는 것으로 알고 있는데, 그 다음 해에 또 아이를 낳자, 이를 조금 이상하게 생각했다는 것임. 하지만 저 또한 비록 23개월 터울이기는 하지만, 첫 딸을 1988년 1월 28일에 낳았고, 둘째 딸을 1989년 12월 28일에 낳았으니까(그래서 제가 호적에는 5일 뒤인, 1990년 1월 2일로 올려놓았음), 연년생으로 두 딸을 낳은 것임. 부친께서는 이런 저의 모습을 보고, 두 고모님들처럼 연년생으로 두 딸을 낳았다는 소리를 여러 번 했었음. 그러면서, 자식을 연년생으로 낳는 것이 그렇게 이상한 일만은 아닌 것 같다고 저에게 말씀하셨음. 그리고 전봉준의 전처가 죽은 것도 아이를 연년생으로 낳았기 때문에, 산모의 몸이 견디질 못하고 죽게 된 것이라고 말씀하셨음.

9) 여산 송씨가 성녀를 낳다가 죽었다는 근거는?

【답변】 자식을 낳다가 산모는 죽고, 아이는 살았기 때문에, 급히 젖을 먹일 수 있는 젖어미를 구하게 된 것이고, 그 때문에 저의 증조할머니 이순영을 집으로 맞아들여서 아직 젖을 떼지 못한 큰딸과 갓 태어난 작은딸의 젖을 먹이게 한 것이라고 했음. 당시 증조할머니 이순영은 다른 사람(누구인지는 잘 모름)의 집에 시집을 가서 아이를 낳아 젖을 먹이고 있었는데, 전염병으로 남편과 자식을 모두 잃어버린 상태였기 때문에, 전봉준의 두 딸에게 젖을 먹일 수가 있었던 것임. 만약, 산모가 아이를 낳다가 죽지 않았다면, 굳이 젖어미가 필요할 이유가 없었으며, 또 그 젖어미가 나중에 전봉준 장군의 후처가 될 상황도 발생하지 않았을 것이라고 생각됨. 증조할머니께서는 시댁에서 전봉준 장군과 혼인하는 것을 기꺼이 허락해 주셨다고 함

10) 이순영이 장군보다 다섯 살 연하라는 근거는?

【답변】 할아버지(전의천/전봉준의 차남)와 할머니(이양림)의 나이 차이가 다섯 살이며, 할머니가 할아버지보다 5년 연하이었는데, 저의 부친께서는 증조할아버지(전봉준)과 증조할머니(이순영)께서도 할아버지와 할머니처럼 서로 다섯 살 차이가 나고, 증조할머니께서 증조할아버지보다 똑같이 다섯 살 연하라고 저에게 말씀해 주셨음.

11) 장군의 나이 25세 때 장남 용규를 낳았다는데 그 근거는?

【답변】 전봉준(23세 때)이 이순영을 아내로 맞이하기 위하여, 번듯한 결혼식도 치르지 못한 채, 방안에 정화수 한 그릇만 떠 놓고, 서로 맞절을 하면서 둘 만의 결혼식을 올린 이태 뒤(2년 후)에 첫 아들 용규를 낳았다고 했으니까, 그 때가 전봉준의 25세 때인 것임. 전봉준과 이순영이 서로

결혼한 그 해와 그 다음 해에는, 증조할머니 이순영이 전처의 두 딸에게 젖을 먹여서 키우고 살림을 사느라고 힘들어서도, 아마 자식을 낳을 생각을 하지 못했을 것임.

12) 28세 때 둘째 아들 용현을 낳았다는데 그 근거는?

【답변】 부친께서 말씀하시길, 제가 연년생으로 두 딸을 낳으니까, 연년생으로 자식을 낳으면 산모가 위험해지니까 자식을 낳는 일에 조심을 해야만 된다고 여러 번 말씀했었음. 그러면서 증조할아버지(전봉준)의 전처도 자식을 연년생으로 낳다가 돌아가셨기 때문에, 저의 증조할머니에게로부터 큰아들 용규를 얻은 후에는, 자식이 계속해서 생기지 않도록 조심하다가, 3년 뒤(28세 때)에야 둘째 아들을 낳게 되었다고 말씀하셨음. 그러면서, 둘째 아들 전용현 할아버지가 태어난 때가, 조선 군인들이 모래가 섞인 쌀을 새경으로 받고서, 나라에 반란을 일으킨 임오군란이 일어난 바로 그 해(1882년)라고 말씀해 주셨음. 그러니 28세에 낳은 것이 맞음.

13) 전봉준 장군의 두 아들의 이름도 후손을 보호하기 위해 족보에 보이지 않게 했다는데, 족보 간행은 전봉준 장군 처형되기 훨씬 전에 간행된 것임

【답변】 그것은 저도 잘 모르겠음. 전봉준 장군의 두 아들 용규와 용현을, 동일과 동길이라는 이름으로 족보에 올린 것이 무슨 이유 때문인지는 잘 모름. 하지만 부친께서는 저에게 그렇게 얘기해 주셨었음. 저의 부친은 용규와 용현이라는 이름은 저에게 분명하게 말씀을 해 주셨지만, 족보에 올라간 이름이 동일과 동길이라는 말씀은 직접적으로 하지 않으셨으며, 단지 한 명이 큰 집의 양자로 올라가 있다고 말씀하셨음. 그래서 제가 병술보를 보고서, 양자로 올라간 아들이 동길이라는 것을 발견하게 된 것임.

14) 용규가 전봉준 장군 처형된 다음 해인 18세에 사망했기 때문에 족보에다 동
   일이라는 이름으로 올려놓았다는데, 생년도 맞지 않고 정황으로 보아 동일은
   차자로 보임.

【답변】 저도 부친으로부터 용규와 용현 두 아들 중 하나가 큰 집의 양자
로 족보에 올려졌다는 얘기만 들었지, 양자로 올라간 동길이 장자인지 차
지인지는 잘 알 수가 없음. 단지 부친께서는 족보를 바로 잡아야 한다고
말씀하시면서, 양자로 된 자식도 다시 전봉준 할아버지 밑으로 오게 하
고, 할아버지의 생년월일도 고쳐야만 된다고 말씀하셨기 때문에, 저의 할
아버지인 차남 용현이 양자로 올라간 것으로 생각한 것임. 하지만, 18세
에 폐병으로 사망한 장남 용규가 양자로 올라간 동길이고, 저의 할아버
지 용현이 족보에 남아 있는 동일이라면, 더 자연스러울 것 같다는 생각
은 듦. 그렇다면, 왜 저의 부친께서는 용현 할아버지께서 동일이라는 이름
으로 족보에 그대로 남아 있는데, 자꾸 족보를 바로잡아야 된다는 소리
를 하셨는지는 저도 잘 모르겠음. 아마도 저의 부친께서도 이 점에 대해
서 잘못 알고 계셨던 것(부친께서는 동길이라는 이름으로 양자로 올라간
분이 용현 할아버지라고 그렇게 생각하고 계셨던 것이 아닌가 하는 생각
이 듦)이거나, 아니면 동일이라는 이름으로 족보에 올라간 용현 할아버지
의 생년월일이 잘못되었다고 생각하고 계셨던 것인지도 모름. 이 부분은
저도 확실하게는 잘 모르겠음.

15) 용규와 용현이 족보상의 동길과 동일이었을까?

【답변】 저의 부친께서 천안 전씨의 여러 파들 중에, 보문각 대제학을 지낸
(문효공파 임) 파조의 후손으로 고창파(송암공손파를 뜻함)의 족보에 있
는 〈병호〉가 증조할아버지 전봉준이 확실하다고 분명하게 여러 번 말씀
하셨기 때문에, 비록 부친이 말씀하신 세보가 병술보인지 아닌지는 잘 모

르겠지만, 병술보에 의하면, 병호의 아들인 동일과 그 옆에 양자로 올라가 있는 동길이 전봉준의 두 아들 용규와 용현이 맞다고 생각됨.

16) 전용규가 18세에 폐병으로 죽었는데, 그 나이가 맞을까?

【답변】 전봉준의 큰아들 용규가, 자신의 할아버지(전창혁)가 돌아가신 (1893년) 다음 해에 폐병에 걸렸고(16세), 폐병에 걸린 이태 후(2년 뒤)에 죽었다고 말씀하셨기 때문에, 18세에 죽은 것이 확실함.

17) 전의천이라는 이름을 지어준 누나가 전옥례인가?(같이 살던 전성녀이었을 것으로 생각됨)

【답변】 저도 지금까지 계속해서 전옥례 누나가 이름을 지어주었다고 생각하고 있었음. 이것은 지금실로 시집간 전용현의 누나가 전옥례라고 생각했었기 때문임. 하지만, 만약 지금실로 시집간 누나가 전옥례가 아닌 전성녀가 확실하다면, 할아버지의 이름을 전의천으로 지어준 누나는 전성녀가 맞음. 왜냐하면, 할아버지의 이름을 지어준 누나는 지금실로 시집가서 살던 누나이고, 용현 할아버지께서는 그 누나 집에 가서 살면서 새로운 이름을 얻은 것이기 때문임.

18) 전성녀의 친 외삼촌 두 분이 스님이라는 것을 누구에게 들었나?(이밖에 스님들에 대한 이야기는 없었는가?)

【답변】 제가 부친에게서 들은 것임. 저는 고등학교를 중동고등학교에 다녔었음. 당시 중동고등학교는 그 바로 옆에 숙명여고가 있었고, 그 앞에는 좁은 길 맞은편에 조계종 본사가 있었음. 제가 중동고등학교를 졸업하고 나서, 고3 담임선생님의 추천으로 민성전자주식회사에 입사하여 자재관리과에서 근무를 하다가, 그 다음해(1979년)에 고려대학교를 들어갔었

음. 하지만, 당시에 교회를 다니던 저는, 제가 다니던 교회에서 담임목사님과 장로님들이 서로 싸우는 모습을 보고서 시험에 들어, 교회를 다니지 않기로 하고, 6개월 만에 다니던 직장을 그만둔 뒤에, 새로운 종교인 불교에 빠져들게 되었음.

서경보 박사가 쓴 〈불교철학개론〉을 비롯하여, 여러 권의 불교서적을 읽은 후에, 모교였던 중동고등학교 맞은편에 있는 조계종 본사의 총무원장을 찾아가서, 서경보 박사님의 책을 읽고 나서 불교에 귀의하고 싶다는 생각이 들었다는 얘기를 했었음. 그러자 그 당시 총무원장께서는, 저의 이야기를 자세하게 듣고 난 후에, 경북 문경군 약수산 운암사에 자신이 잘 아는 스님이 계시니까, 일단 그곳에 가서 행자생활을 하고 있으라고 하시면서, 주소와 소개서 한 장을 써 주셨음. 그래서 저는 총무원장의 소개서와 주소를 가지고 운암사라는 절을 찾아가서, 그곳에서 머리를 깎고, 승려복을 입고서 목탁을 치며, 반야심경과 천수경과 같은 염불을 배우면서 행자생활을 했었음. 약 3개월 정도 행자생활을 하고 있으면서 새벽에 법당에 들어가서, 반야심경을 외우고 목탁을 치면서 새벽예불을 드리고 있던 도중에 갑자기 천둥소리와도 같은 하나님의 음성을 직접 듣게 되었으며, 그 음성으로 인하여 약 2주간을 고민하다가, 더 이상 견딜 수가 없어서, 하산을 해서 집으로 돌아왔었음.

그때 저의 부친께서 제가 절에서 행자생활을 했다는 소리를 듣고서, 당신의 고모님 두 분(옥례, 성녀)의 외삼촌들도 절에 스님으로 계셨었다는 얘기를 해 주신 것임. 하지만, 그 스님들에 대한 자세한 이야기는 전혀 없었음. 저 역시 절에서 하산한 직후라, 그 스님들에 대한 이야기를 부친에게 더 물어볼 수도 없었고, 또 물어 보고 싶지도 않았었음. 아무튼 저는 그렇게 절에서 내려온 후에, 약 1달 남짓한 기간 동안 대학입학 시험을 준비하여, 고려대학교에 합격하게 되었음. 당시 하나님께서는 제 학비를 걱정하지 말라고 말씀하셨고, 그 약속대로 이루어졌음.

19) 전의천이 16세 때 도박에 빠져 많은 빚을 졌다는데, 그 나이에 도박에 빠졌을까?

【답변】 저 역시 똑같은 질문을 저의 부친에게 했었음. 저의 부친께서는 할아버지의 도박이야기를 하면서, 저에게 절대로 도박을 해서는 안 된다고 말씀하시면서, 만약 도박을 하면 제 손목을 잘라버리겠다고 말씀했었음. 그리고 도박에 중독된 사람은, 오른손을 자르면, 왼손으로 도박하고, 왼손까지 잘라도, 나중에는 발가락을 가지고도 도박하게 된다는 얘기까지 해 주셨음. 그래서 제가 저의 부친에게 할아버지가 도박할 때 나이가 16세(중3 나이)정도밖에 안 되었을 텐데, 어떻게 도박을 했느냐고 물어보았었음. 부친께서는 그 당시 도박은 죽간처럼 생긴 조그만 나무막대기에 숫자들을 새겨 놓고서, 그 숫자들의 짝을 맞추는 식으로 도박을 하는 것이라, 아무리 어린애들이라도 조금만 배우면 다 할 수 있다고 하셨음.

더구나 그때 당시 할아버지는, 당신의 할아버지(전창혁)가 태장에 맞아서 죽은 뒤, 2년 후에 부친(전봉준)이 처형을 당했고, 또 그 다음해에는 형 용규 마저도 폐병으로 앓다가 죽어버렸고, 그 와중에 누나 한 명은 절에 비구니로 들어갔고, 엄마까지도 형처럼 폐병에 걸려버리자, 거의 정신적으로 갈피를 잡지 못하는 상태였다고 했음. 더구나 자신의 이름까지도 용현으로 부르지 못한 채, 이름을 숨기고 다른 이름으로 바꾸어 부르게 되자, 더 정신을 차리지 못하고 방황을 하게 된 것이라고 했음. 때문에 할아버지께서는 어디에 몰두하여 마음을 붙일 일들을 찾아다녔고, 그러다 보니까 도박판을 기웃거리게 된 것임.

그리고 그 당시 할아버지가 워낙 똑똑해서, 처음에는 도박판에서 많이 땄었는데, 나중에는 조그만 꼬마가 돈을 다따가는 것을 괘씸하게 여긴

어른들의 농간에 휘말려서, 그만 많은 돈을 잃고 빚까지 지게 된 것이라고 했음. 어른들이 할아버지에게 일부러 도박 빚을 지게 만든 것은, 당시 용현 할아버지가 워낙 똑똑하니까, 평생 자기들 종으로 부려먹으려고 일부러 도박 빚을 지게 만든 것이라고 말씀하셨음. 그래서 할아버지는 그곳에 계속 남아있다가는 결국에는 종으로 팔려갈 것 같아서, 그곳을 도망쳐 나온 것임.

20) 전성녀가 모친 이순영을 4년간 모시고 생활했다는데, 어디에서 살았는가?

【답변】만약 지금실로 시집간 분이 전성녀가 맞다면, 절에 비구니로 들어간 분은 전옥례가 됨. 그렇다면 폐병에 걸린 전봉준의 아내 이순영을 모신 분은, 전성녀가 아니라 절에 비구니로 있다가 나온 전옥례가 될 것임.(저는 지금까지 지금실로 시집간 분은 전옥례이고, 절에 비구니로 들어간 분은 전성녀로 그렇게 알고 있었음) 그 분이 병든 모친 이순영을 모시고 충청도쯤에서 살았다는 이야기를 들은 것으로 기억이 나는데 확실하지는 않음. 아마도 충청북도나 전라북도 어디쯤에서 살았었을 것으로 생각됨.

21) 이순영이 향년 44세로 돌아가셨다는데, 누구에게서 들었는가?(확실한가?)

【답변】확실함. 부친께서 로서아와 일본의 전쟁(1904년)이 터지기 이전해에 돌아가신 것이라고 말씀해 주셨으니까, 1903년에 돌아가신 것이고, 그 때 당시 이순영의 나이는 44세였음. 더구나 장남 용규가 죽었을 때, 이순영의 나이가 37세였고, 폐병에 걸린 지 7년 만에 돌아가셨다고 하니까, 44세에 돌아가신 것이 확실함.

22) 이순영이 죽은 날짜가 생일 하루 전이라고 했는데, 그 근거는?

【답변】증조할머니 이순영의 생일이 9월 15일(음력)인데, 기일이 9월 14일

(음력)이니까, 당신의 생일 하루 전에 돌아가신 것이 맞음. 그리고 제 생일이 9월 17일(음력)이라서, 제 생일 며칠 전에 늘 제사가 있었기 때문에 잘 기억하고 있음. 제가 중학교 다닐 때까지도 부친이 예수님을 안 믿으셨기 때문에, 집에서는 제사를 지냈었고, 부친께서는 고조할아버지(전창혁)는 물론 증조할아버지(전봉준)와 증조할머니(이순영), 할아버지(전용현), 할머니(이양림)의 제사까지도 모두 다 지냈었음. 부친께서는 조상들의 기일과 생일을 모두 다 기억하고 계셨지만, 저는 다 기억할 수가 없어서(정확히는, 기억하기가 귀찮고 싫어서) 부친이 말씀하신 것을 메모해 두었다가 정리한 것임. 부친께서는 증조할머니의 제사를 지내면서, 어린 저에게 저의 증조할머니께서는 잘못했으면, 자신의 생일날 돌아가실 뻔 했다는 말씀을 해 주셨기 때문에, 생일 하루 전에 돌아가셨다는 것은 제가 확실하게 기억하고 있음.

23) 전봉준 장군의 시신을 가매장한 인물을 혹 알 수 있는가?

【답변】 누구인지 정확하게는 그 이름을 알 수가 없음. 부친께서 말씀하시길, 처형된 시신을 남산 기슭에 가져다가 버렸던 사람들 가운데 한 사람이 나중에 몰래 와서 전봉준 장군의 시신만 구덩이를 파고 가매장 해두었으며, 가매장한 자리에 돌덩이를 특별히 표 나지 않으면서도 알 수 있게끔 돌무더기처럼 쌓아서 올려놓았었다고 함. 그래서 저의 부친께서도 당신이 죽고 나면, 당신이 전봉준 장군의 손자라는 사실이 밝혀질 때까지, 자신의 할아버지가 가매장 된 모습처럼, 그렇게 자신을 묻어 놓으라고 하셨음. 때문에 지금 돌아가셔서 화장한 부친의 유골함을 함평의 곤봉산 능선에 있는 할아버지와 할머니의 묘소 아래에 똑같이 묻어 놓고서, 부친의 유언대로 아직까지도 봉분을 올리지 못한 채, 유골함 위에 돌을 쌓아 올려서 표시를 해 놓았음. 그냥 지나치면 그곳에 유골함이 묻혀 있는지

전혀 알 수 없음.

그리고 전봉준 장군의 시신을 수습하여 가매장한 사람은 군인이었다고 얘기해 주셨는데, 과거에 동학군이었던 사람인지 조선 군인인지는 제가 잘 알 수가 없음. 그 사람은 전봉준 장군의 키가 특별히 작아서 시신 가운데 전봉준 장군의 유해를 쉽게 구분하여 가매장할 수 있었다는 말을 했다고 함. 그리고 자신이 매장한 장소를 저의 할아버지에게 전해 주기 위하여 백방으로 수소문 한 끝에, 전남 무안군 용뫼마을 근처에 있는 동학군들에게 그 소식을 전하게 되어, 결국 할아버지께서 삼일독립운동이 일어나던 해에 전봉준 장군의 가매장한 곳을 찾아가서 이장을 해 온 것이라고 함. 가매장한 장소를 알려준 사람의 말에 의하면, 가매장된 전봉준 장군의 시신 이외에 다른 시신들은 나중에 다시 찾아가 보니(가매장한 전봉준 장군의 무덤이 제대로 잘 있는지 확인하기 위해서 가보았다고 함) 전부 다 산 짐승들의 밥이 되어버렸는지 찢어진 옷가지들과 뼛조각 몇 개만 남겨진 채, 시신들은 형체도 없이 모두 다 사라져 버렸다고 함.

24) 이순영의 유해가 실학실로 이장하기 전에 있었던 곳은?

【답변】 이순영이 동곡리에서 살다가 큰아들이 죽고 또 자신이 폐병에 걸린 후에, 절에 들어갔다가 나온 딸과 함께 위쪽(충북이나 전북지역)으로 올라가서 생활하다가 그곳에서 병을 이기지 못한 채 돌아가셨다고 함. 당시 폐병에 걸렸었기 때문에 시신을 화장했다고 말씀했었는데, 나중에는 부친께서 증조할머니(이순영)의 유해를 이장해서 실학실로 옮겨왔다고 말씀하셨음. 그래서 화장하고 남은 유해를 땅에 묻어 두었다가 이장을 해 온 것인지, 아니면 돌아가신 후에 화장하지 않고 매장해 두었던 유해를 수습하여 실학실로 이장을 한 것인지는 확실하지가 않음. 또한, 실학실로 이장하기 전에 유해를 묻어 두었던 곳은 제가 알 수가 없음. 어떤 때

는 부친께서 저에게 말씀해 주신 것 같다는 생각이 들기도 하는데, 전혀 기억해 낼 수가 없음.

25) 전의천이 어떤 연유로 함평에 가게 되었고, 또 무안에 정착하게 되었는 가?(무안면 다산리 용뫼마을 옆에 동학운동을 한 집안이 있었다고 했음)

【답변】 전의천 할아버지께서 함평에 가게 된 것은, 지금실에 살던 누나의 집에서 도망친 이후에 전국(주로 전라도와 충청도 지역)을 떠돌아다니다가 나중에 함평까지 내려왔으며, 그곳에서 살던 할머니 이양림을 만나게 된 것임. 함평에 특별한 이유가 있어서 간 것은 아니고, 떠돌아다니던 와중에 함평에 들리게 된 것이라고 했음. 하지만 무안으로 내려간 것은 함평과 바로 붙어 있어서 가깝기도 하지만, 무안면 다산리 용뫼마을 근처에 동학운동을 크게 한 집안(김씨 집안 사람이라고 한 것 같은데, 어디 김씨인지는 제가 잘 모름-아니 기억하지 못함)이 있었기 때문이라고 말씀하셨던 것 같음. 그리고 이 마을 사람들 가운데 어떤 한 분을 통해서, 나중에 무안에서 생활한지 10여년이 지난 후에, 부친(전봉준)의 유해가 가매장된 장소를 전달받게 되었다고 함.

26) 전봉준 장군의 유해를 1919년 정읍 비봉산에 이장을 했고, 또 24쪽에서 이곳을 부친을 따라 찾았다는데, 그 묘지가 지금 '장군천안전공지묘'가 있는 곳이 맞는가?

【답변】 확실함. 삼일운동이 일어나던 바로 그 해에 할아버지(전용현)께서, 남산 기슭(부친께서 말씀하실 당시, 불교학당 뒷산이라고 했음)에 가매장되어 있던 증조할아버지(전봉준)의 유해를 수습하여 비봉산으로 이장하셨다고 했음. 그리고 제가 14세 때, 저의 부친과 함께 〈장군천안전공지묘〉라는 묘비가 세워져 있는 이곳을 찾아 왔었음(그때 당시에는 봉분

이 전혀 없었고, 평지에 비석하나만 세워져 있었음). 당시 저는 이름도 없고 돌아가신 날짜도 없고, 아무 것도 없는 이곳이 어떻게 전봉준 장군의 무덤인 줄 아느냐고 부친에게 물어보았었음. 그랬더니 부친께서는 내가 친손자인데 어떻게 할아버지의 무덤을 모를 수가 있느냐고 하셨으며, 전봉준 장군의 무덤은 모두 세 곳이 있지만, 나머지 두 곳은 가묘일 뿐이며, 한 곳만이 진짜 무덤이라고 말씀하셨음.

그리고 우리 집안은 숨어 다녀야 하는 집안이라서 묘비명에 자세한 것들은 새겨놓을 수가 없다고 하셨음. 때문에 함평 곤봉산에 있는 할아버지(전용현/전의천)의 무덤에 있는 묘비에도 〈천안전공의천지묘〉라는 말과 그 바로 옆에 〈배함평이씨〉라는 말 이외에는, 언제 태어나셨는지, 언제 돌아가셨는지 하는 내용들이 전혀 없다고 말씀해 주셨음. 단지 나중에 제가 커서 찾아오면 알아 볼 수 있도록, 묘비의 뒤에다 〈자 익선, 손 장수 용석〉이라는 글자만 새겨 놓았다고 하셨음. 나중에 가서 살펴보니 정말로 할아버지의 묘비가 그렇게 되어 있었음. 아무튼 제가 비봉산에 있는 무덤 앞에서 부친에게 왜 봉분을 올리지 않았느냐고 물어보았었는데, 부친께서는 봉분이 올려 있으면, 혹시라도 전봉준 장군의 무덤이라고 생각해서 파헤치려는 사람들이 생길까봐 할아버지께서 그렇게 해 놓은 것이라고 하셨음. 그래서 제가 만약에 어떤 사람이 미친척하고 한 번 파보면 어떻게 되느냐고 물어보았었음. 그랬더니 부친께서는 그렇게 무조건 파보아도, 곡괭이로도 파낼 수 없게끔 단단하게 묻어 놓았기 때문에 절대로 파내지 못한다고 말씀하셨음.

27) 부친 환갑 때 부친을 따라 전옥례를 만나러 갔다는데, 어디인지 확인할 수 있는가? 또한 전옥례는 핏줄인 전장수를 꼭 보고 싶다고 했다는데, 부친 전익선은 이전부터 전옥례와 왕래가 있었던 것인가?

【답변】 저의 부친이 저를 데리고 전옥례 대고모할머니를 만나러 가실 때 말씀하시는 것을 생각해 보면, 부친께서는 그 이전에도 전옥례 할머니와 자주는 아니더라도 서로 왕래를 하고 있었던 것같이 생각됨. 왜냐하면, 만나러 갈 때마다, 늘 들키지 않게 조심을 해야만 했다고 하셨던 말씀이 생각나기 때문임. 그리고 전옥례 할머니는 저의 부친의 고모가 되시는데, 제가 찾아갔었을 때, 저의 부친과 저를 아주 따뜻하고 반갑게 맞이해 주신 것으로 보아, 처음 만나는 것은 결코 아닌 것이 분명해 보임. 부친께서는 전옥례 할머니가 저를 너무 보고 싶어 하신다고 하셨으며, 돌아가시기 전에 꼭 한번 보고 싶다고 말씀하셨기 때문에, 기력이 점점 쇠약해지고 있으니까 저를 보고서 이번에는 꼭 같이 가야만 된다고 말씀했었음.

그리고 전옥례 할머니께서는 저를 보자마자 처음 보는 것인데도, 너무 반갑게 맞아 주시면서, 눈물까지도 글썽거리셨음. 그리고는 당신 자신이 전봉준 장군의 친딸이라고 말씀하시면서, 저를 보고는 네가 우리 전봉준 장군의 집안을 이어갈 장손이니까, 절대로 들키지 말고 꼭꼭 숨어서 잘 커가지고 집안을 일으켜 세우라고 말씀하셨음. 그러면서 일찍 죽어서는 절대 안 된다면서 제 두 손을 꼭 잡고 얘기했었음. 당시 전옥례 할머니께서는 저를 정말로 만나보고 싶어 하신 것 같다고, 어린 저에게는 그렇게 느껴졌었음. 그리고 전옥례 할머니는 저를 만난 바로 그 다음 해에 돌아가셨음. 부친께서는 옥례 할머니의 장례식에 가신다며 갔었는데 저보고는 같이 가지 않아도 된다고 그렇게 말씀하셨음. 저는 그때 당시에, 전옥례 할머니를 만나기 위해서, 부친과 함께 차를 타고서 아주 오랫동안 먼 길을 간 것까지는 생각이 나는데, 그곳이 어디인지는 알지 못함.

28) 부친께서 장군의 무덤은 절대로 사람들이 파볼 수 없게 해놓았다고 했다는 데, 어떻게 했길래 그렇다고 생각되는가?

【답변】 부친께서는 저에게 사람들이 아주 옛날부터 해 오던 방식인데, 아무리 힘센 사람이 곡괭이를 가지고서 세게 휘둘러도 절대로 파낼 수 없다고 하셨음. 그래서 제가 부친에게 그럼 바위만큼 단단하냐고 물어보았는데, 바위보다 더 단단할 수도 있다고 말씀해주셨음. 그래서 제가 그러면, 관 주변을 아주 넓게 파서 관을 통째로 들어내면 어떻게 하느냐고 물어보았음. 그랬더니 부친께서는 그래도 안 된다고 하셨음. 아무리 넓게 파내어도 사람들이 들을 수도 없을 만큼, 크고 넓고 무겁게 만들어 놓았기 때문에 관을 파내서 가져가는 것은 불가능하다고 말씀해주셨음. 그래서 저는 그 당시에 저의 부친께서 무덤이 그렇게 되어 있는 것을, 부친이 직접 만든 무덤도 아닌데, 어떻게 그리 잘 알고 계실까 하는 것이 무척 궁금했었지만, 부친에게 물어보지는 않았음.(아마도 할아버지에게서 들었던 것이 아닌가 하는 생각이 듦. 왜냐하면 할아버지께서 증조할아버지 전봉준의 유해를 이장한 것이 삼일독립운동이 일어났던 1919년인데, 바로 그 다음해인 1920년에 저의 부친께서 할아버지 집을 떠나서 가출했기 때문에, 부친께서 가출하기 직전에 할아버지께서 증조할아버지의 유해를 어떻게 이장했고 어떻게 무덤을 만들었는지를 저의 부친에게 얘기해 주셨다면, 저의 부친이 그 사실들을 모두 다 정확하게 기억하고 계셨을 것임. 저의 부친 역시, 머리가 매우 비상해서, 한 번 보고 들은 웬만한 것들은 거의 다 기억하고 계셨었음)

(2019년 2월 11일 작성)

〈자료 3〉

'가족사' 이외의 추가적인 증언 내용

(송 교수님께서 말씀하신 대로 저의 부친에게서 들었던 것들 가운데 생각이 나는 것들을 두서없이 기록하여 보내드립니다. 그래도 시간 순서대로 쓰려고 노력해 보았습니다.)

저의 증조부(전봉준)가 태어날 때, 증조부의 할아버지(전석풍)께서 태몽을 대신 꾸셨다고 하셨습니다. 5대조 할아버지(전석풍)께서 환갑이 지난 몇 년 뒤에 하루는 꿈을 꾸셨는데 꿈에, 전석풍 할아버지께서 아주 큰 백호의 등을 타고 있었고, 석풍 할아버지를 태운 백호가 산을 넘어서 쏜살같이 달려 나가더니 자기 집으로 들어가서 부엌으로 달려들기에 너무 놀라서 소리를 지르다가 꿈에서 깨고 말았다고 합니다.

그런데 꿈이 너무나 무서우면서도, 생생하고 이상해서 가슴에 담고 있었는데. 얼마 안 있어서 며느리(아들 전창혁의 아내)가 임신을 했다는 소식을 듣게 되어서 자신이 손자(전봉준)의 태몽을 아들과 며느리 대신에 꾼 것이라고 그렇게 말했다고 합니다.

그 뒤에 손자(전봉준)가 태어났는데, 아기 때부터 눈빛이 아주 맑고 초롱초롱하며, 첫돌이 지날 무렵쯤에는 하는 짓이, 다른 아기들과는 달리 매우 총명하고 전혀 겁이 없어서, 아들(전창혁)에게 손자(전봉준)를 잘 키우면 나중에 분명히 큰일을 하게 될 것이라고 얘기하셨지만, 석풍 할아버지께서는 손자(전봉준)가 다 크는 것을 미처 보지도 못한 채, 손자가 세 살 되던 무렵쯤에 돌아가셨다고 했습니다.

5대조 전석풍 할아버지가 어릴 때는 가세가 괜찮아서 그래도 넉넉하게 살았었는데, 석풍 할아버지가 결혼할 무렵부터 가세가 기울기 시작해서, 석풍 할아버지의 나이 40세가 조금 못되어 아들(전창혁)이 태어날 때에는 사는 것이 매우 변변치 않았다고 하셨습니다. 그래서 전석풍 할아버지께서 서당 훈장을 하시면서 생계를 이어갔다고 말씀하셨습니다.

고조부(전창혁)께서는 어릴 때부터 총각 때까지 과거시험을 보려고 부친(전석풍)으로부터 학문을 많이 배웠고 공부도 많이 했었는데. 과거시험을 칠 무렵에는 가세가 더 많이 기울어서 과거를 보러 한양까지 올라갈 돈을 마련하지 못해서, 과거시험을 나중으로 자꾸 미루다가 결국에는 포기하게 되고 말았다고 했습니다. 하지만 배운 학문 실력이 좋아서 부친(전석풍)처럼 서당 훈장을 하면서 살다가 향교의 장의 일까지도 맡아서 하게 되었다고 했습니다.

고조부께서 돌아가신 이유의 시작이 향교의 장의를 맡았었기 때문이라고 말씀하셨습니다. 자세한 것은 잘 모르겠지만, 향교의 장의를 맡지 않고 그냥 서당 훈장만 하고 계셨으면 나중에 고을 원님인 조병갑에게 매를 맞아 죽는 일도 없었을 것이라고 그리 말씀하셨습니다. 하지만, 그렇다고 해서 고조부께서 잘못한 일은 전혀 없었다고 하셨습니다. 고조부의 성격이 워낙 대쪽 같아서, 나쁜 일에 남과 타협하거나 고개를 숙이질 못해서 그리 된 것이라고 했습니다.

이런 고조부(전창혁)의 성격은 5대조 할아버지(전석풍)의 성격을 그대로 빼 닮은 것인데, 이런 성격이 증조부(전봉준)와 조부(전의천/용현) 및 부친(전익선)과 저(전장수)에게까지 그대로 대물림되어 내려왔다고 부친께서는 늘 말씀하곤 하셨고, 제 아들(전예성) 역시 조상들의 이런 성격을 거의 그대로 지니고 있는 것같이 보입니다. 학교에서 선생님들이 틀렸다고 생각하면 분명하게 따지고 대들어서 중학교와 고등학교에서 제가 두 번씩이나 학교로 불려갔었습니다.

고조부(전창혁)께서는 6년 연상인 부인(고조모)을 몹시 사랑했었고 아들(전봉준) 역시 자신의 모친을 무척 사랑하여 잘 따랐다고 했습니다. 지난번에 말씀드렸던 것처럼, 고조부께서는 아내가 아들(전봉준)이 12세 되던 때에 죽은 후에, 아들(전봉준)이 전혀 겁 없이 지내던 평소의 그답지 않게, 엄마 생각을 너무 많이 해서 슬퍼하고 힘들어 하므로, 엄마의 흔적이 많이 남아있는, 그동안 살던 곳을 떠나 약 13세 때쯤에 고부로 이사를 갔다고 합니다. 아들(전봉준)에게 엄마의 추억이 있는 곳을 멀리하게 하려고 이사를 간 것이라고 했습니다. 아울러 고부에는 아내의 집안사람들이 여럿 살고 있었기 때문에 아들(전봉준)을 생각해서 전혀 연고가 없는 곳 보다는 그리로 이사를 간 것이라고 했습니다.

그리고 지난번에 말씀드렸던 것처럼 고부에서 살던 중에, 외가댁으로 촌수가 조금 먼 집안에서 잔치가 열렸었는데, 고조할아버지(전창혁)께서 어린 전봉준을 데리고 그곳에 참석하여, 다른 양반들과 함께 식사를 하고 있었다고 합니다. 그때 같이 밥을 먹던 젊은 양반 하나와 어린 전봉준이 여러 사람들이 있는 잔치 자리 가운데서 언쟁이 붙었고, 이 일을 계기로 전봉준은 그곳에서 만난 스승님을 따라 태인으로 이사를 가서, 사서삼경을 모두 배웠으며, 과거시험을 치르기 위한 학문도 모두 익혔다고 얘기해 주셨습니다.

고부에서 잠깐 살다가 선생님을 따라 태인으로 이사를 간 증조부(전봉준)께서는 그곳에서 약 4년간 다른 학생들과 함께 과거시험을 공부했지만, 과거를 볼 생각은 전혀 하지 않고 여러 친구들과 어울려 다니면서 시국에 대하여 얘기하는 것을 무척 좋아하셨다고 합니다. 그리고 이 무렵쯤에 증조부께서는 동학에 대한 관심도 많았지만, 서양의 새로운 학문과 기술에 대해서도 많은 관심을 보였었는데, 증조부(전봉준)께서 서양의 학문과 기술에는 '사람다움'이 없어서 우리 조선인에게는 그대로 가져다 쓸 수 없는 학문이라고 그렇게 말씀하셨다고 했습니다.

그러면서 증조부께서는 늘 "사람은 사람답게 살아야지 사람이 된다"라는 말씀을 하셨는데, 이 말씀은 조부(전용현)를 거쳐 저의 부친(전익선)께서도 저에게 항상 가르치고 강조하셨던 말씀입니다. 부친께서는 저에게 "사람이 사람다운 행동을 하지 못하면 짐승만도 못한 인간이 된다"라고 그렇게 말씀하시면서, 아무리 가난하고 어려워도 반드시 '사람답게' 살 것을 강조하셨었습니다. 부친은 제가 어릴 때부터 "사람이 사람답게 살기만 하면, 하늘과도 하나가 될 수 있다"고 늘 그렇게 말씀하셨습니다.

아무튼 고조부(전창혁)께서는 아들(전봉준)이 과거시험 공부를 좀 더 열심히 해서, 과거시험을 반드시 치르게 하려고, 태인의 조용하고 외진 곳인 동곡리로 이사를 했는데, 증조부(전봉준)께서는 이곳에서도 친구 김개남을 사귀어서 둘이서 함께 여러 곳을 돌아다닐 뿐, 과거시험 공부에는 별 관심을 보이지 않았다고 합니다.

그래서 고조부께서는 아들(전봉준)이 친구들과 어울리지 않고 과거시험에만 전념하도록 동곡리에서 멀리 떨어진 더 외진 곳을 찾아서, 연로한 모친을 모시고, 소금동이란 마을로 이사를 갔다고 합니다. 동곡리에서 약 2년 정도 생활한 후에, 증조부(전봉준)의 나이 20세 무렵에 소금동으로 이사를 간 것입니다. 그런데 증조부께서는 이곳으로 이사한 그 다음해에, 결혼을 해 버림으로써 자신이 과거시험을 볼 생각이 없음을 부친(전창혁)에게 분명하게 알렸다고 합니다. 이미 증조부(전봉준)께서는 과거시험에 대한 생각을 완전히 접어버리고 만 것입니다.

때문에 고부의 잔치집에서부터 어린 전봉준을 알게 되어, 장차 큰 사람이 될 것이라 확신하고, 전봉준을 태인으로 데려와 지난 4년여 동안, 돈 한 푼 받지 않고 공부를 가르쳤던 스승님은 이 사실을 알고서 너무나 대노하여, 전봉준의 결혼소식 이후로는 제자 전봉준과 사제의 모든 인연을 끊고서 다시는 자신을 찾지도 말고, 일체 자신을 스승이라고 부르지도 말라고 하시고는 제자 전봉준과의 모든 관계를 다 정리해 버리셨다고 합니다.

때문에 증조부(전봉준)께서도 그 이후로는 스승의 함자를 일체 입에 올리지 않았으며, 스승에 대한 얘기는 일언반구도 입에 담지 않고서 살았다고 합니다. 또한 다른 사람들이 스승님에 대한 이야기를 하는 것도 모두 말리고, 일체 스승님에 대한 얘기를 꺼내지도 못하게 하셨다고 합니다. 증조부께서는 그것이 자신을 힘들게 가르쳐준 스승님에 대한, 마지막 예의를 지키는 것이라고 그리 말씀하셨다고 했습니다.

증조부(전봉준)께서는 결혼한 다음해인 22세 때 첫 딸 옥례를 낳았는데, 이때 전봉준의 할머니가 80세의 연로한 나이로 돌아가셨다고 했습니다. 그리고 그 다음 해에, 증조부의 아내가 둘째 딸 성녀를 낳다가 죽었으므로, 한 해 걸러 연이어 초상을 치렀다고 했습니다.

고조부(전창혁)께서는 동곡리에 살 때, 산에서 약초와 삼을 캐던 심마니 약초꾼들을 알게 되었는데, 약초꾼들은 고조부께서 글을 많이 배운 양반임에도 자신들과 허심탄회하게 얘기를 나누며, 자신을 인간적으로 대해주고, 또 성격이 매우 올곧고 강직함을 알아서, 이런 고조부를 좋아하여 고조부에게 좋은 약초들을 많이 선물로 주었다고 합니다. 그리고 고조부께서는 자신의 부친(전석풍)께서 돌아가시기 전에 자신에게 아들(전봉준)을 잘 키우면 나중에 훌륭한 인물이 될 것이라는 말이 생각나서, 선물로 받은 이런 약초들을 거의 다 아들(전봉준)에게만 먹였다고 하셨습니다.

약초꾼들은 산삼 등을 포함한 좋은 약초를 고조부(전석풍)에게 선물로 주는 대신에, 자신들이 캔 값비싼 약초들을, 당시 폭리를 취하면서 약초꾼들의 약초 값을 싼값에 후려치던 약재상을 거치지 않고, 양반집 사람들과 직접 거래할 수 있도록 주선해 달라고 부탁했다고 합니다. 평소에 이들과 좋은 관계를 유지했었고, 아들(전봉준)을 위한 귀한 약초들도 선물로 많이 받았었기 때문에, 고조부께서는 "그럼 나는 아무런 이문도 일체 남기지 않고, 오직 서로 연결만 시켜주겠다"라고 그리 말씀하셨고, 또 실제로 그렇게 하셨다고 합니다.

고조부(전창혁)과 약초꾼들과의 관계는 소금동으로 이사를 간 후에도 계속되었고, 나중에는 이런 인연이 계기가 되어서 고조부께서 고부로 다시 이사를 나온 후에는, 이들의 도움을 받아서 한약방을 직접 차리게 되었다고 합니다. 고조부께서는 아주 적은 이문만 남긴 채, 약초꾼들의 약초를 양반집에 넘기는 일을 했고, 또 일반 백성들에게도 약재를 아주 싼 값에 팔았으며, 돈이 없는 가난한 사람들에게는 약재를 그냥 주는 일도 무척 자주 있었다고 했습니다. 약초꾼들도 다른 약재상에다 자신들의 약재를 넘기는 것보다 고조부에게 약재를 넘기는 것이 훨씬 더 이익이 많이 남았기 때문에, 고조부는 큰 어려움 없이 약재를 넘겨받아서 약방을 꾸려갈 수 있었다고 얘기하셨습니다.

고조부(전창혁)께서 약방을 꾸려가는 동안 아들(전봉준)도 약방 일을 거들었지만, 약방이 원체 이익을 거의 남기지 않았기 때문에, 그곳에서 버는 돈만을 가지고서는 생활을 꾸려 나가기가 쉽지 않아서, 서당을 차리게 되었고 증조부(전봉준)께서 그동안 배운 학문으로 서당훈장을 하셨는데, 고조부께서도 가끔씩 아이들을 함께 가르치셨다고 하셨습니다. 약방도 같이 하고, 서당도 같이 했었던 것입니다. 마을 사람들이 고조부와 증조부의 학식이 괜찮은 것을 알고 자기 자식들을 보내주어서 서당을 잘 꾸려갈 수 있었다고 했습니다.

그리고 나중에 증조부(전봉준)께서 한양에 있는 대원군의 집에 묵고 있을 때, 한 번은 대원군이 저의 증조부에게 '조정에 들어와서 함께 일을 하는 것이 어떻겠냐'라고 얘기를 했었다고 합니다. 그러자 증조부(전봉준)께서는 내가 벼슬이 탐나서 이곳에 머무는 것이 결코 아니라고 말씀하시면서, 만약 나를 그런 사람으로 여겼다면, 지금 당장이라도 짐을 싸서 고향으로 내려가겠다고 대답했다고 합니다. 그러자 대원군이 지금 자신이 했던 말은 없었던 것으로 할 것이며, 두 번 다시 그런 제안을 하지 않을 테니까 계속 이곳에 머물렀으면 좋겠다고 해서 좀 더 오랫동안 그곳에 머물렀다고 합니다.

증조부께서는 대원군에게 나는 벼슬을 하려고 한양에 온 것이 아니라, 이 조선을 바로 세우려면 무엇이 꼭 필요한지를 알아보기 위해서 온 것이라고 하시면서, 사람을 '사람답게' 살도록 만들지 못하게 하는 '신분제를 철폐'할 것과, 과거시험을 쳐서 인재를 등용시킬 때 고관대작의 자녀들이라고 봐주는 폐단을 없애고, 뇌물을 받고 과거시험을 통과시키는 자들을 철저히 색출하여, 올바른 인재를 조정에 들일 것을 대원군에게 제안했었다고 합니다.

또한 청나라나 일본 및 로서아와 같은 외인들과 손을 잡지 말 것과, 자신의 권력을 지키려고 외인들의 손을 빌어서 같은 백성을 죽이는 '짐승 같은 짓'을 절대로 하지 말 것을 요구했다고 합니다. 그리고 대원군은 그리하겠다고 증조부(전봉준)에게 굳게 약속했었다고 합니다. 하지만 증조부께서는 대원군이 자신과 했던 이 약속을 끝까지 잘 지키지 못했다고 여러 번 안타까워했었다고 말씀하셨습니다. 그럼에도 증조부께서는 죽을 때까지 대원군을 조금도 비난하거나 원망하지 않으셨다고 했습니다. 전쟁에 져서 피신하면서도 "모든 것은, 다 하늘의 뜻일 뿐"이라고 그리 말씀하셨다고 했습니다.

저의 부친(전익선)께서는 증조부(전봉준)가 호주로 되어 있는 호적에, 증조부의 이름이 전민화(全民化)로 기록되어 있었다고 하셨는데, 그 호적에는 아들인 조부(전의천)와 두 딸(전옥례, 전성녀) 뿐만 아니라, 증조부의 여동생(전고개)이 모두 다 올라가 있다고, 제가 대학교에 들어간 이후로 저에게 무척 여러 번 아주 분명하게 말씀해 주셨었습니다. 그 호적에는 증조부(전봉준)께서 '당촌'에서 출생한 사실도 분명하게 기록되어 있다고 그렇게 말씀해 주셨습니다.

하지만 부친께서는 이상하게도 그 호적이 어디론가 사라져 버려서, 아무리 호적을 떼어보려고 해도 뗄 수가 없다고 말씀하셨습니다. 그래서 저는 저의 부친에게 그 호적을 분명히 보셨냐고, 보신 것이 확실하게 맞느냐고 여러 번 물어보았었는데. 저의 부친께서는 직접 분명하게 부친의 눈으로 보았다고 말씀하셨었습니다. 그래서 저도 나중에 세월이 한참 지난 후에, 부친의 이 말씀이 생각나서 증조부(전봉준/전민화)의 호적을 찾으려고 무안군 내의 여러 읍과 군들에게 다 알아보았고 또 목포가정법원 호적계로 직접 찾아가서 알아보기까지 했었는데, 담당 호적계장님의 말씀이, 너무 오래된 것이라 찾을 수 없다는 그런 대답만 들었을 뿐입니다.

하지만, 만약 증조부(전봉준/전민화)의 호적상에 두 딸, '전옥례'와 '전성녀' 그리고 여동생 '전고개'의 이름이, 부친의 말씀대로 '이 이름 그대로' 올라가 있던 것이 분명하다면, 이들이 나중에 결혼하여 호적을 시댁으로 옮겨 갈 때, '전(前)호주 누구누구의 호적에서 이적했다'는 기록이 남을 것 같은데, 만약 이것을 확인할 수만 있다면 저의 부친의 말씀에 의하면, 반드시 그 호주가 '전민화(全民化)'로 나올 것이라고 생각됩니다. 제가 남의 제적등본을 확인할 수는 없지만, 유족 심사를 하는 국가나 기관에서는, 만약 관련된 자료가 남아 있다면, 이 점을 얼마든지 확인해 볼 수 있지 않을까 하는 그런 생각도 이 시간에 잠시 한 번 해 봅니다.

조부(전용현/전의천)께서 모친(이순영)이 돌아가신지 3년 후에, 25세의 나이로 자신보다 다섯 살 어린 아내(이양림)와 함평에서 만나 결혼한 후에, 장인어른이 주신 돈을 가지고 무안으로 내려와서, 논을 조금 사가지고 농사를 지으면서 살고 있을 때, 그곳 마을 사람들이 조부(전의천)의 손과 얼굴을 보시고는 '농사지을 사람 같지 않은데 농사를 짓고 있다'라고 하면서, '혹시 글을 읽고 쓸 줄 아느냐'라고 물어봐서 조부께서 할 줄 안다고 대답했더니, 그럼 농사는 농사꾼인 자신들이 대신 지어줄 테니 자기 아이들을 가르쳐 줄 수 있느냐고 얘기해서, 조부께서는 그 제안을 받아들여 선친들(전석풍, 전창혁, 전봉준)에 이어서 서당 훈장 일을 자신도 하게 되었다고 그리 말씀하셨다고 합니다.

조부께서는 무안에 머물면서 훈장일 하는 것이 생업이 되었고, 조모님(이양림)께서 세 딸을 데리고 함평 친정으로 돌아간 다음해, 즉 조부님이 44세가 될 때까지 약 20년간 무안에서 서당 훈장 일을 하셨다고 했습니다. 조부(전용현)께서 서당 훈장을 하시면서 자신의 선대들로부터 자신까지 계속 훈장 일을 했기 때문에, 아들(전익선)도 글을 배워서 훈장을 하는 것이 집안의 내력이라고 생각했기 때문에, 아들에게 몹시 엄하게 공부를 가르쳤다고 합니다.

부친(전익선)께서는 조부(전의천)에게 천자문과 소학 등을 배웠지만 너무 무서워서 공부를 제대로 하지 못했고, 이것이 조부를 실망시키고 분노하게 만들어 더욱더 공부를 익히기가 힘들었다고 했습니다. 저는 이것을 충분히 이해할 수 있는데, 저도 제 아들을 가르치다가 제 욕심 때문에 너무 심하게 아들을 꾸짖었더니 제 아들이 공부에 취미를 잃어버리고 아예 공부를 하지 않으려고 해서, 지금 학교성적은 형편없는 상태입니다. 두살 때 자기 혼자서 한글을 다 깨친 아들인데도, 저의 엄한 가르침 때문에 공부에 대한 흥미를 다 잃어버리고 말았습니다.

아무튼 그러던 차에 부친(전익선)의 11세 때, 조부(전의천)께서 증조부의 유해를 수습하러 한양으로 올라갔다가 내려오는 동안에, 부친께서는 정말로 마음껏 뛰노는 자유를 맛보아 너무너무 좋았었다고 했습니다. 하지만 조부께서 증조부(전봉준)의 유해를 한양에서 가져와 정읍 비봉산 자락에 이장하고 난 후에, 다시금 혹독한 공부를 시키셨는데, 이미 자유를 맛보았던 부친께서는 더 이상 조부의 그런 가르침을 받아들일 수가 없어서 그 다음해인 12세 되던 해에, 조부의 너무 무섭고 엄한 가르침을 피해서 그만 집을 가출하게 되었다고 말씀하셨습니다. (이 때문에 부친은 한자는 조금 알지만, 한글은 전혀 배우질 못해서, 나중에 뒤늦게 야학을 다니면서 한글을 익히셨습니다.)

부친(전익선)께서 가출한 3년 뒤에 부친의 동생(전태선)이 장티푸스를 앓다가 여섯 살의 어린 나이로 죽게 되자, 조모(이양림)께서는 이 모든 것이 조부(전용현) 때문이라고 하시면서 세 딸(전오복, 전오녀, 전복순)을 데리고 친정집인 함평으로 되돌아가게 되었고, 이에 충격을 받은 조부께서는 집에서 잠시 홀로 지내다가 그 다음해인 44세 때, 무안에 있는 집을 나와서, 집을 나간 아들(전익선)을 찾으러 전국을 떠돌기 시작했다고 합니다. 그리고 이 소식을 들은 조모께서는 그만 병이 들어서 그 다음해에 40세의 젊은 나이로 세상을 떠나셨다고 하셨습니다.

저의 부친께서는 이 이야기를 하시면서, 고조모(전창혁의 아내)는 46세에 세상을 떠나셨고, 증조모(전봉준의 아내)는 44세에 세상을 떠나셨으며, 조모(전용현의 아내)는 40세에 세상을 떠나셨기 때문에 제가 전옥례 대고모할머니를 만나러 갈 때(제 나이 12세, 모친 42세)와, 비봉산에 있는 증조부(전봉준)의 묘소(장군천안전공지묘 묘비가 있는 곳)를 찾아갈 때(제 나이 14세, 모친 44세) 조상님들의 아내가, 모두 다 50세도 살지 못하고 일찍 돌아가셨다는 얘기를 거듭거듭 하시면서, '네 어미는 오래 살아야 할 텐데' 라고 걱정을 많이 하셨던 것이 생각납니다. 또한 제가 고려대학교에 입학할 때(당시 모친이 52세이었었는데) 저의 부친께서는 아들도 좋은 대학에 들어갔고, 아내도 50수를 이태나 넘겼다고 하시면서 무척 좋아하셨던 것도 역시 생각납니다.

제가 아주 어릴 때, 제 남동생(전용석)은 태어나기 전이고, 제 여동생(전영숙)이 태어나던 해인 제 나이 네 살 때, 저의 부친의 여동생인 고모(전오녀)의 둘째 아들(진의장)이 군대에 있다가 휴가를 나와서 저의 집을 찾아왔었습니다. 제가 볼 때는 완전 아저씨였는데도 저의 부친께서는 '삼촌'이라고 부르지 말고, 반드시 '형'이라고 불러야 된다고 해서 '의장이 형'이라고 부르면서 따라다녔던 기억이 납니다. 저의 부친께서는 의장이 형에게, 휴가 기간 중에 저를 데리고 '당촌'을 다녀오라고 말씀하셨습니다. 저는 오랜 시간동안 의장이 형과 기차도 타고 버스도 타고 의장이 형의 목에 목마도 타다가 등에 업히기도 하면서 '당촌'이라는 동네에 들어갔었습니다. 당시에 지명 이름이 '삼촌'이 아니고 '당촌'이라서, 어린 저는 '삼촌들이 많이 사는 동네라서 당촌인가 보다'라고 그렇게 생각했던 기억이 납니다.

그곳에서 의장이 형은 군복을 입은 채, 어떤 초가집의 대청마루에 앉아서, 저를 보고서 이 마을은 너의 증조할아버지 전봉준 장군이 태어난 동네라고 얘기해 주었으며, "너는 전봉준 장군의 4대 독자"라고 그렇게 얘기했었습니다. 그래서 어린 제가 의장이 형에게 전봉준 장군이 어떤 사람이냐고 물어보았었고, 형은, 전봉준 장군은 나라를 위해서 목숨 걸고 싸운 훌륭한 사람이었다고 얘기했습니다. 계속해서 저는 그럼 전봉준 장군은 싸움을 잘 했느냐고 물어보았었는데, 형은 그 분은 엄청나게 싸움을 잘 했었다고 저에게 대답해 준 기억이 납니다.

그러면서 의장이 형은 저에게 전봉준 장군이 너의 증조할아버지라는 것을 아무에게도 말하지 말고, '너만 알고 있어야 된다'라고 얘기했었습니다. 그래서 제가 왜 그러냐고 물어보았는데, 의장이 형은 '전봉준 장군이 싸움을 너무 잘해서, 다른 사람이 너의 증조할아버지가 전봉준 장군인 것을 알게 되면, 너를 다치게 할 수 있기 때문이다'라고 그렇게 말했었습니다. 때문에 저는 늘 그 사실을 숨기고 살아야만 된다는 것을, 저의 부친에 이어서 의장이 형에게서도 또 듣고 자랐습니다.

또한 의장이 형이 증조할아버지를 설명해주면서, 할아버지의 아버지가 바로 증조할아버지라고 얘기해 주던 기억과 그 얘기를 들으면서 저는 '할 아버지에게도 아버지가 있으니까 아버지는 계속 계속해서 이어지는 것이 구나'라고 생각했었던 기억이 납니다. 의장이 형은 너의 할아버지가 바로 '전봉준 장군의 아들'이고 그 분이 '나의 외할아버지'라고 그렇게 얘기했 었습니다. (제가 파라과이에 가 있을 때, 의장이 형이 돌아가셨다는 소식 을 들었습니다.)

그래서 제가 의장이 형에게 '4대 독자가 뭐냐'라고 또 물어보았었는데, 의장이 형은 저에게 너처럼 형이나 동생이 없이 아들만 하나인 사람이 독 자인데, 아버지도 아들 하나, 할아버지도 아들 하나, 그 할아버지의 아버 지도 아들이 하나이면 네가 4대 독자가 되는 거라고 설명해 주었습니다. 그래서 저는 아주 어려서부터 늘 4대 독자라는 생각을 가지고 살아왔었 는데, 나중에 제 동생(전용석)이 태어났을 때, 그럼 '나는 이제부터는 독 자가 아니구나'라고 생각했었던 어린 시절의 기억이 납니다.

나중에 제가 고등학생이 되었을 때, 할아버지의 이름이 호적에 전의천 으로 되어있는 것을 알게 되는데, 저는 저의 부친에게, 할아버지의 어릴 때 이름이 무엇이었냐고 물어보았었습니다. 왜냐하면 저도 어릴 때 이름 이 '전우석'이었고, 저의 부친도 친척들이 집에 왔을 때, 부친의 어릴 때 이 름인 '전상원'을 사용하는 것을 들었고, 제가 어렸을 때, 저의 집 문패에도 '전상원'이라고 되어 있었기 때문입니다. 그래서 할아버지의 어릴 때 이름 도 궁금했습니다.

부친께서는 할아버지의 어릴 때 이름은 '전용현'인데, 할아버지의 누나

(지금실로 시집간 누나)가 '전의천'으로 새로 바꾸어 주었다고 그렇게 얘기해 주셨습니다. 그래서 제가 저의 부친에게, 그럼 제 동생의 이름을 '전용석'이라고 지은 것은 할아버지의 어릴 때 이름 때문이냐고 그렇게 저의 부친에게 다시 물어보았었는데, 부친께서는 '용'자의 한문이 다르다고 대답해 주셨었습니다. 할아버지의 용은 '용용'이고 동생의 용은 '얼굴용'이라고 그렇게 대답해 주셨던 기억이 납니다.

부친께서는 돌아가시기 몇 년 전까지도 80대 중반을 넘은 나이에도, 조부(전의천)와 증조부(전봉준) 및 고조부(전창혁)의 묘소를 벌초하러 다니셨습니다. 한번은 북한의 김일성이 사망한 바로 그 해에 벌초를 하러 가시겠다고 해서, 제가 이젠 나이도 연로하시니 그만 다니셔도 되지 않겠냐고 말씀을 드렸었습니다. 그 때 부친께서는 조상들의 묘를 잘 돌보아야 후손이 복을 받는 것이라고 하시면서 끝까지 벌초를 가셨었습니다. 저의 부친께서는 원래부터 명당이니 풍수지리니 하는 말씀을 자주하셨고, 묘자리 좋은 곳을 알아보는 일을 무척 좋아하셨습니다.

당시에 제가, 그럼 할아버지(전의천/전용현)의 묘를 그렇게 산꼭대기에다 모셔 놓아서 찾아다니기 힘들게 만든 것도, 그곳이 명당자리이기 때문이냐고 그렇게 물어보았었습니다. 부친께서는 그렇다고 대답해 주셨습니다. 부친께서는 저의 고조부(전창혁)께서도 당촌에 살다가 돌아가셔서 그곳에 묻힌 부친(전석풍)의 묘를 고부로 이사 와서는 이장을 했는데, 그 이유가 부친(전석풍)께서 손자(전봉준)가 장차 큰일을 하게 될 것이라는 말을 굳게 믿고서, 아들(전봉준)이 나중에 잘 되게끔 하기 위해서, 고부로 이사 와서는 그곳에서 새로 발견한 명당자리에다 부친(전석풍)의 묘소를 이장한 것이라고 했습니다.

또한 증조부(전봉준)께서도 고조부(전창혁)께서 돌아가셨을 때, 더 좋은 명당자리를 찾아서 지금의 신태인 지역인 백산에다 무덤을 만드셨다고 말씀해 주셨습니다. 하지만 부친께서는 저를 이곳까지는 데리고 가질 않아서, 저는 그 장소가 어디인지는 전혀 알지 못합니다. 당시에 저는 그런 일에는 아예 관심조차 없었기 때문에 부친에게 물어보지도 않았었습니다. 부친께서 벌초를 하러 가시면, 먼저 정읍의 비봉산에 있는 증조부(전봉준)의 묘소를 벌초하시고, 신태인 백산에 있는 고조부(전창혁)의 묘소를 벌초하신 후에, 함평 곤봉산으로 내려가서 조부(전의천)의 묘소를 벌초하고 돌아오신다고 그리 말씀하시곤 하셨습니다.

김일성이 사망하던 그해에, 저는 고려대 대학원에 박사과정을 밟고 있었고, 직장인 한국농촌경제연구원에서도 책임연구원으로 승진을 했으며, 누나네도 집을 구입하고, 자형도 경원세기라는 큰 에어컨 회사에서 영업부장으로 승진을 했던 터라, 부친께서는 이 모든 것이 다 조상들의 묘자리를 잘 써서 조상님의 은덕을 받은 덕택이라고 그리 말씀하셨었습니다. 그래서 제가 그러면 자손이 이렇게도 귀한 집에서 왜, 제 동생(전용석)이 그렇게 불쌍하게 병이 들어서 결혼도 못한 채 죽었느냐고(2년 전에 사망했음) 물어보았습니다. 또 아버지의 첫 아들(전기철)도 어려서 병으로 죽고, 아버지의 동생(전태선)도 역시 어려서 병으로 죽었으며, 할아버지의 형(전용규)까지도 어려서 병으로 죽은 것이, 그래서 결국에는 제가 4대 독자가 된 것이 다 조상님의 은덕 때문이냐고 물어보았었습니다.

그랬더니 부친께서는 그것은 증조부(전봉준)께서 고조부(전창혁)의 묘소를 백산에다가 만드시면서, 그 묘 자리는 아주 크게 흥하거나 아니면 아주 망해 버리거나 하는 '명당 아닌 명당자리'라서, 그렇게 된 것이라고 말씀해 주셨습니다. 만약 동학혁명이 성공을 했더라면 우리 집안이 아주 크게 흥했을 것인데, 실패했기 때문에 망하는 길로 들어선 것이라고 그리 말씀하시면서, 그나마 정읍 비봉산에 있는 증조부(전봉준)의 묘 자리와, 함평 곤봉산에 있는 조부(전의천)의 묘 자리를 잘 썼기 때문에, 우리 집안의 대가 완전히 끊어지지 않고, 비록 4대 독자처럼 된 것이라도 제가 집안을 이어가는 것이라고, 또 저와 저의 누나의 집이 그래도 이정도로 하고 사는 것이라고 그렇게 말씀하셨었습니다.

이상으로 제가 생각나는 몇 가지를 글로 기록해 보았습니다.
이 내용들이 송 교수님의 일에 도움이 되기를 바랍니다.

그럼, 안녕히 계십시오.

진주에서
전장수 목사 드림

(2019년 7월 2일 작성)

〈자료 4〉

카카오톡으로 주고받은 문답

2020년 10월 9일 금요일

【필자】자꾸 귀찮게 해서 미안합니다. 가족사의 내용을 보면 부친 익선께서 어려서 가출하시고 또 의천할아버지도 무안을 떠나 두 분이 만나는 기회가 없는 것으로 나타나고 있습니다. 어제 통화 상으로는 익선의 아들이 세상을 떠났을 때 두 분이 만나 많은 이야기를 나누었다고 들었습니다만 그렇다면 언제 어떻게 어디서 만나게 되었는지가 궁금하고, 일전에 신순철 교수도 이런 질문을 한 바 있습니다.

이후 부친의 행적을 정리해 주실 때, 아시는대로 적어주시면 고맙겠습니다. 그리고 일전에 통화중에 피로리에서 장군이 피체될 때 독극물이 든 음식을 드셨다고 들었는데, 그 독약 이름을 들었는데 생각이 나질 않는군요.

길게 질문 드려 미안합니다.

건강하시길 바랍니다.

송정수 드림

【전장수】네, 교수님.

저의 할아버지께서는 장남인 저의 부친이 어린 나이에 일찍 가출하고, 둘째 아들(태선)마저 병으로 죽은 뒤에 아내가 딸들을 데리고 친정으로 돌아가자, 무안에 있는 집을 나와서 아내가 친정에서 세상을 떠난 줄도 모르고 약 10여 년간 전국을 떠돌아 다니셨는데, 마지막에는 무안군 해제

(면)에서 몇 년을 사신 뒤에, 돌아가시기 약 5년 전쯤에 목포에 정착하여 그곳에서 돌아가실 때까지 사셨다고 합니다.

그리고 저의 부친께서도 12세에 무안에 있는 집을 나와서 약 15년 정도 전라도와 충청도 지역 일대를 돌아다니다가 목포로 내려와서, 그곳에서 사는 서정월 씨를 만나 서로 첫눈에 맘에 들어 결혼을 하고 신혼생활을 했었는데, 아들(기철)을 낳고나서 세 살쯤 되었을 때에 목포로 온 저의 할아버지와 목포 항구의 선창가에서 아주 우연하게 만나게 되었다고 하셨습니다.

그 뒤로 저의 할아버지와 부친께서는 비록 사는 집은 달랐지만 같은 목포에서 살면서 자주는 아니고 일 년에 두세 번 정도 이태 동안 명절이나 할아버지 생신 때 서로 왕래를 했었다고 했습니다. 그 당시에 할아버지께서는 저의 부친이 이미 결혼을 해서 자식까지 낳았지만 자신의 며느리가 서씨인 것을 알고서는 몹시 탐탁지 않게 여기셨으며, 이 때문에 저의 할아버지와 그 며느리 사이의 관계가 매우 좋지 않았었다고 했습니다.

그리고 교수님께서 두 번째로 질문하신 것인데요.

저의 증조부님께서는 젊은 시절에 과거시험을 거쳐, 조정에 출사하는 문관의 길을 통해서는 외세의 위협으로부터 흔들리는 나라를 온전히 지켜낼 수 없다고 생각하여, 당시 함께 벗으로 지내던 김개남(장군)과 서로 뜻을 맞춰 문관의 길을 포기하고 무인이 되기로 결심하고 함께 무술을 배우셨다고 했습니다.

처음에는 김개남 장군의 무술 실력이 더 좋아서 저의 증조부님께서 김개남 장군을 이길 수 없었지만, 나중에는 저의 증조부님의 무술 실력이 김개남 장군 뿐만 아니라 주위에 있는 다른 어떤 사람들보다도 더 뛰어나서, 김개남 장군이 저의 증조부님을 보고서 키도 그리 작은데, 도대체 글로도 이길 수가 없고 무술로도 도통 이길 수가 없으니~ "작은 고추가 맵긴 정말 맵다"는 그런 말을 늘 하곤 했다고 합니다. 따라서 이런 증조부님 무술 실력으로는 증조부님께서 체포당할 당시에 피신을 위해서 넘어가려고 했었던 담장 정도는 아주 가볍게 넘을 수 있었을 뿐만 아니라 체포하기 위해서 주변에 있던 사람들 수십 명 정도는 얼마든지 충분히 물리치실 수 있었는데, 당시 증조부님에게 식사를 대접했던 김경천이라는 자가 증조부님이 뛰어난 무술을 행하지 못하게끔 무인들로 하여금 힘을 쓸 수 없게 만드는 냄새도 맛도 색깔도 없는 '산공독'이라는 독을 증조부님의 음식에 몰래 섞어 놓았다고 합니다.

이 때문에 식사를 마친 증조부님께서는 그 독에 중독되어서, 너무나도 어이없게 힘 한번 제대로 써보지도 못한 채 그 자리에서 체포되고 만 것입니다. 저의 부친께서는 '산공독'이라는 이 독은 단지 무인의 힘만 쓰지 못하게 하는 독으로서 신체의 다른 장기에는 전혀 해를 끼치지 않고, 또 생명에도 아무런 지장을 주지 않으며, 얼마간의 시간이 지나면 그 독성이 저절로 사라지는 그런 특이한 독으로 아주 비싼 값을 치러야만 힘들게 구할 수 있는 독이라고 했습니다. 따라서 증조부님의 음식에다 이 독을 탄 것이 김경천 혼자서 한 일이 절대 아니며, 뒤에서 이 비싼 독을 김경천에게 제공한 세력이 반드시 있을 것이라고 했습니다.

교수님, 이상으로 교수님께서 저에게 질문하신 것에 대하여 제가 알고 있는 것들 몇 가지를 말씀드렸습니다. 조금이라도 교수님께 도움이 될 수 있기를 바랍니다.

그럼, 편안한 밤 잘 보내시고 안녕히 계십시오.

　　　진주에서

　　　전장수 목사 드림

2020년 10월 13일 화요일

【필자】 1919년도에 전봉준 장군의 유해를 비봉산으로 이장하는데, 혹 언제쯤(몇 월 혹은 무슨 계절) 했는지 아시는지요?

【전장수】 아~ 그건 저도 잘 모르겠습니다. 그 얘기를 부친께서 해 주실 때 무슨 계절이라는 얘기는 안하셨고, 저 역시 그에 대해서 관심을 가지지 않았었기 때문에 부친에게 여쭤보지도 않았었습니다. 단지 부친께서는 당신 자신이 집을 가출하기 1년 전에 저의 증조부님 유골을 수습하러 저의 조부께서 한양을 다녀오셨는데, 그 때가 만세운동이 일어나던 해라고 말씀하셨으며, 조부님께서 한양에 가실 때에는 사람들의 눈을 피해서 주로 산길을 이용해서 한양까지 다녀오셨다는 그런 말씀만 하셨었습니다.

【필자】 자꾸 물어 미안합니다. 이제 부친 익선에 대해 정리하려는데, '가족사'에서는 1909년 1월 8일에 출생한 것으로 되어있는데 제적등본에는 1907년 1월 8일생으로 되어 있고, 졸년은 1998년 같으나 가족사에는 10월 29일로 제적등본에는 12월 17일로 되어 있는데, 어느 것이 맞는지요?

【전장수】 저의 부친께서 말씀하시기를, 나이가 호적에는 1907년으로 되어 있고, 사람들에게는 1908년이라고 얘기했지만 실제 나이는 1909년이라고 하셨습니다. 그러면서 당신께서 태어나신 때가 단기로 표현한 년도의 4자리 숫자와 일본식 연호로 표현한 2자리의 숫자가 모두 똑같은 그 해라고 말씀하셨습니다. 왜냐하면 저의 부친께서는 어릴 때부터 자신을 숨기고 살아가야만 했기 때문에 나이도 남들에게 정확하게 얘기하지 않고 그렇게 살아오셨다고 했습니다. 실제로 저의 부친께서는 이름도 제가 중학교 다닐 때까지는 집 문패에 '전상원'이라는 이름을 사용하시다가 제가 고등학생이 되었을 무렵에 문패를 '전익선'으로 바꾸어 달았습니다.

또한 부친께서 돌아가신 날은 1998년 10월 29일이 음력 날짜로 정확한 기일인데, 아마도 관공서에서는 양력 날짜인 1998년 12월 17일로 기록된 것이 아닌가 싶습니다. 사망신고를 할 때는 음력 기일이 아니라 양력 사망일로 신고를 해야 하니까요.

2020년 10월 27일(화)

【필자】 저녁식사는 하셨습니까.

어제 저녁 뜻밖에 많은 이야기를 들었는데, 대체로는 알겠으나 너무 많아 기억에 한계가 있습니다. 그 이야기를 포함해서 기억에 있는 여러 이야기를 정리해서 메일로 보내주시면 고맙겠습니다. 그리고 책에 소개될 수 있게 잘 나온 목사님 사진도 카카오톡으로 보내 주시길 부탁드립니다.

그럼 편안한 저녁시간 되시길 바랍니다.

송정수 드림

【전장수】 교수님, 저의 부친께서는 열두 살의 어린 나이에 집을 나와서 부친의 외갓댁이 있던 함평면으로 가려고 했었는데, 함평 학다리 부근에서 길을 잘못 들어서 아주 멀리 있던 나주면까지 가게 되었다고 합니다. 당시 어렸던 부친께서는 그 먼 길을 걸어가면서 밭에 있는 농작물도 캐서 먹고 산에 있는 열매들도 따먹고 했으며, 마음씨 좋은 민가에서는 밥을 얻어먹기도 했었는데, 부친께서 나주면에 도착했을 때는 거의 상거지와 똑같은 모습이 되어 있어서 오히려 밥을 얻어먹기가 더 쉬웠다고 그리 말씀하셨습니다.

나주면에서는 부친과 비슷한 어린 거지들이 조금 있어서 한 일 년 정도 함께 어울려서 같이 걸인 생활을 했다고 합니다. 그러다가 함께 구걸하던 일부 아이들이 광주면에 가면 더 쉽고 배부르게 얻어먹을 수 있다는 그런

소리를 듣고, 이들과 함께 나주를 떠나 광주까지 가게 되었다고 했습니다. 광주면에서도 약 반년정도 걸인 행각을 하면서 지냈다고 합니다. 그곳에서 평소 저의 부친에게 잘 해주던 거지 왕초 형의 고향이 남원이었는데, 그 형이 자신의 고향으로 돌아간다고 해서 저의 부친도 남원면까지 따라가게 되었다고 했습니다.

남원면에서도 왕초 형과 함께 구걸을 하며 다시 약 반년 정도를 지냈었는데, 그곳에서 왕초 형을 새롭게 따르는 아이들과 원래 그곳에 터를 잡고 있던 거지 패거리들 사이에 자리다툼 때문에 패싸움이 일어나서 서로 죽기 살기로 피터지게 싸우게 되었다고 했습니다. 그 당시 패싸움에서 부친이 속했던 편이 지고 있었고 왕초 형도 많이 다쳐, 싸움이 거의 막바지에 이르렀을 때, 한 어른이 다가와서 극적으로 싸움을 말려주었기 때문에 가까스로 아무도 죽거나 크게 불구가 되는 일 없이 패싸움을 모두 끝낼 수 있었다고 했습니다.

그런데 싸움을 말려 준 그 어른께서 저의 부친에게 말을 걸어 "싸움을 아주 잘 하던데, 누구에게 싸우는 법을 배운 것이냐"고 물어보아서 부친께서는 어릴 때부터 당신 아버님에게 기본 무술을 조금 배웠다고 얘기했다고 합니다.(저의 조부님 역시 아주 어릴 때부터 저의 증조부이신 전봉준 장군으로부터 기본 무술과 학문을 배우셨기 때문에 조부님께서도 이와 마찬가지로 저의 부친에게 어릴 때부터 기본무술을 가르치신 것이라고 저에게 얘기해 주셨습니다.)

패싸움을 말려준 아저씨는 저의 부친의 얘기를 다 듣고 나서, 저의 부친에게 "이곳에서 이렇게 구걸이나 하면서 힘들게 살지 말고 자기를 따라가서 무술을 제대로 배워보지 않겠느냐"고 얘기했는데, 저의 부친께서는, 싸움을 말릴 때 보여주었던 그 아저씨의 멋진 모습이 너무나 마음에 들기도 했고, 또 더 이상 구걸을 안 해도 된다는 그 소리가 너무 좋아서 아저씨를 따라가겠다는 대답을 했다고 합니다. 그 아저씨는 저의 부친을 지리산 속에 있는 아주 아주 깊은 골짜기로 데리고 갔는데, 그곳에서 그 아저씨를 사부님으로 모시고, 꼬박 십년동안 검을 사용하는 무술을 배웠다고 했습니다. 그 사부님의 이름은 '검은 달'이라는 뜻을 가진 '현월'이라고 했습니다. 그리고 현월 사부님에게는 저의 부친보다도 더 먼저 제자가 된 사형들이 모두 네 명이나 있었는데, 전부 다 저의 부친보다도 적어도 네 살에서 열 살 정도 나이가 더 많았다고 했습니다.(물론 저는 이분들의 이름은 잘 모릅니다)

조금 불행이자 다행스러웠던 것은 현월 사부님이나 네 명의 사형들 모두가 글을 잘 몰라서 저의 부친이 글을 배울 기회를 갖지 못했지만, 어릴 때 가출하기 전에 글 배우는 문제 때문에 저의 조부님에게 무척 많이 맞고 자랐던 부친께서는 더 이상 그 문제로는 고통 받지 않아도 되었기 때문에 부친께서는 이에 대해서 어떤 불만도 없었다고 합니다.

부친께서는 그곳에 십년 동안 머물러 있으면서 단 한 번도 지리산 밖으로 나와 보지 못한 채 밥도 짓고 빨래도 하고 또 농사일과 사냥도 하면서 사형들과 함께 어울려 현월 사부님에게 여러 가지 무술을 배우셨다고 했습니다.

(그리고 이건 훨씬 뒤의 일입니다만~.) 제가 막 여섯 살이 되던 해 설날이 지났을 때, 제가 저의 부친과 함께 방안에 있었는데, 제가 저의 부친에게 "아버지가 배운 무술은 어떻게 하는 거냐"라고 물어본 일이 있었습니다. 그러자 저의 부친께서는 갑자기 옆에 놓여있던 과도를 집어 들고서는 허공에다가 몇 번을 휘두르고 나서 부친으로부터 약 일곱 자 정도 떨어져 있던 방문 창호지를 부친의 손가락으로 가리키셨습니다. 그래서 제가 부친의 손을 따라 뒤를 돌아보았는데, 그곳 문창호지에는 조금 전까지도 없었던 어린 제 주먹의 반 정도 되는 크기를 가진 아주 예쁜 꽃무늬가 하나 새겨져 있었습니다.

326

그때 저는 어떻게 칼이 창호지와 멀리 떨어져 있어서 서로 닿지도 않았는데, 이렇게 구멍을 낼 수 있냐고 부친께 물어보았습니다. 그러자 부친께서는 잘 배우고 열심히 연습하면 다 된다고 대답해 주시면서 저에게도 이런 걸 배우고 싶냐고 물어보셨었습니다.

아무튼 저의 부친께서는 현월 사부님께 여러 종류의 무술을 다 배우고 나서, 그동안 배운 무술에 적합한 좋은 검을 구하기 위해 스물네 살 때 지리산을 내려왔다고 말씀하셨습니다. 산을 내려온 부친께서는 먼저 무안에 있는 어릴 때 살던 집을 찾아갔었지만 집에는 가족들이 아무도 살고 있지 않아서 다시 함평에 있는 외가댁을 찾아갔는데,(이번에는 길을 틀리지 않고 제대로 찾아 갔었다고 합니다) 그곳에서 이미 6년 전에 어머니가 돌아가셨음을 알고 비통한 마음으로 당신 모친의 무덤에 성묘한 후, 며칠 동안 저의 고모님과 얘기를 나누고 나서 외가댁을 떠나 몇 달에 걸쳐서 전주와 공주를 지나 천안까지 힘들게 올라갔었다고 말씀했습니다.

그리고 그곳 천안에서 근 일 년이 넘도록 대장간에 머물러 대장장이가 검을 만드는 일을 도와주는 한편, 대장장이의 일도 조금씩 배워서 익혔다고 했습니다. 또한 이때 부친께서는 동네 씨름판에 나가서 우승하여 상으로 송아지를 받아오기도 했다고 하셨습니다. 아무튼 그 후에 부친께서는 기어코 자신에게 필요한 검을 마련하고 나서는 (이 검은 약 두자 정도의 그리 길지 않은 검이었습니다. 제가 여섯 살 때, 방안의 이불장 속에 깊이 숨겨놓은 것을 몰래 꺼내서 빼보았었는데, 무지무지하게 예리해서 제가 깜짝 놀랐고 또 엄청 무서워했던 기억이 납니다. 하지만 검과 검집 모두 다 정말 아름답기도 했습니다.) 다시 함평을 거쳐 무안과 목포까지 내려오게 되었었는데, 그곳에서 부친의 나이 스물여섯 살 때, '서정월'이란 여인을 만나 혼인신고 하지 않고 결혼해서 함께 가정을 꾸리게 되었다고 했습니다.(물론 혼인신고는 나중에 몇 년 뒤에 하셨다고 했습니다)

그리고 혼인한 오년 뒤인 서른한 살 때, 당시 천재와도 같았던 외아들이 병으로 죽고 서정월이란 여인하고도 이혼을 하게 된 부친께서는 다시 지리산으로 들어가 그곳에서 현월 사부님과 몇 개월을 함께 지내다가 사형들과 같이 하산하여, 남원에 도착했었다고 합니다. 그런데 도착한 그곳 남원에서 일제 순사들과 대판 싸움이 벌어졌고 순사들의 추적을 따돌리기 위해 피신하는 도중에 일본 낭인 무사들과 다시 큰 칼부림이 일어나서 일본 낭인 여러 명을 죽인 후에 이들의 포위망을 뚫고 피신하던 그 길로, 저의 부친과 사형들 일행은 만주까지 올라가게 되었다고 했습니다.

전라도와 충청도 또 경기도와 한양을 거쳐 황해도와 평안도까지 올라갔었지만, 결국 그 이후에는 일본인들의 눈을 피하기 위해서, 산길만을 타고 올라가 백두산에 도착해서 천지못에 들른 후, 만주로 넘어갔는데, 그때까지 걸린 기간이 자그만치 일 년도 더 넘어서 부친의 나이 서른세 살이 되어서야 비로소 만주에 도착할 수 있었다고 말씀하셨습니다.

제가 부친에게. 그러면 산길을 타기 전까지는 무슨 일을 하면서 올라갔었느냐고 물어보았는데, 부친께서는 끝까지 구체적인 대답을 하지 않으시고 다만 일본 사람들이 아주 싫어하는 그런 험한 일들을 주로 하고 다녔다고, 그렇게 막연하게 대답하시면서 더 이상 그 얘기는 언급하려고 하지 않으셨습니다. 저는 저의 부친께서 이 부분에 대해서는 별로 얘기하고 싶지 않으신 것 같다고 생각했었습니다.

아무튼 부친 일행은 산길을 타고 백두산까지 올라가던 중 겨울에 거의 동사할 뻔해서, 함경도 지역에 있는 산을 탈 때에는 눈 덮인 산에서 내려와 늦은 봄이 다 될 때까지 민가에 피신해 몇 달 동안을 숨어있기도 했다고 했습니다. 이처럼 우여곡절 끝에, 부친 일행이 만주에 도착했는데, 이번에는 그곳에서도 일본 군인들과 큰 충돌이 일어나서 사형들과 모두 뿔뿔이 헤어지게 되었다고 합니다. 아무리 검을 잘 휘둘러도, 단지 검만을 가지고서는 여러 개의 총구멍을 도저히 당해낼 수가 없어서 각자 살길을 찾아 흩어지기로 했답니다.

저의 부친께서는 사형들과 헤어진 후에 현월 사부님의 사부님 즉, 저의 부친의 사조님이 계셨던 중국 화산을 찾아가 보기로 결심하고, 중국말을 잘 하는 조선 사람을 한 명 구해서 북경을 거쳐 화산까지 함께 내려갔다고 했습니다. 부친께서 서른다섯 살이 되었을 때, 화산에 도착했지만 사조님(이름은 제가 모름)은 오래 전에 돌아가셔서 어차피 만날 수도 없었다고 했습니다. 그래도 부친께서는 그곳에서 약 한해 반 정도 더 머무르다가 (당시 부친께서 화산에서 무복을 구해왔었다고 하셨는데, 제가 어릴 때까지도, 부친의 검과 함께 집에 있었습니다. 하얀 비단으로 된 하늘거리는 아주 부드러운 옷이었는데, 양쪽 소매 끝에 다홍색 매화꽃이 수놓아져 있었습니다)

부친은 서른일곱 살 때, 소림사가 있는 숭산으로 건너갔고, 소림사 인근에서도 몇 개월을 더 머물렀었다고 했습니다. 그렇게 소림사 인근에서 볼일을 보며 지내고 있었을 때, 일제가 항복하고 조국이 독립했다는 소식을 듣고는 고국으로 돌아오기로 결심했다고 하셨습니다. 조선으로 돌아오는 길에, 중국 태산에 잠시 들렸다가 산둥반도에서 배를 타고 황해도로 상륙한 뒤에, 개성을 거쳐서 서른여덟 살에 서울에 도착했다고 합니다. 부친께서는 갈 때는 힘들게 수년이나 걸렸던 그 먼 길이 올 때는 배 한번 타니까 단 며칠이면 충분했다고 하시면서, 중국대륙이 결코 먼 곳이 아니라고 그리 말씀하셨습니다.

그리고 한국전쟁이 일어나던 그해까지 약 4년 동안 부친께서는 서울 동대문 밖에서 살면서 대장간에서 일을 하면서 지냈었다고 했습니다. 이 때 부친께서는 저의 조부께서 이장했다고 하는 저의 증조부이신 전봉준 장군의 유해가 묻혀 있었던 불교학교 뒷산을 여러 번 찾아갔었다고 했습니다.(저도 어렸을 때, 저의 부친을 따라서 이곳을 몇 번 찾아갔었는데, 지금은 확실하게 그곳이 어디쯤인지 기억이 잘 나질 않습니다. 그동안 지형도 조금 변했고, 또 그곳 주변에 대한 제 기억도 흐려졌기 때문입니다.)

그렇게 지내다가 부친이 마흔두 살이 되던 해에 6.25전쟁이 터져, 피난길에 오르자 부친은 곧바로 전라도 정읍 신태인으로 피난을 갔으며, 인민군이 계속해서 남쪽으로 밀고 내려옴에 따라 부친께서도 고창, 함평, 무안, 목포까지 피신한 후에 다시 방향을 바꿔 나주 쪽으로 올라와서 광주 무등산으로 숨어들었다고 했습니다. 그리고 무등산의 산길을 타고서 지리산까지 아무에게도 들키지 않고 피난을 갔다고 했습니다. 힘겹게 지리산에 도착해서는 사부님과 사형 두 분을 만나서 잠깐 함께 지내다가, 국군의 손에 서울이 수복되었다는 소식을 듣고 그해 가을에 지리산을 떠나 서울에 도착했지만, 중공군의 개입으로 1.4후퇴 때 다시 피난길에 올라 천안까지 내려가야만 했다고 하셨습니다. 그리고 그곳 천안에서 약 일 년정도 머무른 후에 이듬해 봄에 다시 함평과 무안을 거쳐서 목포까지 내려갔다고 했습니다. 이때가 부친의 나이 마흔네 살 되던 해였습니다.

이때 저의 부친은 목포에 잠시 머물면서 유달산 근처의 공동묘지에 묻혀 있던 돌아가신 저의 조부님의 유해를 수습하여, 함평 곤봉산에 묻혀 있는 모친의 묘소 옆에다 이장하고 내려왔다고 했습니다. 그리고 그 다음해인 마흔다섯 살 때 목포에서 저의 모친을 만나서 함께 서울로 올라왔습니다. 저의 모친께서는 당시 나주와 고막원 사이에 있는 안골이라는 이름의 외진 산속 마을에서 살고 있었는데, 목포에 살던 외사촌 언니의 소개를 받아서 저의 부친을 만나게 되었다고 합니다.

부친은 전쟁 후, 모두들 살아가기가 매우 힘든 때라 둘이 함께 살면 서로에게 의지가 될 거라고 생각해서 저의 모친과 혼인하기로 했다고 하셨습니다. 부친께서는 당시로는 나이가 꽤 많은 편이었지만 대가 끊어지지 않도록 집안의 후손을 이어가야만 한다는 그런 마음이 너무 강해서, 비록 저의 모친과는 나이 차이가 많이 났음에도 염치를 불고하고, 혼인을 서두르셨다고 했습니다. 또한 저의 어머님의 말씀에 의하면, 당시 저의 부친께서는 얼굴이 조금 젊게 보이는 편이라서 소개받았던 나이인 삼십대 중반은 더 되어보였었지만, 실제로 그렇게까지 나이가 많았는지는 전혀 몰랐었다고 그리 말씀하셨습니다.

아무튼 목포에서 저의 어머니와 만난 부친께서는 함께 서울로 올라와서 혼인한 후, 동대문 밖에 정착했는데, 제가 태어나서 자라났고, 또 삼십 년 동안 살았었던 숭인동 산 중턱에 있는 언덕을 깎아서 집터를 만들고는 그곳에다 아주 큰 천막을 치고서 살림을 시작했습니다. 이때 사형의 제자들 여러 명도 서울에 올라와 있었는데, 이분들이 찾아와서 땅을 파서 집터를 만드는 일과 대형 천막을 구하고 세워서, 살 집을 만드는 일들을 모두 도와주었다고 했습니다. 그 사형의 이름이 '청~' 뭐라고 했었던 것 같습니다만 기억이 나질 않아서, 정확히는 저도 잘 모르겠습니다.

그 당시 부친께서는 힘이 좋았으므로 공사장 일도 하고 장터에서 물건 나르는 일도 했으며, 또 나중에는 동네 미곡상에서 쌀 배달을 하면서 그럭저럭 생계를 유지하고 살아갔었습니다.

부친께서는 배운 학식이 없고 대장장이 일 외에는 할 줄 아는 기술도 거의 없어서, 몸에 익은 검을 사용하지 않고서 살아보려고 하니까, 농사 일을 하는 것 외에는 달리 할게 없었다고 했습니다. 때문에 사형께서 지리산에 들어와 함께 살자고 했었지만, 혼인한 내자를 데리고 다시 산속으로 들어가 사는 것은 정말 싫었다고 말씀하셨습니다.

아무튼 저의 어머니는 제 막내 동생이 첫돌이 될 무렵부터 동생을 등에 업고 다니면서 생선 행상을 시작하여 저의 부친을 조금씩 도와드리기 시작했었는데, 이로 인해 집을 비우며 생활한 지 얼마 안 되어서 그만 둘째 딸을 잃어버리는 큰 아픔을 겪게 되었습니다. 그런 와중에서 부친께서는 제가 국민학교에 입학했던 여덟 살이 되던 해 겨울에, 당신의 자전거에다 쌀을 무겁게 싣고서 쌀가게 맞은편에 있는 창신동 산동네로 배달을 나갔었는데, 도중에 부친을 가로막는 폭력배 여러 명과 싸움이 붙었고, 그 싸움이 거의 끝나갈 무렵에 그만 빙판에 미끄러지면서 왼쪽 어깨뼈가 탈골되고 말았습니다.

하지만 그때 당시 부친께서는 다친 어깨뼈를 별로 대수롭지 않게 생각한데다가, 자신이 뼈를 다쳤다는 사실을 끝까지 숨기려 했었고, 또 다친 어깨뼈를 치료하는 비용을 아끼려고 하다가 치료받을 수 있는 적절한 시기를 놓치는 바람에, 평생 동안 다친 왼쪽 팔을 제대로 사용할 수 없는 큰 장애를 지니게 되었습니다. 그 사건이 있은 이후로, 저의 부친께서는 팔이 온전치 않아 더 이상 쌀 배달하는 일을 할 수가 없었고, 또 돈을 버는 다른 일들 역시 더 이상 할 수가 없어서, 그동안 저의 막내 동생을 업고 다니며 생선행상을 해서 약간씩 살림을 도와주고 계셨던 저의 어머니께서는 둘째 딸을 잃어버린 아픔에도 불구하고, 어쩔 수 없이 가족들과 살아남기 위해서, 다시 장사를 해야만 했습니다.

어머니께서는 어린 자식들을 셋이나 가진 여자의 몸으로 집안 살림을 혼자서 책임지고서, 힘겹게 꾸려가셨습니다. 때문에 장녀인 저의 누나는 겨우 중학교만을 졸업한 채 고등학교도 진학하지 못하고, 취업을 하기 위해 집을 나가 여자애들만 있는 곳에서 기숙사 생활을 하며, 비단 옷에 수를 놓은 자수기술을 배워서 돈을 벌었습니다. 물론 저의 누나는 나중에 중년이 넘었을 때, 검정고시를 통해 고교 졸업학력을 얻고 나서 대학에도 가게 되었습니다. 그리고 장남인 저 역시 중학교를 졸업한 후에 마포에 있던 현대제본소를 다니면서 돈을 벌다가, 계속 이렇게 살면 안 되겠다는 생각이 들어서 중동고등학교에 진학하게 되었습니다.

고등학교를 졸업한 후에도, 곧바로 대학을 가지 못한 채 고3 담임 선생님의 추천으로 고교 졸업식도 하기 전에, 당시 금전등록기 등의 전자제품을 만들던 서울 화곡동에 소재한 민성전자주식회사에 취직해서 돈을 벌어야만 했었습니다. 그때 제가 직장을 다니던 중에, 함께 일하던 주위 사람들을 보면서 깨닫고 느꼈던 것은 남자는 적어도 제대로 된 대학을 나오지 않고서는 사람대접을 충분히 받을 수 없겠구나 하는 것이었습니다. 그래서 직장에 들어갔던 그해 가을부터 한 3개월 동안, 저 혼자 집에서 열심히 공부를 해서. 결국 그 다음 해에는 대학교에 들어가게 되었습니다.(물론 당시에는 학원에 갈 학원비가 전혀 없었기 때문에 재수학원에 다닐 생각은 꿈조차 꿀 수가 없었습니다.)

또한 저보다도 세살 적었던 저의 여동생은 네 살 때, 어머니가 생선행상을 나가셨던 그 날에 엄마가 보고 싶다며 엄마 오는 것 보러가자고 저를 졸라서, 당시 일곱 살이던 저와 같이 집 밖으로 마중 나갔었다가 큰 천둥번개와 함께 갑자기 쏟아지는 엄청난 폭우 때문에 너무 놀라 급하게 달음박질치면서, 집으로 돌아오던 도중에 오빠인 저와 헤어져서는 그만 실종되고 말았습니다. 지금까지도 여전히 이 여동생을 찾지 못해서 호적에는 아직도 그대로 살아있는 상태입니다.

그리고 막내였던 제 남동생은 중학교를 졸업한 후에 고등학교를 진학하긴 했었지만, 역시 가정 형편으로 끝까지 다 다니지 못하고 도중에 중퇴하고 말았습니다. 남동생은 남대문 시장에서 점원으로 바쁘게 일하면서 돈을 벌어서, 저의 대학교 학비를 도와주다가 수송병으로 지원해 군복무를 하고서 만기제대 했습니다. 하지만 군에 복무하고 있는 동안 선임들에게 너무 많이 시달린 나머지, 병을 얻게 되었고 끝내는 이 병이 악화되어, 결국 결혼도 하지 못한 채 서른 살의 젊은 나이로 안타깝게 세상을 등지고 말았습니다.

그리고 앞서 말씀드린 대로, 저는 고등학교 졸업 전부터 잠시 직장을 다니다가 나중에 대학교에 들어가게 되었는데, 처음에는 남동생과 누나가 학비를 조금씩 도와주었었지만 남동생이 군대에 가고, 또 누나도 시집을 가게 되어서 더 이상 도움을 받지 못해, 학비를 내기 힘들게 되었습니다. 그래서 저는 대학교 2학년을 마친 후, 학교를 휴학하고 한국해양대학교의 항해사 단기양성과정을 수료하여 갑종2등 항해사(현 3급 항해사) 자격증을 취득한 후에, 외항상선에 3등 항해사로 취업해서, 학비를 벌었습니다.

이처럼 일가친척도 거의 없는 그런 외로운 집안에서, 저의 부친의 사고로 인한 집안 가장의 경제력 상실로 인해 저의 집의 생활형편은 너무너무 어려웠으며, 하루하루 살아가는 것이 정말로 힘들었습니다.

〈 하나 더, 추가해서 말씀드리자면 〉 제가 여섯 살이 되던 그해 봄에, 저의 부친께서는 지리산에서 생활하고 계시던 사형 한 분과 그분의 제자들 여러 명을 함께 집으로 데리고 왔었습니다. 부친의 사형되시는 분은 흰머리가 많이 보이는 노인이었고, 함께 왔었던 그분의 제자들은 당시 제가 보기에 나이가 들어 보이는 조금 무서운 아저씨들이었습니다.

그 할아버지는 제 몸을 자세히 살펴보고 나서는, 제 손목도 한참동안을 잡아보고 이리저리 만져보시더니, 저를 제자로 삼아야겠다고 그렇게 말씀하셨습니다. 그러자 그분의 제자들은 제 나이가 너무 어리기 때문에, 저를 제자로 들인다면 나중에 배분에 문제가 생기니까 질서가 어지러워질 것이라면서 이를 말렸었습니다. 당시 저는 배분이라는 말이 무슨 뜻인지 잘 몰랐었는데, 그게 가족들 사이의 촌수와 같은 개념이었습니다.

하지만 저의 부친의 사형되시는 그 할아버지께서는 저를 보고는 자기에게 절을 아홉 번 하라고 말씀하셨으며, 제가 소위 구배지례라고 하는 아홉 번의 절을 다 하고나자 "이제는 나의 제자가 되었으니 앞으로는 나를 사부라고 부르라"고 하시면서, 저에게 무술을 가르쳐 주시겠다고 말씀하셨습니다. 그리고는 손에 창호지 비슷한 한지를 들고서는 공중에서 그 대로 그 창호지에 불을 붙여서, 그것을 빈 재털이 위에다 내려놓았습니다. 저는 어떻게 해서 성냥도 없이 종이에다 불을 붙였는지 그게 너무너무 신기해서 한참 동안을 쳐다보았었습니다.

그러자 그 할아버지께서는 다시 검지손가락만을 펴서 방문을 가리키면서 그 손가락에 힘을 주었는데, 퍽 하는 소리와 함께 창호지에 구멍이 뚫려버렸습니다. 할아버지는 그것을 탄지공이라고 말씀하셨고, 저는 저의 부친에게 저것이 손가락으로 쏘는 장풍과 같은 것이냐고 그렇게 물어보았었습니다. 물론 저도 더 어렸던 네 살 때부터 저의 부친에게 숨 쉬는 법과 주먹 사용하는 법 등을 조금씩 배웠었지만, 단지 절 아홉 번 만으로 사부가 되신 그 할아버지께서는 제가 앞으로는 본격적으로 검술을 배워야하기 때문에 목검을 가지고서 검을 아래로 내리치고, 옆으로 휘두르고 또 앞으로 찌르는 일을 각각 일만 번씩 하라고 했습니다. 당시 저는 일만 번씩 하라는 이 말에 너무나 놀라서, 그거는 정말 끝까지 다 못할 거라고 아주 확신했었습니다.

아무튼 이렇게 저렇게 하면서 몇 달이 지나고 난 후에, 저의 사부님께서는 다시 오셔서 이제는 제가 집을 떠나 사부님과 함께 지리산으로 가야만 될 때라고 했습니다. 그래야만 그곳에서 제대로 된 무술을 배울 수 있지 이렇게 집에서 대충 배워서는 절대로 안 된다고 했습니다.

하지만 그 당시에 너무 어렸었던 저는 어머니와 헤어지는 것이 정말로 싫었고, 또 집을 떠나 깊은 산속으로 간다는 것도 너무 무서워서 절대로 안 간다고 했으며, 나중에는 울면서까지 안가겠다고 반항했었습니다. 그러자 저의 사부님께서는 무공은 억지로 배우는 것이 아니고, 또 그럴 수도 없으니까 반년 뒤에 다시 이곳으로 저를 찾아 올테니까 그때까지 잘 생각해보고 확실하게 결정하라고 말씀하시고는 되돌아 가셨습니다. 하지만 반년 뒤에, 사부님이 다시 저의 집에 오셨을 때 저는 절대로 안 따라가 겠다고 분명하게 대답했습니다. 저는 앞으로 돈도 잘 못 버는 검을 쓰는 사람이 아니라 공부를 열심히 해서 돈 잘 버는 사람이 되겠다고 했습니다. 그러자 그 할아버지 사부님께서는 몹시 아쉬운 표정을 지으면서, 화가 난 듯한 목소리로 "그럼 이제부터 나는 더 이상 너의 사부가 아니다"라고 말씀하시고는, 아무런 망설임도 없이 또 다른 어떤 인사말도 없이 아주 냉정하게 쌩하니 그대로 되돌아가 버리셨습니다.

하지만 이 일이 있은 이후부터, 저의 부친께서는 평소보다도 훨씬 더 많은 술을 엄청나게 마시기 시작했고, 또 술을 마시고 집에 돌아오실 때면 언제나 가족들에게 심한 폭언과 폭행을 서슴지 않았었습니다. 특히 저는 자라나던 그 어린 시절, 수년 동안 내내 저의 부친으로부터 무척 많은 미움을 받았었고 욕도 많이 먹었으며, 또 매도 정말 정말 많이 맞았습니다. 부친께서는 저에게 "니가 공부를 잘해서 공무원이 될 수가 있겠냐 아니면 훌륭한 학교 선생이 될 수가 있겠냐, 그렇다고 군인이 되어 장군으로 출세를 하겠냐" 하시면서 너는 아무리 공부를 열심히 해도 다 소용없는 일이라고 엄청나게 구박을 많이 하셨습니다.

부친의 그런 말을 듣는 저는 당시 너무나 마음이 상했고, 또 산다는 것에 대해 깊은 좌절감이 밀려왔었습니다. 그래서 나중에는 제가 왜 이런 집안에서 태어났는지(물론 그 당시에는 집구석이라고 그리 생각했습니다만) 제 자신이 이 세상에 태어난 것 그 자체를 무척 많이 원망하기도 했었습니다.

아무튼 이런 부친의 모습이 오랫동안 계속됨으로 인해. 결국 어머니께서는 부친의 폭력을 견디지 못하고 제가 중학교 1학년이던 가을에 눈물을 삼키면서 집을 나가, 세검정에 있는 어떤 부잣집의 가정부로 들어가서 제가 중학교를 졸업한 뒤까지 숨어서 지내야만 했습니다. 그래서 저는 중학교 시절 어머니가 안계셨을 때, 하루에 아침 한 끼만을 먹고서 살았었습니다. 아침식사는 쌀은 한 톨도 없이 오직 보리만을 삶아서 그릇과 입 속에서 굴러다니는 완전 꽁보리밥 한공기와 집에 된장은 물론이고, 간장 조차도 없어서 보리쌀 씻은 물에다 굵은 소금 한 숫가락을 넣어서 끓인 소 위 '소금국'이라는 국을 가지고 식사를 했었습니다.(그래도 그때는 이런 꽁 보리밥과 소금국이라도 조금만 더 먹고 싶을 정도로 무척 맛이 있었습니다)

이런 아침을 먹고 학교에 가서 점심때가 되면, 저는 혼자 밖으로 나와 서 수돗물을 배가 찰 때까지 마시고 잔디밭에 누워서 하늘만 하염없이 바라보곤 했습니다. 많이 서러웠고 엄마랑 누나가 보고 싶었고 눈물도 저 절로 났었습니다. 그러다가 식사를 마친 아이들이 밖으로 나올 때쯤이면, 학교 도서관에 들어가서는 점심시간이 다 끝날 때까지 계속 책을 읽었습 니다. 그리고 학교 수업이 다 끝난 뒤에도, 바로 집에 돌아가지 않고 도서 관 문을 닫을 때까지 계속해서 책을 읽으면서 배고픔을 달래야만 했습니 다. 왜냐하면 어차피 집에 가도 먹을 게 전혀 없었으니까요.

그렇게 늦게 집으로 돌아가면 울다가 지쳐 얼룩진 얼굴로 잠이 든 동생 의 얼굴이 보여 마음이 몹시 안 좋았었습니다. 가슴이 아팠지요. 제가 간 혹 학교에서 일찍 집으로 돌아올 때면 동생이 좋아하며 매달려 같이 놀 아달라고 해서 놀아주지만, 중간에 배가 고프다는 소리를 자꾸만 할 때 면 아무 것도 해 줄 수 없는 제 자신이 너무 싫고 괴로워서, 그 뒤로는 가 능한 한 학교에서 늦게 돌아오곤 했었습니다. 그렇게 고픈 배를 움켜쥐 고서 지친 채 잠을 자고나면, 아침에 일어나 항아리에서 보리쌀 딱 한 공 기만 퍼서 씻은 뒤 그 물로 소금국을 끓이고 꽁보리밥을 하면, 부친과 저 와 동생이 먹을 밥 딱 세 그릇이 나옵니다. 이렇게 지내다가 나중에는 배 가 너무너무 고파서 동네 형을 따라 방학 때는 아이스께끼 장사도 했었 고, 구두 닦는 형에게 닦을 구두를 걷어다 주는 일도 했습니다. 또 새벽에 는 학교가기 전에 일찍 일어나서 청계천 일대에 신문을 돌리는 신문배달도 했었습니다. 그렇게 하여 겨우겨우 허기를 때우면서 중학교를 졸업하고 현대제본소에 취업해 다니고 있을 때, 부친께서는 어머니가 계신 곳을 어찌어찌 알아내신 후에, 당신이 잘못했다고 어머니에게 극구 용서를 빌고서는 어머니께서 다시 집으로 돌아오시게 되었습니다. 그래서 그 이후에 제가 고등학교를 갈 수 있게 된 것입니다

　

　　교수님,
　　반백년이 넘어 세월이 무척 많이 지났는데도 지나온 날들의 삶을 다시금 되돌아보려니까 여전히 마음이 아프고, 또 조금은 서글픈 것 같습니다.
　　그래서인지 이런 글을 쓰는 것이 쉽지가 않네요.
　　그럼~ 교수님의 모든 작업이 잘 마무리되어지길 바라면서, 이만 저의 글을 맺겠습니다.
　　안녕히 계십시오.
　　　　　진주에서 전장수 목사 드림

　

【필자】 미리 정리를 해두신 것 같군요. 내용이 절절합니다. 서글픈 기억을 끄집어내게 해서 미안합니다.
　　주님의 은총이 항상 목사님과 함께 하실 겁니다. 감사합니다.

【전장수】 네, 교수님~ 평안한 밤 보내시기 바랍니다.

　

　

2020년 11월 3일 화요일
【필자】 사진을 보내줌

【전장수】네, 교수님~ 감사드립니다.

　살다가 임종하셨다는 빨간 지붕의 집은, 집 앞에 있는 수도의 모습과 문 앞까지의 모양들이 왠지 낯설지는 않은 것 같이 느껴지지만, 그래도 제가 어릴 때 갔었던 그 집은 아닌 것 같다는 생각이 듭니다. 아무튼 고생 많이 하셨고, 정말 수고하셨습니다. 사진 보내주셔서 다시 한 번 더 감사드립니다.

　평안한 밤 보내시고, 좋은 꿈도 꾸시기 바랍니다.

　안녕히 계십시오.

2020년 11월 4일 수요일

【전장수】교수님, 어제 저녁에 교수님께서 보내주신 옥례 할머니의 집 사진을 보면서 왠지 낯설지 않고 눈에 익은 모습에 약간은 망설이면서도~ 제가 교수님에게 그곳은 '제가 다녀간 곳이 아닌 것 같다'라는 문자를 일단 보냈었습니다. 하지만 그래놓고 나서도 그 사진이 계속 제 눈앞에 어른거려서 어제 밤 늦게까지, 또 오늘 새벽에도 일어나 새벽예배를 드리기 전과 드린 후에 지금까지 오전 내내 계속해서 그 사진 생각만 했습니다. 그리고 이미 50년도 더 지난 저의 국민학교 5학년 때의 기억을 좀 더 자세하게 찾아보기 시작했습니다.

　물론 어릴 때의 시각이나 느낌과 50년이 지난 지금 어른의 시각과 느낌이 완전히 똑같지는 않을 것이라는 생각이 듭니다만~, 하지만 그래도 그때 당시의 느낌과 어제 교수님께서 보내주신 옥례 할머니의 집에서 제가 느꼈던 느낌과의 공통점 몇 가지를 찾아서 다음과 같이 정리해 보았습니다.

1) 집의 지붕이 빨간색이라는 점.(어릴 때 그 먼 길을 와서, 이 산골 같은 곳에도 빨간색 지붕으로 된 집이 있네! 하며 약간 신기해했었던 기억이 나

는 것 같습니다.)

2) 집에 들어가는 문이 벽 전체에 비해 비교적 크다는 점(물론 어릴 때 보았
   던 문은 나무로 된 문이었던 것 같습니다만, 그 문을 보고 '와~ 문이 되
   게 크다~ 창고인가?'라고 생각했었던 기억이 납니다.)

3) 문 앞에 정사각형 모양의 턱이 진, 씻는 곳이 있는 점.(어릴 때에는 수도
   가 아니라 펌프가 있었던 것 같은데, 정확히 기억나지는 않습니다. 그때
   당시 마당을 가로 질러간 후에 이 사각 턱을 밟고 올라선 뒷문 앞에 있
   는 현관 턱을 밟고서 건너간 기억이 납니다. 또 이곳까지 오느라 목이 너
   무 말라서 이곳에서 물을 한 모금 먹으려고 했었던 것 같습니다.)

4) 마당에서 문까지 가는 길이 없다는 점.(어릴 때, '왜 마당을 가로질러 문
   까지 가는 길이 없지?'하는 의문을 품었던 것 같으며, '아~ 이 문이 집의
   앞문이 아니라 뒷문인가?'하는 생각을 당시에 했었던 것 같습니다.)

5) 마당이 흙마당이 아니라 잔돌들과 잡초로 된 마당인 점.(그때 당시 마당
   은 어린 저에게 약간 넓게 느껴졌으며, 잡초와 잔돌이 많아서 걷기가 조
   금 불편했습니다. 그래서 당시에, 왜 집 마당을 정리하지 않고 이렇게
   지저분하게 내버려 두는 걸까? 하는 생각을 하면서 마당을 건너갔던 기
   억이 납니다.)

6) 집 오른쪽 옆에 큰 나무가 있는 점.(당시에는 집 좌우편 즉, 오른쪽뿐만
   아니라 왼쪽에도 큰 나무가 심어져 있었고 마당 뒷편에도 아래로 내려가
   는 가파른 언덕이 시작되는 곳 즉, 마당 끝부분에도 크고 작은 나무들
   이 있었습니다.)

   이상의 몇 가지 공통점들을 생각해 보면, 교수님께서 보내주신 옥례 할
머니의 집이 제가 어릴 때 다녀갔던 그 집이 맞을 수도 있겠다는 생각이
다시금 들어서, 이렇게 문자를 보내드립니다. 단, 제가 어릴 때 보았던 것
에 비해서 집과 문이 훨씬 더 작고, 또 마당도 무척 좁아 보입니다. 아마

지금은 어른의 시각으로 보아서 그런 것 아닌가 하는 생각을 잠시 해봅니다. 그리고 지금까지는 집을 앞에서만 바라본 느낌을 말씀드렸었는데, 만약 이 집이 옥례 할머니가 사시던 집이 맞는다면, 그 집 마당으로 들어가는 길이 아래에 있는 그림처럼(제가 생각나는 대로 기억을 더듬어 대충 그린 것입니다.) 조금 경사진 비탈길을 오른쪽에서부터 왼쪽으로 올라오다가 마지막에 역ㄱ자 모양으로 구부러진 길이어야 됩니다. 이 길은 아래서부터 아주 길게 연결된 길이었던 것 같고, 잔돌과 조금 큰 돌들이 마구 섞여있는 흙길이었습니다.

그리고 그 집으로 가는 방향에서 볼 때, 오른쪽에는 집 마당과 연결된 조금 가파른 언덕이 있고 어른 키 2배 정도의 높이 같이 보였었습니다. 길 왼쪽으로도 아래로 경사진 비탈이 있어서 마치 낮은 산기슭 중간에다가 길을 내 놓은 것 같은 느낌이 드는 그런 길을 올라갔었습니다.

또한 그 집 내부를 들어간 느낌은 다음과 같습니다.

먼저 큰 문을 열고 들어가자 집안이 매우 어두웠으며, 굴속 같다는 생

각이 들었습니다. 문을 열고 들어서자 바로 마루나 방이 나온 것이 아니라 조금 넓은 길이 곧게 나있었고, 그 길 좌우로 좁은 길이 몇 개 있었습니다. 그리고 이런 길들을 한두 번 돌면서 지나자 좁은 길 오른쪽에 방문이 (미닫이 방문으로 생각됨) 있고 그 방문 앞에는 약 50cm 정도 되는 나무 마루가 방 벽을 따라 길게 이어져 있었습니다.

(아래 그림 참조. 이것도 제가 그린 것입니다.)

이 방이 바로 옥례 할머니가 계시던 방이며, 옥례 할머니께서 저를 만나실 때, 이 방문을 열고 힘겹게 툇마루로 나오셨습니다. 그리고 나서 방문을 닫으셨던 기억이 납니다. 옥례 할머니가 허리를 약간 구부리신 채 방문을 닫자마자, 툇마루로 나오신 옥례 할머니를 위해 한 아저씨가 앉을 의자 비슷한 것을 가져와서 옥례 할머니께서 그곳에 앉으셨는데, 할머니께서는 저에게 당신의 몸이 안 좋아서 이런 곳에 앉아야 된다는 말씀을 하셨습니다. 그리고 계속해서 할머니께서는 당신의 몸이 편찮으니까 다 같이 방안으로 들어갈 수는 없고, 이곳에서 얘기해야 되며 길게 얘기할 수도 없다고 말씀하셨습니다. 그래도 이제는 종손인 저를 봤으니까 다 괜찮

다고 하시며, 여한이 없다고 하셨습니다.

방문 앞 좁은 툇마루 아래로는 2개인지 3개인지 정도 되는 좁은 계단이 놓여 있었고, 그 계단 앞으로 방을 지나가는 좁은 길이 있었습니다. 이 길이 막혀 있는 길인지 아닌지는 정확히 기억이 안 나지만, 길이 건너편 공간으로 뚫려 있었던 것 같다는 그런 생각이 듭니다.(제 기억에는 저희와 함께 왔던 아저씨께서 옥례 할머니께서 앉을 의자를 이 길을 따라서 가지고 오셨던 생각이 납니다.) 그리고 방문 앞 좁은 길 건너편에는 창문이 나 있는 세멘이 발라져 있는 벽이 있었는데, 그 창문은 아주 큰 것은 아니었습니다.

저의 부친께서는 창문이 시작되기 전에 위치한 곳에서, 이 벽에 등을 약간 붙인 채로 저와 옥례 할머니가 얘기하는 것을 듣고 계셨습니다. 옥례 할머니께서는 닫힌 방문 앞 툇마루에 놓인 의자에 앉아 계셨고, 저는 툇마루 아래 계단 옆쪽(툇마루 시작되는 부분)에 서있었는데, 옥례 할머니께서 저에게 손을 잡아보게 가까이 오라고 해서 계단을 올라갔었습니다. 옥례 할머니께서는 두 손으로 제 손을 꼭 잡고 눈을 한참동안 마주 바라보시고 미소를 지으시면서 "네가 우석이구나, 아주 잘 컸네. 우리 집안의 종손이니까 들키지 말고 꼭꼭 숨어서 잘 자라 집안의 대를 꼭 이으렴. 아프지도 말고~" 라는 말씀을 하시고는 제 머리를 두어 번 쓰다듬어 주셨습니다.

그리고는 저의 부친과 잠시 몇 가지 말씀을 나누신 후에(정확하진 않지만 한 5분 정도쯤 된 것 같습니다) "내가 이제는 몸이 안 좋아서 들어가야 되니까 조심해서 돌아가라"고 그렇게 말씀하셨습니다. 옥례 할머니께서는 저에게 다른 가족들은 아무도 안보고 가도 상관없는데, 이 먼 곳까지 와서 맛있는 밥 한 끼 차려주지 못해서 미안하다고 하셨습니다. 저의 부친께서는 옥례 할머니에게 "고모님, 괜찮으니까 몸 잘 살피시고 빨리

들어가십시오. 저랑 우석이는 알아서 잘 가겠습니다."라고 말씀하시면서 할머니께 인사를 드리고, 저랑 같이 그 집을 다시 나왔습니다. (저는 할머니네 집을 나오면서 '이렇게 짧게 만나려고 그 먼 길을 왔구나'라는 생각을 했었습니다. 왜냐하면 그때 당시에는 옥례 할머니께서 바로 그 다음 해에 돌아가실 것을 전혀 상상도 못했었으니까요.)

옥례 할머니 집을 찾아 가는 데는, 저와 저의 부친께서 집에서 나와 버스를 타고 한참을 달린 후에 버스에서 내렸을 때, 누군가 마중을 나와서 저희를 옥례 할머니 집으로 데리고 갔었습니다.(누군지는 기억이 거의 안 나는데, 젊은 사람이나 노인은 아니고 약 50대 정도 되는 아저씨였던 것 같습니다.) 하지만 옥례 할머니와 헤어져서 집으로 돌아올 때는 저와 저의 부친 둘이서만 돌아왔었는데, 저의 부친께서는 집으로 돌아오는 길을 다 알고 계신 것 같았습니다.

이상이 제가 교수님께서 보내주신 사진을 보며, 지난 50여 년 전에 제가 옥례 할머니를 찾아 갔었던 일을 회상해 낸 기억들입니다. 따라서 만약 보내 주신 사진이 진짜 옥례 할머니께서 사셨던 곳이 확실하게 맞다면, 할머니네 집으로 올라가는 길이나 옥례 할머니네 집 안의 구조가 제가 그려서 교수님께 보내드린 모습과 같거나 아주 비슷할 것이라고 생각합니다.

그럼, 교수님 안녕히 계십시오.

〈公山剿匪記〉,《東學農民革命史料叢書》2(서울: 史芸硏究所, 1996,《東學
　　農民革命史料叢書》를 이하에서는《叢書》라 약칭함).

〈金洛鳳履歷〉,《叢書》7.

〈內亂實記朝鮮事件〉,《叢書》25.

〈大韓季年史〉,《叢書》4.

〈東匪討錄〉,《叢書》6.

〈東學關聯判決宣告書〉,《叢書》18.

〈兩湖電記〉,《叢書》6.

〈兩湖招討謄錄〉,《叢書》6.

〈林下遺稿〉,《叢書》5.

〈先鋒陣上巡撫使書〉,《叢書》16.

〈先鋒陣日記〉,《叢書》16.

〈宣諭榜文竝東徒上書所志書〉,《叢書》10.

〈隨錄〉,《叢書》5.

〈巡撫使呈報牒〉,《叢書》16.

〈侍天敎宗繹史〉,《叢書》29.

〈日本士官函謄〉,《叢書》16.

〈札移電存案〉,《各司謄錄》63.

〈天道敎會史草稿〉,《東學思想資料集》1.

《高宗實錄》(東京: 學習院東洋文化硏究所, 1953).

《國朝人物考》(서울: 서울대학교 도서관 영인본, 1978).

〈南遊隨錄〉,《叢書》3.

《石南歷事》,〈朴氏定基歷史〉(동학농민혁명참여자명예회복심의위원회,《동학농민혁명국역총서》 5, 삼광문화, 2009 수록).

《承政院日記》(서울: 국사편찬위원회, 2002).

《日省錄》(서울: 서울대학교 규장각, 1992).

《全州府史》, 1943.

《駐韓日本公使館記》 1.

金邦善, 〈林下遺稿〉, 《叢書》 5.

〈兩湖招討謄錄〉, 《叢書》 6.

崔永年, 〈東徒問辨〉, 《叢書》 6.

巴溪生, 〈全羅道古阜民擾日記〉, 《駐韓日本公使館記》 1.

黃玹, 〈梧下記聞〉, 《叢書》 1.

《密陽孫氏大同譜》(인터넷대동보).

《天安全氏世譜》(1986년 丙寅譜).

《天安全氏世譜》(1931년 辛未譜).

《天安全氏世譜》(1886년 丙戌譜).

《天安全氏世譜》(1862년 壬戌譜).

정읍동학농민혁명계승사업회 편저, 《최현식과 동학농민혁명사 연구》(서
　　울: 갈채, 2006).

《고창군지》, 제8편 사회, 3장 〈동학농민혁명과 고창과의 관계〉.

강창일, 《근대 일본의 조선침략과 대아시아주의》(서울: 역사비평사,
　　2002).

高端, 《紹古堂歌辭集》(三省社, 1991), 〈동학이야기〉.

菊池謙讓, 《朝鮮近世史(下)》(계명사, 1939), 〈全琫準의 歸鄕〉편.

金庠基, 《東學과 東學亂》(한국일보사 春秋文庫, 1975).

김우림, 《조선시대 사대부 무덤 이야기》(서울: 민속원, 2016).

金允植, 《續陰晴史》上(국사편찬위원회 편, 1971).

동학농민혁명기념재단, 《'장군천안전공지묘' 조사 발굴을 위한 워크숍(자
　　료집)》(2016년 8월 25일).

동학농민혁명참여자명예회복심의위원회, 《동학농민혁명사 일지》, 2006.

송정수, 《베일에서 벗어나는 전봉준 장군》(서울: 혜안, 2018).

申福龍,《全琫準의 生涯와 思想》(서울: 養英閣, 1982).

신복룡,《전봉준평전》(서울: 지식산업사, 1996).

신순철·이진영·원도연 편,《전라도 고창지역의 동학농민혁명》(고창: 고창문화원, 1998).

역사문제연구소 동학농민전쟁백주년기념사업추진위원회 역음,《다시 피는 녹두꽃》(서울: 역사비평사, 1994).

역사문제연구소 동학농민전쟁백주년기념사업추진위원회 엮음,《전봉준과 그의 동지들》(서울: 역사비평사, 1997).

吳知泳,《東學史》(서울: 영창서관, 1978).

왕현종,《한국 근대국가의 형성과 갑오개혁》(서울: 역사비평사, 2003).

우윤,《전봉준과 갑오농민전쟁》(서울: 창작과 비평사, 1993).

유재영,《전북전래지명총람》(서울: 민음사, 1993).

이광재,《봉준이, 온다》(서울: 도서출판 모시는 사람들, 2012).

李敦化,《天道教創建史(2)》(天道教中央宗理院, 1933).

이영호,《동학과 농민전쟁》(서울: 혜안, 2004).

이이화,《녹두장군 전봉준》(서울: 중심, 2006),

이이화,《전봉준, 혁명의 기록》(서울: 생각정원, 2014).

이이화·배항섭·왕현종,《이대로 주저앉을 수는 없다 – 호남 서남부 농민군, 최후의 항쟁》(서울: 혜안, 2006).

李眞榮,《東學農民戰爭과 全羅道 泰仁縣의 在地士族 – 道康金氏를 中心으로 –》(전북대학교 박사논문, 1996).

전라문화유산연구원,《정읍 옹동면 장군천안전공지묘 문화재 발굴조사 약보고서》, 2016. 11.

鄭昌烈,《甲午農民戰爭研究》(연세대 박사학위논문, 1991).

조광환,《소통하는 우리역사》(서울: 도서출판 살림터, 2008).

崔玄植,《新編 井州·井邑人物誌》(정읍: 井邑文化院, 1990).

崔玄植,《甲午東學革命史》(정주: 향토문화사, 1983).

황현 저, 김종일 역,《오하기문》(서울: 역사비평사, 1994).

黃玹,《東學亂》(서울: 을유문화사, 1985).

고석규,〈집강소기 농민군의 활동〉,《1894년농민전쟁연구》4 (서울: 역사비평사, 1995).

김양식, 〈1, 2차전주화약과 집강소운영〉,《역사연구》 2, 1993.

金洋植, 〈全州和約期 執綱所에 대한 研究史的 檢討〉,《史學志》 26, 1993.

김인걸, 〈1894년 농민전쟁의 1차 봉기〉,《1894년농민전쟁연구》 4 (서울: 역사비평사, 1995).

朴孟洙, 〈장흥지방 동학농민혁명사〉,《長興東學農民革命史》(長興東學農民 革命紀念塔建立推進委員會, 1992).

박찬승, 〈동학농민봉기와 고창지방 향촌사회〉(신순철 · 이진영 · 원도연 편,《전라도 고창지역의 동학농민혁명》, 고창문화원, 1998 수록).

배항섭, 〈1890년대 초반 민중의 동향과 고부민란〉,《1894년농민전쟁연 구》 4 (서울: 역사비평사, 1995).

배항섭, 〈제1차 동학농민전쟁시기 동학농민군의 진격로와 활동 양상〉,《동학연구》 11, 2002.

배항섭, 〈執綱所 時期 東學農民軍의 활동양상에 대한 일고찰〉,《역사학 보》 144, 1997.

신영우, 〈北接農民軍의 公州 牛禁峙 · 連山 · 院坪 · 泰仁戰鬪〉,《한국사연 구》 154, 2011.

우윤, 〈전봉준 장군 출생지 정립〉(2003년 12월 19일 정읍시 주최, 갑오 농민혁명계승사업회 주관,《동학농민혁명 정신선양을 위한 학술토 론회 발표요지》 수록).

이기화, 〈전봉준 가계와 태생설에 대한 재조명〉,《동학학보》 제8호, 2004.

李起華, 〈全琫準은 高敞 堂村 胎生〉,《鄕土史料》 12 · 13집(고창문화원 향 토문화연구회, 1993).

이명엽 · 민소리 · 김미경 · 지혜정, 〈서울지역 회곽묘 연구〉,《야외고고학》 vol.5, 2008.

李鏞善, 〈누가 녹두장군의 후예인가?〉,《여성동아》, 1968년 9월호.

이진영, 〈전라도 고창지역의 동학농민혁명 전개양상 검토〉(신순철 · 이진 영 · 원도연 편,《전라도 고창지역의 동학농민혁명》, 고창문화원, 1998 수록).

張道斌, 〈甲午東學亂과 全琫準〉,《동학농민전쟁연구자료집(1)》(서울: 여강출판사, 1991).

張奉善, 〈全琫準實記〉, 《井邑郡誌》(光州: 履露齋, 1936).

전영래, 〈공중인이란 꼬리표의 해명〉, 《여성동아》 1968년 10월호.

鄭昌烈, 〈古阜民亂의 硏究(上)〉, 《韓國史硏究》 48, 1985.

車相瓚, 〈근세사상의 東學黨 首領 全琫準(1)〉, 《朝光》, 1935년 5월호.

최현식, 〈전봉준 가묘의 수수께끼〉, 《정읍문화》 16호(정읍문화원, 2007).

《경향신문》 1974년 5월 11일자.

이치백, 〈동학란과 전봉준 장군-진중수행원 고 김홍섭 옹의 회고-〉, 《중
    앙일보》 1965년 11월 5일자.

全榮來, 〈"綠豆將軍의 딸" 그 眞相, 全玉女 女史와 餘他의 人物들〉, 《전북
    일보》 1968년 7월 14일자.

《大阪朝日新聞》 明治 28年 3月 2日 東學黨大巨魁生擒, 《叢書》 23.

《大阪朝日新聞》 明治 28年 3月 7日, 《叢書》 23.

《大阪朝日新聞》 明治 28年 3月 9日 全祿斗, 《叢書》 23.

《東京朝日新聞》 明治 27年 6月 3日 《叢書》 22.

《東京朝日新聞》 明治 28年 3月 12日, 《叢書》 22.

《東京朝日新聞》 明治 28年 3月 5日 東學黨大巨魁生擒, 《叢書》 22.

《東京朝日新聞》 明治 28年 3月 5日, 《叢書》 22.

《時事新報》 1895년 5월 7일자(경성특보 4월 24일 특파원발).

1부 전봉준 장군의 선대 가문과 그의 신상 및 유동생활

1 李起華, 〈全琫準은 高敞 堂村 胎生〉, 《鄕土史料》 12·13집(고창문화원 향토문화연
   구회, 1993), 22쪽.

2 申福龍, 《全琫準의 生涯와 思想》(서울: 養英閣, 1982), 37~38쪽.

3 전기영이란 이름은 《병술보》에 전기창의 初名으로 기재되어 있다.

4 참고로 《임술보》 권16 언국(彦國)에 대해 기재한 공람 칸에 "此派單牒 正印後入
   來故載錄此篇 日後修譜時 更爲考正(이 파의 단첩은 인쇄가 마쳐진 뒤에 도착했
   기 때문에 이 편, 즉 권16에 기재하니 훗날 족보를 다시 만들 때 다시 상고하여
   바르게 할 것)"이라고 쓰여 있다. 이 내용을 통해서 고창파의 수단서는 뒤늦게
   제출되었음을 알 수가 있다.

5 전기창이 고창 당촌을 떠나 고부로 이주한 상세한 내용은 본서 1부 2장 2절
   〈상처한 후, 고부로 이사〉 참조 바람.

6 《병술보》에는 석풍의 묘지가 "古阜 南部面 鎭長門下 次福里前 甲卯龍艮 坐西"에
   있다고 기록되어 있다. 그러나 《임술보》에는 "高敞 脈母嶝 癸坐"로 되어 있는 것
   으로 보아, 당촌 맥모등에서 훗날 고부 남부면으로 이장했던 것임을 알 수가
   있다.

7 李起華, 〈全奉準은 高敞 堂村 胎生〉, 21쪽 참조.

8 김일손(金馹孫)은 조선시대 훈구파에 대항한 신진 사림의 기수이고, 스승 김종
   직(金宗直)이 쓴 조의제문(弔義帝文)을 사초(史草)에 수록함으로써 무오사화
   (戊午史禍) 때에 능지처참을 당한 인물이다. 그는 김해 김씨 판도판서공파(版
   圖判書公派)의 인물인데, 조선 정종 때 4대에 걸쳐 김극일(金克一), 김일손(金馹
   孫), 김대유(金大有) 등 세 현인이 한 집안에서 나왔다 하여 청도 삼현(淸道三

賢)이라 불렸고, 이후 그 후손을 삼현파(三賢派)라 일컫는다.

9 장현광(張顯光)은 인동 장씨 남산파(南山派)의 파조(派祖)인 장우(張俁)의 5대 손으로 태어나 어려서부터 우주사업(宇宙事業)의 요체가 담긴 〈우주요괄첩(宇宙要括帖)〉을 지어 대학자로서의 면모를 나타내기 시작하였다. 이후 여러 차례 서임된 내외 관직을 모두 사양하고 수많은 문인들과 폭넓게 교류하면서 1637년 세상을 떠날 때까지 오로지 학문에만 정진한 대학자였다. 장현광에 대해서는《國朝人物考》권8, 장현광의 비명(碑銘) 참조.

10 전봉준 장군의 진외가와 증외가에 대한 자세한 내용은 송정수,《베일에서 벗어나는 전봉준 장군》(서울: 혜안, 2018), 101~106쪽 참조.

11 《병술보》에 의하면 석운과 그의 처 밀양 박씨의 묘가 임실 강진면 율치에 있고, 석문 역시도 1823년에 세상을 떠나 그의 처 청주 한씨와 함께 정읍 서이면 압곡에 묻혀있음에서, 석풍과 같은 대(代) 인물들 모두는 당촌으로 들어오기 전에 이미 세상을 떠난 것이 확인이 된다.

12 전장수 씨의 누나 전영자 씨를 면담한 신영우 교수는, 전영자 씨 자신의 성격이 타협하지 않고 완고하며 직선적이라고 하면서, 부친(익선)과 동생(장수) 역시도 똑같은 성품을 가졌다라고 한 이야기를 전해주고 있다. 한편 전옥례 할머니의 자손들도 할머니 역시 이와 같은 성품을 가졌다고 전해주고 있는데, 사실 여러 정황에서 전기창, 전봉준, 전용현 역시도 그러한 성품이었음이 엿보인다.

13 이기화, 〈전봉준 가계와 태생설에 대한 재조명〉,《동학학보》제8호, 2004, 99쪽의 주16) 참조 ; 송정수,《베일에서 벗어나는 전봉준 장군》, 80~81쪽 참조. 석풍의 이장에 대해서는 다음 절의 〈상처한 후, 고부로 이사〉에서 자세히 서술함.

14 전기창의 동생으로 그보다 세 살 적은 전기성(全基性)이 있었는데, 1860년 31세의 나이로 세상을 떠났으며, 묘는 덕정면 회암치에 있다.

15 《임술보》권18 〈유사분정기(有司分定記)〉4면을 보면, 고창파의 수단(收單)과 수전(收錢, 족보에 실릴 명단 작성과 족보 간행에 들어갈 분담금 징수)의 책임자는 다름 아닌 전봉준 장군의 아버지인 전기영(全基永, 全基昶의 초명)으로 기재되어 있다.

16 지금의 정읍시 용계동 정문마을임.

17 김준에 대해서는《國朝人物考》권63, 김준의 시장(諡狀) 참조.

18 吳知泳,《東學史》(서울: 영창서관, 1978), 184쪽.

19 사실 전봉준 장군의 아버지인 기창 역시도 그의 동생 기성이 비록 어린 나이는 아니었지만 31세로 먼저 세상을 떠나 독자가 되었다.

20 역사문제연구소 동학농민전쟁백주년기념사업추진위원회 엮음, 《다시 피는 녹
    두꽃》(서울: 역사비평사, 1994), 〈사발통문에 서명한 농민군 손여옥〉편 참조

21 사실 예전에는 할머니 이름을 알지 못하고 지내는 경우가 많았고, 또 《밀양손
    씨대동보》에서 손성준(孫聖準), 즉 손여옥 장군의 처에 대한 기록에도 후처로
    천안 전씨라고만 기록되어 있을 뿐, 이름은 기재되지 않았기 때문에 훗날에도
    알지 못했을 것으로 보인다.

22 참고로 제적등본에는 김고개(金古介)로 기재되어 있으나 본관은 천안(天安)으
    로 기재되어 있음을 보면, '전(全)'자를 '김(金)'자로 잘못 기재한 것으로 보인다.
    이와 똑같은 예는 전봉준 장군의 둘째 딸인 전성녀의 제적등본에도 보이는데,
    제적등본에는 김길부(金吉扶)로 기재되어 있으나 본관은 천안(天安)으로 기재
    되어 있음으로 보아, 이 역시 전길부를 잘못 기재한 것이다.

23 제적등본에는 1887년 11월 9일생으로 기재되어 있으나 《밀양손씨대동보》에
    는 1888년 10월 9일생으로 되어 있음.

24 역사문제연구소 동학농민전쟁백주년기념사업추진위원회 역음, 《다시 피는 녹
    두꽃》, 〈사발통문에 서명한 농민군 손여옥〉편 참조.

25 서치형은 전기창의 제자인 서원국의 손자인데, 그의 증언은 이기화, 〈전봉준 가
    계와 태생설에 대한 재조명〉, 99쪽 참조.

26 유재영, 《전북전래지명총람》(서울: 민음사, 1993).

27 우윤 씨도 고부면 신중리 죽산마을로 들어가는 입석리의 진선마을을 비롯
    한 부근 마을에 해당한다고 추정한 바 있다. 우윤, 〈전봉준 장군 출생지 정립〉
    (2003년 12월 19일 정읍시 주최, 갑오농민혁명계승사업회 주관, 《동학농민혁
    명 정신선양을 위한 학술토론회 발표요지》 수록), 18쪽.

28 송두호는 1829년생으로 전기창보다 두 살 아래지만 아마도 친구처럼 친숙하
    게 지냈을 것으로 생각된다.

29 이이화, 《녹두장군 전봉준》(서울: 중심, 2006), 71쪽.

30 송대화는 1858년생으로 전봉준보다 세 살 아래이다. 뒤에서도 언급하겠지만
    훗날 전봉준이 송두호의 집에서 사발통문 모의를 한 것은 이러한 오랜 인연이
    있었기 때문으로 보인다.

31 서치형의 손자인 서제홍 씨가 얼마 전에 보내온 족보에 의하면, 서원국(1844~
    1871)은 고창 덕정리(德井里) 출신으로 이후 정 6품 사헌부감찰(司憲府監察)
    을 지냈고, 전기창 밑에서 동문수학한 김재영의 딸을 며느리로 들여 서로 사돈
    이 된 것으로 나타나고 있다. 서원국은 전봉준 장군의 3종숙뻘 되는 전기술의
    사위인데, 장인에게 자식이 없어 자신이 장인의 제사를 지내왔다고 하며, 지금

까지도 그의 후손들이 계속해서 전기술의 제사를 지내오고, 묘도 관리해 오고 있다고 한다. 당시 당촌에 살았던 서원국의 장인 전기술은 전기창과 같은 항렬로 인척이 되는 것은 분명한 것으로 보이는데, 필자 역시도 아직까지 그가 어떻게 기창과 관계되는지 확인할 수가 없다.

32 이하의 증언 내용은 《고창군지》, 제8편 사회, 3장 〈동학농민혁명과 고창과의 관계〉 참조.

33 당시 전기창의 부친 묘를 고부에 투장시켰다고 하는 내용의 증언은 김재영의 손자인 김영표와 정인민의 손자인 정헌조도 똑같이 하고 있다. 이들의 증언 내용은 이기화, 〈전봉준 가계와 태생설에 대한 재조명〉, 99쪽 주16) 참조.

34 송정수, 《베일에서 벗어나는 전봉준 장군》, 114~116쪽 참조.

35 원평 구미란에 사는 崔洵植의 증언, 崔玄植, 《新編 井州·井邑人物誌》(정읍: 井邑文化院, 1990), 229쪽.

36 吳知泳, 《東學史》, 162쪽; 우윤, 《전봉준과 갑오농민전쟁》(서울: 창작과 비평사, 1993), 36쪽.

37 우윤, 앞의 책, 34~35쪽 참조.

38 기창과 기필은 4촌 간이지만, 기창의 동생인 기성에게 자식이 없자 기필의 둘째 아들을 양자로 입적시킬 정도로 이들 집안은 가깝게 지냈다. 그리고 《병술보》에 태호의 묘가 태인 감산면 학촌(鶴村) 남점동(南店洞)에 있음으로 볼 때, 그는 일찍이 당촌을 떠나 감산면 황새마을로 이주해 온 것이 확인된다. 송정수, 《베일에서 벗어나는 전봉준 장군》, 116~117쪽 참조.

39 우윤, 앞의 책, 33쪽 주2) 참조.

40 김병일씨(김덕명의 손자)의 증언. 역사문제연구소 동학농민전쟁백주년기념사업추진위원회 엮음, 《전봉준과 그의 동지들》(서울: 역사비평사, 1997), 15쪽 참조.

41 송정수, 《베일에서 벗어나는 전봉준 장군》, 100쪽 참조.

42 송정수, 《베일에서 벗어나는 전봉준 장군》, 103~105쪽 참조.

43 崔玄植, 《甲午東學革命史》(정주: 향토문화사, 1983), 230~231쪽.

44 《병술보》의 내용을 보면 '소금곡(小金谷)'과 '소금동(巢禽洞)'으로 혼용되어 표기되어 있는데, 날짐승들이 보금자리를 트는 곳이라는 의미의 '巢禽洞'이 맞으며, '小金谷'은 오자(誤字)로 보인다. 이곳은 현재 정읍시 산내면 소금실마을로 지금도 궁벽한 마을이다.

45 전봉준 장군의 아내와 딸에 대한 자세한 내용은 본서 4부 1장과 2장을 참조 바람.

46 《石南歷事》는 고부 궁동면 석지리에서 태어나 스스로 석남처사를 자처하며 살
     다가, 그곳에서 일생을 마친 박문규(朴文圭, 1879~?)라는 농촌 지식인이 동학
     농민혁명 당시 고부 지방에서 체험한 경험을, 이후 회고담 형식으로 기술한 기
     록인데, 〈朝鮮開國歷年史〉, 〈遊覽記〉, 〈朴氏定基歷史〉 등으로 구성되어 있다.

47 張奉善, 〈全琫準實記〉, 《井邑郡誌》(光州: 履露齋, 1936), 381~382쪽.

48 吳知泳, 《東學史》, 103~104쪽.

49 〈金洛鳳履歷〉, 《전라문화논총》 7, 부록, 전북대 전라문화연구소, 1994, 295쪽.

50 張奉善, 〈全琫準實記〉, 《井邑郡誌》, 381~382쪽.

51 신복룡, 《전봉준평전》(서울: 지식산업사, 1996), 78쪽.

52 전장수 씨의 집안에서는 교회를 다니기 전만 해도 1년에 9번 제사를 지냈다고
     하며, 전장수 씨는 지금도 집안에서 내려오는 제삿날을 정확하게 기억하고 있
     다. 즉, 5대 조부 석풍은 5월 16일, 5대 조모 인동 장씨는 7월 16일, 고조부 전기
     창은 6월 23일, 고조모 언양 김씨는 5월 23일, 증조부 전봉준은 3월 30일, 증
     조모 여산 송씨는 4월 24일, 증조모 남평 이씨는 9월 14일, 조부 전의천(용현)
     은 8월 23일, 조모 함평 이씨는 10월 4일이라고 한다. 이 중 전기창과 남평 이씨
     의 기일을 제외한 여러 어른들의 기일은 《병술보》나 제적등본 등에 나타나거니
     와 그 날짜가 정확히 일치한다. 다만 지금까지 전기창과 남평 이씨의 기일은 어
     디에서도 찾아볼 수 없었던 것인데, 전장수 씨의 증언에서 처음 말해주고 있는
     것이다.

53 이이화는 족보의 기록을 바탕으로 전기창이 세상을 떠난 날짜를 1893년 6월
     22일로 추정하고 있다. 이이화, 《전봉준, 혁명의 기록》(서울: 생각정원, 2014),
     67쪽. 그러나 어느 족보를 근거로 추정하고 있는지는 알 수가 없다.

54 이이화, 《전봉준, 혁명의 기록》, 66쪽.

55 전장수 씨의 부친 전익선은 조상들의 묘에 대한 벌초를 중요하게 생각했다고
     하며, 80세가 넘어서까지 벌초를 하러 다녔다고 한다. 서울에 살 때 벌초를 할
     때면, 새벽 3시쯤에 나가 벌초를 하고 밤 12시 전후에 귀가했다고 한다.

56 정창렬 교수는 전봉준이 김봉집(金鳳集), 김봉균(金鳳均)이라는 가명을 썼다
     고 하고 있다. 鄭昌烈, 〈古阜民亂의 硏究(上)〉, 《韓國史硏究》 48, 1985, 123쪽
     참조.

57 車相瓚, 〈근세사상의 東學黨 首領 全琫準(1)〉, 《朝光》, 1935년 5월호.

58 〈全琫準供招〉, 初招(1895년 2월 9일) "문: 나이는 몇 살인가? 답: 마흔한 살
     이다."

59 吳知泳, 《東學史》, 161쪽.

60 지금의 정읍시 이평면.

61 金庠基, 《東學과 東學亂》(서울: 한국일보사 春秋文庫, 1975), 109쪽.

62 지금의 김제시 감곡면 계룡리.

63 張奉善, 〈全琫準實記〉, 381쪽.

64 崔玄植, 앞의 책, 226쪽.

65 申福龍, 앞의 책, 36~37쪽.

66 우윤, 《1894년|갑오 농민 전쟁 최고 지도자 전봉준》(이천: 하늘아래, 2003), 18~19쪽.

67 송정수, 《베일에서 벗어나는 전봉준 장군》, 63~71쪽 참조.

68 고창 당촌 출생에 대한 구체적인 논증은 송정수, 《베일에서 벗어나는 전봉준 장군》, 71~81쪽 참조 바람.

69 본서 1부 1장 참조 바람.

70 전봉준 장군의 남동생과 여동생 전고개에 대해서는 본서 1부 2장 2절 〈기창의 자식들〉 참조 바람.

71 《병술보》의 내용을 보면, 사촌인 두호(斗鎬)만이 전봉준 장군보다 6세 아래이고, 태호(泰鎬), 종우(宗祐), 종렬(宗烈), 종길(宗吉), 종철(宗喆) 등은 많게는 20세, 적게는 6세 위였으며, 오히려 그의 조카들인 운용(雲龍), 용수(用洙), 상수(祥洙) 등이 거의 같은 또래였다.

72 이기화, 〈전봉준 가계와 태생설에 대한 재조명〉, 99쪽 참조.

73 이와 관련한 자세한 내용은 본서 1부 2장 2절 〈상처한 후, 고부로 이사〉 참조 바람.

74 이와 관련한 자세한 내용은 본서 1부 2장 2절 〈자식의 교육을 위해 태인으로 이주〉 참조 바람.

75 吳知泳, 《東學史》, 162쪽 ; 우윤, 앞의 책, 36쪽.

76 전봉준과 김덕명의 자세한 집안 관계에 대해서는 본서 1부 2장 2절 〈자식의 교육을 위해 태인으로 이주〉 참조 바람.

77 이이화, 《녹두장군 전봉준》, 71쪽.

78 전장수 씨는 부친 익선으로부터 "사람이 사람다운 행동을 하지 못하면 짐승만도 못한 인간이 된다"라고 하면서, "아무리 가난하고 어려워도 반드시 '사람답게' 살아야 한다."라는 말씀을 자주 들었다고 한다. 또한 어려서부터 "사람이 사람답게 살기만 하면, 하늘과도 하나가 될 수 있다."라는 말을 부친에게서 늘 들어왔다고 한다.

79 李眞榮, 《東學農民戰爭과 全羅道 泰仁縣의 在地士族》, 전북대학교 박사논문,

1996, 67~68쪽.

80 김개남은 재혼하기 전부터 임실에 서당을 열고 훈장을 했고, 임실군 성 밖에
사는 전주 이씨와 혼인을 하고서도 이곳에서 계속 아이들을 가르쳤으며, 이 때
문에 자주 임실로 왕래했다고 한다. 李眞榮, 앞의 책, 68쪽.

81 李眞榮, 앞의 책, 69~70쪽.

82 삼례집회 때에 전봉준 장군이 전라감사에게 올리는 소장을 자원하여 고정(告
呈)했던 것인데, 이는 그의 의기로운 성품 때문이기도 하지만 당시 감영에서 파
견된 사람이, 그가 일찍부터 잘 알고 있는 영장 김시풍이었던 것과도 상당히 관련
있다 할 것이다.

83 전봉준 장군은 아들 용현에게 어려서부터 무술을 전수했고, 용현 역시도 그의
아들 익선에게 어릴 때 무술을 전수했으며, 전장수도 어려서 부친으로부터 무
술을 배웠다고 전하고 있다.

84 《병술보》에 전봉준의 할머니 인동 장씨와 전처인 여산 송씨가 1876년과 1877
년에 연이어 세상을 떠나 소금동에 안장되어 있다는 내용이 기록되어 있다. 이
로 미루어 보건대, 전장수 씨의 증언처럼 전봉준 장군의 나이 20세 무렵 이곳
에 들어와 살았음을 알 수가 있다.

85 필자도 그러했거니와 우윤 씨 역시도, 전봉준의 나이 스무 살 전후에 배우자
를 맞이한 것으로 추정을 했었다. 송정수, 《베일에서 벗어나는 전봉준 장군》,
149쪽; 우윤, 앞의 책, 37쪽 참조.

86 이에 대한 보다 상세한 내용은 본서 4부 1장 1절 참조 바람.

87 전장수 씨의 증언에 의하면, 전봉준 장군은 장녀를 낳고 나서 그 다음 해에 바
로 임신이 되어서 이상하다고 생각을 했었다고 한다. 보통 자식을 낳으면 2년
간은 곧바로 임신이 안 되는 것으로 알고 있었다는 것이다.

88 신복룡, 《전봉준평전》, 307쪽. 신복룡 교수는 2차 기포 이전에 후실을 맞이했
다고 하고 있지만, 두 아들이 후처의 소생이라 한다면 적어도 《병술보》상에 확
실히 나타나는 동일의 출생연도인 1886년 이전에 재혼을 했던 것으로 보인다.

89 전봉준 장군의 후처인 남평 이씨에 대해서는 5부 1장 2절에서 상세하게 서
술함.

90 전봉준 장군의 두 아들에 대해서는 5부 3장에서 상세하게 서술함.

91 필자는 종래 전봉준 장군이 여산 송씨와 혼인을 함으로 인해 송희옥을 만나
게 된 것으로 이해해 왔었다. 그런데 최근 전장수 씨의 말에 의하면, 여산 송씨
를 전봉준 장군에게 중매한 인물이 송희옥이었다고 들어왔다는 것이다. 그렇
다고 한다면 전봉준 장군과 송희옥과의 관계는 혼인 전부터 맺어져 왔던 것으

로 이해해야 할 것으로 보인다. 다만 혼인 전에 이 두 사람이 어떻게 해서 만나게 되었는지는 아직 알 수가 없다. 어쨌든 혼인으로 인해 이들의 관계가 더욱 돈독해졌음은 물론이라 생각된다.

92 金庠基, 앞의 책, 109~111쪽.

93 1895년 2월 19일에 이루어진 전봉준 장군에 대한 3초에 보이는데, 3초는 대원군과 전봉준 장군의 관련성을 파헤치기 위한 심문으로 일관하고 있으며, 특히 대원군의 효유문(曉喩文)을 전달한 송희옥과 관련성을 심문한 내용이 주를 이루고 있다.

94 전봉준 장군과 대원군과의 관계에 대해서는 신복룡, 앞의 책, 175~194쪽 참조.

95 金庠基는 송용호(宋龍浩)의 목격담을 많이 이용하였는데, 그 내용 중에 송용호의 조부인 송헌옥은 전봉준 장군의 처숙이며, 동학 진영의 한 중진이었다고 하고 있다. 金庠基, 앞의 책, 100쪽.

96 吳知泳, 앞의 책, 161쪽.

97 張奉善, 〈全琫準實記〉, 381쪽.

98 崔玄植, 《甲午東學革命史》, 230쪽.

99 〈全琫準供招〉, 初招(1895년 2월 9일)

100 다만 양교리에서 전봉준 장군의 생활이 어떠했는지는 전혀 그 흔적이 보이지 않고 있다. 이로 보아 양교리로 이사 오자마자 곧바로 조소리로 이사 간 것이 아닌가 한다.

101 崔玄植, 앞의 책, 231쪽.

102 《石南歷事》, 〈朴氏定基歷史〉 (동학농민혁명참여자명예회복심의위원회, 《동학농민혁명국역총서》 5, 삼광문화, 2009. 수록), 53~54쪽.

103 崔玄植, 앞의 책, 56쪽.

104 손여옥은 촌수로는 조카뻘이지만 1860년생으로, 1861년생인 손화중보다 한 살 많다.

105 박찬승, 〈동학농민봉기와 고창지방 향촌사회〉 (신순철·이진영·원도연 편, 《전라도 고창지역의 동학농민혁명》, 고창: 고창문화원, 1998).

106 崔玄植, 앞의 책, 55쪽.

107 그러나 앞에서 언급한 바, 전봉준 장군이 동학에 대해 관심을 가진 것은 고부에서 태인으로 이사 와 학문을 배울 무렵이었다고 전장수는 증언하고 있다.

108 張道斌, 〈甲午東學亂과 全琫準〉, 《동학농민전쟁연구자료집(1)》(서울: 여강출판사, 1991), 34쪽.

109 李敦化, 《天道教創建史(2)》(天道教中央宗理院, 1933), 57쪽.

110 吳知泳, 앞의 책, 161쪽.

111 金庠基, 앞의 책, 110쪽.

112 《東京朝日新聞》 1895년 3월 6일 자(《사회와 사상》 창간호, 1988년 9월, 261쪽).

113 김덕명과 김개남이 언제 동학에 가입했는지는 확실하지가 않다. 그러나 "(1891
년) 6월 초에 (최시형이) (知)琴實의 金基範(金開南)家에 가서 머물렀는데, 이때
에 金溝의 金德明이 夏衣五件을 지어오니 김기범 또한 夏衣五件을 지어 바쳤다.
(최시형이) 湖南一道의 여러 곳을 둘러보았는데, (우리) 道를 아는 자가 적다(고
하였다.) (6월) 보름 경 김덕명家에 갔다가 全州府內의 崔燦奎家로 향하였다."
(大先生事蹟, 37면. 李眞榮, 《東學農民戰爭과 全羅道 泰仁縣의 在地士族 - 道康
金氏를 中心으로 -》, 71쪽에서 재인용)라는 기록에서 보는 바와 같이, 이들은
1891년 당시 이미 동학에 깊이 관련되어 있으며, 동학의 간부에 임명되었던 것
으로 보인다. 따라서 적어도 이들이 동학에 입도했던 시점은 1891년 이전 어느
때였을 것으로 보인다.

114 이영호는, 서장옥이 1889년 체포되고 1890년에 보석된 후, 2년여 동안 그의 활
동은 확인되지 않지만 이 시기에 남접 세력을 형성하기 위해 활동했던 것으로
보고 있다.(이영호, 《동학과 농민전쟁》, 혜안, 2004, 163쪽) 그렇다면, 서장옥이
남접 세력을 형성한 시기는 전봉준이 황해일의 소개로 동학에 입도했다는 시
기에 해당하거니와, 1890년경에 서장옥과 전봉준의 만남이 이루어졌을 개연성
이 크다고 할 것이다.

115 이치백, 〈동학란과 전봉준 장군 - 진중수행원 고 김홍섭 옹의 회고 -〉(《중앙일
보》 1965년 11월 5일자)

116 이른바 무장회동에 대한 분석은 이진영, 〈전라도 고창지역의 동학농민혁명
전개양상 검토〉, 신순철·이진영·원도연 편, 앞의 책에 수록 3장; 박찬승, 〈동학
농민봉기와 고창지방 향촌사회〉, 신순철·이진영·원도연 편, 앞의 책에 수록,
173~177쪽 참조.

117 李起華, 〈全奉準은 高敞 堂村 胎生〉, 24쪽.

118 〈全琫準供招〉, 五招(1895년 3월 10일)

119 〈全琫準供招〉, 五招(1895년 3월 10일) "문: 최경선은 일찍이 너와 가르침의 관계
가 있었는가? 답: 나는 단지 친구로 대했을 뿐 가르침을 받은 바는 없다."

120 〈崔永昌判決宣告書〉(崔玄植, 앞의 책, 336쪽 수록)

121 〈全琫準供招〉, 四招(1895년 3월 7일) "문: 각 고을을 돌아다닐 때 너는 혼자 다
녔는가, 일행이 있었는가? 답: 기병 20여 명을 거느리고 다녔다. 문: 그때 최경선

도 함께 다녔는가? 답: 그렇다."

122 당시 '비결이 세상에 나오는 날은 그 나라가 망할 것이오. 망한 후에 다시 흥한다.'라는 소문이 있었다고 한다. 이 사건에 대해서는 吳知泳, 앞의 책, 88~92쪽 참조.

123 吳知泳, 앞의 책, 87쪽.

124 이이화·배항섭·왕현종, 《이대로 주저앉을 수는 없다-호남 서남부 농민군, 최후의 항쟁》(서울: 혜안, 2006), 46~48쪽.

125 吳知泳, 앞의 책, 113~114쪽.

126 吳知泳, 앞의 책, 84쪽, 111쪽, 113쪽. 이들 도강 김씨들의 보다 구체적인 행적에 대해서는 李眞榮, 《東學農民戰爭과 全羅道 泰仁縣의 在地士族 - 道康金氏를 中心으로 -》, 제2장 3절 참조.

127 李眞榮, 앞의 논문, 68~69쪽.

128 朴孟洙, 〈장흥지방 동학농민혁명사〉, 《長興東學農民革命史》(長興東學農民革命紀念塔建立推進委員會, 1992), 117~118쪽.

2부 동학농민혁명 시기 전봉준 장군의 활동과 행적

1 '금구취회'에 대해서는 배항섭, 〈1890년대 초반 민중의 동향과 고부민란〉, 《1894년농민전쟁연구》 4 (서울: 역사비평사, 1995), 36~46쪽; 鄭昌烈, 〈古阜民亂의 研究(上)〉, 《韓國史研究》 48, 1985, 1장 2절 참조.

2 《承政院日記》 12, 高宗 30년 4월 10일; 《日省錄》 30, 高宗 30년 4월 10일조.

3 鄭昌烈, 앞의 논문, 123쪽 참조. 정창렬 교수는 전봉준이 김봉집이라는 가명 외에도 김봉균(金鳳均)이라는 가명을 썼다고도 하고 있다.

4 東學農民戰爭百周年紀念事業推進委員會 編, 〈侍天敎宗繹史〉, 《東學農民革命史料叢書》 29(서울: 史芸研究所, 1996), 102~103쪽(《東學農民革命史料叢書》를 이하에서는 『叢書』라 약칭함).

5 조병갑의 수탈 행위의 내용은 〈全琫準供招〉, 初招(1896년 2월 9일) ; 신복룡, 《전봉준평전》, 92~96쪽 참조.

6 〈全琫準供招〉, 初招(1896년 2월 9일) "문: 그렇다면 너는 애초에 한 번이라도 관청에 소장을 올린 적이 있는가? 답: 처음에는 40여 명이 소장을 올렸다가 잡혀 들어갔고, 두 번째로 소장을 올렸다가 60여 명이 쫓겨났다. 문: 소장을 올린 것이 언제인가? 답: 첫 번째는 재작년 11월이었고, 두 번째는 그해 12월이었다."

7 사발통문은 그 진위 여부 문제, 내용상의 해석 등 여러 논란이 있어왔다. 그런 가 하면 근자에는 김용섭 교수에 의해 1954년에 송재섭이 쓴 것으로 전해지는 《갑오동학혁명난과 전봉준장군실기》에 실려 있는 새로운 사발통문 거사 계획 전문이 소개됨으로써 새롭게 '사발통문'에 대한 종합적인 분석이 요구되고 있 다. 내용상 해석에 대한 논란은 배항섭, 〈1890년대 초반 민중의 동향과 고부민 란〉, 53~61쪽 참조. 사발통문의 발견 경위 및 새로 발견된 문서의 내용에 대해 서는 조광환, 《소통하는 우리역사》(서울: 도서출판 살림터, 2008), 106~121쪽 참조 바람.

8 배항섭, 앞의 논문, 62쪽 참조.

9 鄭昌烈, 앞의 논문, 105쪽 참조.

10 〈全琫準供招〉, 初招(1896년 2월 9일) 참조. 12월에 등소한 곳이 어디인지 공초 에는 기록이 없지만 李復榮의 일기인 《南遊隨錄》에는 전라감영에 등소한 것으 로 나타난다고 한다. 鄭昌烈, 앞의 논문, 107쪽 주 144) 참조.

11 당시 李埰鎔, 申佐黙, 李奎白, 河肯一, 朴喜聖, 康寅喆 등이 고부군수에 순차로 임 명되었다. 鄭昌烈, 앞의 논문, 106쪽 참조.

12 鄭昌烈, 앞의 논문, 106~107쪽 참조.

13 고부농민봉기의 발생 일에 대해 崔永年은 1월 11일로(〈東徒問辨〉), 巴溪生은 1 월 10일로(〈全羅道古阜民擾日記〉), 기쿠치 겐조(菊池謙讓)는 1월 16일로(《朝鮮近 世史》下) 기록하고 있으나, 본고에서는 일반적으로 많이 쓰이고 있는 1월 10일로 기술하였다.

14 〈全琫準供招〉, 初招(1896년 2월 9일) "문: 수천 명의 백성들이 어찌하여 너를 주 모자로 추대했는가? 답: 백성들이 비록 수천 명이었다고는 하나 대개가 어리석 은 농민들이었고, 나는 다소나마 글을 이해할 수 있었기 때문이었다."

15 巴溪生, 〈全羅道古阜民擾日記〉, 《駐韓日本公使館記》 1, 54쪽.

16 菊池謙讓, 《朝鮮近世史(下)》(서울: 계명사, 1939), 216쪽.

17 鄭昌烈은 전봉준 장군이 사전에 준비하고 주도했다고 보고 있다.(鄭昌烈, 앞의 논문, 108쪽) 이에 반해 배항섭은 공초의 내용처럼 전봉준이 준비 단계부터 조 직적으로 개입하지는 않았다고 보고 있다.(배항섭, 앞의 논문, 65쪽)

18 巴溪生, 〈全羅道古阜民擾日記〉.

19 《南遊隨錄》, 《叢書》 3, 193쪽.

20 張奉善, 〈全琫準實記〉, 《井邑郡誌》, 1936.

21 상동.

22 이에 관한 내용은 張奉善, 〈全琫準實記〉 및 조광환, 《소통하는 우리역사》,

126~127쪽; 鄭昌烈, 앞의 논문, 109쪽 참조.

23 巴溪生, 〈全羅道古阜民擾日記〉.

24 《日省錄》 31, 高宗 31년 2월 15일조.

25 《承政院日記》 12, 高宗 31년 2월 15일조.

26 〈南遊隨錄〉, 《叢書》 3, 180~181쪽. 巴溪生, 〈全羅道古阜民擾日記〉에도 "민군의 수령은 앞서 비밀리에 58주의 동학당에게 격문을 띄웠다. …"라는 기록이 있다.

27 이 격문에 대한 호응은 곧바로는 없었지만, 열흘 정도 뒤인 2월 말부터 3월 중순에 걸쳐 금구, 태인, 부안, 무장, 영광, 법성포, 금산 등 여기저기서 농민들의 움직임이 나타나기 시작했다. 배항섭, 앞의 논문, 74~75쪽 참조.

28 巴溪生, 〈全羅道古阜民擾日記〉.

29 張奉善, 〈全琫準實記〉.

30 金邦善의 〈林下遺稿〉에도 지도부와 난민 대중 간에 갈등이 있었음을 지적하였고(《叢書》 5, 21~23쪽), 초토사 홍계훈의 보고에 따르면, 고부민들 사이에는 전봉준을 감영에서 온 수교와 함께 체포하려는 움직임까지도 있었다고 하였다.(〈兩湖招討謄錄〉, 《叢書》 6, 13쪽).

31 巴溪生, 〈全羅道古阜民擾日記〉.

32 張奉善, 〈全琫準實記〉; 鄭昌烈, 앞의 논문, 113쪽 참조.

33 崔永年, 〈東徒問辨〉, 《叢書》 6, 350쪽.

34 鄭昌烈, 앞의 논문, 115쪽.

35 〈林下遺稿〉, 《叢書》 5, 21~22쪽; 〈金洛鳳履歷〉 《叢書》 7, 377쪽.

36 張奉善, 〈全琫準實記〉.

37 〈全琫準供招〉, 初招(1896년 2월 9일).

38 배항섭, 앞의 논문, 75쪽 참조.

39 黃玹, 〈梧下記聞〉, 《叢書》 1, 54쪽.

40 〈大韓季年史〉, 《叢書》 4, 363쪽.

41 〈東學關聯判決宣告書〉, 《叢書》 18, 431쪽.

42 《大阪朝日新聞》, 《叢書》 23, 11~13쪽.

43 3월 23일부터 줄포, 고부를 거쳐 25일에 백산 예동에, 26일에는 백산 부근의 화호 신덕정리에 이른 농민군은 전봉준 장군의 휘하 부대로 보인다. 黃玹, 〈梧下記聞〉, 《叢書》 1, 56쪽; 〈隨錄〉, 《叢書》 5, 163~164, 178, 180쪽; 배항섭, 〈제1차 동학농민전쟁시기 동학농민군의 진격로와 활동 양상〉, 《동학연구》 11, 2002, 36~37쪽 참조.

44 〈隨錄〉, 《叢書》 5, 182쪽.

45 정창렬은 2월 26일에 백산대회가 열린 것으로 추정하고 있는데 비해, 배항섭은 26일에서 29일 사이에 개최된 것으로 보고 있는데, 여러 정황상 배항섭의 견해를 따르고자 한다. 鄭昌烈, 《甲午農民戰爭硏究》(연세대 박사학위논문, 1991), 185쪽; 배항섭, 〈제1차 동학농민전쟁시기 동학농민군의 진격로와 활동 양상〉, 37쪽 주19) 참조.

46 吳知泳, 《東學史》, 112쪽. 말미에 대회 날짜를 갑오 정월로 기록한 것은 3월의 오기로 보인다.

47 吳知泳, 《東學史》, 113~114쪽에 보면, 각 지역에서 모여든 수많은 장령급 인물들이 열거되어 있다.

48 김인걸, 〈1894년 농민전쟁의 1차 봉기〉, 《1894년농민전쟁연구》 4, 91~92쪽 참조.

49 3월 말에서 4월 초까지의 농민군의 활동에 대해서는 배항섭, 앞의 논문, 39~44쪽 참조.

50 조광환, 앞의 책, 147쪽.

51 3월 29일에는 全羅兵使로 임명하여 파견하였는데, 4월 2일에 兩湖招討使로 격을 높여 임명하였다. 〈兩湖招討謄錄〉, 《叢書》 6, 3쪽.

52 〈隨錄〉, 《叢書》 5, 166쪽, 184~185쪽.

53 〈梧下記聞〉, 《叢書》 1, 60쪽.

54 〈隨錄〉, 《叢書》 5, 170쪽.

55 배항섭, 앞의 논문, 44쪽 참조.

56 〈隨錄〉, 《叢書》 5, 171~175쪽; 〈梧下記聞〉, 《叢書》 1, 61~62쪽; 巴溪生, 〈全羅道古阜民擾日記〉 참조.

57 김인걸, 앞의 논문, 100쪽 참조.

58 〈梧下記聞〉, 《叢書》 1, 63쪽; 〈兩湖招討謄錄〉, 《叢書》 6, 9~10쪽.

59 〈梧下記聞〉, 《叢書》 1, 64쪽; 〈兩湖招討謄錄〉, 《叢書》 6, 9~10쪽.

60 〈梧下記聞〉, 《叢書》 1, 66쪽; 〈兩湖招討謄錄〉, 《叢書》 6, 11쪽, 15쪽.

61 이 기간 동안 농민군의 활동 상황과 홍계훈의 근황은 배항섭, 앞의 논문 46~47쪽.

62 《駐韓日本公使館記》 1, 25쪽; 〈隨錄〉, 《叢書》 5, 198쪽.

63 〈兩湖招討謄錄〉, 《叢書》 6, 13~14쪽.

64 《大阪朝日新聞》, 《叢書》 23, 14쪽.

65 《駐韓日本公使館記》 1, 14쪽; 〈內亂實記朝鮮事件〉, 《叢書》 25, 177쪽.

66 지배층의 탐묵과 학정을 더 이상 견디지 못해 참여한 자들도 있지만 불평을 품은

자, 동학에 현혹되어 입당한 자, 각지의 무뢰배 등도 있었다. 배항섭, 앞의 논문, 49쪽.

67 《續陰晴史》上, 311쪽; 《駐韓日本公使館記錄》1, 19쪽; 《東京朝日新聞》明治 27年 6月 3日《叢書》22, 352쪽. 위 4개항의 약속과 12개조의 계군호령이 나온 시점 에 대해서 여러 논의가 있으나 농민군이 영광에 주둔했을 때에 내렸다는 배항 섭의 견해가 옳다고 생각된다. 배항섭, 앞의 논문, 49쪽 주)78 참조.

68 〈東匪討錄〉, 《叢書》6, 175쪽; 《駐韓日本公使館記錄》1, 21쪽; 〈兩湖電記〉, 《叢書》6, 107쪽.

69 〈隨錄〉, 《叢書》5, 199~200쪽.

70 〈隨錄〉, 《叢書》5, 200쪽; 〈東匪討錄〉, 《叢書》6, 174쪽; 〈兩湖招討謄錄〉, 《叢書》6, 15쪽. 이로 미루어 영광에 있을 당시 농민군의 수는 1만 2천~1만 4천 명에 이르 렀던 것으로 보인다. 배항섭, 앞의 논문, 53쪽.

71 이상의 내용은 〈梧下記聞〉, 《叢書》1, 69~70쪽 참조.

72 배항섭, 앞의 논문, 56~57쪽.

73 〈梧下記聞〉, 《叢書》1, 71쪽; 〈南遊隨錄〉, 《叢書》3, 205쪽; 〈兩湖電記〉, 《叢書》6, 113쪽.

74 〈兩湖招討謄錄〉, 《叢書》6, 16~17쪽.

75 〈梧下記聞〉, 《叢書》1, 72쪽, 338쪽; 〈兩湖招討謄錄〉, 《叢書》6, 16~17쪽; 〈兩湖電 記〉, 《叢書》6, 114쪽.

76 배항섭, 앞의 논문, 57~58쪽 참조.

77 〈梧下記聞〉, 《叢書》1, 72쪽; 〈兩湖招討謄錄〉, 《叢書》6, 16~17쪽.

78 〈兩湖招討謄錄〉, 《叢書》6, 17~18쪽.

79 〈梧下記聞〉, 《叢書》1, 73쪽; 〈兩湖招討謄錄〉, 《叢書》6, 16~17쪽; 《駐韓日本公使館 記錄》1, 31~32쪽; 〈南遊隨錄〉, 《叢書》3, 205쪽; 〈東匪討錄〉, 《叢書》6, 180~181 쪽; 《全州府史》, 1943, 113쪽.

80 〈南遊隨錄〉, 《叢書》3, 205~207쪽.

81 김인걸, 앞의 논문, 109쪽 참조.

82 〈梧下記聞〉, 《叢書》1, 80~81쪽.

83 〈兩湖招討謄錄〉, 《叢書》6, 21~22쪽.

84 〈兩湖招討謄錄〉, 《叢書》6, 66~67쪽; 〈東學關聯判決宣告書〉, 《叢書》18, 432~433쪽.

85 김인걸, 앞의 논문, 111~112쪽 참조.

86 《續陰晴史》上, 322~323쪽.

87 《續陰晴史》上, 323~325쪽; 〈南遊隨錄〉,《叢書》3, 215~216쪽.

88 〈隨錄〉,《叢書》5, 234쪽; 〈東匪討錄〉,《叢書》6, 220쪽. 이상의 내용으로 볼 때, 이때까지 농민군의 적극적인 활동은 여의치 않았던 것이다. 고석규, 〈집강소기 농민군의 활동〉,《1894년농민전쟁연구》4, 119쪽 참조.

89 〈大韓季年史〉,《叢書》4, 372~373쪽.

90 집강소에 대한 연구사적 검토는 金洋植, 〈全州和約期 執綱所에 대한 研究史的 檢討〉,《史學志》26, 1993. 참조.

91 김양식, 〈1,2차전주화약과 집강소운영〉,《역사연구》2, 1993, 137쪽 참조.

92 강창일,《근대 일본의 조선침략과 대아시아주의》(서울: 역사비평사, 2002), 96~100쪽.

93 〈梧下記聞〉,《叢書》1, 61~62쪽; 고석규, 앞의 글, 126쪽; 배항섭, 〈執綱所 時期 東學農民軍의 활동양상에 대한 일고찰〉,《역사학보》144, 1997, 91~92쪽 참조.

94 〈梧下記聞〉,《叢書》1, 182~183쪽; 〈隨錄〉,《叢書》5, 277~278쪽.

95 〈梧下記聞〉,《叢書》1, 179쪽.

96 고석규, 앞의 글, 133쪽.

97 손화중 장군도 만류했으나 김개남 장군은 "이 큰 무리가 한번 흩어지면 다시 합하기가 어렵다"면서 제의를 거부하였다. 〈梧下記聞〉,《叢書》1, 210~211쪽.

98 〈隨錄〉,《叢書》5, 296쪽; 《駐韓日本公使館記錄》8, 55쪽.

99 《駐韓日本公使館記錄》8, 55쪽.

100 〈隨錄〉,《叢書》5, 296쪽; 《駐韓日本公使館記錄》8, 55쪽.

101 《駐韓日本公使館記錄》8, 54쪽, 360쪽.

102 〈東學關聯判決宣告書〉,《叢書》18, 434~435쪽; 《駐韓日本公使館記錄》1, 129~130쪽.

103 《駐韓日本公使館記錄》1, 130쪽.

104 《駐韓日本公使館記錄》1, 129쪽.

105 〈全琫準供招〉, 四招(1896년 3월 7일).

106 〈天道教會史草稿〉,《東學思想資料集》1, 461쪽. 전봉준 장군은 북접에서 개최한 청산대회 소식을 10월 11일 통보를 받았다. 〈宣諭榜文竝東徒上書所志書〉,《叢書》10, 336쪽

107 당시 손화중과 최경선도 원래는 공주로 함께 북상하려 하였으나 일본군이 바다를 통해 내려온다는 정보를 접하고서 이에 대비하기 위해 광주로 내려가 주둔하기로 했다.(〈南遊隨錄〉,《叢書》3, 238쪽) 그리고 김개남은 49일을 채워야 한다는 참위설을 내세우며 남원에 머물렀다고 한다.(〈梧下記聞〉,《叢書》1,

253쪽).

108 〈全琫準供招〉, 四招(1896년 3월 7일).

109 우윤, 《전봉준과 갑오농민전쟁》, 1993, 246쪽.

110 〈宣諭榜文並東徒上書所志謄書〉, 《叢書》 10, 337~338쪽.

111 〈巡撫先鋒陣謄錄〉, 《叢書》 13, 113~114쪽; 〈巡撫使呈報牒〉, 《叢書》 16, 312쪽.

112 지금의 세종시 장군면 대교리임.

113 〈公山剿匪記〉, 《叢書》 2, 424~426쪽.

114 〈巡撫先鋒陣謄錄〉, 《叢書》 13, 153~155쪽.

115 〈巡撫使呈報牒〉, 《叢書》 16, 317~318쪽.

116 관군과 일본군의 투입 상황에 대해서는 우윤, 《전봉준과 갑오농민전쟁》, 247~249쪽; 신복룡, 《전봉준평전》, 243~247쪽 참조.

117 〈巡撫先鋒陣謄錄〉, 《叢書》 13, 185쪽.

118 〈先鋒陣日記〉, 《叢書》 16, 85~90쪽; 〈巡撫先鋒陣謄錄〉, 《叢書》 13, 114~115쪽, 153~162쪽, 256~264쪽.

119 효포전투를 비롯한 이인전투, 우금치전투에 관해서는 신영우, 〈北接農民軍의 公州 牛禁峙·連山·院坪·泰仁戰鬪〉, 《한국사연구》 154, 2011, 270~278쪽 참조.

120 《駐韓日本公使館記錄》 1, 252~253쪽.

121 〈宣諭榜文並東徒上書所志謄書〉, 《叢書》 10, 333~334쪽.

122 〈梧下記聞〉, 《叢書》 1, 268쪽.

123 〈巡撫先鋒陣謄錄〉, 《叢書》 13, 323쪽, 339~355쪽.

124 〈札移電存案〉, 《各司謄錄》 63, 288쪽.

125 〈巡撫先鋒陣謄錄〉, 《叢書》 14, 44~46쪽.

126 〈巡撫先鋒陣謄錄〉, 《叢書》 14, 87~90쪽.

3부 전봉준 장군의 죽음과 묻힌 곳

1 〈先鋒陣上巡撫使書〉, 《叢書》 16, 176쪽; 〈日本士官函謄〉, 《叢書》 16, 381쪽.

2 〈日本士官函謄〉, 《叢書》 16, 381~382쪽.

3 그러나 김개남은 일본군에 패하여 진잠(鎭岑)을 거쳐 태인으로 돌아와 있었는데, 12월 1일 태인 산내면 종송리(種松里)에서 임병찬(林炳瓚)의 고발로 강화병방(江華兵房) 황헌주와 전초대관(前哨隊官) 박승규가 이끄는 관군 80명과 포교 3명에게 체포되었다. 〈巡撫先鋒陣謄錄〉, 《叢書》 14, 120쪽.

4 〈巡撫先鋒陣謄錄〉,《叢書》14, 107~108쪽.

5 전봉준 장군은 지금실에서 김개남을 만나 같이 지낼 때, 이미 상당한 수준의 무술을 연마했다고 한다.(이에 대해서는 본서 1부 3장 3절 〈김개남과의 만남〉 참조) 또한 전봉준 장군은 아들 용현에게도 무술을 가르쳤고, 용현도 자신의 아들 익선에게, 익선도 아들 장수에게 무술을 익히도록 했다고 전장수 씨는 전한다.

6 〈梧下記聞〉,《叢書》1, 309쪽; 〈巡撫先鋒陣謄錄〉,《叢書》14, 197~198쪽.

7 전봉준 장군의 서울 압송에 대해서 기쿠치 겐조(菊池謙讓)는 1894년 12월 9일에 전주 감영으로 이감되었고, 이후 12월 18일 경성에 도착했다고 하고 있다.(菊池謙讓,《近代朝鮮史》下, 245쪽) 이에 반해 김낙철의 수기에 따르면 1895년 1월 5일에 나주를 출발하여 1월 24일에 도착했다고 기록하고 있는데, 여러 정황상 김낙철의 기록이 보다 신빙성이 있다고 생각된다.

8 《東京朝日新聞》明治 28年 3月 5日 東學黨大巨魁生擒,《叢書》22, 365~366쪽.

9 1월 25일 1차 심문이 일본 영사관에서 있었는데, 법무아문 참의 이재정(李在正)에 의해 행해졌고, 동학과의 관련성과 2차 봉기의 목적에 대한 추궁이 있었다. 2차 심문은 1월 26일에 행해졌는데, 주로 봉기의 정치적 의도를 밝히려고 하였다.《大阪朝日新聞》明治 28年 3月 2日 東學黨大巨魁生擒,《叢書》23, 167~168쪽;《大阪朝日新聞》明治 28年 3月 9日 全祿斗,《叢書》23, 175쪽.

10 전봉준 장군은 2월 3일 법무아문으로 인도되었다.《東京朝日新聞》明治 28年 3月 5日,《叢書》22, 366쪽.

11 〈東學關聯判決宣告書〉, 全琫準,《叢書》18, 429~438쪽.

12 《高宗實錄》卷33, 高宗 32년 3월 29일 庚子條 및《承政院日記》139책, 高宗 32년 3월 29일 庚子條 참조.

13 당시 의금부 전옥서는 지금의 종로 1가 종각역 5~6번 출구 앞 영풍문고 자리였다고 하며, 2018년 4월 24일 이곳에 전봉준 장군의 동상이 세워졌다.

14 《時事新報》1895년 5월 7일자(경성특보 4월 24일 특파원발) 참조.

15 《日省錄》高宗 32년 3월 25일條; 1895년 3월 25일 법률 1호로 반포된 '재판소구성법'과 칙령 50호로 반포된 '재판소처무규정통칙'에 의하면, 민사 형사사건 모두 적어도 2심의 재판과 소송으로 이루어져야 한다고 했으며, 4월 1일부터 시행하도록 했다. 왕현종,《한국 근대국가의 형성과 갑오개혁》(서울: 역사비평사, 2003), 398쪽 참조.

16 왕현종, 앞의 책, 398~399쪽 참조.

17 천우협 관련 인사들의 전봉준 장군에 대한 포섭 작전과 구명운동에 관해서는,

이이화, 《녹두장군 전봉준》, 227~9쪽 참조.

18 대표적으로 효수형에 처해졌다는 주장을 피력한 것은 신복룡 교수인데, 그 내용은 신복룡, 《전봉준평전》, 302~304쪽 참조. 또한 소고당의 가사 〈동학이야기〉에도 "조장태의 거동보소 녹두장군 잘린머리 부담안에 담아오니 장군소실 고부댁이 동곡뒷산 장사하고"라 기록되어, 효수된 것으로 묘사되어 전해지고 있다. 高端, 《紹古堂歌辭集》(三省社, 1991)에 수록됨.

19 《高宗實錄》卷32, 高宗 31년 12월 27일 癸卯條.

20 吳知泳, 《東學史》, 161쪽.

21 黃玹, 《東學亂》(서울: 을유문화사, 1985), 234쪽.

22 《東京朝日新聞》明治 28年 3月 12日, 《叢書》 22, 374쪽; 《大阪朝日新聞》明治 28年 3月 7日, 《叢書》 23, 175쪽.

23 吳知泳, 《東學史》, 160쪽.

24 이 유시는 혁명에 실패한 전봉준 장군이 사형을 앞두고 착잡한 심경을 표현한 시로, 정읍시 영원면 은선리 전용록 옹이 소장하고 있는 천안전씨족보 여백에 '殞命유시'라는 제목으로 기록되어 있는데, 1974년 최현식 선생에 의해 발견되었다. 《경향신문》 1974년 5월 11일자 7면 참조.

25 吳知泳, 《東學史》, 164쪽.

26 吳知泳, 《東學史》, 164쪽.

27 張道斌, 〈甲午東學亂과 全瑋準〉, 《동학농민전쟁연구자료집(1)》, 55쪽 ; 吳知泳, 《東學史》, 164쪽.

28 동학농민혁명기념재단, 《'장군천안전공지묘'조사 발굴을 위한 워크숍(자료집)》(2016년 8월 25일)에 수록되어 있음.

29 조선시대 무덤 양식의 변천과 회곽묘에 대해서는 김우림, 《조선시대 사대부 무덤 이야기》(서울: 민속원, 2016), IV장 참조.

30 이에 대해서는 이명엽·민소리·김미경·지혜정, 〈서울지역 회곽묘 연구〉, 《야외고고학》vol.5, 2008에 수록된 〈표 1〉과 김우림, 앞의 책, 212~214쪽에 있는 〈표 15〉를 참조 바람, 특히 이들 표에는 일제강점기에 조성된 회곽묘의 사례도 다수 나타나고 있다.

31 2016년도 발굴 결과에 대한 문제점에 대해서는 송정수, 《베일에서 벗어나는 전봉준 장군》, 5부 3장 참조 바람.

32 이에 대한 보다 구체적인 내용은, 송정수, 《베일에서 벗어나는 전봉준 장군》, 5부 2장 참조 바람.

33 전덕린 장군(?~1592)은 천안 전씨 판결사공파(判決事公派) 45세의 인물로, 태

인현 고현내(泰仁縣 古縣內, 현 칠보면 일대)에서 태어났으며, 자(字)는 상경(祥卿)이다. 무과(武科)에 입격(入格)하여 판관(判官)을 지냈으며, 임진왜란이 일어나자 고향에서 친구 백광언(白光彦)과 의병을 일으켰고, 이후 전라도 관찰사 이광(李洸)이 이끈 용인전투에 참여하여 싸우다 전사하였다. 그는 백광언 등과 더불어 현재 옹동면 산성리에 있는 모충사(慕忠祠)에 배향(配享)되어 있다.

34 만일 '장군천안전공지묘'가 전덕린 장군의 묘라고 한다면 이 역시도 가묘일 것인데, 바로 인접한 곳에 같은 사람의 가묘를 두 기나 만들 필요가 과연 있었겠는가 하는 의구심이 든다. 그럼에도 이곳에 가묘를 조성했다고 한다면, 그를 현양(顯揚)하는 의미에서라도 그에 관한 여러 행적을 비에 새겼을 것이고, 적어도 이 비의 주인이 누구이고 또 누가 세웠는지 그 주체를 숨길 하등의 이유가 없을 것이다. 그렇지만 전혀 그렇지 않음을 보면 전덕린 장군의 묘는 아니라고 판단된다.

35 촌로들의 이야기에 의하면, 전주 구미리에서 감산면 계봉리로 이주하여 몇 해 동안 살다가, 전봉준의 나이 18세 때쯤에 산외 동곡으로 이사하여 이곳에서 성장했다는 것이다. 崔玄植,《甲午東學革命史》, 230~231쪽 참조.

36 김개남의 종손녀의 증언(신복룡, 앞의 책, 83쪽) 참조. 이진영은 '전봉준의 장녀가 동곡으로 출가한 것은 김개남의 중매로 이루어졌다'라는 증언을 소개하고 있다.(李眞榮,《東學農民戰爭과 全羅道 泰仁縣의 在地士族》, 전북대학교 박사논문, 1996, 70쪽 참조)

37 〈全琫準供招〉, 初招(1895년 2월 9일)에 "어디에 사는가?"라는 질문에 "태인 산외면 동곡에 산다"라고 공술하고 있다. 또 菊池謙讓,《朝鮮近世史(下)》,〈全琫準의 歸鄕〉편에, 전주화약 이후 전봉준 장군이 태인 동곡의 집에 돌아왔을 때의 광경이 묘사되어 있는 데에서도 확인된다. 최근에 장군이 마지막 거처한 옛집은 동곡리 160-3번지로 확인되고 있다. 이에 대해서는 4부 주17 참조 바람.

38 그녀는 영남 지역 규방가사를 대표하는 은촌(隱村) 조애영(趙愛泳)과 쌍벽을 이루는 호남의 규방가사 작가이다. 1922년 장흥읍 평화리에서 태어난 그녀는 1939년 18세 때에 김환재(전 전주향교 전교)에게 시집을 와 전주에 거주하는 한편 남편의 고향인 정읍 산외면 평사리에서 생활을 하였다. 그녀는 평사리에 紹古堂이라는 전통 한옥을 마련하고 가사 창작 활동을 하였는데, 100여 편 이상의 작품을 남겼거니와, 1977년에 3인 공동으로 간행한《규방가사집》을 시작으로 1999년에 간행한《소고당가사속집》에 이르기까지 4권의 가사집을 펴내는 등 왕성한 활동을 하다 2009년에 세상을 떠났다.

39 高端,《紹古堂歌辭集》에 수록되어 있음.

40 종래 동곡마을 뒤 평지의 솔밭 기슭(지금의 동곡리 산 11번지)에 자리한 묘를 전봉준 장군의 묘라 일컬어 왔던 것인데, 1973년에 파묘를 했지만 어떠한 흔적도 나오지 않았다.

41 봉직랑의 묘는 전덕린 장군의 5대 손인 전완의 묘이며, 그의 외손자인 이흥발이 중수한 묘이다. 이 묘에 대해서는 송정수, 《베일에서 벗어나는 전봉준 장군》, 221~226쪽 참조 바람.

42 증언과 임야대장에 등재된 소유권자를 통해서 볼 때, 익산 이씨의 선산은 고부 하송리, 두지리에 살고 있는 익산 이씨들과도 밀접한 관련이 있거니와, 이들 집안은 인접한 조소리에 살고 있던 전봉준 장군과도 오래전부터 잘 알고 지냈을 것으로 보인다.

43 이미 2005년에 경남도청에 유족 신청을 했으나 반려되었다고 한다. 당시에는 손자까지만 신청 자격이 주어져서 자신은 신청할 수가 없었고, 전봉준 장군의 손자며느리인 자신의 어머니 명의로 신청했으나 기각되었다는 것이다. 그러나 이번에는 고손자까지 신청 자격이 확대되어 증손자인 자신의 이름으로 신청했다는 것이다.

44 전장수 씨가 처음 이곳을 찾을 때, 수암마을에서 올라온 것이 아니라 옆쪽 산쪽에서 진입했다고 말하고 있어, 산등성이를 넘어 온 것이 맞다고 생각된다.

45 아마도 전익선이 그의 부친 용현과 처음 이 묘를 방문했을 때에도 그렇고, 이후 벌초를 할 때에도 이 길을 이용했을 거라 생각된다.

46 여기서 아주 옛날부터 해오던 매장 방식이란, 회를 쳐서 회곽묘를 만들어 매장했다는 말로 보인다.

47 전장수 씨는 부친이 직접 만든 것도 아닌데 어떻게 그리 잘 아실까 궁금했지만 묻지는 않았다고 한다. 다만 할아버지(용현)께서 1919년에 증조할아버지(전봉준)의 유해를 이장할 당시에 어떻게 이장을 했고, 어떻게 무덤을 만들었는지를 부친(익선)께 자세히 이야기해 주셨다고 한다면, 부친께서는 기억력이 비상해서 그 사실들을 모두 다 정확하게 기억하고 계셨을 거라고 전장수 씨는 말하고 있다.

48 당시 의천(용현)에게 전봉준 장군이 가매장된 곳을 알려준 무안 용뫼마을 근처의 동학군은 나주 김씨 김응문 가문에 속한 사람이었을 것으로 보인다. 그것은 의천(용현)이 무안에 정착할 집을 마련하게 된 것은 무안면 다산리 용뫼마을 근처에 동학운동을 크게 한 김씨 집안이 있었기 때문이었다는 전장수 씨의 증언에서 유추할 수가 있다. 용뫼마을 근처라는 곳은 차뫼마을로 보이거니와 이곳에서 동학혁명에 참여한 대표적인 집안은 바로 김응문 집안이었고, 의

천(용현)과 이 집안사람들은 친밀한 관계를 가졌을 거라 여겨진다. 이와 관련한 내용은 본서 4부 3장 2절 〈용현의 결혼〉 참조 바람.

49 증조모(이순영)의 유해는 처음에는 진안 마이산 근처에 안장되었으나, 이후 무안 실학실 저수지 근처로 이장했다고 한다. 2019년 7월에 전의천(용현)이 살았다는 무안읍 성동리 573번지의 집터를 방문했는데, 이 마을 이장으로부터 이 집과 실학실 저수지 사이에 있는 야산이 예전에는 공동묘지였다는 말을 들었다. 이로 미루어, 당시 의천은 모친의 유해를 집 가까이에 있던 이 공동묘지로 이장했던 것으로 보인다.

50 남평 이씨에 대해서는 본서 4부 1장 2절 참조 바람.

51 이에 대해 전장수 씨는 부친께서 말씀해 주신 것도 같은데, 실학실로 이장하기 전에 어디에 안장되었는지는 확실하게 기억이 나지 않아 충청도인지 전라도인지 추정할 따름이었다. 그러나 전옥례는 혼인 후 진안 부귀에 살았던 것이고, 이곳으로 모친을 모시고 와 살다가 돌아가셨기 때문에 부귀 근처에 안장되었다고 보아야 할 것이다.

52 전장수 씨는 증조할머니(남평 이씨)가 폐병으로 돌아가셨기 때문에 시신을 화장했다고 부친으로부터 들었다고 했다. 그런데 나중에 증조할머니의 유해(유골함이 아닌)를 이장해서 실학실로 옮겨왔다고 말씀하시고 있어, 당시 화장을 하고 남은 유골을 땅에 묻어두었다가 이장해온 것인지, 아니면 돌아가신 후 화장을 하지 않고 매장해 둔 유해를 수습하여 실학실로 이장해온 것인지는 확실하지 않다고 하고 있다.

53 단지 비석 뒷면에 아들 익선과 손자 장수와 용석의 이름만 새겼을 뿐이다.

54 익선이 생전에 족보를 바로잡으려는 노력은 5부 1장 5절 참조 바람.

55 전라문화유산연구원,《정읍 옹동면 장군천안전공지묘 문화재 발굴조사 약보고서(전라문화유산연구원 조사연구보고서 16-09)》, 2016. 11.

56 전라문화유산연구원,《정읍 옹동면 장군천안전공지묘 문화재 발굴조사 약보고서》, 25쪽.

57 정읍 동학역사문화연구소는 2013년 8월 9일 '장군천안전공지묘'에 대한 조사 중에, 수암마을에 사는 김상섭 씨(당시 72세)로부터 이 묘는 원래 평장이었으나 10여 년 전 익산 이씨들이 묘를 관리하면서 봉분을 얹었다는 증언을 채취하였다. 송정수,《베일에서 벗어나는 전봉준 장군》, 218쪽 참조.

58 2016년 발굴보고서에는 원래 묘비석이 있던 자리가 현재의 비석 위치 바로 밑에 있었다고 추정하고 있다. 그렇지만 넘어져 있던 비석이 원래 다른 곳에 세워져 있던 비석인데, 이 무덤 앞으로 옮겨 세웠다가 또다시 넘어지자 이 무덤에 봉

분을 쌓을 때, 약간 위로 옮겨 시멘트를 사용해 다시 세워놓았을 수도 있다는 생각도 든다.

59 예컨대 우선적으로 전장수 씨의 증언 내용에 따라 정확한 위치를 추정해야 할 것이지만 이 지역의 지형적인 변화도 살펴야 할 것이며, 비석이 서있는 방향에 따라 묘의 위치가 달라지기 때문에 원래 비석이 어떤 방향으로 세워져 있었는 지도 면밀히 조사해야 할 것이다.

4부 전봉준 장군의 아내와 자식 이야기

1 李鏞善, 〈누가 녹두장군의 후예인가?〉, 《여성동아》, 1968년 9월호.
2 申福龍, 《全琫準의 生涯와 思想》, 52쪽. 그러나 이후 이를 수정하고 있다.(《전봉준평전》, 80쪽).
3 金庠基, 《東學과 東學亂》, 100쪽.
4 전봉준 장군이 혼인한 시기에 대해서는 본서 1부 3장 3절 〈두 번의 결혼〉 참조.
5 吳知泳, 《東學史》, 113쪽.
6 이이화·배항섭·왕현종, 《이대로 주저앉을 수는 없다 – 호남 서남부 농민군, 최후의 항쟁》, 173쪽.
7 이이화, 《전봉준, 혁명의 기록》, 66쪽.
8 김제동학농민혁명기념사업회 사무국장인 최고원 씨의 증언에 의하면, 종정마을을 비롯해 부근에는 예전부터 여산 송씨의 집성촌이 여럿 있었다고 한다.
9 전옥례의 피신 행적에 대해서는 본서 4부 2장 4절 참조 바람.
10 의천(용현)은 자식을 연년생으로 낳으면 아내가 죽을 수 있으며, 낳은 자식도 잘 키우기 힘들다는 말을 그의 아들 익선에게 들려주었으며, 익선 역시도 아들 인 자신에게 이런 말을 하곤 했다고 전장수 씨는 증언하고 있다. 아마도 해산의 후유증으로 세상을 떠난 여산 송씨의 이야기가 집안 대대로 전해 내려온 것으로 보인다.
11 菊池謙讓, 《朝鮮近世史(下)》, 〈全琫準의 歸鄕〉편.
12 조이(召史)란 양인의 아내나 과부를 일컫는 말로, 흔히 성(姓) 밑에 붙여 부른다.
13 申福龍, 《全琫準의 生涯와 思想》, 149쪽.
14 증언에서 말하는 이들 두 아들의 생년은 《병술보》 상에 나타나는 생년과는 4 년 정도 차이가 있다. 어느 생년이 옳은가에 대해서는 본서 4부 3장 1절 〈생년

에 대해서〉 참조 바람.

15 이들 두 아들의 이름에 대해서는 본서 4부 3장 1절 〈이름에 대해서〉 참조 바람.

16 전봉준 장군의 딸이 김개남 장군의 중매로 동곡리 지금실로 시집왔다는 내용은 신복룡, 앞의 책, 83쪽 ; 李眞榮,《東學農民戰爭과 全羅道 泰仁縣의 在地士族》, 전북대학교 박사논문, 1996, 70쪽 참조. 그런데 신복룡 교수는 지금실로 출가한 딸을 장군의 큰딸이라고 하고 있고, 전장수 씨도 1892년에 큰딸 옥례가 시집간 것으로 증언을 하고 있는데, 실제 지금실로 시집간 딸은 큰딸이 아니라 작은딸인 성녀이다. 이에 대한 자세한 내용은 본서 4부 2장 1절을 참조 바람.

17 신복룡 교수는 1981년 1월 16일 강금례 여사를 만났는데, 당시 여사가 살고 있는 집(동곡리 122번지) 옆이 전봉준 장군의 옛집이었다고 하면서 '잘 보존하기 위해' 새마을운동의 일환으로 양기와를 씌운 것이 인상적이었다고 기록해 놓고 있다.(신복룡,《전봉준평전》, 307쪽, 362쪽 참조) 이를 통해 필자는 일찍이 장군의 마지막 거처지가 원동골이었음을 알 수 있었다. 다만 지금까지 장군의 옛집의 확실한 주소를 알 수가 없었는데, 최근 이 마을을 조사하는 중에 동곡리 160-3번지임을 확인하게 되었다. 현재 이곳에 살고 있는 박옥자 할머니(1932년생)의 증언에 의하면, 1950년 초 시어머니로부터 이 집터에 장군의 옛집이 있었다는 이야기를 들어왔고, 그 자신 인접해 사는 장군의 외손녀 강금례 여사를 형님이라 부르면서 잘 알고 지내왔다는 것이다.

18 전장수 씨의 증언에는 관군의 추포를 피하기 위해 용현을 시집간 딸 성녀에게 맡기고 옥례를 사찰로 보냈으며, 이후 남평 이씨 자신은 용규만을 데리고 토굴 생활을 한 것으로 말하고 있다. 그러나 1968년 전옥례 할머니의 증언에 의하면, 자신도 토굴 생활을 한 정황을 말하고 있다. 이로 보건대, 이들 식구는 처음부터 다 같이 토굴 생활을 하다가 이후에 용규가 폐병에 걸리자 전염이 염려되어 흩어지게 된 것으로 이해된다. 이에 대해서는 본서 4부 3장 1절 〈용규의 죽음〉 참조 바람.

19 이에 대한 상세한 내용은 본서 4부 2장 4절 〈피신과 은둔생활〉 참조 바람.

20 전옥례 할머니는 이곳 신리마을에서 줄곧 살다가 만년에 증손자 이희종이 세운 희만농장(신정리 305번지)으로 거처를 옮겨 살았고, 이곳에서 돌아가셨다고 한다. 때문에 당시 모친 남평 이씨를 모셔간 곳은 신리마을 집으로 보인다.

21 전장수 씨의 증언에 의하면, 자신이 중학교 다닐 때까지는 부친이 교회를 다니지 않아서 집에서 제사를 지냈는데, 고조할아버지(전창혁)는 물론이고 증조할아버지(전봉준)와 증조할머니(이순영), 할아버지(전용현), 할머니(이양림)의 제사를 모두 모셨다고 한다. 부친께서는 조상들의 기일을 모두 기억하고 계셨지

만 본인은 다 기억할 수 없어 부친께서 말씀하신 것을 메모해 두었다고 한다. 증조할머니 제사를 지내면서 부친께서는 '잘못했으면 생일날 돌아가실 뻔 했다'는 말씀을 해 주셨기 때문에 생일 하루 전에 돌아가신 걸 정확하게 기억하고 있다고 말하고 있다.

22 용현의 자세한 행적에 대해서는 본서 4부 3장 2절 참조 바람.

23 용현이 1919년도에 부친 전봉준 장군의 유해와 모친 남평 이씨의 유해를 비봉산 자락에 합장해서 모셨다는 보다 자세한 내용은 본서 3부 2장 3절과 본서 4부 3장 2절 〈용현의 부친 유해 수습〉 참조 바람.

24 崔玄植,《甲午東學革命史》, 232쪽 ; 申福龍,《全琫準의 生涯와 思想》, 149쪽 및 219쪽 참조.

25 崔玄植,《甲午東學革命史》, 232쪽.

26 신복룡,《전봉준평전》, 311쪽.

27 당시 할머니의 나이 15세는 약간의 착오가 있는 듯 보인다. 전옥례 할머니 생년에 대해서는 뒤에서 따로 서술함.

28 제적등본에 김옥련(金玉連)으로 기재되어 있고, 당시 옥례 할머니가 공양주가 되어 숨어 지낸 곳은 지금의 마이산 고금당(나옹암)이라 후손들은 전하고 있다.

29 이상의 최현식 선생이 술회한 내용은 이광재 작가의 《봉준이, 온다》(서울: 도서출판 모시는 사람들, 2012), 19~22쪽에 잘 정리되어 있다.

30 이상의 내용은 최현식, 〈전봉준 가묘의 수수께끼〉,《정읍문화》 16호(정읍문화원, 2007) ; 이광재, 앞의 책, 19~22쪽 참조.

31 신복룡,《전봉준평전》, 310쪽, 362~363쪽.

32 전영래, 〈공중인이란 꼬리표의 해명〉,《여성동아》 1968년 10월호.

33 신복룡,《전봉준평전》, 308~309쪽.

34 송정수,《베일에서 벗어나는 전봉준 장군》, 230쪽. 신복룡 교수도 이 고부댁을 큰딸로 기술하였다. 신복룡, 앞의 책, 83쪽.

35 전장수 씨가 전옥례 할머니를 만난 일에 대해서는 본서 5부 2장 2절에서 자세하게 서술함.

36 제적등본에는 김길부(金吉扶)로 기재되어 있으나 본관은 천안(天安)으로 기재되어 있음을 보면 '全'자를 '金'자로 잘못 기재한 것으로 보인다. 이와 똑같은 예는 전봉준 장군의 여동생이면서 손여옥 장군의 부인인 전고개의 제적등본에서도 볼 수 있다.

37 제적등본에 전길부, 즉 전성녀는 1938년 11월에 62세의 나이로 세상을 떠난 것

으로 기재되어 있다.

38 전영래, 〈공증인이란 꼬리표의 해명〉 참조.

39 용현이 누나 집을 나가게 된 연유는 본서 4부 3장 2절 〈용현의 누이 집 가출〉 참조 바람.

40 신복룡 교수는 일찍이 강금례 여사가 살고 있는 집(동곡리 122번지) 옆에 전봉준 장군의 옛집이 있었다고 기록해 놓고 있는데(신복룡, 《전봉준평전》, 307, 362쪽 참조), 1981년 당시 강금례 여사의 아들 박승규의 안내로 장군의 옛집을 방문한 적이 있다고 한다. 이들 두 집은 채 200m도 안 되는 아주 가까운 거리에 위치해 있다.

41 전옥례 할머니는 갑오년에 15세쯤이었다고 하고 있으나(全榮來, 〈"綠豆將軍의 딸" 그 眞相, 全玉女 女史와 餘他의 人物들〉, 《전북일보》 1968년 7월 14일자), 이는 할머니 스스로가 추정한 나이로 정확한 나이는 아니었던 듯하다. 만일 갑오년에 15세였다고 한다면 할머니의 생년은 1880년생일 것인데, 이는 앞에서 살핀 바와 같이 모친인 여산 송씨가 세상을 이미 떠난 뒤에 태어났다는 것이 되기 때문에 말이 안 된다. 이보다는 전장수 씨의 증언에서와 같이 1876년생이 맞으며, 절로 피신할 당시의 할머니의 나이는 18세였던 것으로 보인다.

42 이와 관련한 자세한 내용은 본서 4부 1장 1절 참조 바람.

43 신복룡 교수는 최현식 선생의 증언을 바탕으로 옥례가 마이산으로 들어가기 전에 김제 금산사로 몸을 피했다고 서술하고 있다. 신복룡, 《전봉준평전》, 309쪽.

44 신복룡 교수는 예전에 전옥례 할머니 손부의 증언을 바탕으로 금당사로 피신했다고 기록하고 있는데(신복룡, 《전봉준평전》, 309쪽), 당시의 금당사는 지금의 고금당(나옹암)이다.

45 전영래 선생은 증손자 성우 군이 대원군 얘기를 하는 것을 엿듣다가 "그분은 우리 아버님과 친한 사이였느니라"하면서 "죽는 마당에서나 얘기하려던 것을 ~"이라고 했다 한다. 이에 증손자가 묻기를 "할머니 아버님이 누구셨는데요?"라 하자, "녹두장군이지 동학접주야"라고 하면서 "이런 말을 절대로 해서는 안 된다"라며 더 이상 말문을 열지 않았다는 것이다. 밤늦게 돌아온 이희종이 아들 성우 군에게 이 말을 전해 듣고서 할머니에게 세상이 바뀌었으니 괜찮다고 안심을 시켜가며 밤새 캐물었다고 한다. 처음엔 횡설수설하면서 말문을 열지 않던 전옥례 할머니는 결국 녹두장군의 모습을 떠올리며 "아버지는 키가 짝달막하고 나처럼 머리가 훌렁 벗겨지고 눈이 무섭게 생겼더니라"라고 말씀하시고는, 증손자가 보던 《전봉준전》에 형리들이 들 것에 태운 전봉준 장군의 사

진을 가리키며, "이분이 (나의 아버지임이) 틀림없다"면서 통곡했다고 정리하고
있다. 全榮來, 〈"綠豆將軍의 딸" 그 眞相, 全玉女 女史와 餘他의 人物들〉, 《전북일
보》 1968년 7월 14일자.

46 최제우(崔濟愚)가 경험한 종교체험의 중심내용을 표현한 것으로서, "지기금지
원위대강 시천주 조화정 영세불망 만사지(至氣今至 願爲大降 侍天主 造化定 永
世不忘 萬事知)"라는 21자 주문(呪文)이 있는데, 이것을 외워 소리 내어 말하고
그 뜻을 깨달아 실현하면 오래도록 죽지 않는다 하여 장생주(長生呪)라고도
한다. 이 주문 중 앞의 8자를 강령주문(降靈呪文)이라 하고, 나머지 13자를 본
주문(本呪文)이라고 한다. 이에 대한 구체적인 내용에 대해서는 《한국민족문
화대백과사전》(한국정신문화연구원, 1991) 〈三七呪〉 참조 바람.

47 全榮來, 〈"綠豆將軍의 딸" 그 眞相, 全玉女 女史와 餘他의 人物들〉, 《전북일보》
1968년 7월 14일자 ; 정읍동학농민혁명계승사업회 편저, 《최현식과 동학농민
혁명사 연구》(서울: 갈채, 2006) 〈동학군 지도자들의 가족을 찾아서(155~167
쪽 회고담)〉.

48 全榮來, 〈"綠豆將軍의 딸" 그 眞相, 全玉女 女史와 餘他의 人物들〉, 《전북일보》
1968년 7월 14일자 ; 전영래, 《공증인이란 꼬리표의 해명》, 《여성동아》 1968년
10월호 참조.

49 앞에서 살핀 바 있지만 손여옥 장군의 후손들도 자기 집안이 동학농민혁명에
참여했다는 것을 전혀 알지 못하고 지냈다. 그것은 장군의 부인인 전고개 할머
니가 자손들의 안위를 위해 동학과 관련한 일체의 일을 함구하며 살아왔기 때
문이다.

50 용현이 언제 옥례 누이를 만났는지는 확실하지 않다. 다만 정황상 모친이 세
상을 떠난 1903년에서 용현이 결혼하는 1906년 사이로 보이는데, 1904년 전
후가 아니었을까 추정된다. 전장수 씨의 증언에 의하면, 용현은 누이가 사찰
로 들어갔다는 사실은 알고 있었기에 훗날 사찰을 탐색하여 옥례 누이를 어렵
사리 만났다고 하며, 이후 모친의 유해를 자신이 사는 무안으로 이장해왔다고
하고 있다.

51 전장수 씨가 전옥례 할머니를 방문한 구체적인 내용은 본서 5부 2장 2절 참조
바람.

52 崔玄植, 《甲午東學革命史》, 232쪽 ; 申福龍, 《全琫準의 生涯와 思想》, 149쪽 및
219쪽. 2명의 아들이 있었다는 사실은 高端, 《紹古堂歌辭集》에 수록된 〈동학이
야기〉에서도 확인된다.

53 菊池謙讓, 앞의 책, 〈全琫準의 歸鄕〉편.

54 송정수, 《베일에서 벗어나는 전봉준 장군》, 93~94쪽 참조.

55 신복룡, 《전봉준평전》, 310쪽, 362~363쪽.

56 최현식, 〈전봉준 가묘의 수수께끼〉, 《정읍문화》 16호(정읍문화원, 2007) ; 이 광재, 앞의 책, 19~22쪽 참조.

57 신복룡 교수의 말에 의하면, 답사를 하러 정읍에 내려올 때마다 최현식 선생을 만나 그의 안내를 받았다고 술회하고 있다. 이로 보건대, 최현식 선생은 이미 이 무렵 강금례 여사로부터 똑같은 증언을 들었을 거라 판단된다.

58 이 밖에 동학농민혁명과 관련한 인물 중에도 김덕명은 언양 김씨 족보에는 김준상(金俊相)으로, 손여옥은 밀양 손씨 족보에 손성준(孫聖準)으로 기재되어 있거니와 일반적으로 이러한 사례는 비일비재하다.

59 《임술보》권18 〈유사분정기(有司分定記)〉 4면을 보면, 고창파의 수단(收單)과 수전(收錢, 족보에 실릴 명단 작성과 족보 간행에 들어갈 분담금 징수)의 책임자는 다름 아닌 전봉준 장군의 아버지인 전기영(全基永, 全基昶의 초명)으로 기재되어 있다. 미로 미루어 볼 때, 《병술보》의 고부파 수단서 작성자 역시도 그였을 것으로 판단된다. 다만 고창파가 고부파로 바뀌게 된 것은 수단 작성자가 《임술보》가 간행된 1862년 직전까지는 고창에 거주했지만 《병술보》가 간행이 되는 1886년에는 고부로 이주해 거주했기 때문이다.

60 전기창에 관한 내용은 1부 2장 2절 참조 바람.

61 또한 6.25전쟁 당시 호적대장이 불타 없어져 다시 만들어진 것도 많기 때문에 내용이 분명치 않은 것도 많다.

62 제적등본에 용현(의천)은 자신의 부친을 전봉준이 아닌 전민화(全民化)로 기재했다. 또한 앞에서도 보았듯이 전옥례(김옥련), 전성녀(전길부)의 제적등본 역시도 부친의 이름을 전봉준이 아닌 다른 이름으로 기재해 놓았을 뿐만 아니라, 자신의 이름과 생년까지도 신분을 감추기 위해 임의로 작성하여 기재해놓았던 것이다.

63 전장수 씨는 그의 '가족사'에서 증언하기를, 용규는 1896년에 죽었다고 하고 있는데, 용규의 실제 생년이 1883년이라고 한다면 14세에 세상을 떠난 것이 된다.

64 高端, 《紹古堂歌辭集》에 수록된 〈동학이야기〉 참조.

65 최현식, 〈전봉준 가묘의 수수께끼〉, 《정읍문화》 16호; 이광재 앞의 책, 21~22쪽 참조.

66 앞에서도 언급했지만 전장수 씨가 작성한 '가족사'에는 제적등본을 바탕으로 용규는 1879년생, 용현은 1882년생이라 하고 있으며, 이 생년을 기준으로 헤

아린 나이에 따라 여러 행적들을 기술해 놓고 있다.

67 全榮來, 〈"綠豆將軍의 딸" 그 眞相, 全玉女 女史와 餘他의 人物들〉, 《전북일보》 1968년 7월 14일자 참조. 여기서 힌무리란 요즘의 백설기를 말하는데, 아마도 남평 이씨가 산을 내려와 마을에서 얻어온 것으로 생각된다.

68 당시 어린 용현이 어떻게 도박에 빠질 수 있었을까 의문이 들어, 마침 전장수 씨도 부친(전익선)에게 이를 물어보았다고 한다. 부친께서 대답하시길, 당시 도박은 죽간처럼 조그만 나무 막대기에 숫자를 새겨 놓고서, 그 숫자들의 짝을 맞추는 식으로 하는 것이어서 어린애라도 조금만 배우면 다 할 수 있었다고 했다고 한다.

69 당시 동내 어른들은 똑똑한 용현을 평생 자기들의 종으로 부려먹으려고 일부러 도박 빚을 지도록 만들었다고 하며, 이를 알아차린 용현은 이 마을에 계속 남아있다가는 결국 종으로 팔려갈 것 같아서 도망쳐 나왔다고 전장수 씨는 전하고 있다.

70 용현이 어디에서 무엇을 하며 전전했는지는 전혀 나타나 있지 않아 알 수가 없다. 다만 전장수 씨의 증언에는 주로 전라도와 충청도 지역을 떠돌아다닌 것으로 말하고 있다.

71 그러면서 익선은, 도박에 중독된 사람은 오른손을 자르면 왼손으로 도박하고 왼손까지 자르면 나중에는 발가락을 가지고도 도박하게 된다는 얘기를 해주었다고 한다.

72 전장수 씨의 '가족사'에서는 제적등본을 바탕으로 용현의 생년을 1882년생으로 기재하고 있고, 이를 기준으로 나이를 헤아리고 있다. 따라서 용현이보다 다섯 살 연하였다는 이양림의 생년은 1887년 9월 9일생이었다. 그런데 앞에서 살핀 바, 용현의 생년은 《병술보》에 기재된 1886년 2월 5일이 정확하거니와 이를 기준으로 헤아린다면, 양림과의 나이 차이는 한 살 차이였다고 할 것이다.

73 용현이 이 무렵 모친이 돌아가셨다는 사실을 알고 있음을 보면, 모친이 돌아가신 1903년 9월과 이양림을 만난 1905년 사이 언젠가에 옥례 누나를 만난 것으로 보인다. 전장수 씨는 언제인지는 알 수 없으나 용현이 옥례 누나가 자기와 헤어져 사찰로 갔다는 기억을 떠올리고 여러 사찰을 탐문하였다고 하며, 결국 진안의 사찰(아마도 금당사)에 이르러 옥례 누나의 소식을 접하고서 시집가 살고 있는 집을 찾아 누이를 만난 것이라고 전하고 있다.

74 용현이 무안에 정착할 집을 마련하게 된 것은 함평과 인접한 곳이기도 하지만 무안면 다산리 용뫼마을 근처에 동학운동을 크게 한 집안이 있었기 때문이라고 전장수 씨는 전한다. 그러면서 동학운동을 한 집안은 김씨 집안으로 들었

던 것 같은데 어느 김씨인지는 기억이 나지 않는다고 한다. 다만 필자의 견해로는 다산리 용뫼마을 근처라 하면 차뫼마을을 가리키는 것 같고, 이 마을에서 동학농민운동을 크게 한 김씨라고 한다면, 나주 김씨 김응문 집안이었을 것으로 생각된다. 무안군 동학지도자 김응문에 대해서는 이이화·배항섭·왕현종, 《이대로 주저앉을 수는 없다 - 호남 서남부 농민군, 최후의 항쟁》, 3부 참조.

75 만약 두 사람의 혼인을 반대한다면 자기 딸이 용현을 너무 좋아했기에 집을 뛰쳐나갈 것 같아 허락을 했다고도 한다.

76 옥례와 성녀를 연년생으로 낳은 여산 송씨가 젊은 나이로 일찍 세상을 떠났기 때문에, 훗날 전봉준 장군이 아들 용현에게 참고하라고 이런 말을 했으리라 생각된다.

77 전장수 씨의 부친인 전익선도 자기가 죽고 나면, 자신이 전봉준 장군의 손자라는 사실이 밝혀질 때까지 자신의 할아버지가 가매장된 모습처럼 그렇게 자신을 묻어놓으라고 했다고 한다. 때문에 세상을 떠난 뒤 화장을 한 전익선의 유골함은 함평의 곤봉산 능선에 있는 그의 부모의 묘소 아래에 봉분이 없이 묻혀있으며, 유골함 위에 돌을 쌓아서 표시해 놓았을 뿐으로 그냥 지나치면 그곳에 유골함이 묻혀있는지 전혀 알 수가 없다고 한다.

78 이와 관련한 자세한 내용은 본서 3부 2장 2절 참조 바람.

79 전익선의 방랑생활에 대해서는 본서 5부 1장 1절 참조 바람.

80 무안군 해제면 석용리 석산마을 입구에는 이들 최씨 3형제의 사적을 적은 '慶州崔氏三義士實績碑'가 세워져 있다. 최씨 3형제와 관련한 내용은 이이화·배항섭·왕현종, 《이대로 주저앉을 수는 없다-호남 서남부 농민군, 최후의 항쟁》, 4부, 209~215쪽 참조.

81 이와 관련한 내용은 이이화·배항섭·왕현종, 앞의 책, 4부, 219~220쪽 참조.

82 익선이 목포에 온 것은 배를 타기 위해서였다고 하는데, 이곳 목포에서 서정월을 만나 아이를 낳았다고 한다. 그러나 여전히 배를 타는 데에 관심이 있어 선창가에 자주 들렸다는 것이다.

83 전익선의 이혼에 관한 내용은 본서 5부 1장 2절 참조 바람.

84 사실 익선이 집을 나가기 전에 비봉산 자락의 전봉준 장군의 묘를 갔었다고 하더라도 너무 어렸기 때문에 그곳이 어디인지 몰라 나중에 커서 혼자 찾아가기 어려웠을 것이다. 또한 전장수 씨의 증언에 의하면, 익선은 부친 용현이 이장을 하기 위해 집을 비웠을 당시 오랜만에 자유를 만끽했다고 하고 있는데, 이를 통해서도 익선은 이장하는데 따라가지 않았음이 확인이 된다.

85 이에 대해서는 본서 5부 1장 3절 참조 바람.

5부 전봉준 장군 혈손들의 이야기

1 전익선의 생년은 제적등본에는 1907년 1월 8일로 기재되어 있다. 그런데 익선은 어릴 때부터 자신을 숨기고 살아가야만 했기에 나이도 남들에게 정확하게 이야기하지 않고 1907년생, 1908년생이라 하며 살아왔다고 전장수 씨는 말하고 있다. 그러면서 부친께서 당신이 태어난 해(1909년)가 단기로 표기한 연도의 4자리 숫자(단기 4242년)와 일본식 연호(명치 42년)로 표기한 2자리 숫자(42)가 모두 똑같은 그 해라고 말씀하셨다고 한다. 또한 집의 문패도 전장수 씨가 중학교 다닐 때까지는 '전상원'이라는 이름을 사용하다가 고등학교 다닐 때부터는 '전익선'이라는 문패로 바꾸어 달았다고 한다.

2 용현이 부친 전봉준 장군 유해를 수습한 내용은 본서 4부 3장 2절 〈용현의 부친 유해 수습〉 참조. 당시 조부(용현)께서 증조부의 유해를 수습하기 위해 한양에 가실 때에는 사람들의 눈을 피하기 위해 주로 산길을 이용해서 다녀오셨다고 하며, 따라서 오랜 시일이 걸렸다고 전장수 씨는 전하고 있다.

3 전장수 씨는, 조부(용현) 역시도 증조부(전봉준 장군)로부터 기본 무술과 학문을 배우셨기 때문에 조부님께서도 이와 마찬가지로 부친(익선)에게 어릴 때부터 기본 무술을 가르치신 거라는 말씀을 부친으로부터 들었다고 전하고 있다.

4 당시 익선의 무술 실력이 어느 정도인지는 확실히 알 수 없으나 상당히 고수였던 것 같다. 전장수는 막 여섯 살이 되던 해 설날이 지났을 무렵, 방 안에서 부친(익선)께 "아버지가 배운 무술은 어떻게 하는 거냐."라고 물었다고 한다. 그러자 부친께서 갑자기 옆에 놓여있던 과도를 집어들어 허공에다 몇 번 휘두르고서는 약 2미터 정도 떨어진 방문 창호지를 가리키셨는데, 그곳 문창호지에 조금 전까지도 없었던 주먹의 반 정도 되는 크기의 예쁜 꽃무늬가 하나 새겨져 있었다는 것이다. 이에 어떻게 이렇게 할 수 있느냐 물었더니, 잘 배우고 열심히 연습하면 된다고 대답해 주던 어릴 때의 기억을 전해주고 있다.

5 이때 마련한 검은 익선이 줄곧 간직했던 것으로 보이는데, 전장수는 여섯 살 때 방안 이불장 속에 숨겨놓은 부친의 검을 몰래 꺼내어 빼보았었다고 한다. 검의 길이는 약 두 자 정도의 길지 않은 검이었지만 매우 예리해서 깜짝 놀랐다고 한다. 그리고 검과 검집 모두 다 매우 아름다웠다고 기억하고 있다.

6 1983년 장수가 한국해양대학교 항해사 단기 양성과정에 들어갈 당시, 익선이 자신도 젊었을 때 배를 타기 위해 목포에 갔다는 이야기를 아들 장수에게 했다고 한다.

7 익선은 배를 타기 위해 목포에 왔고, 비록 결혼은 했지만 여전히 배를 타는 데에 관심이 있어 자주 선창가에 오곤 했다고 한다.

8 이들은 충청도와 경기도, 서울을 거쳐 황해도와 평안도까지 올라갔고, 이곳에서는 일본인들의 눈을 피하기 위해 산길만을 타고 올라가 백두산 천지에까지 이르렀으며, 이후 만주로 넘어갔다고 한다. 만주에 이르는데 1년도 넘어 걸렸다고 한다. 산길을 타기 전에는 무슨 일을 하면서 갔느냐는 전장수의 물음에, 익선은 일본인들이 아주 싫어하는 험한 일들을 주로 했다는 대답만 할 뿐 더 이상 얘기하지 않았다고 전하고 있다. 그리고 백두산에 올라가던 때에는 겨울철이어서 거의 동사할 뻔했다고 하며, 함경도 지역에서 봄이 될 때까지 민가에서 몇 달 동안 숨어지냈다고 한다.

9 지금의 중국 산시성(陝西省) 화인시(華陰市)에 위치한 산으로, 중국 5악(五岳) 중의 서악(西岳)에 해당하는 곳이다.

10 화산(華山)에 머물면서 익선은 그곳에서 무복(武服)을 구해왔다고 하는데, 전장수는 어릴 때 부친의 검과 함께 그 무복이 집에 있던 걸 보았다고 한다. 하얀 비단으로 된 아주 부드러운 옷이었는데, 양쪽 소매 끝에 매화꽃이 수놓아져 있었다고 기억하고 있다.

11 지금의 중국 허난성(河南省) 덩펑현(登封縣)에 위치해 있음.

12 익선이 아들 장수한테 얘기하길, 갈 때는 힘들게 수년이 걸렸던 그 먼 길이 올 때는 배 한번 타니까 단 며칠이면 충분했다고 하면서, 중국대륙이 결코 먼 곳은 아니라고 했다고 한다.

13 전장수 씨도 어렸을 때 부친 익선을 따라서 이곳을 몇 차례 찾아갔었는데, 그동안 지형도 변하고 오래되었기 때문에 지금은 확실히 어디쯤인지 잘 기억이 나지 않는다고 한다.

14 익선은 평소에 '사람의 운명이 참으로 기구하구나.'라는 말을 자주 했다고 한다. 이처럼 한탄해 한 것은 부친인 용현(의천)이 처형당한 아버지(전봉준 장군)나 어머니(남평 이씨)의 임종을 지켜보지 못한 것처럼 자신도 똑같이 양친의 임종을 지켜보지 못했기 때문이었다는 것이다. 그런데 익선의 아들 장수 역시도 서울에서 멀리 떨어진 지방에서 목회를 하느라 부친의 임종을 지키지 못했다고 한다.

15 전장수 씨는 이들의 이름을 들은 것도 같은데, 기억이 나질 않는다고 한다. 그런가 하면 최근 전장수 씨의 모친을 면담한 신영우 교수의 전언에 의하면, 모친은 당시 집을 만드는데 도와준 이 사람들이 남편 익선과 같이 가게에서 일하는 사람들인 줄로만 알았다고 한다.

16 당시에 생선 행상들도 장사를 하는 구역이 정해져있었다고 하는데, 김연임 할머니는 뚝섬 부근이 자신의 행상 구역이었고, 주로 이곳의 단골손님에게 생선을 댔다고 한다. 어느 때는 직접 인천에 가서 생선을 가져오기도 했다고 한다.

17 이에 대해서는 본서 5부 2장 4절 참조 바람.

18 이에 대한 상세한 내용은 본서 5부 2장 2절 참조 바람.

19 이 무렵 어려운 생활에 대해서는 본서 5부 2장 4절 참조 바람.

20 이에 대한 자세한 내용은 본서 3부 2장 3절 참조.

21 익선은 족보에 전봉준 장군(병호)에게 아들 한 명만이 등재되어 있고, 또 다른 아들은 큰 집에 양자로 입적되어 있으며, 이들의 이름도 용규와 용현으로 기재되어 있지 않음에 따라, 새로운 족보를 만들 때에 전봉준 장군의 아들로 용규와 용현이라는 이름의 두 아들을 등재시키고자 했던 것이다. 당시 천안 전씨 문중에서는 새로운 족보를 간행하려고 준비 중에 있었고, 이후 1984년에 《병인보》가 간행이 되었던 것인데, 이때 익선은 잘못된 부분을 바로잡고, 자신과 아들까지도 새로 간행되는 《병인보》에 올리려고 한 것 같다.

22 《임술보》에는 철로, 《신미보》와 《병인보》에는 봉준으로 기재되어 있다. 그리고 익선은 생전에 장수에게 말하길, 족보는 대동보를 보지 말고 꼭 세보를 보아야만 된다고 말씀했고, 장수 역시도 《병술보》라는 세보를 말씀하시는 것으로 생각했다고 한다. 당시 익선이 《병술보》를 어떻게 보았는가는 알 수가 없다. 《병술보》를 자신이 소장했을 수도 있을 것이나 그의 부친이나 본인의 인생 역정으로 볼 때, 소장하기는 어려웠을 거라 생각되고, 혹 전성태 씨가 소장하고 있던 《병술보》를 보지 않았을까 라는 생각도 든다. 바로 이 무렵 전성태 씨 역시도 잘못 알려져 온 전봉준 장군의 뿌리를 바로잡기 위해, 《병술보》를 들고 백방으로 수소문하며 여러 사람들을 만나러 다녔기 때문이다.

23 전봉준 장군이 삼재공파로 여겨지던 시절 삼재공파 문중에서 당시 정읍군 북면 남산리에 살고 있는 전만길을 전봉준 장군의 양손으로 입적시켜 장군의 제사를 받들도록 했다. 따라서 전만길 씨도 삼재공파의 후손으로 입적시켰던 것이다. 李起華, 〈全奉準은 高敞 堂村 胎生〉, 22쪽. 이후 전만길 씨는 50년 동안 봉제사를 하다가 2004년에 세상을 떠나고, 그 뒤를 이어 그의 아들 전성준 씨가 전봉준 장군의 제사를 모셔오고 있다.

24 전장수 씨는 언젠가 부친께서 "내가 이렇게 멀쩡히 조상님들의 제사를 잘 지내고 있는데, 양자인 전만길이 또다시 제사를 지낸다."라고 얘기하면서 매우 언짢아했다고 전하고 있다. 전익선은 훗날 기독교 신자가 되어서는 모든 제사를 모시지 않았으나 신자가 되기 전까지는 자신의 증조부인 전기창, 조부인 전봉준

장군, 부친인 전의천(용현)의 제사를 모두 다 모셨다고 한다.

25 익선이 이러한 시도를 한 것을 보면, 당시 삼재공파의 후손으로 입적된 전만길도 자신과 같은 문효공파로 알고 있었던 듯하다.

26 용석의 조현병은 육군 현역 복무 중에 받은 스트레스로 인해 제대 바로 직전에 발병했다고 한다.

27 1960~70년대에 전오녀 고모는 장위동에 거주하여 숭인동에서 걸어서 찾아가기도 했다고 한다. 전장수가 파라과이에 가 있을 때(2009~2013년) 진의장이 세상을 떠났다는 소식을 들었다고 한다.

28 1969년 어느 때인지 전장수 씨는 말하고 있지 않으나, 뒤에서 보겠지만 차에서 내려 할머니 집에 오는데 목이 너무 말라 작두 펌프가 있는 수돗가에서 물을 한 모금 마시고 싶어 했음을 보면, 아마도 여름방학 때였을 것으로 보인다.

29 이전에 조사차 만난 적이 있는 전옥례 할머니의 증손녀인 이연우 씨에게 확인한 바에 의하면, 필자가 전장수 씨에게 보내준 사진 속의 집은 할머니가 거처했던 집과 비슷한 형태의 사랑채였다고 한다. 실제 할머니가 거처했던 집은 사랑채보다는 큰집이었고, 샛길을 두고 사랑채 반대편 산기슭에 위치해 있었으며, 지금은 옛집을 허물고 새 양옥집이 들어서 있다.

30 이연우 씨에 의하면, 예전에 이 집에 오려면 삼거리에서 버스를 내려 걸어와야 했는데, 아마도 아이의 걸음으로는 족히 2~30분은 걸어야 했기 때문에 아마도 여름이었으면 목이 말랐을 거라 한다.

31 할머니께 의자를 가져다준 이 분은 50대 정도 되는 아저씨였는데, 장수와 부친 익선이 버스에서 내렸을 때 마중을 나와 집으로 데리고 갔다고 한다. 이 분이 누구인지는 기억이 나지 않는다고 하는데, 당시 할머니는 당신이 낳은 큰아들 이주석(李周錫, 1910~1989)과 같이 살았던 것으로 보이며, 필자의 판단으로는 바로 이 큰아들이었을 것으로 생각된다.

32 전장수 씨가 전옥례 할머니가 살던 집에 대해 자세하게 묘사했지만 필자는 이를 확인할 수가 없어, 전옥례 할머니의 증손녀인 이연우 씨에게 이 내용이 맞는지를 확인 요청하였다. 며칠 후 이연우 씨로부터 이에 대한 확인 결과를 들었는데, 모친과 오빠와 함께 검토해 본 결과 대부분 맞는 내용이라는 생각지도 못한 답을 받았다. 이로써 전장수 씨가 증언하고 있는 '가족사'의 내용이 매우 신빙성 있다는 믿음을 필자로 하여금 더욱 강하게 갖도록 했다. 사실 전장수 씨는 어려서 방문했던 전옥례 할머니 집이 어디인지를 알지 못하고 충청도나 전라도 어디쯤으로 생각해 왔다. 최근에 필자가 보내준 마이산 사진을 보고서야 당시 할머니 집으로 가는 길에 두 개의 큰 바위 산을 본 기억이 생각나,

어려서 온 곳이 바로 이곳이었다고 확인해 주고 있다.

33 지금 이곳 '장군천안전공지묘'로 오려면 주로 수암마을을 통해서 오지만, 45년 전 전장수 씨가 부친을 따라서 이곳에 올 때에는 옆 산길을 통해 산등성이를 넘어왔던 것으로 보인다. 이곳 주민들의 말에 의하면, 예전에는 주로 산길을 통해 산외면 소재지를 오가곤 했다는 말을 들을 수 있는데, 아마도 장군의 아들 용현도 처음 아들 익선을 데리고 이곳에 올 때, 이 길을 통해 왔던 것으로 여겨진다. 이와 관련한 내용은 본서 3부 2장 3절 참조 바람.

34 전봉준 장군의 묘지와 관련된 세부적인 내용은 본서 3부 2장 3절에 이미 서술됨.

35 전장수 씨는 자신이 어렸을 때, 부친의 사형으로부터 제자로 삼아 검술을 가르쳐주겠다는 제의를 받았다고 한다. 그런데 이러한 제의에 '돈도 잘 못 버는, 검을 쓰는 사람이 아니라 공부를 열심히 해서 돈 잘 버는 사람이 되겠다.'라며 거절했는데, 이에 실망한 부친께서 이때부터 술을 많이 마시기 시작하면서 자기를 구박했던 거라고 말하고 있다. 그렇지만 필자의 생각으로는 어깨에 이상이 생기면서 일을 못하고 집에서 쉴 수밖에 없어 가장으로서 자격지심 때문이었을 거라 여겨진다.

36 당시 장수의 누나인 영자는 역시 가정 형편 때문에 중학교만 졸업하고 비단 옷에 자수를 놓는 곳에서 기숙사 생활을 하고 있었다고 한다. 영자 누나는 나중에 중년이 넘어 검정고시를 통해 고교 졸업학력을 얻고서 대학에도 가게 되었다고 전장수 씨는 전하고 있다.

37 집으로 돌아와 그동안 행자생활을 했다는 이야기를 하니, 이를 듣고서 부친께서는 당신의 고모님 두 분(옥례와 성녀)의 외삼촌들도 절에 스님으로 계셨다는 얘기를 해 주셨다고 한다. 그렇지만 그 스님들에 대한 더 이상의 자세한 이야기는 듣지 못했다고 한다.

38 전고개 대고모할머니에 대해서는 이미 본서 1부 2장 2절 〈기창의 자식들〉 참조 바람.

39 남동생 용석이도 집안 형편 때문에 중학교를 졸업한 후 고등학교에 진학을 했지만 도중에 중퇴를 하고 남대문시장 점원으로 일을 했는데, 형의 학비를 도와주다가 군대에 갔던 것이다.

40 익선의 뿌리를 찾고자 한 노력과 그의 유언에 대해서는 본서 5부 1장 5절 참조 바람.

41 이로부터 10여 년이 지난 2018년에 재차 유족 등록사업이 행해지면서 신청 범위가 고손 자녀로까지 확대되어, 다시 증손자인 전장수 자신의 이름으로 유족 등록신청을 하게 되었다고 한다.

송정수 교수가 새로 밝혀낸
전봉준 장군의 가족사

1

송정수 교수가 동학농민혁명사 연구의 오랜 과제였던 전봉준 장군의 가족사를 명쾌하게 밝혀냈다.《전봉준 장군과 그의 가족 이야기》는 중국사 전공자인 송 교수가 연전에 펴낸《베일에서 벗어나는 전봉준 장군》(도서출판 혜안, 2018)에 이어 한국사의 특수 주제를 연구해서 이뤄낸 두 번째 저서이다. 두 저서의 주제와 내용은 연결되기 때문에 함께 읽어야 전모를 알 수 있다.

송 교수가 두 저서에서 논지를 전개하면서 제시한 주요 근거가《천안전씨세보병술보》이다. 이《병술보》는 저자가 처음 발굴하여 학계에 소개한 것으로서 전봉준 장군의 생가가 고창 당촌이라는 사실 등을 확인했던 자료였다. 이번 저서에서도《병술보》를 근거로 선대의 세거지와 이동 과정을 명확히 설명하고 있다.

그런데 이번《전봉준 장군과 그의 가족 이야기》의 핵심 근거는 전봉준 장군 증손자의 증언이다. 전봉준 장군의 증손자가 나타난 것이다. 처음 그 사실을 들었을 때 믿기지 않았다. 송정수 교수가 전해주는 증손자의 증언을 검토하면서도 쉽게 확신하지 못했다. 하지만 지금까지 공개되었던 전봉준 장군의 가족 관련 자료를 증손자의 증언 내용과 비교하면서 놀라지 않을 수 없었다.

사료는 역사 연구의 기본 자료이지만 모든 것을 알려주지 않는다. 큰 줄기를 중심으로 많은 자료를 종합하면서 역사적 사실을 입증하는 과정이 연구이다. 역사인물 전봉준 장군에 관해 큰 줄기는 알려져 있긴 하지만 단편적인 사실에 불과했다. 집안·가족·교육·유동생활·교유관계 등에 대해 알려진 내용은 거의 없었다. 송 교수는 모자이크 단편과 같은 자료를 짜 맞춰서 커다란 그림을 구성하는 것처럼 전봉준 개인과 가족사의 전모를 보여주고 있다.

전봉준 장군의 증손자는 전장수(全長壽, 1958년생) 씨이다. 증손자의 출현이 갖는 의미는 매우 크다. 전봉준 장군 개인에 관한 연구뿐 아니다. 갑오년에 활동했던 동학농민군들의 후손을 보는 새로운 시각을 제시하기 때문이다. 전봉준 장군은 첫 공초에서 "고부에서 기포할 때 원민(寃民)과 동학(東學)이 합하였는데 동학은 적고 원민이 많았다."고 했고, 재봉기에서도 "전라도의 인민보다 각 도(道)의 인민이 많았다."고 했다. 충청도·경상도·경기도·강원도·황해도에서 참여한 수를 합하면 그 수를 헤아리기 어려울 정도이다.

필자는 1980년대 초부터 여러 지역에서 동학농민군 후손을 만나왔다. 사료에 나오는 인명과 지명을 확인해서 해당 마을로 가서 성씨와 족보를 조사하여 갑오년에 활동했던 선대를 찾아냈다. 이런 현장 조사에는 일정한 성과가 있었다. 적지 않은 후손을 발굴해서 채록한 증언은 관찬사료와 민간문헌을 보완하는 중요한 자료가 되었다.

선대 사적뿐 아니라 후손들이 살아온 이야기는 절절하였다. 동학농민군 진압 후 시작된 박해는 다양해서, 살던 집이 불타서 추운 겨울에 들과 산을 떠돌던 고생담은 흔한 이야기였다. 사료에 선명하게 등장했던 인물이 절손된 사실을 전해주는 방손들의 증언이 많았고, 살아남은 사람 중에도 집안을 망쳤다고 족보에서 파낸 경우도 있었다.

필자가 채록한 후손 증언 중 빠지지 않은 내용이 가난해서 배우지 못했다는 한탄이었다. 우리 사회에서 몇 대에 걸쳐 가장 어렵게 살아간 사람들 가운데 갑오년 동학농민군의 후손이 적지 않았던 것이다. 한국 현대사의 어두운 측면을 보여주는 생생한 사례가 아닐 수 없다.

송정수 교수가 저술한 《전봉준 장군과 그의 가족 이야기》는 전장수 씨의 증언을 토대로 구성한 것이지만, 이 저서를 통해 나라를 위해 분투 노력한 동학농민군과 그들의 후손을 보는 시각이 새롭게 정립되기를 희망한다.

2

전장수 씨의 가족사 증언은 믿을 수 있는가? 송정수 교수가 주목해서 정리한 전장수 씨의 주요 증언은 다음과 같다. 독자들은 주의 깊게 본문 서술을 보시기 바란다.

① 전봉준 장군의 소년기 일화
② 혼인과 후처 남평 이씨
③ 여동생 전고개(全古介)의 실명 전승
④ 1961년 고창 당촌을 방문한 전장수 씨의 증언
⑤ 장녀 전옥례의 진안 집을 아버지 전익선과 함께 방문한 사실
⑥ 전봉준 장군을 재판한 재판장 서광범에 대한 반감

전봉준 장군이 황새마을에서 살면서 여산 송씨인 훈장에게 학문을 전수받은 사실은 김제 원평에서 동학농민혁명사를 추적해온 최순식 선생에게 들어서 전공자들이 알고 있던 내용이었다. 전장수 씨는 이와 관련한 전봉준 장군의 소년기 일화를 전해준다. 어느 집 잔치에서 젊은 양반이

무례한 행동을 하자 이를 시원하게 논박했는데 이를 목격한 어느 학자가 훈도를 자청하여 서당 인근 태인의 황새마을로 이주했다고 했다. 일부 전 공자만 아는 이야기가, 말 그대로 뜬금없이, 전장수 씨 증언에서 나왔다.

전봉준 장군의 첫 부인인 여산 송씨(1851~1877)는 큰딸과 연년생인 둘째 딸을 낳은 후 세상을 떠났다. 전봉준 장군은 갓난 딸을 기르기 위해 젖어 미를 들여야 했다. 그때 돌림병으로 남편과 아기를 잃어버린 남평 이씨가 들어왔고, 결국 약식혼례를 치르고 같이 살았다고 한다. 전장수 씨의 이 런 증언은 집안에서 전해 듣지 않으면 알 수 없는 이야기이다. 남평 이씨가 낳은 두 아들 중 작은아들이 전장수 씨의 조부인 전용현(1886~1941)이라 고 했다.

필자에게 이보다 더 놀라운 증언이 전봉준 장군의 여동생이 전고개(全 古介, 1861~1951)라고 말한 것이다. 전봉준 장군의 가족사에서 전혀 언급되 지 않았던 여동생의 이름을 전장수 씨가 증언하였다. 전승 상황도 실감 이 난다. 전장수 씨가 대학입시에 합격해서 축하를 받기 위해 동대문 밖 음식점 진고개(珍古介)에 갔을 때 부친이 대고모할머니의 이름과 음식점 이름이 한자까지 같다고 했다는 것이다.

전고개는 사발통문에 서명한 20명 중 한 사람인 손여옥 장군의 부인 이름이다. 그 손자인 손주갑(孫周甲) 씨는 동학농민혁명유족회 창립 이후 오랫동안 사무총장으로 전국의 유족들을 연결하며 실질적으로 유족회 를 지켜왔다. 필자가 민간 동학농민혁명 기념재단의 상임이사로 있을 때 한 사무실에서 기념사업을 상의해왔던 유족회 사무총장이 바로 전봉준 장군 여동생의 손자였던 것이다.

전장수 씨가 고창 당촌을 방문한 사실도 깜짝 놀랄 만한 일이었다. 전 봉준 장군의 생가는 오지영이 《동학사》에서 고창 당촌이라고 했지만 동 학농민혁명 100주년인 1994년을 전후해서 학자들의 논쟁을 거쳐 확인된

바 있다. 그런 당촌을 전장수 씨가 그의 나이 네 살 때인 1961년에 고모 전오녀의 아들인 진의장의 안내로 방문했다고 했다. 이런 상황은 꾸며낸 말로 할 수 있는 것이 아니었다.

또한 1969년에 부친 전익선과 함께 진안으로 전봉준 장군의 장녀 전옥 례를 찾아간 증언도 중요하다. 전봉준 장군의 후손들은 "들키지 않게 조심"하면서 서로 만나온 것이다. 전옥례는 전봉준 장군의 어린 직손 이름을 알고 있었다고 했다.

전장수 씨의 증언 가운데 조부와 부친이 달성 서씨에 대해 갖는 반감이 강했다는 것도 흥미롭다. 그로 인해 부친 전익선이 달성 서씨 부인과 이혼하기까지 했다는 것이다. 전봉준 장군에게 사형판결을 한 재판장이 법무대신 서광범인 것을 알았기 때문에 일어난 일이다. 재판장 한 사람이 동학농민군 지도자의 생사여탈을 결정하지는 못하지만, 후손 집안에서는 불구대천의 원수처럼 여겨졌다는 이야기이다.

여기에서 언급한 몇 가지만 전장수 씨가 증언한 것이 아니다. 책의 부록에 전재한 자료 네 편을 보면 증언 규모를 알 수 있다. 첫 번째 자료인 〈동학대장 전봉준 장군 가족들의 가족사〉는 고조부 전기창부터 시작하여 증조부 전봉준 장군의 가족 일대기를 기록했다. 전봉준 장군의 아들인 조부 전용현과 부친 전익선의 삶을 기록했고, 마지막에는 전장수 씨 본인이 살아온 과정을 정리했다. 분량은 24쪽이나 된다. 필자가 수십 년 동안 전국 여러 지역에서 동학농민군 참여자와 그 후손들의 삶을 조사한 내용과 비교하면 양과 질 모두 월등하다. 전장수 씨의 기억력과 세밀한 정리 능력이 돋보이는 자료이다.

그 위에 두 번째 자료인 〈'가족사'의 내용에 대한 질문과 답변〉은 이 증언이 어떤 배경 속에서 나왔는지 알려준다. 세 번째 자료는 〈'가족사' 이외의 추가적인 증언 내용〉으로 전장수 씨 스스로 보충한 증언이다. 송정수 교수와 문답하면서 생각난 내용과 본인의 견해를 정리해서 기록했다.

마지막으로 네 번째 자료인 〈카카오톡으로 주고받은 문답〉은 송 교수와 전장수 씨 사이에 오갔던 문자를 모은 것이다. 필자는 그 일부를 실시간으로 받아보면서 《베일에서 벗어나는 전봉준 장군》이라는 송정수 교수의 지난번 저서 제목을 떠올리곤 했다.

이 증언 내용이 모두 정확한 사실을 전하는 것으로 생각할 필요는 없다. 필자가 채록한 동학농민군 후손들의 증언은 오류가 적지 않았다. 120여 년 전의 사실을 후손이 정확히 알 수는 없는 것이다. 가전 일화도 과장되거나 덧붙인 내용이 나올 수 있다. 후손이 동학농민혁명을 다룬 책을 읽고 공부한 것이거나 신문과 방송에서 보고 들은 내용을 전하기도 한다. 오히려 그런 과장이나 오류가 나오지 않는 것이 비정상이다. 그러한 사정은 역사연구자가 인용하는 많은 관찬 및 사찬 사료도 마찬가지이다. 그래서 사료비판을 전제로 연구를 수행하는 것이다. 송정수 교수도 엄밀한 비판을 거쳐서 증언 내용을 검토한 다음에 저술에 활용하였다.

전장수 씨의 증언 내용은 큰 벽화의 수많은 조각과 같다. 전봉준 장군과 그의 가족을 추적해온 최현식(《갑오동학혁명사》), 신복룡(《전봉준평전》), 장봉선(《전봉준실기》)과 오지영(《동학사》) 등이 서술한 기록을 축으로 이러한 조각을 꿰어 맞춘 작품이기도 하다. 가족사 측면에서 전봉준 장군의 삶을 보여주는 동시에 후손 3대가 살아온 내력을 생생히 담아낸 벽화를 연상케 한다.

이 같은 재료를 제공한 전장수 씨의 증언이 갖는 진실성을 부정할 수 없다. 동학농민혁명과 전봉준 장군에 관한 연구와 자료는 무수하다. 전장수 씨는 상당한 수준으로 관련 자료를 읽어왔지만 가전 일화와 후손이 살아온 이야기를 뒤섞지 않았다. 동학농민군 후손의 증언을 채록해온 필자의 경험에 비추면 전장수 씨의 절제력은 상당하다. 일부를 제외하고는 갖가지 증언을 믿을 수밖에 없다고 평가하게 된 것이다.

송정수 교수는 이번 저술에 몰두하면서 이런 말을 했다. "이런 방대한 증언을 앞뒤가 맞게 꾸며내려면 뛰어난 천재가 많은 사료를 숙지해서 오랜 시간에 걸쳐 논리적으로 생각해서 연결해야 한다. 그것은 불가능하다."

3

필자는 2020년 11월 9일 전장수 씨를 만나서 증언 내용을 확인하였다. 동학농민혁명 기념재단에서 유족등록을 위한 사실조사에 참여하는 방식으로 만난 것이다. 전장수 씨는 여러 항목에 걸친 질문에 소상히 답변해주었다. 필자는 가족사 관련 자료를 이미 숙지하고 있었기 때문에 증언 내용의 신빙성 여부를 확인하는 일에 집중하였다.

첫째는 증언 내용을 다른 가족 구성원에게 중복확인이 가능한지 물어보았다. 전장수 씨는 부친 전익선이 아들을 편애해서 증조부 전봉준과 관련한 이야기는 자신에게만 전승했다고 했다. 부친이 다쳐서 집안에서 오래 지낸 시기가 있었는데 모친과 누나가 없을 때만 집안 내력을 반복해서 말해주었다고 했다.

고창 당촌을 방문했던 기억의 사실 여부도 별다른 이의를 제기할 수 없었다. "당촌의 초가집은 일자형으로 방이 작고 방 앞에 툇마루와 툇돌이 있었다."고 했다. 실제로 필자가 1990년에 처음 방문한 당촌 마을은 3칸 규모의 초가집이 나란히 들어선 형태의 구조였다. 대지 규모가 겨우 일자형만 지을 정도였던 작은 집들이 마을 초입에 동향으로 있었다.

전장수 씨의 사촌형 진의장은 툇마루에 앉아서 "이곳이 전봉준 장군이 태어난 고향이고 네가 증손자다"라고 이야기했다고 한다. 서울에서 고창 당촌으로 갈 때 기차와 버스를 탔고, 집 문이 앞이 아니라 옆에 있었다고 했는데 실제로 나란히 배치된 마을 구조 때문에 길이 난 옆으로 문을 낼 수밖에 없었다.

또 서울 숭인동에 살 때 부친 전익선은 벽시계 위에 증조부 전봉준 장군의 사진을 걸어두었다고 한다. 장수 씨는 어린 시절 늘 보아온 이 사진이 널리 알려진 '압송사진'이 아니라 얼굴만 확대한 사진이라고 했다. 부친은 "너의 증조부는 전봉준 장군이다."라고 말하면서 자부심을 내보이곤 했다고 한다.

전장수 씨는 12세 때 부친과 함께 진안에 가서 전옥례를 만나 들은 말을 전해주었다. "니가 우석(전장수 씨 아명)이구나." "내가 전봉준 장군 딸이다. 네가 우리 집 장손이구나. 잘 커서 집안을 이어라." "내가 몸이 안 좋아 밥 한 끼 따뜻하게 해주지 못해 미안하다."

당시 전옥례는 노환 중이었고, 다음해에 세상을 떠났다. 「동아일보」 1970년 1월 7일자에 전봉준 장군의 딸이 1970년 1월 5일 새벽에 92세로 사망했다는 기사가 게재되었다.

부친 전익선은 전봉준 장군의 무덤이 동곡리·우동마을·비봉산에 3기가 있는데, 다른 사람이 파헤칠 것을 우려하여 가묘 2개를 더 만들었다고 했다. 전장수 씨는 일 년에 9회 지내는 제삿날을 정확히 기억하고 있었다. 5대 조부 전석풍(5.16.), 5대 조모 인동 장씨(7.16.), 고조부 전창혁(6.23.), 고조모 언양 김씨(5.23.), 증조부 전봉준(3.30.), 증조모 여산 송씨(4.24.), 증조모 남평 이씨(9.14.), 조부 전용현(8.23.), 조모 함평 이씨(10.4.)라는 것이다.

전장수 씨는 2005년 당시 유족 등록 범위가 손자까지 제한되었기 때문에 모친 이름으로 신청서를 작성해서 경남도청에 제출했으나 반려되었다. 이유는 "자격이 되지 않는다."는 것이었다. 이때의 상황은 필자도 알고 있는 일이다. 당시 명예회복심의위원회의 결정 및 등록심사분과위원으로 경남지역을 조사할 때 도청 담당자가 "전봉준 장군 후손으로 신청한 사례가 있는데 근거 자료가 없어서 반송했다."고 말한 것을 기억하고 있다.

　필자는 2020년 11월 3일 전장수 씨의 모친 김연임 씨와 누나 전영자 씨를 방문해서 보충조사를 하였다. 두 사람의 증언은 대체로 전장수 씨의 말과 일치하였다. 모친은 남편 전익선이 가부장적인 사고를 가졌으며, 평소에 아들이라고 전장수만 챙겼고, 어디를 가도 아들만 데리고 다녔다고 했다. 누나는 부친 전익선이 기분이 좋을 때 "동학대장 전봉준이 우리 할아버지다."라고 말했고, 항상 '전봉준 대장의 후손'임을 자랑스럽게 생각했다고 하였다. 상세한 증언은 듣지 못했으나 전장수 씨가 말한 부친 전익선에 관한 이야기와 전봉준 장군의 후손을 자랑스럽게 생각했다는 말은 같았다.

　송정수 교수가 전봉준 장군과 가족사를 설명하는 핵심자료가 전장수 씨의 증언이다. 가족사에 관한 이야기에서 이의를 제기할 수 없었다. 특이하게 전봉준 장군을 포함해서 5대조까지 한 해에 9차례나 제사를 지냈다고 했다. 당촌 마을의 생가터는 서해안고속국도를 건설할 때 평탄 작업을 해서 흔적이 사라졌다. 당시 당촌 마을의 진입로가 현재와 달리 남쪽에 있었고, 소나무 숲을 지나 들어갔으며, 집 모양은 일자집이라고 했다. 그런 증언은 사실을 말한 까닭에 수용할 수밖에 없는 것이다.

4

　국내 최대의 전북평야가 펼쳐진 만경강과 동진강 유역은 1차 봉기에 참여한 동학농민군이 주로 거주하던 지역이었다. 이 평야에서 농사를 짓던 농민들은 전주·익산·정읍·군산·김제·완주·부안·고창 고을의 주민이었다. 조선사회의 군현으로 유지된 고부·금구·무장·흥덕 등은 지금 이들 고을 속으로 흡수되어 이름을 잃었다.

이 책《전봉준 장군과 그의 가족 이야기》에는 여러 지명이 나온다. 조부와 부친, 그리고 전봉준 장군이 살고 활동한 곳을 쓴 지명이다. 전봉준 장군과 관련한 지역은 유년시절을 보낸 고창과 함께 성장기와 청년기를 보낸 고부와 금구, 태인이 중심이다. 동학농민군 지도자로 활동한 장년기에는 무장과 장성, 전주와 정읍, 그리고 남원과 나주, 논산과 공주, 금구와 순창 등지가 주요 활동지였다.

전봉준 장군이 살거나 활동했던 연고지는 동진강 수계로 이어져 있다. 동진강은 정읍 산외면과 칠보면에서 흘러내려 옹동면을 거쳐서 정우면과 이평면을 지난다. 그리고 부안 백산면과 동진면으로 흘러가 계화면에서 서해로 들어간다. 지도를 보면, 전봉준 장군은 정읍 동부의 산골지역 마을들에서 거주했다. 동진강 북쪽 지류인 원평천 인근의 감곡면 계룡리의 황새마을에서 성장기를 보냈고, 그 아래 상두산 남쪽 기슭의 산외면 동곡리의 지금실에서 살았다. 지금실은 김개남 장군이 살았던 마을이다.

전봉준 장군이 남평 이씨와 혼인 살림을 차린 곳은 산내면 능교리의 소금실이었고, 이후 이평면 장내리의 조소리로 이주를 하였다. 동학농민군을 이끌고 봉기한 후 불타버린 조소리 집을 떠나서 산외면 동곡리의 원동골로 이주하였다.

〈전봉준공초〉에서 전봉준 장군은 태인에 살다가 고부로 이사해서 몇 해를 살았고, 그 집이 불에 타서 태인 산외면 동곡에 가서 살았다는 말을 직접 했다. 전봉준 장군 판결선고서에 기재된 집도 태인 산외면 동곡이었다. 현 행정구역으로는 모두 정읍시 경내에 해당하는 곳이다. 우금치 전투에서 패전한 후 순창의 민보군에게 사로잡힌 곳도 소금실에서 남쪽으로 얼마 떨어지지 않은 쌍치면 금성리의 피노리였다.

갑오년에 1차 봉기한 동학농민군의 주력은 전북평야와 함께 대둔산과 모악산과 내장산을 잇는 노령산맥에 접한 군현의 농민들로 구성되었다.

그 중심부를 동서로 흐르는 동진강 유역의 마지막 산봉우리가 부안 백산이다. 백산 위에서 사방을 보면 북쪽으로 만경평야, 서쪽으로 동진평야, 동쪽으로 배들평야가 펼쳐져 있다. 배들평야에는 동진강 물줄기를 흘려보내던 만석보가 위치했다. 여기가 고부항쟁이 시작된 현장이다. 조선후기 농민들이 결성한 민군이 무능하고 부패한 양반관료가 지배한 관군을 처음으로 격파한 역사의 현장인 황토현도 동진강 유역에 펼쳐진 들판 가운데 있었다.

<h1 style="text-align:center">5</h1>

송정수 교수는 한국사 전공자가 아니라 중국사 전공자이다. 동학농민혁명 중심 무대의 하나인 부안 출신으로 전봉준 장군의 족보인《천안전씨세보병술보》를 발굴해서 동학농민혁명사 연구를 시작했다. 이 족보 기록을 토대로 보명(譜名)이 병호(炳鎬)로 기재된 인물이 전봉준이고, 문효공파에 속했으며, 생가가 고창 당촌이라는 사실을 밝혀낸 것이 그의 초기 업적이었다. 전북대학교에 재직하면서 동학농민혁명 100주년을 앞두고 박명규 교수, 신순철 교수 등과 함께 기념사업 논의에 참여하였다. 2004년에 〈동학농민혁명 참여자 등의 명예회복에 관한 특별법〉이 제정된 후 전라북도 유족등록 심의위원으로도 활동하였다.

송 교수는 서울 종로에 전봉준 장군 동상을 건립할 때 학문 근거를 제시하기 위한 2018년 여름에 개최한 학술발표회에서 〈족보에 나타난 전봉준 장군 외가 검토〉라는 주제를 발표하였다. 당시 이 발표회에 참석한 전장수 씨를 처음 만나게 되었고, 이 책의 머리말에 붙인 '전봉준 장군 증손자 전장수 씨와의 만남, 그 이후'의 내용에서 보듯 이 무렵부터 그 가족사를 본격 추적하기에 이른다.

《전봉준 장군과 그의 가족 이야기》는 단순한 스토리텔링이 아니다. 전 장수 씨의 증언만 채록해서 소개한 것이 아니라 전봉준 장군과 그 가족에 관한 문헌자료를 망라해서 검토하고 실증연구를 수행한 성과물이다. 이 저서는 많은 각주를 붙여서 논지 전개의 근거를 밝혔다. 편집 체제 때문에 후주로 배치했지만 전문 연구의 형태를 취한 것이다.

그렇지만 이 저서에는 전후 사정을 추정하는 내용이 많이 들어갔다. 전봉준 장군의 삶과 활동, 그리고 후손들이 살아온 과정을 모두 근거를 제시할 수 없기 때문이었다. 거주 이전 배경과 교유관계를 비롯한 여러 사실을 추정도 포함하여 합리적으로 해석하려는 시도를 보게 될 것이다.

중국에 웨난(岳南)이라는 작가가 있다. 독특한 문학분야인 기실문학(紀實文學)을 구축했다는 평을 받는다. 우리나라에서도 번역 출판한《구룡배의 전설(日暮東陵)》,《마왕퇴의 귀부인(西漢亡魂)》,《법문사의 비밀(萬世法門)》,《부활하는 군단(復活的軍團)》등을 쓴 작가이다. 이들 작품은 고고학 발굴과 도굴 등 역사를 소재로 한 흥미진진한 시대물이었다. 진시황제의 병마용갱을 소재로 쓴 작품은 진나라의 역사와 유물에 관한 지식을 제공하면서 다양한 청동무기와 8천 병마용의 진열을 통해 고대의 진법과 전술뿐 아니라 전투 방식과 무기 발달사를 소개하고 있다.

진취엔(金泉)이란 작가도 있다. 웨난과 함께《열하의 피서산장(熱河的冷風)》,《대명후비(大明后妃)》,《대청후비(大淸后妃)》라는 작품을 썼다. 청 황제의 여름 휴양지인 피서산장을 중심으로 만주족의 대륙 정복을 소개했고, 강희제와 건륭제의 황권 다툼을 비롯하여 청조의 쇠락 등을 다뤘다. 청대의 역사가 문학작품 속에서 전개된다.

필자는 송정수 교수가 저술한《전봉준 장군과 그의 가족 이야기》에서 한국의 기실문학의 단서를 엿볼 수 있었다. 적어도 이 책의 내용은 전봉준 장군의 가족사를 중심으로 한국 근현대사를 관통하는 작품의 소재가 되기에 충분하다.

일본의 역사소설가 시바 료타로(司馬遼太郎)는 《올빼미의 성》, 《료마가 간다》, 《성채》, 《세키가하라 전투》, 《하코네의 언덕》, 《언덕 위의 구름》 등의 역사소설을 썼다. 그 주인공이 오다 노부나가, 도요토미 히데요시, 도쿠가와 이에야스, 미야모토 무사시, 요시다 쇼인, 후쿠자와 유키치, 사카모토 료마, 사이고 다카모리, 노기 마레스케, 아키야마 요시후루 형제, 마사오카 시키 등으로 일본 중세와 근현대사에서 영웅으로 등장하는 역사 인물들이다.

시바 료타로의 소설이 일본에 끼친 영향은 막대하다. 태평양전쟁 패전 이후 기세가 꺾였던 일본은 1970년대 경제발전의 토대 위에 이 같은 역사소설로 메이지시대를 밝게 재평가하여 자신감을 회복하였다. 그 결과 침략과 전쟁 도발로 아시아 여러 국가와 태평양 섬나라 주민들에게 고통을 준 사실을 미화하고, 침략의 역사를 외면하게 만들었다.

문학작품은 문학작품으로 대응해야 한다. 한국 근현대사의 도전과 응전을 상징하는 전봉준 장군과 가족사는 문학작품의 소재로 충분하다. 시대전환·제국주의 침략·농민군 봉기·근대화·식민지와 광복·역사인물 후손의 생존과 자수성가 등. 먼저 대하소설을 만들고, 이를 기초자료로 활용하여 서사시와 드라마 그리고 영화까지 제작한다면 충분히 세계적 공감대를 가질 수 있을 것이다.

6

전봉준 장군은 1894년 12월 2일(음력) 순창 피노리에서 동행인 3명과 함께 민보군에게 붙잡혔다. 그 다음날 소모관 임두학이 전라감영으로 연행하려고 길채비를 하던 중 일본군 후비보병 제19대대의 아카마쓰(赤松)

지대가 들이닥쳤다. 교도중대 병사 9명과 함께 순창에 들어온 아카마쓰 소위는 소모관을 억누르고 전봉준 장군을 탈취해갔다.

일본군 대대본부는 미나미 고시로(南小四郎) 대대장이 지휘해서 경군 장위영과 교도중대를 이끌고 남원을 거쳐 12월 5일 순창으로 들어왔다. 그리고 양력설을 맞아 순창에서 하루를 더 쉬고 나주로 남하하였다. 전라도 남단에서 일어난 대학살은 그때부터 벌어진다.

소모관 임두학은 전라감영과 양호도순무영에 전봉준 장군을 탈취당한 사실을 알렸다. 전라감사 이도재는 12월 9일 뒤늦게 양호도순무영에 그 사실을 보고하였다. 《고종실록》과 《승정원일기》의 12월 10일자 기사에 그 보고 내용이 실렸다.

양호우선봉으로 장위영을 지휘하던 이두황은 "순창에서 들어서 알게 된 소식은, 적괴 전봉준과 양하일(梁河一), 최경선(崔慶善)이 주민에게 잡혀서 소모관 임두학에게 바쳐졌다가 일본군 진영에 옮겨서 가두었다."고 보고하였다. 그 내용은 《갑오군정실기》 12월 18일자로 실렸다.

일본군은 전봉준 장군을 손화중·최경선 장군과 함께 서울의 일본영사관으로 압송하였다. 일본영사관은 예산 1,200원(圓)을 지출해서 1894년 8월 부속 감방을 크게 신축하였다. 이 감방에는 각처에서 압송해온 동학농민군 지도자들이 수감되어 있었다. 일본인 신문기자들은 영사관 감옥을 출입하면서 전봉준 장군의 동태를 살폈다. 전봉준 장군은 이불을 쓰고 연신 신음하고 있었다고 한다. 위중한 상태였던 것이다.

일본 나라대학 김문자 선생은 논문 〈전봉준의 사진과 무라카미 텐신 (村上天眞)〉(《한국사연구》 154, 2011)에 당시 일본신문의 옥중 면담기를 번역 인용하였다.

"전봉준 및 최경선 두 사람은 발에 중상을 입어 신체가 자유롭지 못

했기 때문에 영사는 의사를 초치하여 정중하게 치료하도록 했으며, 법무아문으로부터 회송해 온 들 것에 태워 호송했다." 《메사마시 신문(めさまし新聞)》 391호 1895년 3월 12일)

"영사관 내의 철창에서 신음하는 동학당 대거괴 전봉준을 보았다. … 그는 총검 때문에 발에 붕대를 감고 있었고, 안색과 팔다리도 창백하였으며, 숨도 거칠어 몹시 위독한 병증이었지만 그 기력은 상당히 강건한 듯하였다. 나이 37~38세, 그 용모는 보통사람과 다르지 않았으나 수염이 약간 있고 안광(眼光)은 날카로우며, 눈썹 위에는 겹쳐진 일종의 잔주름이 있어 이마를 횡단하고 있는 모습은 다른 사람에게서는 볼 수 없는 모습이었다." 《오사카 매일신문》 1895년 3월 12일)

일본영사 우치다 사다쓰치(內田定槌)가 먼저 취조를 한 다음 1895년 2월 3일이 되어 전봉준 장군의 신병을 조선정부의 법무대신에게 인도하였다. 이날 전봉준 장군의 사진이 일본영사관 구내에서 촬영되었다. 일본인 사진사 무라카미 덴신(村上天眞)이 영사의 허가를 받고 찍은 것이다.

종로 네거리의 전옥서에 수감된 전봉준 장군은 6일 후인 2월 9일에 일본영사가 배심한 가운데 첫 번째 심문을 받았다. 3월 10일까지 법무아문 심문 3회와 일본영사 심문 3회를 합해 모두 6차에 걸쳐 조사한 내용이 공초에 실려 있다. 전봉준 장군은 어느 질문이나 당당하게 대답했다. 판결선고는 3월 29일 내려졌다. 전봉준 장군은 선고가 내려진 다음날인 3월 30일(양력 4월 24일) 새벽 교수형에 처해졌다. 순창에서 민보군에게 사로잡힌 후 107일만이었고, 일본영사관에서 조선정부의 법무아문에 인도된 지 56일만이었다. 이때 그의 나이는 41세였다.

신 영 우 | 충북대학교 명예교수

지은이 | **송정수**

연세대학교 사학과를 졸업하고, 동 대학원 사학과에서 문학 석사와 박사 학위를 받음. 전북대학교 사범대학 역사교육과 교수를 거쳐 현재 전북대학교 명예교수임. 대표 논저로《베일에서 벗어나는 전봉준 장군》(혜안, 2018),《중국 정사 외국전이 그리는 '세계'들》(공저, 역사공간, 2016),《중국근세향촌사회사연구》(혜안, 1997),〈'삼립삼절(三立三絶)'을 통해서 본 명조의 하미(Hami) 지배의 변화상〉(《명청사연구》 45, 2016),《《天安全氏世譜丙戌譜》를 통해 본 全琫準의 家系와 出生地에 대한 再研究》(《歷史學硏究》 38, 2010),〈청 중기 이후 '반청복명' 의식의 전승과 굴절〉(《동양사학연구》 108, 2009),〈전봉준의 가계와 출생지에 대한 연구〉(《조선시대사학보》 12집, 2000) 등이 있음. 명청사학회, 동양사학회 회장을 역임하고, 현재 명청사학회, 동양사학회, 역사학회 평의원임.

증손자의 증언으로 새롭게 밝혀지는
전봉준 장군과 그의 가족 이야기

송정수 지음

초판 1쇄 발행 2021년 5월 7일

펴낸이 오일주
펴낸곳 도서출판 혜안

등록번호 제22-471호
등록일자 1993년 7월 30일

주소 (우)04052 서울시 마포구 와우산로 35길 3(서교동) 102호
전화 3141-3711~2 / **팩스** 3141-3710
E-Mail hyeanpub@hanmail.net

ISBN 978-89-8494-660-6 03910

값 25,000원